# Pflegestufen – beurteilen und widersprechen

Klaus-Peter Buchmann
Frank Hirschkorn

# Pflegestufen – beurteilen und widersprechen

Praxiskommentar zu den Begutachtungsrichtlinien

Mit 20 Abbildungen

 Springer

**Klaus-Peter Buchmann**
Leipzig

**Frank Hirschkorn**
Leipzig

ISBN 978-3-642-41815-0
DOI 10.1007/978-3-642-41816-7

ISBN 978-3-642-41816-7 (eBook)

Die Deutsche Nationalbibliothek verzeichnet diese Publikation in der Deutschen Nationalbibliografie;
detaillierte bibliografische Daten sind im Internet über http://dnb.d-nb.de abrufbar.

**SpringerMedizin**
© Springer-Verlag Berlin Heidelberg 2014

Planung: Susanne Moritz, Heidelberg
Projektmanagement: Ulrike Niesel, Heidelberg
Lektorat: Annette Allée, Dinslaken
Projektkoordination: Cécile Schütze-Gaukel, Heidelberg
Umschlaggestaltung: deblik Berlin
Fotonachweis Umschlag: © Thinkstock/AnsonLu
Herstellung: Crest Premedia Solutions (P) Ltd., Pune, India

Gedruckt auf säurefreiem und chlorfrei gebleichtem Papier

Springer Medizin ist Teil der Fachverlagsgruppe Springer Science+Business Media
www.springer.com

# Vorwort

Dieses Buch widmet sich den Herausforderungen der Pflegeversicherung, insbesondere dem Verfahren der praktischen Feststellung der Leistungsvoraussetzungen im Rahmen der Begutachtungen.

Jährlich werden insgesamt ca. 100.000 Widerspruchs- bzw. Klageverfahren bei den Pflegekassen und den zuständigen Sozialgerichten geführt. Dabei wird deutlich, dass die Aussichten, die Pflegekassen zur Änderung eines Leistungsbescheides zu veranlassen, ohne professionelle Hilfe relativ gering sind.

Im Rahmen der Begutachtungsverfahren besteht ein häufiges Problem darin, dass der durch die Medizinischen Dienste der Krankenversicherung (MDK) festgestellte Pflegebedarf nicht mit dem durch Angehörige oder professionell Pflegende geleisteten Hilfebedarf übereinstimmt. Die Ursachen dafür können vielfältig sein und z. B. auch einen durch die MDK nicht korrekt oder nicht hinreichend berücksichtigten Hilfebedarf beinhalten. Hier ist ein Widerspruchsverfahren eine Möglichkeit, den vom MDK ermittelten Pflegebedarf noch einmal prüfen zu lassen. Wird der Leistungsbescheid der Pflegekasse im Widerspruchsverfahren nicht durch einen entsprechenden Widerspruchsbescheid geändert, bleibt dann nur das Klageverfahren.

Das Buch fokussiert häufig auftretende Probleme und Fehlerquellen in dem Teil des Verfahrens zur Feststellung von Pflegebedürftigkeit, in dem das Vorliegen der Voraussetzungen für die Leistungsgewährung durch die Medizinischen Dienste überprüft wird. Das Ergebnis einer Begutachtung durch den MDK im Rahmen der Feststellung von Pflegebedürftigkeit ist eine Empfehlung für die jeweils zuständige Pflegekasse, Pflegebedürftigkeit anzuerkennen oder nicht. Demnach sind nicht angemessene Leistungsbescheide der Pflegekassen häufig auch auf Fehleinschätzungen während der Begutachtung vor Ort zurückzuführen.

Pflegende sind bei Fragen von Leistungsansprüchen gegenüber der Pflegeversicherung für pflegebedürftige Menschen und ihre Angehörigen häufig erste Ansprechpartner. Dieses Buch ist ein hilfreiches Nachschlagewerk für Pflegende, um ihre beratende Funktion fachlich kompetent wahrnehmen und ausfüllen zu können. Es ist eine Arbeitshilfe und ein Praxiskommentar, wenn es darum geht, gesetzlich garantierte Leistungsansprüche der Pflegeversicherung geltend zu machen.

Anhand des Begutachtungsverfahrens und der Richtlinien des GKV-Spitzenverbandes zur Begutachtung von Pflegebedürftigkeit, die für die MDK-Gutachter bindend sind, bietet das Buch pflegenden Berufsgruppen Unterstützung bei der Klärung von Inhalt und Umfang ggf. bestehender Leistungsansprüche im Rahmen der gesetzlichen Pflegeversicherung. Dabei orientiert sich der Aufbau des Buches an den Begutachtungsrichtlinien. Anhand von in der Praxis der Begutachtungsverfahren häufig anzutreffenden Formulierungen wird gezeigt, dass verwendete Textbausteine oftmals pflegefachlich kaum verwertbar sind und auch den Zielen der Begutachtungsrichtlinien entgegenstehen.

Um dem Anspruch einer Arbeitshilfe gerecht werden zu können, werden die wesentlichen Teile des für die Medizinischen Dienste verbindlich geltenden Formulargutachtens im

Einzelnen erläutert. Dabei werden der jeweiligen Norm der Begutachtungsrichtlinien Praxisbeispiele gegenübergestellt, die vor dem Hintergrund dieser Norm analysiert werden. Dies bietet den Vorteil, nach diesem Muster in der Praxis vorliegende Gutachten systematisch auswerten bzw. analysieren und sie auf ihre Vollständigkeit sowie inhaltlichen Aussagegehalt überprüfen und bewerten zu können. In diesem Zusammenhang empfiehlt es sich, bei der Lektüre dieses Buches die Begutachtungsrichtlinien zur Hand zu haben, um die einzelnen vorgegebenen Schritte der Bearbeitung des Formulargutachtens besser nachvollziehen zu können.

Das Buch versteht sich auch als Kommentar für die Praxis des Begutachtungsprozesses. Deswegen werden sowohl die wesentlichen rechtlichen Grundlagen der Begutachtung aufgenommen und erläutert als auch mögliche Rechtsmittel gegen ergangene Leistungsbescheide der Pflegekassen.

Für die Medizinischen Dienste der Krankenversicherung besteht im Rahmen des Begutachtungsverfahrens die Pflicht, dem Grundsatz der vollständigen Tatsachenermittlung gerecht zu werden. Das heißt, im Rahmen der persönlichen Befunderhebung ist von den Gutachtern der Hilfebedarf bei jeder einzelnen Verrichtung zu erfragen (vgl. BRi Abschnitt D4.0/IV). Deswegen wurde der Katalog der anerkennungsfähigen Verrichtungen mit ausführlichen Erläuterungen aufgenommen, um klären zu können, inwieweit der MDK seiner Verpflichtung im Einzelfall nachgekommen ist.

Ein im Zusammenhang mit der Feststellung von Pflegebedürftigkeit immer wieder kontrovers diskutiertes Thema ist die zeitliche Bewertung des Hilfebedarfs. Zwar besteht innerhalb der Pflegewissenschaft ganz überwiegend die Auffassung, dass allein der Zeitfaktor ungeeignet ist, um den Umfang des Hilfebedarfs zu bewerten. Dennoch ist der Zeitwert im gegenwärtig geltenden Begutachtungssystem der alleinige Bestimmungsfaktor für die Empfehlung einer Pflegestufe. Vor diesem Hintergrund werden die Zeitorientierungswerte der Begutachtungsrichtlinien aufgegriffen und hinterfragt. Darüber hinaus werden Fallkonstellationen vorgestellt, die ein Abweichen von den Zeitorientierungswerten rechtfertigen können.

Das vorliegende Buch verzichtet auf die Darstellung der Besonderheiten bei der Feststellung von Pflegebedürftigkeit bei Kindern, da mehr als vier Fünftel der Leistungsempfänger in der gesetzlichen Pflegeversicherung älter als 60 Jahre sind.

**Klaus-Peter Buchmann, Frank Hirschkorn**
Leipzig, im März 2014

# Inhaltsverzeichnis

# Einleitung

*Klaus-Peter Buchmann*

1

## 1.1 Pflegebegutachtung – eine Bestandsaufnahme

Dass Pflegebedürftigkeit in Deutschland längst nicht mehr nur einzelne Menschen und ihre Familien/Angehörigen betrifft, sondern insgesamt ein Szenario darstellt, das zu einer gesamtgesellschaftlichen Aufgabe geworden ist, ist für sich betrachtet keine neue Erkenntnis. Eine repräsentative Umfrage des Allensbach-Instituts (»Weil Zukunft Pflege braucht«) im Jahr 2012 hat ergeben, dass etwa 10 Mio. Familien einen pflegebedürftigen Angehörigen versorgen und weitere 17 Mio. Familien damit rechnen, in den nächsten 5–10 Jahren in einer solchen Situation zu sein. Wird angenommen, dass durch jede einzelne Pflegebedürftigkeit ca. 3 weitere Menschen als Angehörige, Lebenspartner, Freunde usw. davon betroffen sind, hieße das, dass praktisch jeder Bundesbürger direkt oder indirekt von Pflegebedürftigkeit berührt ist.

Auch die Zahl jährlicher Begutachtungen zur Pflegebedürftigkeit in der sozialen wie in der privaten Pflege-Pflichtversicherung macht die gesellschaftliche Dimension von Pflege deutlich: insgesamt ist im Jahr 2012 knapp 1,7 Mio. Mal begutachtet worden.

Ebenso wenig neu ist die Erkenntnis, dass das größte Risiko, pflegebedürftig zu werden, mit zunehmendem Lebensalter steigt. Daraus lässt sich die Schlussfolgerung ableiten, dass – je älter Menschen werden – auch das Risiko der Pflegebedürftigkeit umso größer wird. Das insgesamt steigende Lebensalter lässt daher erwarten, dass Pflegethemen zu Fragen jedes einzelnen Menschen werden, da die Wahrscheinlichkeit, einmal selbst der Pflege zu bedürfen, heute so hoch ist wie noch nie zuvor und weiter zunimmt.

- **Unabhängige Gutachter**

Mit der Einführung des Pflege-Neuausrichtungs-Gesetzes (PNG) in das Elfte Buch des Sozialgesetzbuches (Gesetz zur sozialen Absicherung des Risikos von Pflegebedürftigkeit – [SGB XI]) im Jahr 2012 hat der Gesetzgeber die Beauftragung unabhängiger Gutachter im Verfahren zur Feststellung von Pflegebedürftigkeit durch die Pflegekassen eingeführt (§ 53b SGB XI). Zwar ist die Beteiligung externer Fachkräfte, also solcher Personen, die nicht in einem sozialversicherungspflichtigen Angestelltenverhältnis zu einem Medizinischen Dienst der Krankenversicherung (MDK) stehen, als Gutachter auch bis zu diesem Zeitpunkt möglich gewesen. Allerdings bestand eine Einschränkung darin, dass – wenn externe Fachkräfte in ein Begutachtungsverfahren nach § 18 SGB XI einbezogen werden sollten, z. B. weil den MDK entsprechende fachliche Kompetenzen nicht zur Verfügung standen – diese primär aus anderen Gutachterdiensten, insbesondere des öffentlichen Gesundheitswesens zu beauftragen waren. Diese Praxis wurde durch den Gesetzgeber nunmehr theoretisch erweitert.

- **Wiederkehrende Bearbeitungsmängel bei den Formulargutachten**

Häufig sind immer wieder auftretende vergleichbare Mängel bei der Bearbeitung der Formulargutachten im derzeitigen Begutachtungsverfahren zu finden. Dies ist teilweise den nahezu identischen oder wortgleichen Formulierungen der dokumentierten Inhalte geschuldet. Hier scheinen die Gutachter der MDK Textbausteine zu verwenden, was gemessen an der Zahl der jährlich durchgeführten Begutachtungen – verstanden als eine Form von Arbeitseffizienz – durchaus verständlich ist. Dennoch: diese häufig verwendeten Formulierungen werden nicht dadurch besser bzw. im Sinne der Begutachtungs-Richtlinien richtiger, weil sie häufig und nicht nur vereinzelt in einigen Bundesländern verwendet werden.

Lässt man sich darauf ein, solche textbausteinartigen Formulierungen zu durchdringen und auf ihren (pflege-)fachlichen Gehalt zu prüfen – Maßstab dabei sind immer die Richtlinien des GKV-Spitzenverbandes zur Begutachtung von Pflegebedürftigkeit nach dem XI. Buch des Sozialgesetzbuches (Begutachtungs-Richtlinien – BRi) – kann oft festgestellt werden, dass der jeweiligen Aussagekraft eine fachlich nur untergeordnete Bedeutung beigemessen werden kann.

Ein in diesem Zusammenhang häufig anzutreffendes Beispiel ist das als solches bezeichnete »Toilettentraining«, etwa wenn beispielsweise dokumentiert wird: »Toilettentraining als aktivierende Pflegemaßnahme wird nicht durchgeführt«. Hier ist man geneigt anzumerken, dass das auch kaum verwunderlich ist, da Toiletten im Allgemeinen nicht trainiert werden können.

■ **Leistungsanspruch und Leistungsbedarf**

Bei bestehender und nach dem Elften Buch des Sozialgesetzbuches (SGB XI) anerkannter Pflegebedürftigkeit stellt sich häufig die Frage, ob der anerkannte Leistungsanspruch dem tatsächlichen Leistungsbedarf auch entspricht bzw. diesem angemessen ist. Dies zu beurteilen ist u. a. Aufgabe professionell pflegenden Fachpersonals, zu denen auch die Feststellung gehört, ob die Empfehlungen durch die Begutachtungen der Medizinischen Dienste der Krankenversicherung (MDK) sachgerecht und dem jeweils tatsächlich vorliegenden Bedarf angemessen sind. Grundlage dafür sind die Begutachtungs-Richtlinien (BRi).

Differenzierte Kenntnisse zum Verfahren der Feststellung von Pflegebedürftigkeit nach dem SGB XI und den relevanten Richtlinien sind Voraussetzung für eine umfassende, kompetente und qualifizierte Beratung pflegebedürftiger Menschen und ihrer Angehörigen im Blick auf die durch das Pflegeversicherungsgesetz vorgesehenen Leistungen.

Diese Aufgabe wird in ambulanten Pflegediensten (Sozialstationen), genauso wie in (teil-)stationären Pflegeeinrichtungen – häufig, aber nicht ausschließlich – den Pflegedienstleitungen zukommen, etwa im Rahmen von Erstbesuchen oder Aufnahmen, aber auch im Zusammenhang mit der Leistungsbeantragung bei der jeweils zuständigen Pflegekasse bzw. auch bei der Prüfung erlassener Leistungsbescheide und damit ggf. verbundenen Widerspruchsverfahren.

■ **Aufgaben Pflegender im Rahmen der Pflegebedarfsermittlung**

Die Anerkennung von Pflegebedürftigkeit nach dem SGB XI, als Leistungsvoraussetzung des Pflegeversicherungsgesetzes, lässt sich häufig nicht allein im Rahmen des vorgesehenen Antragsverfahrens abschließend klären. In sich ggf. anschließenden Widerspruchs- und Klageverfahren geht es für beruflich pflegendes Fachpersonal primär um die differenzierte Betrachtung des Hilfebedarfs als Ursache von Pflegebedürftigkeit. Oder anders ausgedrückt: Aufgabe des Pflegefachpersonals im

Rahmen der Bewertung des Pflegebedarfs als Voraussetzung dafür, bestehende Leistungsansprüche gegenüber der jeweils zuständigen Pflegekasse durchzusetzen, ist die pflegefachliche Expertise, die vorhandene Selbstpflegedefizite in ihrem jeweiligen Ausmaß darstellt und begründet.

Für die für die Beurteilung des Umfangs vorliegender Pflegebedürftigkeit verantwortlichen Mitarbeitenden in Pflegeeinrichtungen gelten die vorliegenden Betrachtungen im Rahmen der Vorverfahren (Widerspruchsverfahren) bei sogenannten »laufenden« Leistungsanträgen in gleicher Weise. Können Leistungsanträge der Pflegeversicherung in den ca. 11.600 stationären Pflegeeinrichtungen und durch die mehr als 12.000 ambulanten Pflegedienste mit hoher pflegefachlicher Kompetenz im Blick auf das Verfahren zur Feststellung von Pflegebedürftigkeit begleitet werden, dürfte dies auch von einiger gesundheitsökonomischer Bedeutung sein, weil sich dadurch die Zahl von Widerspruchs- und Klageverfahren mit großer Wahrscheinlichkeit reduzieren ließe.

In diesem Zusammenhang dürfte von Interesse sein, dass Widerspruchsverfahren bei Begutachtungen im ambulanten Bereich bei ca. einem Drittel der Antragsteller zu einer anderen als der ursprünglichen Empfehlung der MDK geführt haben. Bei Widersprüchen aus dem stationären Bereich wurde in knapp der Hälfte aller Begutachtungsergebnisse nach Widerspruch eine andere Pflegestufe empfohlen.

## 1.2 Sozialgerichtliche Klageverfahren

Wird das Klageaufkommen vor deutschen Sozialgerichten der vergangenen 16 Jahre betrachtet, so ist festzustellen, dass die Zahl der Klageverfahren zwischen den Jahren 1997 und 2001 um 10% gestiegen ist. Demgegenüber steigerte sich das Klageaufkommen bis zum Ende des Jahres 2012 noch einmal um mehr als ein Drittel. Hierbei handelt es sich nicht allein um Streitverfahren im Rahmen der Pflegeversicherung, diese standen mit insgesamt 8.578 erledigten Verfahren am Ende des Jahres 2012, gemessen an der Häufigkeit aller vor Sozialgerichten geführten Klagen, erst an neunter Stelle.

**Tab. 1.1** Sozialgerichtliche Sachgebiete, in denen im Jahr 2010 durch Einholung eines oder mehrerer Gutachten Beweis erhoben wurde

| Sachgebiete | Anzahl der Verfahren der jeweiligen Sachgebiete insgesamt | Anzahl der Verfahren mit einem oder mehreren Gutachten | In Prozent |
|---|---|---|---|
| Rentenversicherung | 70.581 | 27.068 | 38,35 |
| Feststellung einer Behinderung nach SGB IX | 47.960 | 22.235 | 46,36 |
| Unfallversicherung | 19.935 | 8.402 | 42,14 |
| Pflegeversicherung (SGB XI) | 8.115 | 3.375 | 41,58 |
| Krankenversicherung SGB V | 31.224 | 2.851 | 9,13 |

- **Beteiligung von Sachverständigen in sozialgerichtlichen Streitverfahren**

Relevant ist ebenfalls die Betrachtung der Sachgebiete von Sozialgerichten, in denen besonders häufig Beweis durch Einholung eines oder mehrerer Sachverständigengutachten erhoben wurde. **Tab. 1.1** gibt hierüber einen Überblick:

- **Verfahrensveranlassung und Verfahrensausgänge in der Krankenversicherung**

Von Interesse ist ebenfalls, dass von den 48.650 am Jahresende 2012 erledigten Klageverfahren aus dem Bereich der Krankenversicherung mehr als die Hälfte (55%) der Klageverfahren durch Versicherte bzw. leistungsberechtigte Personen veranlasst wurden. In den Verfahren aus dem Bereich der Pflegeversicherung sind 91% der Klagen durch Versicherte bzw. leistungsberechtigte Personen angestrengt worden. Der Vollständigkeit halber ist zu erwähnen, dass aus dem Bereich der Krankenversicherung gut 4% der Klageverfahren ganz oder teilweise durch die Versicherten/Leistungsberechtigten gewonnen wurden; hingegen unterlagen Versicherte/Leistungsberechtigte vollständig in gut 10% aller Fälle. Andere Erledigungsarten der Klageverfahren erklären sich durch Zurücknahme der Klage, sonstiges Endurteil, angenommenes Anerkenntnis, gerichtlicher Vergleich, übereinstimmende Erledigungserklärung, Unterbrechung, Ruhen/Aussetzen des Verfahrens etc.

- **Verfahrensausgänge in der Pflegeversicherung**

Im Bereich der Pflegeversicherung wurden im Jahr 2012 gut 6% (6,07%) aller Klageverfahren durch Obsiegen bzw. teilweisem Obsiegen der Versicherten/Leistungsberechtigten beendet. Jedoch bedeutet diese zunächst sehr gering erscheinende Zahl nicht, dass alle anderen Verfahren für die Versicherten/Leistungsberechtigten negativ ausgegangen sind. Tatsächlich unterlagen Versicherte/Leistungsberechtigte in gut 14% (14,54%) der erledigten Klagen. Mehr als ein Drittel der Klagen (35,45%) wurde zurückgenommen, 13% endeten durch übereinstimmende Erledigungserklärung, mehr als 14% durch angenommenes Anerkenntnis und mehr als 9% (9,46%) durch gerichtlichen Vergleich. Auf die letztgenannten Weisen sind damit etwa drei Viertel der Verfahren zu Ende gebracht worden; die übrigen Klagen wurden durch instanzenbeendenden Gerichtsbescheid, Verweisung an andere Gerichte, Aussetzung/Ruhen des Verfahrens und/oder Unterbrechung erledigt.

Einen Überblick, wie lange Sozialgerichtsverfahren in Angelegenheiten der Kranken- und der Pflegeversicherung durchschnittlich dauern, gibt **Tab. 1.2**.

Zu beachten ist, dass die in **Tab. 1.2** angegebenen Werte Durchschnittswerte sind, die nicht nach Instanzen differenziert wurden.

Diese Zahlen sollen ausdrücklich nicht dazu dienen, die Arbeitsweise der deutschen Sozialgerichte zu interpretieren. Vielmehr ist damit ein Teil

| ◼ Tab. 1.2 Verfahrensdauer bei Sozialgerichten | | |
|---|---|---|
| **Verfahren in Angelegenheiten der** | **Durchschnittliche Verfahrensdauer (in Monaten)** | **Durchschnittliche Verfahrensdauer bei Erledigung durch Urteil (in Monaten)** |
| Krankenversicherung | 15 | 24 |
| Pflegeversicherung | 12 | 20 |

des Kontextes beschrieben, in dem sich Pflegesachverständige bewegen, wenn sie im Rahmen von Beweiserhebungen zur Erstattung von Gutachten herangezogen werden. Darüber hinaus soll zum Ausdruck gebracht werden, dass Sachverständige durch ihre Arbeit die der Sozialgerichte mit beeinflussen und zwar in Dauer, Verlauf und Ausgang der Verfahren.

Die nachfolgenden Textbeispiele aus Urteilsbegründungen zeigen, in welcher Weise Richter in formulierten Urteilen wertschätzend Bezug auf die Arbeit der Pflegesachverständigen genommen haben:

» Durch Beweisanordnung wurde XY zum Sachverständigen auf dem Gebiet der Pflegeversicherung ernannt. In seinem Gutachten vom (…), das nach angeordnetem Hausbesuch am (…) erstellt wurde, stellt der Sachverständige fest, dass (…). Dafür wurde ein täglicher Hilfeaufwand von insgesamt x Minuten ermittelt. Die vom Sachverständigen ermittelten Zeitwerte sind im Hinblick auf die Richtlinien der Spitzenverbände der Pflegekassen zur Begutachtung von Pflegebedürftigkeit nach dem SGB XI nicht zu beanstanden. «

oder

» Da der Sachverhalt zeitnah und umfassend durch das Gerichtsgutachten aufgeklärt worden ist, konnte … «

oder

» Die Voraussetzungen der Pflegestufe, insbesondere ein Hilfebedarf in der Grundpflege, d. h. bei den in § 14 Absatz 4 Nrn. 1–3 SGB XI aufgezählten Verrichtungen von mehr als xx Minuten pro Tag, lagen zur Überzeugung des Gerichts aufgrund des

ausführlichen und detaillierten Gutachtens des Sachverständigen XY nicht vor. «

**• Vorverfahren – Widerspruchsverfahren**

Bevor der Klageweg vor einem Sozialgericht gegen einen ablehnenden Leistungsbescheid einer Pflegekasse beschritten werden kann, muss das sogenannte Vorverfahren abgeschlossen sein. Das heißt, dass auf einen Leistungsbescheid hin widersprochen wurde und ein die beantragte Leistung ablehnender, rechtsmittelfähiger Widerspruchsbescheid vorliegen muss.

Der Widerspruchsbescheid hat eine Rechtsbehelfsbelehrung zu enthalten, in dem das für eine in Frage kommende Klage gegen den Bescheid zuständige Sozialgericht benannt ist.

**• Häufigkeit von Widerspruchsverfahren**

Im fünften Bericht der Bundesregierung über die Entwicklung der Pflegeversicherung und den Stand der pflegerischen Versorgung wird Auskunft über die Häufigkeit von Widersprüchen im Zusammenhang mit erteilten Leistungsbescheiden gegeben. Nach den Angaben des Spitzenverbandes der gesetzlichen Krankenversicherungen (GKV-Spitzenverband), auf die sich die Daten des fünften Berichtes der Bundesregierung beziehen, wurde gegen die auf den Begutachtungsergebnissen beruhenden Leistungsbescheide im ambulanten Bereich in 7,4% und aus dem stationären Bereich in 4,2% widersprochen.

Nach Angaben des Pflegereports 2013 der BARMER-GEK wurden im Jahr 2012 insgesamt 1.589.371 Begutachtungen durchgeführt. Ferner ist im Pflegereport zu lesen, dass im Jahr 2012 (wie etwa auch in den vorangegangenen Jahren) in ca. 6,5% aller Begutachtungen gegen die Leistungsbescheide widersprochen wurde. Das entspricht ca. 155.783 Widersprüchen.

**1**

■ **Ergebnisse von Widersprüchen**

Im fünften Bericht der Bundesregierung wird mitgeteilt, dass in 65,7% der Widerspruchsbegutachtungen im ambulanten Bereich die Begutachtungsempfehlungen des Vorgutachtens bestätigt worden sind. Das heißt zugleich, dass Wiederholungs- bzw. Widerspruchsgutachten bei mehr als einem Drittel der Widersprüche zu einem neuen Ergebnis geführt haben und eine andere Begutachtungsempfehlung durch die MDK ausgesprochen wurde. Bei Widersprüchen aus dem stationären Bereich wurde das Ergebnis der Erst- bzw. Höherstufungsbegutachtungen in 46,3% revidiert.

Bei knapp 3% (2,6%) aller Begutachtungen wurde durch die MDK nach Widerspruch eine andere Pflegestufe empfohlen. Die Differenz zur angegebenen Anzahl der im Jahr 2012 insgesamt durchgeführten Begutachtungen ergibt sich aus der Durchführung separater Begutachtungsverfahren zu Leistungsanträgen nach § 45a SGB XI. Ob und in welchem Ausmaß wegen nicht oder nicht in ausreichendem Umfang anerkannter Leistungsansprüche, wegen in erheblichen oder in erhöhtem Maße eingeschränkter Alltagskompetenz Widersprüche erhoben wurden, lässt sich den veröffentlichten Statistiken nicht entnehmen.

Insgesamt ist festzustellen, dass es – wäre nicht gegen die gegebenen Pflegestufenempfehlungen der MDK widersprochen worden – im Jahr 2012 mehr als 41.000 Menschen mehr gegeben hätte, deren Leistungsbezug nicht dem aktuellen Leistungsbedarf entsprach.

■ **Häufigkeit von Klageverfahren in Angelegenheiten der Pflegeversicherung**

Den Veröffentlichungen lässt sich gleichfalls nicht entnehmen, in wie vielen Fällen die nicht abgeholfenen Widerspruchsverfahren zu Klagen vor Sozialgerichten geführt haben. Einzigen Anhaltspunkt dafür bildet die Veröffentlichung des statistischen Bundesamtes »Rechtspflege« (Fachserie 10, Reihe 2.7 [Sozialgerichte]). Danach wurden, wie oben bereits erwähnt, im Jahr 2012 insgesamt 8.578 Verfahren in Angelegenheiten der Pflegeversicherung vor den Sozialgerichten abschließend geführt, von denen 7.806 Verfahren (das entspricht 91%), durch Versicherte bzw. Leistungsberechtigte eingeleitet wurden.

Da das Verhältnis von nach Begutachtungen ausgesprochenen Pflegestufenempfehlungen zu eingeleiteten Widerspruchs- und schließlich Klageverfahren als relativ gering zu bewerten ist, wird es kaum verwundern, dass daraus Rückschlüsse auf die Qualität der Begutachtungsergebnisse gezogen wird. So ist bereits im dritten Bericht der Bundesregierung zur Pflegeversicherung, der den Zeitraum der Jahre 2001–2003 umfasst, zu lesen, dass der geringe Anteil an Widerspruchsverfahren – gemessen an der Gesamtzahl aller Begutachtungen – als ein Qualitätsmerkmal der Begutachtungspraxis der Medizinischen Dienste zu werten sei.

■ **Qualität und Qualitätssicherung**

Wenn eine solche Schlussfolgerung zu ziehen auch durchaus möglich zu sein scheint, bleibt die Frage, ob diese Deutung die einzig mögliche Bewertung sein kann. Dass Widerspruchsverfahren (und im weiteren Verlauf das Klageverfahren) nicht eingeleitet worden sind, mag verschiedene Hintergründe haben, zu denken ist beispielsweise an krankheitsbedingte Belastungen, mangelnde Unterstützung, Resignation, Nichtwissen, Fristversäumnis oder dergleichen mehr. Mit anderen Worten: An dieser Stelle ist davon auszugehen, dass eine hohe »Dunkelziffer« von potenziellen Widerspruchsführern/ Klägern vorhanden ist, die aus unterschiedlichen Gründen kein weiteres Verfahren verfolgen. Gerade vor dem Hintergrund der Altersstruktur der Leistungsberechtigten (◘ Tab. 1.4), dürfte dies nicht zu unterschätzen sein. Wird dabei berücksichtigt, dass 52% aller Begutachtungen im Jahr 2012 Erstbegutachtungen waren, in deren Ergebnis bei gut etwa zwei Dritteln Pflegebedürftigkeit festgestellt wurde, heißt das gleichzeitig, dass bei knapp einem Drittel aller Erstanträge Pflegebedürftigkeit nicht festgestellt worden ist und die Leistungsanträge abgelehnt worden sind. Hier sind sowohl Leistungsanträge zur Anerkennung von Pflegebedürftigkeit und Anträge auf zusätzliche Betreuungsleistungen subsumiert.

Zugleich wirft dies Fragen nach der internen Qualitätssicherung bei den medizinischen Diensten auf. Die wenigen konkreten Veröffentlichungen zum System der Qualitätssicherung geben einen quantitativen Überblick bezüglich intern und auch extern durchgeführter Qualitätsprüfungen eines

Jahres, in die Gutachten der medizinischen Dienste einbezogen werden. Schwerpunkte der Qualitätsprüfungen liegen den Angaben zufolge in der Transparenz, der Vollständigkeit und der Nachvollziehbarkeit der Angaben in den Gutachten.

Die Bemühungen, beim Spitzenverband der medizinischen Dienste Einzelheiten zum Verfahren der Qualitätssicherung in Erfahrung zu bringen, blieben leider erfolglos. Zwar wurde zunächst eine Einsichtnahme in das Qualitätssystem in Aussicht gestellt, konnte dann leider jedoch nicht erfolgen. Nach Einsichtnahme und Auswertung von Gutachten im Rahmen der Vorbereitung dieser Publikation bleiben jedenfalls Zweifel.

Schließlich wurde am 22. November 2013 die Broschüre »Qualitätsprüfung der Pflegebegutachtung 2012« in elektronischer Form zur Verfügung gestellt. Leider waren die Vorbereitungen für dieses Buch zu dem Zeitpunkt bereits soweit abgeschlossen, dass eine Auswertung des Assessments und der Ergebnisse des Berichts nicht mehr berücksichtigt werden konnten.

## 1.3 Entwicklungen in der sozialen Pflegeversicherung

Seit im Jahr 1995 die soziale Pflegeversicherung als 5. Säule der Sozialversicherung in Deutschland eingeführt wurde, hat sich die Zahl der pflegebedürftigen Menschen mehr als verdoppelt. Waren im Jahr 1995 insgesamt 1.061.418 Menschen im Sinne des Pflegeversicherungsgesetzes pflegedürftig, waren es im Jahr 2012 bereits 2.396.654. Nach Angaben des Pflegereports 2013 der BARMER-GEK ist die Zahl der pflegebedürftigen Menschen seit dem Jahr 2000 um jährlich ca. 48.000 angestiegen.

Nach Vorausberechnungen der statistischen Ämter des Bundes und der Länder (Status-quo-Szenario), werden im Jahr 2030 insgesamt ca. 3,4 Mio. Menschen pflegebedürftig sein. Weitere prognostische Vorausberechnungen gehen davon aus, dass sich die Zahl der pflegebedürftigen Menschen bis zum Jahr 2050, gemessen am Basisjahr 2010, verdoppelt haben und dann bei insgesamt 4,5 Mio. liegen wird. Unterschiedliche und abweichende Angaben einzelner Vorausberechnungen beruhen auf unterschiedlichen Berechnungsmodellen und der Tatsache, dass einzelne Berechnungsmodelle ausschließlich von gesetzlich Versicherten in der sozialen Pflegeversicherung ausgehen, während in anderen Modellen auch privat-pflegepflichtversicherte Personen einbezogen wurden (so etwa Vorausberechnung des DIW, 2001).

Bei den Vorausberechnungen der Entwicklung der Pflegebedürftigkeit ist gleichfalls zu berücksichtigen, dass die Einführung eines aktualisierten Pflegebedürftigkeitsbegriffes und die damit verbundenen Auswirkungen im Sinne der Erweiterung des anspruchsberechtigten Personenkreises nicht berücksichtigt wurden. Damit kann weiter davon ausgegangen werden, dass die hier genannten Zahlen eher auf zurückhaltende Prognosen schließen lassen und damit von höheren Entwicklungswerten auszugehen sein wird. Die Ursachen und Hintergründe für diese vorausgedeuteten, aber nicht unbegründeten Prognosen basieren auf vorhersehbaren demografischen Entwicklungen. In der Fachliteratur zu diesem Thema sind Einzelheiten hinreichend dargestellt.

### ■ Risiko Pflegebedürftigkeit

Wie bereits erwähnt, besteht das höchste Risiko, pflegebedürftig zu werden, im voranschreitenden Alter. In den Altersgruppen der 60-jährigen und älteren Menschen ist die Pflegebedürftigkeit sehr viel höher als in jüngeren Altersgruppen. Da heute bereits absehbar ist, dass gerade die Gruppe der 60-jährigen und älteren Menschen künftig stark ansteigen wird, ist demzufolge auch mit einem insgesamt zunehmenden Pflegebedarf zu rechnen. Die 12. koordinierte Bevölkerungsvorausberechnung hat bereits gezeigt, dass im Jahr 2030 ca. 28,5 Mio. Menschen 60 Jahre und älter sein werden; das ist mehr als jeder 4. Einwohner Deutschlands. Bei einer gleichzeitig insgesamt rückläufigen Bevölkerungszahl, der Annahme einer konstant bleibenden Geburtenentwicklung sowie einer gleichbleibenden Zu- und Abwanderungsrate, entwickelt sich der Anteil der über 60-Jährigen bis zum Jahr 2050 auf etwa 40% der Gesamtbevölkerung (❒ Tab. 1.3).

### ■ Altersstruktur in der gesetzlichen Pflegeversicherung

Betrachtet man die Altersstruktur der Leistungsempfänger in der sozialen Pflegeversicherung, fällt

◻ **Tab. 1.3**  Bevölkerungsentwicklung der 60-jährigen und älteren Menschen bis zum Jahr 2050

| Bevölkerungsentwicklung | 2009 | 2030 | 2050 |
|---|---|---|---|
| Insgesamt | 81.735.000 | 77.350.000 | 69.412.000 |
| davon 60–70 Jahre | 9.197.000 | 12.572.000 | 9.541.000 |
| davon 70–80 Jahre | 7.839.000 | 9.479.000 | 8.159.000 |
| davon 80–90 Jahre | 3.656.000 | 4.929.000 | 7.905.000 |
| davon 90 Jahre und älter | 477.000 | 1.488.000 | 2.319.000 |

◻ **Tab. 1.4**  Altersstruktur der Leistungsempfänger in der sozialen Pflegeversicherung in den einzelnen Pflegestufen am 31.12.2012

| Alter | Pflegestufe I | Pflegestufe II | Pflegestufe III |
|---|---|---|---|
| 60–70 Jahre | 119.556 | 58.746 | 14.359 |
| 70–80 Jahre | 318.019 | 167.780 | 54.754 |
| 80–90 Jahre | 524.664 | 284.575 | 94.490 |
| 90 Jahre und älter | 172.819 | 131.589 | 51.398 |
| Gesamt | 1.135.058 | 642.690 | 215.001 |
| In % aller Leistungsbezieher | 47,36 | 26,81 | 8,97 |

auf, dass, wie ◻ Tab. 1.4 zeigt, im Jahr 2011 knapp 83% der Leistungsempfänger älter als 60 Jahre waren.

## 1.4  Entwicklungen in der privaten Pflege-Pflichtversicherung

Etwa 10% aller versicherungspflichtig beschäftigten Menschen in Deutschland sind privatrechtlich versichert und damit auch privat pflege(pflicht-)versichert. Die private Pflege-Pflichtversicherung unterscheidet sich inhaltlich kaum von der sozialen Pflegeversicherung. Nach § 23 Absatz 6 Ziffer 1 SGB XI sind für Versicherte der privaten Pflege-Pflichtversicherung dieselben Maßstäbe bei der Feststellung von Pflegebedürftigkeit und der Zuordnung zu einer Pflegestufe bindend wie für Versicherte in der sozialen Pflegeversicherung. Das heißt, dass privatrechtlich Versicherte nicht schlechter gestellt werden dürfen als gesetzlich versicherte Personen. In Einzelheiten werden die Versicherungsbedingungen und Versicherungs-leistungen durch die Tarifbestimmungen der jeweiligen Versicherungsunternehmen geregelt. Versicherungsbedingungen und Tarifstufen sind auf den Internetseiten der meisten Versicherungs-unternehmen einsehbar.

Ein Unterschied besteht also weniger in dem inhaltlichen Leistungsanspruch als im Weg, diesen geltend zu machen. Zwar ist ein entsprechender Leistungsantrag gleichfalls an das jeweilige Versicherungsunternehmen zu richten; dies ist im Regelfall der gleiche Versicherungsträger, der auch gegen das Risiko von Erkrankungen versichert, das Krankenversicherungsunternehmen. Mit der Begutachtung zur Feststellung von Pflegebedürftigkeit wird hier aber nicht der jeweils regional zuständige MDK beauftragt, sondern die Medicproof GmbH.

▪ **Medizinischer Dienst der privaten Versicherungswirtschaft**

Die Medicproof ist ein Tochterunternehmen des Verbandes der privatrechtlichen Krankenversicherungen mit Sitz in Köln, die praktisch die gleichen

Aufgaben erfüllt, wie die Medizinischen Dienste der Krankenversicherung. Etwas vereinfacht ließe sich sagen: Die Medicproof ist der MDK der privaten Kranken- und Pflegeversicherung. Während die Medicproof bis zu einer Satzungsänderung im Jahr 2010 den Beinamen »Gesellschaft für medizinische Gutachten« führte, nennt sie sich nunmehr im Namenszusatz auch »Der medizinische Dienst der Privaten«.

Ähnlich wie die medizinischen Dienste der Krankenversicherung nimmt auch die Medicproof für sich in Anspruch, ein neutraler Dienstleister zu sein. Die insgesamt 44 privatgewerblich organisierten Versicherungsunternehmen, die eine Pflege-Pflichtversicherung anbieten sowie die Postbeamtenkrankenkasse und die Krankenversorgung der Bundesbahnbeamten beauftragen die Medicproof u. a. zur Erarbeitung von Gutachten zur Feststellung von Pflegebedürftigkeit. Ein wesentlicher Unterschied zur Begutachtung durch einen MDK besteht darin, dass die Medicproof – nach eigenen Angaben – zur Beurteilung vorliegender Pflegebedürftigkeit und des Ausmaßes ausschließlich Ärzte für die Begutachtungen einsetzt. Das Begutachtungsinstrument ist dem Formulargutachten des Abschnittes G 2 der Begutachtungs-Richtlinien des GKV-Spitzenverbandes zur Begutachtung von Pflegebedürftigkeit nach dem XI. Buch des Sozialgesetzbuches wesentlich angeglichen.

Bundesweit arbeitet die Medicproof mit einem Netz freiberuflicher Mitarbeiter, die – je nach Region – mit Begutachtungen beauftragt werden.

Ein weiterer, wesentlicher Unterschied zur sozialen Pflegeversicherung besteht darin, dass durch Pflegebedürftigkeit entstehende Kostenaufwendungen in der vertraglich vereinbarten Höhe durch das Versicherungsunternehmen erstattet werden. Das heißt, notwendige Kosten müssen durch die Versicherten vorverauslagt werden, die – bei entsprechender Anerkennung – durch das Versicherungsunternehmen zu erstatten sind.

■ **Gutachtenaufträge bei der Medicproof**

Durch die Medicproof wurden im Jahr 2012 insgesamt 108.464 Gutachtenaufträge zur Pflege-

bedürftigkeit bearbeitet. Daran ist ablesbar, dass der Begutachtungsumfang in der privaten Pflege-Pflichtversicherung insgesamt gleichfalls angestiegen ist, im Jahr 2012 – im Vergleich zum Vorjahreszeitraum – um 5%. 84% aller Begutachtungsaufträge der Medicproof waren Aufträge zur Feststellung von Pflegebedürftigkeit sowie der Ermittlung einer entsprechenden Pflegestufe.

■ **Einwendungen**

Kommen in der privaten Pflege-Pflichtversicherung Zweifel an den Begutachtungsergebnissen auf, werden diese – anders als in der sozialen Pflegeversicherung – nicht mittels Widerspruch, sondern durch sogenannte Einwendungen gegenüber dem Versicherungsunternehmen angezeigt. Einwendungen wurden im Jahr 2012 insgesamt bei mehr als 5% aller Begutachtungsergebnisse zur Pflegebedürftigkeit geltend gemacht (in der sozialen Pflegeversicherung liegt die Widerspruchsquote bei etwa 6,5%).

Der weitaus überwiegende Teil der Einwendungen (6,3%) richtete sich gegen Begutachtungsergebnisse bei Kindern. Insgesamt wird auch durch die Medicproof von einem sich im Laufe der Jahre konstant entwickeltem Niveau hinsichtlich der Häufigkeit von Einwendungen berichtet.

Bei Einwendungen durch die Versicherungsnehmer wird grundsätzlich ein Zweitgutachten durch die Medicproof erstellt. Im Jahr 2012 haben mehr als die Hälfte aller Einsprüche (57%) im Zweitgutachten zu einer höheren Pflegestufenempfehlung geführt. Begründet wird dies dadurch, dass oft ein längerer Zeitraum bis zur Zweitbegutachtung vergeht, in dem sich ein zunehmender Pflegebedarf entwickelt haben kann.

■ **Klageverfahren in der privaten Pflege-Pflichtversicherung**

Ein Unterschied zur sozialen Pflegeversicherung besteht des Weiteren darin, dass – um ein Klageverfahren zu eröffnen – ein formales Vorverfahren im Sinne eines Widerspruchsverfahrens nicht erforderlich ist, sondern gegen eine Leistungsentscheidung direkt geklagt werden kann; die Frist beträgt hier 6 Monate ab Bekanntgabe des Bescheides.

◻ **Tab. 1.5** Altersstruktur stationär versorgter Versicherter in der privaten Pflege-Pflichtversicherung

| Altersgruppe | Anteil gesamt | Davon weiblich | Davon männlich |
|---|---|---|---|
| 66–80 Jahre | 30,68% | 13,48% | 17,20% |
| 81–90 Jahre | 47,21% | 28,61% | 18,60% |
| 90 Jahre und älter | 13,17% | 8,58% | 4,59% |

- **Altersstruktur in der privaten Pflegversicherung**

Mit ◻ Tab. 1.4 wurde die Altersstruktur der Leistungsempfänger in der sozialen Pflegeversicherung dargestellt. In der privaten Pflege-Pflichtversicherung ist prozentual ein noch höherer Anteil der Pflegebedürftigen über 80 Jahre zu verzeichnen, als dies im Jahr 2012 in der sozialen Pflegeversicherung der Fall gewesen ist.

So lag der Anteil der ambulant versorgten Versicherungsnehmer in der Altersgruppe der 66- bis 80-jährigen Versicherten bei mehr als 35% (weiblich 13,54%, männlich 21,70%). In der Altersgruppe der 81- bis 90-jährigen Versorgten betrug der Anteil im Jahr 2012 knapp 43% (weiblich 23,02%, männlich 19,77%). Älter als 90 Jahre waren in diesem Zeitraum mehr als 8% der ambulant versorgten Pflege-Pflichtversicherten (weiblich 5,38%, männlich 3,26%).

Im stationären Versorgungsbereich stellt sich der Anteil privatversicherter leistungsberechtigter Personen in den einzelnen Altersgruppen wie in ◻ Tab. 1.5 dar.

Dass die Zahl der Leistungsberechtigten in der privaten Pflege-Pflichtversicherung in den nächsten Jahren ansteigen wird, lässt sich damit begründen, dass der Großteil der insgesamt privat versicherten Personen den hier betrachteten Altersgruppen noch nicht angehört. Die oben beschriebenen demografischen Entwicklungen, insbesondere die Zunahme des Personenkreises der 60-jährigen und älteren Menschen wird sich auch in einer zunehmenden Leistungspflicht privatgewerblicher Versicherer niederschlagen.

Welches der bisher in Deutschland existierenden Finanzierungsmodelle, das Umlageverfahren der sozialen Pflegeversicherung oder das kapitalgedeckte Verfahren der privaten Versicherungsbranche, sich unter den beschriebenen Vorausset-zungen und demografischen Entwicklungen als das richtigere, weil belastbarere erweisen wird, kann hier nicht diskutiert werden und wird abzuwarten bleiben.

**Fazit**

Mit diesem Kapitel wurden bisherige und zu erwartende Entwicklungen in der sozialen und in der privaten Pflegeversicherung beschrieben und Aufgaben beruflich Pflegender im Rahmen des Verfahrens zur Feststellung von Pflegebedürftigkeit benannt. Dargestellt wurden Häufigkeiten von Widerspruchs- und Klageverfahren und – anhand veröffentlichter Statistiken – deren Erfolg aus Sicht von Pflegebedürftigen bzw. der Pflegepersonen. Aufgrund der gegebenen Altersstruktur sowohl in der sozialen wie auch in der privaten Pflegeversicherung ist davon auszugehen, dass die Zahl der widerspruchs- bzw. klageführenden versicherten Personen sehr wahrscheinlich wesentlich größer wäre, wenn auf entsprechendes Unterstützungspotenzial zurückgegriffen werden könnte. Dies wird insbesondere dort als Aufgabe professionell Pflegender verstanden, wo Differenzen zwischen Leistungsbedarf und Leistungsgewährung unübersehbar sind.

**Literatur**

Bundesministerium für Gesundheit (2003) Vierter Bericht der Bundesregierung über die Entwicklung der Pflegeversicherung und den Stand der pflegerischen Versorgung in der Bundesrepublik Deutschland. ▶ http://www.bmg.bund.de/pflege/pflegeversicherung/pflegeberichte.html. Zugegriffen: 12. Februar 2014

Bundesministerium für Gesundheit (2011) Fünfter Bericht der Bundesregierung über die Entwicklung der Pflegeversicherung und den Stand der pflegerischen Versorgung in der Bundesrepublik Deutschland. ▶ http://www.bmg.bund.de/pflege/pflegeversicherung/pflegeberichte.html. Zugegriffen: 12. Februar 2014

Gaertner T. et al. (2009) Die Pflegeversicherung. Begutach-
    tung Qualitätsprüfung Beratung Fortbildung, 2. Aufl. De
    Gruyter, Berlin
Medicproof, Der medizinische Dienst der Privaten (2013)
    Tätigkeitsbericht 2012. ▶ http://www.medicproof.de/
    fileadmin/user_upload/Bildmaterial/PDF/Medicproof_
    Taetigkeitsbericht_2012_Webversion.pdf. Zugegriffen:
    12. Februar 2014
Statistische Ämter des Bundes und der Länder (Hrsg) (2010)
    Demografischer Wandel in Deutschland. Heft 2: Auswir-
    kungen auf Krankenhausbehandlungen und Pflege-
    bedürftige im Bund und in den Ländern. Statistisches
    Bundesamt, Wiesbaden. ▶ https://www.destatis.de.
    Zugegriffen: 12. Februar 2014
Statistisches Bundesamt (2013) Rechtspflege Sozialgerich-
    te, Fachserie 10 Reihe 2.7. Statistisches Bundesamt,
    Wiesbaden
Rothgang H, Müller, Unger R (2013) BARMER GEK Pflegere-
    port 2013 (Schriftenreihe zur Gesundheitsanalyse Bd 23).
    Asgard-Verlagsservice, Siegburg

# Der Pflegebedürftigkeitsbegriff nach SGB XI

*Frank Hirschkorn*

## 2.1 Gesetzliche Definition

Die soziale Absicherung des Risikos der Pflegebedürftigkeit erfolgt im Rahmen einer sozialen Pflegeversicherung, deren Grundlagen im Sozialgesetzbuch XI definiert sind.

Von zentraler Bedeutung ist der Begriff der Pflegebedürftigkeit, im SGB XI, konkret in § 14, legal definiert. Dabei folgt die Pflegebedürftigkeitsdefinition des Gesetzes keinem der in der Pflegewissenschaft diskutierten Pflegemodelle[1].

§ 14 SGB XI definiert den Begriff der Pflegebedürftigkeit in Abs. 1 wie folgt:

---
**Definition**

Pflegebedürftig »(…) sind die Personen, die wegen einer körperlichen, geistigen oder seelischen Krankheit oder Behinderung für die gewöhnlichen und regelmäßig wiederkehrenden Verrichtungen im Ablauf des täglichen Lebens auf Dauer, voraussichtlich für mindestens 6 Monate, in erheblichem oder höherem Maße (…) der Hilfe bedürfen«.

---

Diese gesetzliche Definition ist nach der Rechtsprechung des Bundessozialgerichtes[2] ein gerichtlich voll überprüfbarer Rechtsbegriff, der durch die Sozialgerichte auszulegen und abzugrenzen ist. Insofern ist es zunächst erforderlich, die einzelnen Bausteine der gesetzlichen Definition nachfolgend genauer darzustellen.

- **Fünf Kriterien des Pflegebedürftigkeitsbegriffs**

Die Definition des Pflegebedürftigkeitsbegriffs in § 14 SGB XI enthält 5 Kriterien, die, bezogen auf eine Person, erfüllt sein müssen, damit diese pflegebedürftig im Sinne der sozialen Pflegeversicherung ist. Demnach sind Personen dann pflegebedürftig, wenn sie

– wegen einer körperlichen, geistigen oder seelischen Krankheit oder Behinderung,

– für die gewöhnlichen und regelmäßig wiederkehrenden Verrichtungen im Ablauf des täglichen Lebens

– auf Dauer, voraussichtlich für mindestens 6 Monate,

– in erheblichem oder höherem Maße

– der Hilfe bedürfen.

### 2.1.1 Krankheit oder Behinderung als Grund der Pflegebedürftigkeit

Ein Versicherungsfall der sozialen Pflegeversicherung erfordert damit zunächst einmal das Vorliegen einer Krankheit oder einer Behinderung des Pflegebedürftigen.

Dabei muss zwischen der Krankheit oder Behinderung und dem Hilfebedarf ein ursächlicher Zusammenhang bestehen, d. h. Krankheit oder Behinderung müssen eine zwar nicht alleinige, doch aber wesentliche Bedingung für den Hilfebedarf sein. Insbesondere bei der Bewertung des krankheits- oder behinderungsbedingten Hilfebedarfs bei Säuglingen oder Kindern wird diese Problematik relevant, weil bei diesen der entwicklungsbedingt typischerweise bestehende Pflegebedarf eben nicht zu berücksichtigen ist.

---
**Definition**

Der Begriff Krankheit wird definiert als ein körperlicher, geistiger oder seelischer Zustand, der von demjenigen eines gesunden Menschen abweicht und die ärztliche Behandlung erfordert[3].

---

Unter Hinweis auf eine Resolution der UN-Vollversammlung werden als behindert jene Personen angesehen, die aufgrund einer angeborenen oder erworbenen Schädigung körperlicher, geistiger oder seelischer Art nicht in der Lage sind, sich ganz oder teilweise aus eigener Kraft wie ein Nichtbehinderter die entsprechende Stellung in Arbeit, Beruf und Gesellschaft zu sichern[4]. Nach § 2 Abs. 1 SGB IX gelten Menschen als behindert, wenn ihre

---

1 Ausführlicher hierzu *Klie* in LPK-SGB XI §§ 14-19 Rdn. 6 ff.

2 BSG 30.09.1993 – 4 RK 1/92 (zum Begriff der Schwerpflegebedürftigkeit nach § 53 Abs. 1 SGB V, dem der Begriff der Pflegebedürftigkeit nachgebildet ist).

3 *Pitz* in HB FA Sozialrecht Kapitel 14 Rdn. 82.

4 Deklaration der Vollversammlung der UN, Resolution 3447: Rechte der Behinderten.

körperliche Funktion, geistige Fähigkeit oder seelische Gesundheit mit hoher Wahrscheinlichkeit länger als 6 Monate von dem für das Lebensalter typischen Zustand abweicht und daher ihre Teilhabe am Leben in der Gesellschaft beeinträchtigt ist.

Für die Pflegebedürftigkeit kommt es auf die Schwere einer Krankheit oder Behinderung bzw. auf die Zuerkennung eines bestimmten Grades der Behinderung nicht an[5]. Ebenso ist die Ursache der Erkrankung ohne Belang[6]. Der Gesetzgeber hat, obwohl er auf die Definition des Krankheits- und Behindertenbegriffs verzichtete, in Abs. 2 des § 14 SGB XI einen Katalog möglicher Krankheiten oder Behinderungen genannt. Dies sind:

— Verluste, Lähmungen oder andere Funktionsstörungen am Stütz- und Bewegungsapparat,
— Funktionsstörungen der inneren Organe oder der Sinnesorgane,
— Störungen des Zentralnervensystems, wie Antriebs-, Gedächtnis- oder Orientierungsstörungen sowie endogene Psychosen, Neurosen oder sonstige Behinderungen

> ❯ Die im Gesetz vorgenommene Aufzählung ist nicht abschließend, sondern soll verdeutlichen, dass medizinische Ursachen vorliegen müssen, um eine Pflegebedürftigkeit nach dem SGB XI zu begründen, und dass organische und psychische Krankheiten bzw. geistige Behinderungen gleichberechtigt zu berücksichtigen sind[7].

### 2.1.2  Pflegebedürftigkeit auf Dauer

Das Gesetz verlangt für den Eintritt des Versicherungsfalles, dass die Pflegebedürftigkeit auf Dauer besteht. Ein dauerhafter Hilfebedarf soll dann gegeben sein, wenn dieser voraussichtlich für mindestens 6 Monate vorliegt.

Insofern ist einerseits klargestellt, dass der Leistungsanspruch nicht erst nach Ablauf von 6 Monaten besteht; vielmehr beginnt er mit dem Eintritt der Hilfebedürftigkeit. Mit diesem Zeitpunkt und der entsprechenden Antragstellung ist andererseits aufgrund fachlicher Prognose zu entscheiden, ob der Pflegebedarf voraussichtlich auf Dauer bestehen wird, wobei der Gesetzgeber das Merkmal der Dauerhaftigkeit dann für erfüllt erachtet, wenn der prognostisch zu überblickende Zeitraum 6 Monate beträgt und der Pflegebedarf innerhalb dieses Zeitraumes voraussichtlich erforderlich sein wird[8].

Zugleich ist das Merkmal der Dauerhaftigkeit auch dann erfüllt, wenn der prognostische Pflegebedarf beispielsweise palliativ versorgter Menschen wegen der geringen Lebenserwartung voraussichtlich nicht mehr die Dauer von 6 Monaten erreichen wird[9].

### 2.1.3  Hilfebedarf

Führen Krankheit oder Behinderung eines Versicherten zu einem Funktionsausfall oder zu einem Funktionsdefizit und sind hierdurch seine motorischen, geistigen oder seelischen Fähigkeiten eingeschränkt oder verloren gegangen, begründet dies zugunsten des Versicherten einen Hilfebedarf.

Der Gesetzgeber hat jedoch nicht jegliche denkbaren Einschränkungen und den sich hieraus ergebenden Hilfebedarf als Versicherungsfall definiert. Es sind eben gerade nicht sämtliche Bedürfnisse eines Pflegebedürftigen in die Leistungspflicht der sozialen Pflegeversicherung aufgenommen. Berücksichtigungsfähig sind nur jene Funktionsausfälle und -defizite, die mit den gewöhnlichen und regelmäßig wiederkehrenden Verrichtungen im Ablauf des täglichen Lebens im Zusammenhang stehen. Hierfür definiert § 14 Abs. 4 SGB XI einen Verrichtungskatalog, der Leistungen im Bereich der Körperpflege, der Ernährung und Mobilität sowie im Bereich der hauswirtschaftlichen Versorgung näher bezeichnet bzw. in einzelne Teiltätigkeiten dieses Bereichs untergliedert.

Der Wille des Gesetzgebers, hier einen abschließenden Katalog zu definieren[10], ist durch die Rechtsprechung anerkannt und bestätigt worden[11].

---

5  BSG 09.07.1998 – B 3 P 10/98 R.
6  KassKomm/*Koch* § 14 SGB XI Rdn. 11.
7  *Udsching* SGB XI § 14 Rdn. 9.

8  *Klie* in LPK-SGB XI § 14 Rdn. 5.
9  *Udsching* SGB XI § 14 Rdn. 7.
10 BT-Drucks. 12/5262 seit 95.
11 BSG 26.11.1998 – B 3 P 13/97 R.

Die Verrichtungen der Körperpflege, der Ernährung und Mobilität werden unter dem Begriff der Grundpflege zusammengefasst (zu der Kritik an der Begrifflichkeit ▶ Kap. 7). Die Intensität der Leistungen der Grundpflege und die Intensität der Leistungen aus dem weiteren Bereich der hauswirtschaftlichen Versorgung sind letztlich maßgeblich für die Bestimmung der Pflegestufen.

> ▶ Leistungsvoraussetzung ist, dass zumindest einmal täglich Hilfe im Bereich der Grundpflege erforderlich ist. Damit scheidet eine Pflegebedürftigkeit selbst dann aus, wenn der Versicherte aufgrund von Krankheitsschüben mehrmals monatlich in erheblichem Maße fremder Hilfe bedarf[12]. Es genügt nicht, wenn neben der hauswirtschaftlichen Versorgung allein ein allgemeiner Beaufsichtigungsbedarf besteht[13].

Zugleich werden nur diejenigen Verrichtungen erfasst, die regelmäßig wiederkehrend sind. In der wöchentlichen Bilanz können indes Leistungen Berücksichtigung finden, die regelmäßig, aber nicht täglich anfallen, wenn die Verrichtungsbezogenheit gewährleistet ist, so etwa das Baden oder das Duschen[14]. Verrichtungen, die seltener als zumindest einmal pro Woche vorkommen, bleiben unberücksichtigt, auch wenn sie einen hohen Zeitaufwand verursachen[15].

Von den im Leistungskatalog definierten Hilfestellungen der Grundpflege sind die Hilfestellungen der Behandlungspflege abzugrenzen. Maßnahmen der Behandlungspflege sind krankheitsspezifische Pflegemaßnahmen, die durch eine bestimmte Krankheit verursacht werden, speziell auf den Krankheitszustand des Versicherten ausgerichtet sind und dazu beitragen, die Krankheit zu heilen, ihre Verschlimmerung zu verhüten und Krankheitsbeschwerden zu verhindern oder zu lindern[16]. Eine solche Differenzierung trifft die Pflegeperson im Alltag allerdings nur selten, sofern die Leistungen keine besonderen fachlichen Kenntnisse erfordern.

Ausgehend vom Grundsatz, dass die Behandlungspflege nicht bei der Ermittlung des Hilfebedarfs zu berücksichtigen ist[17], sind Ausnahmen für diejenigen Maßnahmen der Behandlungspflege anerkannt, die untrennbarer Bestandteil einer Verrichtung der Grundpflege sind oder in unmittelbarem zeitlichen und sachlichen Zusammenhang mit der Hilfe bei einer Verrichtung aus dem Grundpflegebereich durchzuführen sind[18]. Kann eine Verrichtung der Grundpflege aufgrund der Grunderkrankung oder der Behinderung des Versicherten nicht in der üblichen Form erbracht werden oder muss sie aus diesem Gründen häufiger als üblich durchgeführt werden, so ist auch der krankheitsbedingt erforderliche zusätzliche Aufwand für die Leistungen aufgrund Pflegebedürftigkeit zu berücksichtigen[19].

Da die gesetzliche Sozialversicherung als Versicherung in Teilbereichen konzipiert ist, sind über die Verrichtungshilfen der Grundpflege und der hauswirtschaftlichen Versorgung hinaus weitere Bedarfsbereiche ausgeschlossen, weshalb etwa Maßnahmen zur Förderung der Kommunikation[20] ebenso unberücksichtigt bleiben wie Maßnahmen aus den Bereichen Unterhaltung und Bildung[21] oder der Freizeitgestaltung[22].

## 2.1.4 Die einzelnen Verrichtungen

Wie erwähnt, definiert § 14 Abs. 4 SGB XI die im Bereich der Pflegeversicherung zu berücksichtigenden Verrichtungen im Ablauf des täglichen Lebens für den Bereich der Grundpflege und den Bereich der hauswirtschaftlichen Versorgung in enumerativer Form. Die Aufzählung soll in der schematischen ◘ Abb. 2.1 veranschaulicht werden:

---

12  BSG 19.11.2008 – B 3 P 27/08 B.
13  LSG Bayern 30.03.2011 – L 2 P 51/09.
14  *Klie* in LPK-SGB XI.
15  BSG 29.04.1999 – B 3 P 12/98.
16  BSG 17.03.2005 – B 3 KR 9/04 R.

17  BSG 19.02.1998 – B 3 P 5/97 R.
18  *Hübsch/Meindl* Leistungen der Pflegeversicherung § 14 Rdn. 12 mit Bsp.
19  BSG 26.11.1998 – B 3 P 20/97 R; wg. zeitaufwendiger Form des Badens als auch für das nachfolgende Einfetten der Haut, das der durch die Neurodermitis verursachten Gefahr des Austrocknens der Haut entgegenwirken soll.
20  BSG 26.11.1998 – B 3 P 13/97 R, BSG 10.02.2000 – B 3 P 12/99 R.
21  BSG 05.08.1999 – B 3 P 1/99 R.
22  BSG 19.02.1998 – B 3 P 11/97 R.

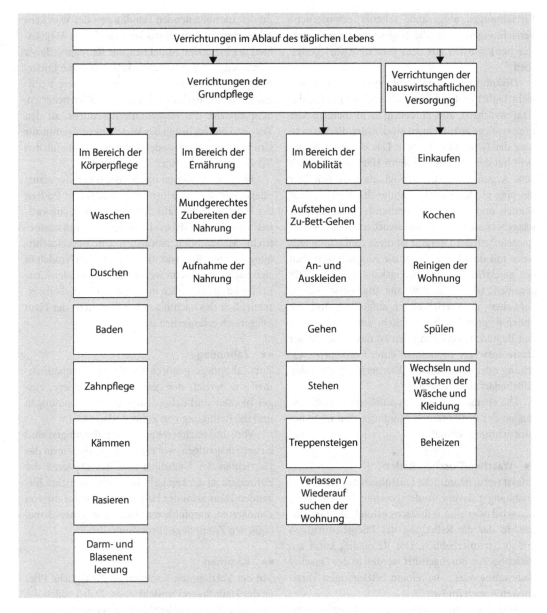

**◘ Abb. 2.1** Verrichtungen im Ablauf des täglichen Lebens

> Noch einmal ist deutlich zu machen, dass dieser Katalog des Gesetzes abschließend ist. Weder können andere Verrichtungen ergänzend herangezogen werden noch kommt eine weitergehende Auslegung der einzelnen, im Verrichtungskatalog abschließend genannten Verrichtungen in Betracht[23].

Insofern ist maßgeblich, was unter den einzelnen Verrichtungen verstanden wird. Hierzu im Einzelnen:

▪ **Körperpflege**

Als ein Teiltatbestand der Verrichtungen im Bereich der Grundpflege sind zunächst Maßnahmen der Körperpflege aufgeführt. Dabei hat der Gesetzgeber ausdrücklich nur die täglich erforderlichen

---
23 KassKomm/*Koch* § 14 SGB XI Rdn. 14.

Verrichtungen aufgezählt, seltener erforderliche Verrichtungen (z. B. die Nagelpflege, das Haarewaschen) wurden aus dem Gesetzentwurf gestrichen[24].

Diskutiert wird, ob nicht dennoch einige der nicht täglich notwendigen Maßnahmen (z. B. das Haarewaschen), die eindeutig dem Bereich der Körperpflege zuzurechnen sind, unter die Verrichtung der Grundpflege fallen. Das Bundessozialgericht hat den Hilfebedarf beim Haarewaschen mit dem Argument berücksichtigt, dass es sich hier um eine eindeutige Maßnahme der Körperpflege handelt und der entgegenstehende Wille des Gesetzgebers sich im Gesetzeswortlaut nicht widerspiegele[25]. In der Literatur ist diese Auffassung teilweise mit dem Hinweis auf die Abgeschlossenheit des gesetzlichen Verrichtungskatalogs auf Kritik gestoßen, wie darüber hinaus angemerkt wurde, dass eben nur Verrichtungen aufgeführt sind, die ohnehin grundsätzlich täglich anfallen[26]. Nach den Begutachtungsrichtlinien ist das Waschen der Haare entweder Bestandteil einer Ganzkörperwaschung oder einzeln als Teilkörperwäsche auf den Hilfebedarf anrechenbar.

Die ebenso nicht täglich anfallenden Hilfeleistungen der Pediküre und Maniküre sind nicht berücksichtigungsfähig[27].

#### ▪▪ Waschen/Duschen/Baden

Erfasst werden sämtliche Leistungen des Waschens, unabhängig davon, ob der gesamte Körper gereinigt wird oder eine Teilwäsche erfolgt. Die Örtlichkeit, in der die Reinigung des Pflegebedürftigen erfolgt, ist unerheblich. Die Reinigung kann am Waschbecken durchgeführt werden in der Dusche/ Badewanne oder – bei einem bettlägerigen Versicherten – auch im Bett.

Erfasst werden – wie bei allen anderen Verrichtungen auch – zugleich die vor- und nachbereitenden Handlungen. Zu den vorbereitenden Handlungen gehören beispielsweise das Zurechtlegen der erforderlichen Utensilien (z. B. Seife, Waschtuch)[28].

Zu den nachbereitenden Handlungen des Waschens zählen neben dem Abtrocknen auch das Wegräumen der benutzten Mittel bzw. die Reinigung dieser Utensilien und des Waschbeckens sowie die Entfernung von Wasserflecken[29]. Ob auch weitere Reinigungsarbeiten nach dem Waschen des Versicherten, beispielsweise des Badezimmerfußbodens, zu den Vor- und Nacharbeiten des Waschens und damit zur Grundpflege gehören oder der hauswirtschaftlichen Versorgung zuzurechnen sind, ist strittig[30].

Pflegerisch notwendige Maßnahmen der Hautpflege, wie das Einreiben, Eincremen und Pudern der Haut, sind ebenfalls der Körperpflege zugeordnet[31]. Es darf sich dabei allerdings nicht um kosmetische Maßnahmen handeln[32]. Um berücksichtigungsfähige Hilfeleistungen beim Baden handelt es sich auch dann, wenn wegen einer Neurodermitis-Erkrankung ein täglich notwendiges Pflegebad einschließlich des nachfolgenden Einfettens der Haut pflegerisch erforderlich ist[33].

#### ▪▪ Zahnpflege

Zur Zahnpflege gehören sämtliche Hilfsmaßnahmen im Bereich der gesamten Mundpflege, eingeschlossen sind dabei also auch Mundspülungen und die Reinigung von Zahnprothesen.

Vor- und nachbereitende Verpflichtungen sind zu berücksichtigen, wobei hier insbesondere an das Herrichten der Utensilien und das Dosieren der Zahnpasta zu denken ist[34]. Bei der zu berücksichtigenden Häufigkeit der Hilfeleistung ist auf die von Zahnärzten empfohlenen Intervalle einer 3-mal täglichen Zahnpflege zurückzugreifen[35].

#### ▪▪ Kämmen

Mit der Verrichtung Kämmen ist die tägliche Pflege des Haupthaares umschrieben. Dabei sollen die individuellen Besonderheiten längeren Haares, das größere Pflege benötigt als kurzes Haar, berücksichtigt werden[36].

---

24   BT-Drucks. 12/5952 S. 35.

25   BSG 31.08.2000 – B 3 P 14/99.

26   KassKomm/*Koch* § 14 SGB XI Rdn. 16.

27   BSG 19.02.1998 – B 3 P 11/97 R.

28   *Pitz* in HB FA Sozialrecht Kapitel 14 Rdn. 91.

29   *Pitz* a. a. O., *Klie* in LPK SGB XI § 14 Rdn. 11.

30   *Klie* in LPK SGB XI § 14 Rdn. 11.

31   BSG 31.08.2000 – B 3 P 14/99.

32   BSG 13.05.2004 – B 3 P 7/03 R.

33   BSG 26.11.1998 – B 3 P 20/97.

34   *Pitz* in HB FA Sozialrecht Kapitel 14 Rdn. 92.

35   *Klie* in LPK-SGB XI.

36   *Pitz* in HB FA Sozialrecht Kapitel 14 Rdn. 94.

Der Hilfebedarf im Bereich des Haupthaares ist auf die Maßnahme des Kämmens beschränkt. Das Haareschneiden gehört nicht zu einer Verrichtung des täglichen Lebens der Grundpflege[37].

■■ **Rasieren**

Mit Rasieren ist sämtlicher Hilfebedarf bei der Durchführung der Trocken- oder Nassrasuren umschrieben; auch die mit der Rasur zusammenhängenden Maßnahmen der Haut- und Gesichtspflege sind erfasst[38].

Obwohl grundsätzlich auch der Hilfebedarf bei der Rasur eines Damenbartes zu erfassen wäre, sind die Maßnahmen der Rasur einschließlich der Haut- und Gesichtspflege i.d.R. Männern vorbehalten. Insofern wird kontrovers diskutiert, ob Maßnahmen der Haut- und Gesichtspflege bis hin zu Maßnahmen des Schminkens bei Frauen im Sinne einer Gleichstellung ebenfalls zu berücksichtigen sind. Man wird dies im Ergebnis verneinen müssen. Die tägliche Verrichtung des Rasierens, die im Katalog des § 14 SBG XI vom Gesetzgeber aufgeführt ist, ist der Körperpflege immanenter als die Verrichtung des Schminkens, wobei Letzteres im Übrigen nicht nur Frauen vorbehalten ist. Die Aufnahme der Verrichtung des Rasierens in den Katalog der Körperpflegemaßnahmen ist letztlich keine Ungleichbehandlung, sondern zwingende Folge der physiologischen Unterschiede zwischen den Geschlechtern[39].

■■ **Darm- oder Blasenentleerung**

Der Hilfsbedarf bei der täglichen Verrichtung der Darm- und Blasenentleerung ist weit zu verstehen und umfasst erforderliche vor- und nachbereitende Tätigkeiten.

Zu diesem Prozess gehört das notwendige Entkleiden und das nachfolgende Anziehen der Kleidung, die Intimhygiene, das Säubern nach dem Wasserlassen oder dem Stuhlgang. Erforderliche Nacharbeiten, wie eine Reinigung der Toilette oder des verwendeten Toilettenstuhles, sind einzubezie-

hen[40]. Soweit die Versicherten mit einem Katheter versorgt werden, sind Entleerung und Reinigung des Katheters eingeschlossen.

Die Pflegewissenschaft verfolgt das Prinzip der aktivierenden Pflege, woraus sich ein tendenziell höherer Hilfebedarf beispielsweise für Maßnahmen des Toiletten- oder Kontinenztrainings ergibt[41]. Zugleich sind die individuellen Rechte und Bedürfnisse der Versicherten zu beachten, weshalb sich die Notwendigkeit nächtlicher Begleitung zur Toilette ergeben kann, wenn der Pflegebedürftige anderenfalls nur einen Toilettenstuhl in einem Doppelzimmer nutzen könnte[42]. Versicherte dürfen zur Verringerung des Pflegebedarfs auch nicht auf die Versorgung mit Windeln oder Blasenkathetern verwiesen werden[43].

● **Ernährung**

Verrichtungen im Ablauf des täglichen Lebens, die unter dem Begriff Ernährung zusammengefasst sind, sind einerseits das mundgerechte Zubereiten der Nahrung und andererseits die Hilfe bei der Aufnahme der Nahrung.

Problematisch ist häufig die Abgrenzung zum Kochen, das der hauswirtschaftlichen Versorgung zugerechnet wird. Nicht alle Maßnahmen, die im konkreten Einzelfall zum Ernährungsvorgang gehören, sind Maßnahmen der Grundpflege. Erfasst ist vielmehr nur die Hilfe bei der Nahrungsaufnahme selbst sowie die letzten Vorbereitungsmaßnahmen, soweit solche nach der Fertigstellung der Mahlzeit krankheits- oder behinderungsbedingt noch erforderlich werden[44]. Insofern gehören die gesamten Maßnahmen zur Vorbereitung der Nahrungsaufnahme, die mit dem Erstellen eines Speiseplans oder dem Einkauf beginnen kann, zum Bereich der hauswirtschaftlichen Versorgung[45].

Diese Differenzierung wird bei kalten Speisen (»Brotzeit«) deutlich: Selbst das am Esstisch vorgenommene Belegen von Brötchen gehört noch zur hauswirtschaftlichen Versorgung, sodass die Verrichtungen der Grundpflege erst mit dem

---

37   *Pitz* a. a. O.

38   *Udsching* SGB XI § 14 Rdn. 29.

39   So im Ergebnis auch *Pitz* in HB FA Sozialrecht Kapitel 14 Rdn. 93, a. A. *Udsching* SGB XI § 14 Rdn. 29 und *Klie* in LPK-SGB XI § 14 Rdn. 11.

40   *Pitz* in HB FA Sozialrecht Kapitel 14 Rdn. 95.

41   *Klie* in LPK SGB XI § 14 Rdn. 11.

42   SG Köln 24.06.1997 – S 9 P 50/95.

43   BSG 31.08.2000 – B 3 P 14/99 R.

44   BT-Drucks. 12/5262, S. 96, 97.

45   *Pitz* in HB FA Sozialrecht Kapitel 14 Rdn. 97.

Zerkleinern und dem Zureichen des Brötchens beginnen[46].

Nicht zu den Ernährungsmaßnahmen der Grundpflege gehören auch die Verrichtungen, die wegen Stoffwechselerkrankungen erforderlich sind. Macht es die Versorgung von an Diabetes erkrankten Menschen nötig, den Blutzuckergehalt zu bestimmen und die Berechnung der aufzunehmenden Broteinheiten vorzunehmen, gehört dies nicht zur Zubereitung der Nahrung[47], sondern vielmehr zur Behandlungspflege im Rahmen des SGB V.

#### ▪▪ Mundgerechte Zubereitung

Demzufolge wird unter dem mundgerechten Zubereiten nur das unmittelbare Vorbereiten einer bereits gekochten Mahlzeit zur Nahrungsaufnahme verstanden[48].

Dies sind alle Schritte, die pflegebedingt über die übliche Form der Zubereitung der Nahrung hinausgehen. Dies kann das Zerkleinern der Nahrungsmittel in portionsgerechte Stücke sein, auch das Passieren oder Pürieren der vorbereiteten Speisen. Zu den unmittelbar mit der Nahrungsaufnahme zusammenhängenden Hilfestellungen gehört auch die Trennung nicht essbarer Bestandteile der zubereiteten Nahrung, wie etwa das Heraustrennen eines Knochens und das Entfernen von Gräten, das Einfüllen von Getränken in Trinkgefäße und das Einweichen von harter Nahrung bei Kau- und/oder Schluckstörungen[49].

#### ▪▪ Aufnahme der Nahrung

Berücksichtigungsfähig sind sämtliche Hilfeleistungen beim unmittelbaren Vorgang des Essens, wie beispielsweise das Zureichen der zur Aufnahme vorbereiteten Mahlzeiten.

Hilfe bei der Nahrungsaufnahme ist dabei auch die Aufsicht während der Nahrungsaufnahme durch den Versicherten, soweit diese erforderlich ist, weil er die Notwendigkeit der Nahrungsaufnahme nicht erkennt. Die gebotene Intensität der Aufsicht muss dabei über das bloße »Im-Auge-Behalten« des Pflegebedürftigen und das vereinzelte, gelegentliche Auffordern, das Gelegenheit zur gleichzeitigen Erledigung anderer Tätigkeit lässt, hinausgehen[50].

Die Aufsicht zur Verhinderung übermäßigen Essens gehört dagegen nicht zur Hilfe bei der Nahrungsaufnahme[51].

Wird der Versicherte mit Sondennahrung versorgt, so zählen die damit verbundenen Maßnahmen ebenfalls zur Hilfe bei der Nahrungsaufnahme[52].

Die Gabe von Medikamenten gehört grundsätzlich nicht in den Bereich der Nahrungsaufnahme, sondern ist Behandlungspflege, selbst wenn durch die Medikamente die Nahrungsaufnahme überhaupt erst möglich wird (z. B. Gabe von Insulin bei Diabetes)[53].

#### ▪ Mobilität

Umfasst ist der Hilfebedarf für die Mobilitätsmaßnahmen innerhalb der Wohnung, die häufig auf die Aktivierung des Pflegebedürftigen abzielen.

Ein Hilfebedarf außerhalb der Wohnung ist nur unter bestimmten Umständen beim Verlassen und Wiederaufsuchen der Wohnung anrechnungsfähig, wenn dieser regelmäßig und auf Dauer besteht. Die Hilfen außerhalb der Wohnung sind im Bereich der Pflegeversicherung nur jene oder solche Maßnahmen, die erforderlich sind, um das Weiterleben des Versicherten in der eigenen Wohnung zu ermöglichen, mithin Krankenhausaufenthalte und stationäre Pflege in einem Pflegeheim zu vermeiden[54]. Berücksichtigungsfähig sind nur jene Verrichtungen außerhalb der Wohnung, die für die Aufrechterhaltung der Lebensführung zu Hause unumgänglich sind und das persönliche Erscheinen des Pflegebedürftigen notwendig machen[55].

---

46   BSG 17.06.1999 – B 3 P 10/98 R.
47   BSG 19.02.1998 – B 3 P 5/97.
48   SG Bayern 15.04.2009 – L 2 P 10/08.
49   *Udsching* SGB XI § 14 Rdn. 30; zu der Problematik des Eingießens von Getränken vgl. auch BSG 31.08.2000 – 3 P 14/99.

50   KassKomm/*Koch* § 14 SGB XI Rdn. 17.
51   BSG 28.06.2001 – B 3 P 7/00 R.
52   KassKomm/*Koch* § 14 SGB XI Rdn. 17; kritisch hierzu *Udsching* SGB XI § 14 Rdn. 32 mit Hinweis auf das Erfordernis zur Verabreichung der Sondenernährung von ausgebildeten Pflegekräften nur unter ständiger ärztlicher Kontrolle, weshalb es sich hier um Behandlungspflege handele.
53   BSG 17.06.1999 – B 3 P 10/98 R.
54   LSG Berlin-Brandenburg 19.11.2009 – L 27 P 75/08.
55   KassKomm/*Koch* § 14 SGB XI Rdn. 19.

Viele für den Betroffenen wünschenswerte Hilfen sind insofern von der sozialen Pflegeversicherung nicht umfasst.

#### ▪ ▪ Aufstehen und Zu-Bett-Gehen

Im Rahmen des Verrichtungskataloges des § 14 Abs. 4 Nr. 3 SGB XI sind zunächst die Hilfeleistungen beim selbständigen Aufstehen und Zu-Bett-Gehen genannt.

Unter selbständigem Aufstehen versteht man alle Aktivitäten, die erforderlich sind und das Ziel haben, aus dem Bett herauszugelangen. Maßnahmen, die hiermit in Zusammenhang stehen, wie das Anlegen von Prothesen, oder hiermit vergleichbar sind, wie das Aufstehen aus einem Rollstuhl, werden miterfasst[56].

Bei der Verrichtung des Zu-Bett-Gehens sind alle Maßnahmen erfasst, die den Zweck und das Ziel haben, in ein Bett hineinzugelangen und eine zum Ruhen oder Schlafen geeignete Position im Bett einzunehmen[57].

Der Gesetzgeber hat ausdrücklich formuliert, dass Hilfsmaßnahmen im Bereich des »selbständigen« Aufstehens und Zu-Bett-Gehens erfasst sind, weshalb starke individuelle Unterschiede bei den einzelnen Versicherten zu akzeptieren sind. Es ist jeweils im Einzelfall auf den persönlichen Tagesablauf abzustellen. Der Hilfebedarf konkretisiert sich insofern anhand der individuell vom Versicherten veranlassten Zeitpunkte des Aufstehens und des Zu-Bett-Gehens, aber auch möglicher Ruhepausen während des Tages[58]. Gleichfalls ist auch diejenige Hilfe zu berücksichtigen, die sich aus einem unruhigen Schlaf oder häufigen Wachphasen ergibt, sei es durch nächtlich erforderliche Toilettengänge, durch nächtliche Unruhe oder Orientierungslosigkeit des Versicherten[59].

Unberücksichtigt indes bleiben Verrichtungen, die im weitesten Sinne Schlafhilfen darstellen oder zum Beruhigen beim Einschlafen gehören. Die Rechtsprechung hat die berücksichtigungsfähigen Verrichtungshilfen beim Zu-Bett-Gehen auf den körperlichen Vorgang selbst beschränkt[60]. Deshalb

stellt beispielsweise auch das Beruhigen von Kindern, das erforderlich ist, um das Einschlafen zu ermöglichen, keine Hilfe beim Zu-Bett-Gehen dar[61].

#### ▪ ▪ Liegen und Sitzen (»Umlagern«)

Nicht im Verrichtungskatalog der mobilitätsbezogenen Hilfebedarfe sind jene Maßnahmen genannt, die dem Pflegebedürftigen das Liegen und Sitzen ermöglichen; zu denken ist etwa an Fälle pflegerisch notwendiger Umlagerungen (Dekubitusprophylaxe).

Das Bundessozialgericht hat an dieser Stelle in dem ansonsten abschließend definierten Verrichtungskatalog des Gesetzes eine offensichtliche Gesetzeslücke erkannt und die Verrichtung »Liegen und Sitzen« ergänzend in den berücksichtigungsfähigen Verrichtungskatalog »aufgenommen«[62]. Damit ist klargestellt, dass aller Hilfebedarf zur Ermöglichung des Sitzens und Liegens, insbesondere aber auch die pflegerisch notwendigen Umlagerungsmaßnahmen, zu berücksichtigen sind.

#### ▪ ▪ An- und Auskleiden

Unter dem Begriff des An- und Auskleidens werden alle im Zusammenhang mit dem Entkleiden und Anziehen notwendigen Schritte verstanden.

Soweit pflegerisch erforderlich, gehört hierzu auch bereits die jahreszeit- oder wetterabhängige Auswahl der Bekleidung[63]. Dabei hat der Pflegebedürftige grundsätzlich das Recht, seine Kleidung selbst auszuwählen. Dem Verlangen, nur eigene Kleidung zu tragen, ist zu entsprechen[64].

Umfasst sind die Hilfen beim Öffnen und Schließen der Kleidungsstücke und bei der Einhaltung der Reihenfolge der Bekleidung. Der Hilfebedarf ist auch dann zu berücksichtigen, wenn dem Versicherten nur teilweise die Fähigkeit, sich zu ent- oder bekleiden, fehlt, beispielsweise mangels Möglichkeit, sich zu bücken und die Schuhe und Strümpfe zu erreichen[65]. Das Ausmaß des Hilfebedarfs ist von den individuellen Gewohnheiten

---

56   *Klie* in LPK-SGB XI § 14 Rdn. 13.
57   KassKomm/*Koch* § 14 SGB XI Rdn. 19.
58   *Pitz* in HB FA Sozialrecht Kapitel 14 Rdn. 99.
59   *Klie* in LPK-SGB XI § 14 Rdn. 13.
60   BSG 13.05.2004 – B 3 P 7/03 R.

61   BSG 29.04.1999 – B 3 P 7/98 R.
62   BSG 17.05.2000 – B 3 P 20/99 R.
63   *Klie* in LPK-SGB XI.
64   *Pitz* in HB FA Sozialrecht Kapitel 14 Rdn. 100.
65   *Pitz* a. a. O.

des Versicherten abhängig, weshalb der Bedarf auch mehrmals täglich auftreten kann, wenn etwa der Versicherte das Bedürfnis für eine Mittagsruhe hat[66].

Fehlt allerdings ein Bezug für die elementare Lebensführung, ist das An- und Auskleiden beispielsweise beruflich erforderlich, ist eine Hilfestellung im Bereich der sozialen Pflegeversicherung unbeachtlich[67].

Jedoch können zusätzliche Teilent-/bekleidungen als zu berücksichtigender Hilfebedarf erforderlich werden, z. B. bei regelmäßigen und auf Dauer verordneten Heilmitteln (Therapien).

### ▪▪ Gehen, Stehen und Treppensteigen

Der Hilfebedarf der diesbezüglichen Mobilisierung ist stark eingegrenzt und wird als notwendiger Hilfebedarf nur dann anerkannt, wenn diese Verrichtungen im Zusammenhang mit den sonst in § 14 Abs. 4 SBG XI genannten Verrichtungen im häuslichen Bereich im Zusammenhang stehen und hierfür erforderlich sind[68]. Es muss also eine Unterstützung beim Gehen für einen Toilettengang, der anderenfalls selbständig nicht möglich ist, erfolgen oder aber innerhalb der Wohnung durch eine Begleitung das Gehen ermöglicht werden, weil eine Einschränkung der Orientierungsfähigkeit gegeben ist[69].

Das regelmäßige Mobilisieren und aktive Bewegen von bettlägerigen Personen ist zur Vermeidung der Immobilität allerdings anerkennungsfähig[70].

Zu den Verrichtungen des Stehens und des Treppensteigens gilt ebenso zu beachten, dass diese ausschließlich innerhalb der Wohnung notwendig sein und zudem weitere Verrichtungen der täglichen Lebensführung erst ermöglichen müssen. Die Hilfe zum Stehen kann beispielsweise berücksichtigungsfähig sein, wenn das Waschen stehend am Waschbecken erfolgen soll[71].

Ferner zählen hierzu die Transferleistungen, wie z. B. die Hilfe beim Ein-/Aussteigen in/aus der Badewanne bzw. in/aus einer Duschtasse, das Umsetzen von einem Rollstuhl auf einen Sessel oder auf einen Toilettenstuhl. Hierbei ist zu berücksichtigen, dass jeder Transfer einzeln zu werten ist.

Hilfeleistungen außerhalb der Wohnung, selbst die Begleitung zu ärztlich empfohlenen Spaziergängen, ist nicht berücksichtigungsfähig[72].

### ▪▪ Verlassen und Wiederaufsuchen der Wohnung

Sicher wird und kann sich das Leben eines Pflegebedürftigen nicht auf den unmittelbaren häuslichen Bereich beschränken lassen. Wie schon erwähnt, sind dessen Verrichtungen, die mit dem Verlassen und Aufsuchen der Wohnung in Zusammenhang stehen, nur dann für einen etwaigen Hilfebedarf berücksichtigungsfähig, wenn sie für die Aufrechterhaltung der Lebensführung unumgänglich sind und das persönliche Erscheinen des Pflegebedürftigen unbedingt notwendig ist[73].

Grundsätzlich zu berücksichtigen ist insofern ein Hilfebedarf bei Arztbesuchen, weil in aller Regel der persönliche Besuch beim Arzt oder Zahnarzt zur Untersuchung und Diagnostik unumgänglich ist[74]. Der Hilfebedarf muss dabei regelmäßig und auf Dauer bestehen.

Hinsichtlich des Besuches von therapeutischen Einrichtungen, wie Krankengymnastik oder Logopädie, ist für die Berücksichtigungsfähigkeit des Hilfebedarfs in der sozialen Pflegeversicherung ebenfalls entscheidend, ob entsprechende vertragsärztliche Verordnungen regelmäßig und auf Dauer ausgestellt sind und diesen nachgegangen wird. In solchen anerkennungsfähigen Fällen sind die Hilfeleistungen beim Verlassen/Aufsuchen der Wohnung sowie beim Gehen, Stehen und Treppensteigen außerhalb der Wohnung zu berücksichtigen.

Hingegen ist die Unterstützung und Begleitung zu jedweden Rehabilitationsmaßnahmen (Begleitung zur Schule für körperlich oder geistig Behinderte, Begleitung auf dem Schulweg, dem

---

66 *Pitz* a. a. O., Bedarf soll in »vertretbarem Umfang« zu berücksichtigen sein.

67 BSG 06.08.1998 – B 3 P 17/97 R; LSG Baden-Württemberg, 23.06.2006 – L 4 P 723/05.

68 BSG 29.04.1999 – B 3 P 7/98 R; BSG 10.10.2000 – B 3 P 15/99 R.

69 vgl. mit Nachweisen der Rechtsprechung *Klie* in LPK-SGB XI § 14 Rdn. 13.

70 BSG 17.03.2005 – B 3 KR 35/04 R.

71 *Pitz* in HB FA Sozialrecht Kapitel 14 Rdn. 101.

72 *Pitz* a. a. O.

73 KassKomm/*Koch* § 14 SGB XI Rdn. 19.

74 BSG 24.06.1998 – B 3 P 4/97.

Weg zur Arbeitsstelle) nicht berücksichtigungs-fähig[75]. Entsprechend ist die Hilfe bei der Mobilität im Sinne des Pflegeversicherungsrechts für die Begleitung eines an Diabetes leidenden Kindes zu regelmäßigen sportlichen Aktivitäten verneint worden[76]. Auch der Hilfebedarf für das Aufsuchen eines Gottesdienstes aufgrund religiöser Bedürfnisse des Pflegebedürftigen ist unbeachtlich[77].

Bei erfassten Verrichtungen im Hinblick auf das Verlassen und Wiederaufsuchen der Wohnung ist neben der Begleitung während der Fahrt auch die Wartezeit und die Behandlungszeit beim Arzt oder Therapeuten berücksichtigungsfähig, wenn die Anwesenheit der Pflegeperson aus medizinischer Sicht erforderlich ist[78]. Daneben soll es aber auch ausreichen, wenn die Pflegeperson in den Zeiträumen anfallender Wartezeiten und Untersuchungen des Pflegebedürftigen keiner anderen Tätigkeit nachgehen kann, der sie sich widmen würde, wenn die Notwendigkeit der Hilfeleistung nicht bestünde[79].

> Besuche, die das Verlassen und das Wiederaufsuchen der Wohnung erforderlich machen, müssen gemäß der grundlegenden Gesetzessystematik mindestens einmal pro Woche anfallen, um einen zu berücksichtigenden Hilfebedarf im Bereich der sozialen Pflegeversicherung zu begründen[80].

■ **Hauswirtschaftliche Versorgung**
Neben den unter dem Begriff Grundpflege zusammengefassten Verrichtungen der Nr. 1–3 des § 14 Abs. 4 SGB XI beschreibt § 14 Abs. 4 Nr. 4 SGB XI die Verrichtungen im Ablauf des täglichen Lebens im Bereich der hauswirtschaftlichen Versorgung. Dabei sind nur solche Verrichtungen zu berücksichtigen, die für eine angemessene Lebensführung unumgänglich sind, d. h. beispielsweise umfassen-de Reinigungsarbeiten ebenso ausgeschlossen sind wie auch die Vorbereitung eines Festessens[81].

Maßgeblich ist auch nur derjenige Hilfebedarf, der bei der hauswirtschaftlichen Versorgung des Pflegebedürftigen auftritt, sodass unerheblich ist, ob der Pflegebedürftige zur hauswirtschaftlichen Versorgung des gesamten Haushalts und der Familienmitglieder zur Verfügung steht[82]. Etwaiger weiterer Hilfebedarf für Familienmitglieder oder sonstige Dritte bleibt vollständig unberücksichtigt.

Hilfebedarf in der hauswirtschaftlichen Versorgung wird allgemein als unselbständiger Teil der Pflege beschrieben[83]. Besteht ein Hilfebedarf bei der hauswirtschaftlichen Versorgung, ergibt sich deshalb hieraus allein noch keine erhebliche Pflegebedürftigkeit im Sinne des Pflegeversicherungsrechts. Nur unter der Voraussetzung, dass daneben auch in den Bereichen der Körperpflege, Ernährung oder Mobilität ein Hilfebedarf gegeben ist, ist die hauswirtschaftliche Versorgung Bestandteil der Pflege[84].

■ ■ **Einkaufen**
Das Gesetz nennt als erste Verrichtung im Bereich der hauswirtschaftlichen Versorgung das Einkaufen, wozu neben dem unmittelbaren Akt der Warenauswahl und des Wareneinkaufs in einem Lebensmittelgeschäft auch sämtliche Überlegungen der Speisenplanung gehören, die den individuellen Lebensgewohnheiten des Betroffenen Rechnung tragen darf und die etwaige gesundheitliche Erfordernisse (z. B. eine diätetische Ernährung) berücksichtigen muss[85]. Die Verrichtungen des Einkaufens umfassen auch die Auswahl preisgünstiger Produkte, den sachgerechten Umgang mit Geld und die Überprüfung der Genieß- und Haltbarkeit der Produkte[86].

Gleichfalls ist der Hilfebedarf, der mit dem sachgerechten Einlagern der eingekauften Waren

---

75  *Hübsch/Meindl* Leistungen der Pflegeversicherung § 14 Rdn. 7.
76  LSG Berlin-Brandenburg 19.11.2009 – L 27 P 55/08.
77  BSG 10.10.2000 – B 3 P 15/99.
78  LSG Berlin-Brandenburg 19.11.2009 – L 27 P 75/08.
79  mit Nachweis der Rechtsprechung KassKomm/*Koch* § 15 SGB XI Rdn. 19.
80  BSG 29.04.1999 – B 3 P 7/98 R.

81  *Udsching* SGB XI § 14 Rdn. 41.
82  *Udsching* a. a. O.
83  KassKomm/*Koch* SGB XI § 14 Rdn. 20.
84  BT-Drucks. 12/5262 S. 97.
85  *Klie* in LPK-SGB XI § 14 Rdn. 14.
86  *Hübsch/Meindl*, Leistungen der Pflegeversicherung, § 14 Rdn. 7.

begründet wird, zu berücksichtigen, wobei selbst das Aufsuchen des Kellers, um Lebensmittel in die Wohnung zu holen, der hauswirtschaftlichen Versorgung dient[87].

Die Verrichtung des Einkaufens beschreibt nicht nur die Beschaffung von Lebensmitteln, sondern auch der Dinge des weiteren Bedarfs des täglichen Lebens, wie beispielsweise zur Körperpflege sowie der Hygiene- und Reinigungsmittel[88].

#### ▪▪  Kochen

Während, wie oben dargelegt, die mundgerechte Zubereitung der Nahrung der Grundpflege zuzurechnen ist, gehören zu der hauswirtschaftlich berücksichtigungsfähigen Verrichtung des Kochens die zuvor notwendigen Maßnahmen der Vor- und Zubereitung von Speisen bzw. aller Bestandteile von Mahlzeiten, d. h. neben dem Kochen auch die Zubereitung kalter Speisen[89].

Das Kochen umschreibt insofern sämtliche Zubereitungsmaßnahmen der Nahrung, auch von Diätkost und -getränken[90]. Zur Verrichtung des Kochens gehört auch die der Zubereitung der Speisen folgende Reinigung des Arbeitsbereichs[91].

#### ▪▪  Spülen

Letztlich nennt der Katalog der Verrichtungen des täglichen Lebens an die Nahrungsaufnahme anschließend das Spülen, wobei hiervon das Säubern der Kochutensilien und des verwandten Essgeschirrs sowohl von Hand wie auch maschinell umfasst ist[92]. Hinzugezählt wird ebenfalls das Wegstellen des gesäuberten Koch- und Essgeschirrs an die vorgesehenen Aufbewahrungsstandorte[93].

#### ▪▪  Reinigung der Wohnung

Unter der Verrichtung des Reinigens der Wohnung werden regelmäßig durchzuführende Putz- und Säuberungsarbeiten im Lebensbereich des Pflegebedürftigen verstanden. Dazu gehört beispielsweise das Reinigen der Fußböden und das Staubwischen

der Möbel, ebenso das Putzen der Fenster. Erweiternd wird auch das regelmäßige Aufräumen und das Lüften dazugezählt[94]. Der hauswirtschaftlichen Versorgung ist zudem der krankheitsbedingte Mehraufwand einer notwendigen Desinfektion des Bades und der Toilette zuzurechnen[95].

Die über das regelmäßige Reinigen hinausgehenden selteneren Maßnahmen der Grundreinigung sind nicht berücksichtigungsfähig[96].

#### ▪▪  Wechseln und Waschen der Wäsche und Bekleidung

Diese Verrichtung umfasst zunächst das regelmäßige Wechseln der Bettwäsche, das Waschen und Bügeln derselben sowie das Beziehen des Bettes. Von der Verrichtung ist allerdings auch sämtliche Pflege der Bekleidung umfasst, d. h. das Waschen selbst, das Bügeln und das Ausbessern kleiner Schäden sowie das Einsortieren in die Schränke.

#### ▪▪  Beheizen

Der Verrichtung des Beheizens kommt wegen der fortschreitenden Modernisierung des Wohnumfeldes nur noch geringe Bedeutung zu. Grundsätzlich wird hiervon die Beschaffung und Entsorgung des Heizmaterials innerhalb des häuslichen Bereichs verstanden, so der möglicherweise noch notwendige Transport von Holz und Kohle aus dem Keller in die Wohnung.

Grundsätzlich sind jedoch jedwede Heizmethoden erfasst, sodass auch das Regeln der Raumtemperatur zu berücksichtigen ist[97].

#### ▪▪  Wartung und Reinigung der Pflegehilfsmittel

Letztlich wird dem Bereich der hauswirtschaftlichen Versorgung auch die Wartung und Reinigung der Pflegehilfsmittel und medizinischen Hilfsmittel zugerechnet, wie beispielsweise das Säubern eines Inhalationsgerätes[98].

---

87   LSG Nordrhein-Westfalen 21.09.2000 – L 16 P 14/00.
88   *Klie* in LPK-SGB XI § 14 Rdn. 14.
89   BSG 17.06.1999 – B 3 P 10/98 R.
90   BSG, 17.06.1999 – B 3 P 10/98 R.
91   *Klie* in LPK-SGB XI § 14 Rdn. 14.
92   *Klie* a. a. O.
93   *Pitz* in HB FA Sozialrecht Kapitel 14 Rdn. 106.

94   *Klie* in LPK-SGB XI § 14 Rdn. 14.
95   BSG 29.04.1999 – B 3 P 12/98 R.
96   *Klie* in LPK-SGB XI § 14 Rdn. 14.
97   *Klie* a.a.O.
98   BSG 29.04.1999 – B 3 P 13/98 R.

| Vollständige Übernahme | Teilweise Übernahme | Unterstützung | Anleitung | Beaufsichtigung |

**◻ Abb. 2.2** Formen der Hilfeleistung bei den Verrichtungen des täglichen Lebens

## 2.1.5 Umfang des Pflegebedarfs

Wie beschrieben, umfasst der Rechtsanspruch auf Versicherungsleistungen wegen Pflegebedürftigkeit nicht sämtlichen wünschenswerten Aufwand bei der Pflege.

- **Intensität des Pflegebedarfs**

Hilfe muss nicht nur im geringfügigen gelegentlichen Ausmaß erforderlich sein, sondern es müssen Verrichtungen in Frage stehen, die zumindest einmal täglich der Hilfe bedürfen.

An einer notwendigen Erheblichkeit mangelt es gemäß § 15 SGB XI auch, wenn diese nur bei einer Verrichtung aus den Bereichen Körperpflege, Ernährung und Mobilität oder nur bei der hauswirtschaftlichen Versorgung gegeben ist. Zugleich muss der Hilfebedarf in einer Weise notwendig sein, dass eine allgemeine Ruf- und Einsatzbereitschaft nicht ausreicht und auch die bloße ständige Anwesenheit und Ansprechbarkeit einer Pflegeperson, die sie nicht derart in Anspruch nehmen, dass diese nicht zugleich andere Tätigkeiten erbringen könnte, genügen würde[99].

> **⟩** Die Pflegebedürftigkeit ist deshalb erst bei einem tatsächlichen Funktionsausfall des zu Pflegenden gegeben. Möglicherweise künftig eintretender Hilfebedarf ist nicht ausreichend[100].

- **Formen der Hilfeleistung**

Der Gesetzgeber definiert in § 14 Abs. 3 SGB XI verschiedene Formen der Hilfestellung bei den wiederkehrenden Verrichtungen im Ablauf des täglichen Lebens.

Je nach Ausmaß des Pflegebedarfs sind diese, auch unter Beachtung des Grundsatzes der aktivierenden Pflege, sehr unterschiedlich. Die zum Ausgleich der vorhandenen Funktionseinschränkungen oder -defizite notwendigen Hilfsformen unterscheiden sich so bei rein körperlichen Beschwerden und Behinderungen sehr stark von jenen, die im Umgang mit demenziell Erkrankten oder geistig Behinderten ergriffen werden müssen.

Der Hilfebedarf ist nur insoweit beachtlich, wie er objektiv zur Sicherstellung einer angemessenen pflegerischen Versorgung erforderlich ist[101].

Insgesamt sind gemäß § 14 Abs. 3 SGB XI fünf Kategorien möglicher Hilfeformen hinsichtlich der Verrichtungen des täglichen Lebens zu unterscheiden (◻ Abb. 2.2).

Welche Form des Hilfebedarfs der Pflegebedürftige benötigt, ist von seiner Erkrankung oder Behinderung, aber auch von seinem häuslichen und sozialen Umfeld abhängig[102].

- ■ **Vollständige Übernahme der Verrichtung**

Von einer vollständigen Übernahme der Verrichtung spricht man dann, wenn die Maßnahme vollständig von der Pflegeperson erbracht wird und der Pflegebedürftige sich dabei überwiegen passiv verhält bzw. einen wesentlichen eigenen Beitrag zur Vornahme der Verrichtung nicht mehr leisten kann[103].

Die vollständige Übernahme der wiederkehrenden Verrichtungen stellt die umfassendste Hilfeform im Rahmen der wiederkehrenden

---

99 mit umfassenden Hinweisen zur Rechtsprechung *Hübsch/Meindl* Leistungen der Pflegeversicherung § 15 Rdn. 20.
100 KassKomm/*Koch* § 14 SGB XI Rdn. 7.

101 BSG 18.03.1999 – B 3 P 3/98.
102 *Hübsch/Meindl* Leistungen der Pflegeversicherung § 14 Rdn. 18.
103 *Klie* in LPK-SGB XI § 14 Rdn. 7.

Verrichtungen dar. In der Zielsetzung der Pflegewissenschaft, aber auch nach dem Leitbild der sozialen Pflegeversicherung (vgl. § 2 Abs. 1 SGB XI: Die Leistungen der Pflegeversicherung sollen den Pflegebedürftigen helfen, trotz ihres Pflegebedarfs ein möglichst selbständiges und selbstbestimmtes Leben zu führen ...) soll und muss die vollständige Übernahme der Verrichtung die Ausnahme in der Pflege bleiben.

#### ▪▪  Teilweise Übernahme der Verrichtung

Verfügt der Pflegende noch über die Möglichkeit, Verrichtungen jedenfalls teilweise selbst durchzuführen, hindern ihn Funktionsdefizite jedoch an einer vollständigen Ausführung, gewährt die Pflegeperson die erforderliche Hilfe (»so viel wie nötig, so wenig wie möglich«) im Wege einer teilweisen Übernahme der Verrichtung[104].

#### ▪▪  Unterstützende Pflege

Unterhalb der Schwelle der vollständigen oder teilweisen Übernahme der Verrichtungen sind ergänzende Hilfeleistungen, sog. pflegeunterstützende Maßnahmen, möglich.

Eine Grenzziehung zwischen der teilweisen Übernahme einer Verrichtung und der unterstützenden Pflege ist schwierig. Von einer unterstützenden Hilfeleistung spricht man dann, wenn der Pflegebedürftige eine bestimmte Verrichtung noch selbständig erledigen kann, jedoch bei der Vorbereitung, der konkreten Durchführung oder der Nachbereitung Hilfestellung benötigt[105].

#### ▪▪  Anleitung

Die Hilfeform der Anleitung kommt häufig dann in Betracht, wenn motorische Defizite nicht vorliegen, Pflegebedürftige jedoch wegen geistiger, psychischer oder seelischer Erkrankungen zu den einzelnen Verrichtungen angehalten werden müssen oder die Verrichtungen zu lenken bzw. zu demonstrieren sind. Eine typische Form der Anleitung besteht in der Demonstration einzelner Handlungsschritte oder ganzer Handlungsabläufe[106] bzw.

in der gemeinsamen Ausführung der jeweils betreffenden Verrichtung.

Insofern kommt der Anleitung (wie auch der Beaufsichtigung) bei der Betreuung geistig behinderter Versicherter oder psychisch Kranker bzw. bei Menschen mit Demenz als Hilfeleistung eine erheblich größere Bedeutung zu als der in Bezug genommenen Verrichtung selbst. Maßgeblich indes bleibt das Erfordernis, dass nur die Anleitung für jene Verrichtung berücksichtigungsfähig ist, die nach dem Pflegebedürftigkeitsbegriff des § 14 SGB XI das tägliche Leben betrifft.

#### ▪▪  Beaufsichtigung

Im engen Zusammenhang mit der Hilfeform der Anleitung steht die Beaufsichtigung. Sie betrifft vordergründig ebenso nicht von motorischen Defiziten gekennzeichnete psychisch kranke und/oder geistig behinderte Menschen mit dem maßgeblichen Ziel, die Sicherheit der zu pflegenden Person zu gewährleisten. Es wird insofern auch von »kontrollierender Beobachtung« gesprochen[107].

Wiederum ist eine Beaufsichtigung nur berücksichtigungsfähig, wenn sie die im Bedarfskatalog des § 14 Abs. 4 SGB XI aufgeführten regelmäßigen wiederkehrenden Verrichtungen des täglichen Lebens, erbracht durch den Pflegenden, absichert, so beispielsweise die Überwachung eines motorisch unsicheren Pflegebedürftigen beim Baden, um der Gefahr einer sturzbedingten Verletzung zu begegnen[108].

Unbeachtlich bleibt indes die nicht konkret den Verrichtungen des täglichen Lebens gewidmete Beaufsichtigung oder Überwachung, zugleich aber auch jener Aufsichtsbedarf, der nur allgemeiner Natur ist und keiner speziellen Verrichtung zugeordnet wird. Dies ist vor allem bei leichteren oder mittelschweren Formen geistiger Behinderung die Regel und führt zu einer Ungleichbehandlung gegenüber jenen Personen, die allein aufgrund vergleichbarer teilweiser motorischer Einschränkung und der deswegen erforderlichen Hilfe einen Hilfebedarf erhalten[109].

---

104  *Pitz* in HB FA Sozialrecht Kapitel 14 Rdn. 115.
105  *Pitz* in HB FA Sozialrecht Kapitel 14 Rdn. 116.
106  *Klie* in LPK-SGB XI Rdn. 7.

107  *Pitz* in HB FA Sozialrecht Kapitel 14 Rdn. 118.
108  *Pitz* a. a. O.
109  Zur Notwendigkeit der Fortschreibung des Pflegebedürftigkeitsbegriffs vgl. Gliederungsziff. 2.5.

- **Leistungen der Pflegeversicherung**

**Definition**

Der Umfang der Leistungen der Pflegeversicherung definiert sich mit der entsprechenden Einstufung in eine Pflegestufe danach, welcher zeitliche Aufwand für die Erbringung der Hilfeleistung erforderlich ist. Die Leistungen selbst werden mit den §§ 28 ff. SGB XI definiert.

Nach der bereits erörterten gesetzlichen Konzeption sollen die Leistungen der sozialen Pflegeversicherung die Selbsthilfe unterstützen und setzen insofern eine Eigenvorsorge und auch Eigenverantwortung voraus[110]. Dabei ist nur jene Zeit maßgeblich, welche die Pflegeperson ausschließlich für die Abwicklung einer Hilfeleistung benötigt, mit dieser zeitlich und örtlich gebunden ist und in der sie keine anderen Tätigkeiten, auch keine solchen im Bereich der allgemeinen Haushaltsführung, erbringen kann[111]. Unabhängig des Leistungsortes ist dabei der Zeitaufwand entscheidend, den ein Familienangehöriger oder eine nicht als Pflegekraft ausgebildete Pflegeperson für die erforderlichen Leistungen der Grundpflege und der hauswirtschaftlichen Versorgung benötigt (vgl. § 15 Abs. 3 SGB XI).

Gleichfalls wird in § 15 Abs. 3 SGB XI auf einen Durchschnitt des erforderlichen Zeitaufwandes abgestellt, der sich »wöchentlich im Tagesdurchschnitt« ergeben soll. Diese missverständliche Formulierung ist als »täglich im Wochendurchschnitt« zu verstehen[112].

Obwohl das Gesetz auf den Laienhelfer abstellt, sind Umstände in der persönlichen Konstitution der Pflegeperson, beispielsweise dessen Alter oder eigene Gebrechen, nur eingeschränkt zu berücksichtigen. Es ist hinsichtlich der Ermittlung des Zeitaufwandes auf die Zeit abzustellen, die eine durchschnittlich begabte und durchschnittlich körperlich leistungsfähige Pflegeperson (Pflegeperson mittlerer Art und Güte) benötigen würde[113].

Ungeachtet dessen, auch dies wurde bereits dargelegt, stehen immer die tatsächlichen Lebensumstände des zu Pflegenden und seine Gewohnheiten im Vordergrund, weshalb durchaus auch eine individuelle Ermittlung des Zeitaufwandes vom Gesetzgeber anerkannt ist[114]. Auf eine individuelle Ermittlung des Zeitaufwandes stellen auch die Begutachtungsrichtlinien ab (vgl. z. B. Abschnitt D4.0/III./3.).

Obwohl die Rechtsprechung anerkennt, dass die Ermittlung des erforderlichen Zeitaufwandes für den Hilfebedarf letztendlich eine Schätzung darstellt[115], stellt die Beurteilungspraxis auf die in den Begutachtungsrichtlinien definierten Zeitkorridore ab. Eine differenzierte Auseinandersetzung mit den Orientierungswerten zur Pflegezeitbemessung findet sich in ▶ Kap. 8.

Ungeachtet der juristischen Diskussion der Verbindlichkeit derartiger Richtlinien (vgl. hierzu ▶ Abschn. 1.2), stehen die Zeitkorridore in der Kritik der Pflegewissenschaft. Die Rechtsprechung hat diese als Orientierungswerte jedenfalls so lange anerkannt, bis bessere Erkenntnisse, bestenfalls beruhend auf wissenschaftlichen Evaluierungen der Pflegezeiten, vorhanden sind[116]. Gleichwohl sind die Zeitkorridore keinesfalls bindend. Vielmehr bilden die Zeitkorridore den Orientierungsrahmen für eine Plausibilitätskontrolle der tatsächlich erforderlichen Pflegezeiten[117] bei jeweils vollständiger Übernahme der Verrichtung.

Für die Argumentation eines plausiblen Abweichens von den Zeitkorridoren benennen bereits die Begutachtungsrichtlinien einerseits Erschwernisfaktoren, andererseits erleichternde Faktoren. Eine Überschreitung der Pflegezeiten kann sich beispielsweise aus einem Körpergewicht des zu Pflegenden von über 80 kg ergeben, wegen vorhandener Spastiken oder stark therapieresistenter Schmerzen oder auch bei pflegebehindernden räumlichen Verhältnissen. Eine Erleichterung der Pflege bzw. eine zeitliche Verkürzung des Pflegeaufwandes wäre dagegen argumentierbar bei

---

110 *Pitz* in HB FA Sozialrecht Kapitel 14 Rdn. 121.
111 BSG 06.08.1998 – B 3 P 17/97 R.
112 KassKomm/*Koch* § 15 SGB XI Rdn. 14.
113 LSG Bayern 16.09.2009 – L 2 P 8/09.

114 näher hierzu *Pitz* in HB FA Sozialrecht Kapitel 14 Rdn. 122.
115 BSG 28.05.2003 – B 3 P 6/02 R.
116 BSG 31.08.2000 – B 3 P 14/99 R.
117 so auch *Pitz* in HB FA Sozialrecht Kapitel 14 Rdn. 127.

pflegeerleichternden räumlichen Verhältnissen oder bei Nutzung von Pflegehilfsmitteln[118].

**▪▪ Hinweis für die Praxis**

Somit sind immer die konkreten Umstände des Einzelfalles maßgeblich, wobei es sich hinsichtlich der Nachweisschwierigkeiten in der Praxis bewährt hat, bei der Ermittlung individueller Zeitbedarfe sog. Pflegetagebücher minutiös zu führen. Diese werden durch die Sozialgerichte nicht nur als Beweismittel herangezogen und anerkannt, sondern sie sind als geradezu unverzichtbar angesehen worden.[119]

## 2.2    Richtlinien der Spitzenverbände

Der Gesetzgeber hat die Vorschriften der sozialen Pflegeversicherung mit der nachvollziehbaren Absicht ausgestaltet, die unterschiedlichen Lebensbereiche durch »untergesetzliche« Vorschriften zu vereinheitlichen und damit einen praktikablen Weg zur Feststellung der Pflegebedürftigkeit zu eröffnen.

Es ist deshalb in § 17 SGB XI dem Spitzenverband Bund der Pflegekassen die Möglichkeit eröffnet worden, Richtlinien zur Pflegebedürftigkeit und zum Feststellungsverfahren zu erlassen, aber auch die Richtlinien zur Anwendung der Härtefallregelungen. Bei der Verabschiedung dieser Richtlinien ist der Medizinische Dienst der Spitzenverbände der Krankenkassen zu beteiligen.

Nach § 17 Abs. 2 SGB XI werden die Richtlinien wirksam, sofern das Bundesministerium für Gesundheit im Einzelfall die Genehmigung erteilt. Der Gesetzgeber hat dem Bundesministerium für Gesundheit zudem eine eigene Richtlinienkompetenz für den Fall eingeräumt, dass der Spitzenverband Bund der Pflegekassen Richtlinien nicht erlässt bzw. mit Hilfe der Richtlinien keine befriedigende Beurteilungspraxis erreichbar ist[120].

## 2.2.1    Umsetzung der Richtlinienkompetenz

Der GKV-Spitzenverband als der Spitzenverband Bund der Pflegekassen gemäß § 53 SGB XI hat von seiner in § 17 Abs. 1 SGB XI eingeräumten Befugnis Gebrauch gemacht.

Am 07.11.1994 wurden die Pflegebedürftigkeits-Richtlinien (PflRi) beschlossen und ministeriell am 10.01.1995 genehmigt. Mit den Pflegebedürftigkeits-Richtlinien nahmen die Spitzenverbände der Pflegekassen eine Abgrenzung der Merkmale der Pflegebedürftigkeit und der Pflegestufen vor und definierten das Verfahren zur Feststellung der Pflegebedürftigkeit. Die Pflegebedürftigkeits-Richtlinien waren zunächst auf den Bereich der häuslichen Pflege beschränkt, wurden später auch um die Besonderheiten der stationären Pflege erweitert. Letztmalig erfuhren die Pflegebedürftigkeits-Richtlinien Änderungen mit Wirkung zum 01.09.2006.

Zusätzliche und wiederum die Pflegebedürftigkeits-Richtlinien ergänzende Auslegungs- und Begutachtungshinweise sowie Verfahrensregelungen wurden mit Begutachtungs-Richtlinien (BRi) am 21.03.1997 beschlossen und durch das Bundesministerium für Gesundheit am 31.01.2001 genehmigt.

Ziel der Spitzenverbände war es, die frühere Begutachtungsanleitung zu ersetzen und auf Basis bisheriger Erfahrungen mit dem Begutachtungsgeschehen noch stärker bundesweit eine Begutachtung nach einheitlichen Kriterien zu erreichen (vgl. dazu ▶ Kap. 3). Unterschiedliche Begutachtungsergebnisse sollten sich nur noch wegen der Individualität des Pflegebedürftigen und seiner konkreten persönlichen Pflegesituation ergeben[121]. Diesem Ziel sollten insbesondere die Orientierungswerte für die Pflegezeitbemessung dienen.

Im Zuge des Pflegeweiterentwicklungsgesetzes erfolgte eine Anpassung der Begutachtungs-Richtlinien, die mit Beschluss vom 08.06.2009 durch den GKV-Spitzenverband vorgenommen wurde. Die neuen Begutachtungs-Richtlinien sind durch das Bundesministerium für Gesundheit am 13.07.2009 genehmigt worden.

---

118  Begutachtungs-Richtlinien, Abschnitt F.
119  BSG 28.05.2003 – B 3 P 6/02.
120  BT-Drucks. 12/5262 S. 99.

121  vgl. hierzu näher *Krahmer/Schiffer-Werneburg* in LPK-SGB XI § 17 Rdn. 6.

Letztmalig wurden die Begutachtungs-Richtlinien mit Beschluss vom 16.04.2013 aktualisiert und den Regelungen aufgrund des Pflege-Neuausrichtungs-Gesetzes angepasst. Das Bundesministerium für Gesundheit hat dieser Fassung der Begutachtungs-Richtlinien mit Schreiben vom 21.05.2013 zugestimmt.

Des Weiteren haben die Spitzenverbände der Pflegekassen Richtlinien der Pflegekassen zur Anwendung der Härtefallregelungen (Härtefall-Richtlinien – ambulante und stationäre Pflege) erstmals am 10.07.1995 beschlossen. Diese sind letztmalig am 28.10.2005 geändert und so ministeriell am 01.09.2006 genehmigt worden.

Gegenstand der Härtefall-Richtlinien ist die Anwendung der Härtefallregelung, insbesondere die Erörterung der unbestimmten und auslegungsfähigen Rechtsbegriffe, der §§ 36 Abs. 4, 43 Abs. 3 SGB XI.

## 2.2.2 Verbindlichkeit der Richtlinien

Während die Richtlinienkompetenz, d. h. die Möglichkeit der Spitzenverbände der Pflegeversicherung, entsprechende Richtlinien zur Auslegung des Pflegebedürftigkeitsbegriffs unter Anwendung und Einstufung der Pflichtversicherung zu erlassen, aufgrund der Regelungen des § 17 SGB XI relativ unumstritten ist, ist die Frage der Bindungswirkung der entsprechenden Richtlinien sowohl bei der Rechtsanwendung durch die Pflegekassen selbst wie auch seitens der Rechtsprechung im Rahmen der Überprüfung der Entscheidung der Pflegekassen nach wie vor nicht unumstritten[122].

Im Ergebnis wird man die Literatur und Rechtsprechung dergestalt zusammenfassen können, dass sowohl die Pflegebedürftigkeits-Richtlinien als auch die Begutachtungs-Richtlinien keinen Rechtsnormcharakter haben[123]. Die Sozialgerichte sind deshalb an den Inhalt der Richtlinien nicht gebunden[124]. Hieraus folgt, dass die Richter der Sozialgerichtsbarkeit in jedem Einzelfall in ihrer Entscheidung der Pflegebedürftigkeit und des Hilfebedarfs an die von den Richtlinien definierten Auslegungen der gesetzlichen Tatbestandsvoraussetzungen nicht gebunden sind. Es handelt sich allein um allgemeine Erfahrungssätze im Verwaltungsverfahren, die der vollständigen Überprüfbarkeit der Gerichte unterliegen.

Die Pflegebedürftigkeits- und Begutachtungs-Richtlinien wirken in der Folge ausschließlich intern als sogenannte allgemeine Verwaltungsvorschriften und sind durch die Pflegekassen bzw. den Medizinischen Dienst der Krankenversicherung vor allem im Hinblick auf die Sicherstellung des allgemeinen Gleichheitsanspruches gemäß Art. 3 GG zu beachten[125]. Hieraus folgt hinsichtlich der Außenwirkung gegenüber den einzelnen Antragstellern bzw. Pflegebedürftigen doch zumindest eine mittelbare Rechtswirkung, weil die Pflegekassen und der Medizinische Dienst der Krankenversicherung in ihrem Verwaltungshandeln diesen Gleichbehandlungsgrundsatz durch einheitliche Anwendung der Verwaltungsvorschrift beachten müssen und als Anhaltspunkt für die Auslegung der in den §§ 14, 15 SGB XI enthaltenen Voraussetzungen für die Annahme von Pflegebedürftigkeit und die Zuordnung zu den Pflegestufen nicht ignorieren können[126].

Damit ergibt sich ein Stufenverhältnis, wonach die Gerichte zunächst prüfen, ob sich die Richtlinien innerhalb des Gesetzes und der Verfassung bewegen. Ist dies nicht der Fall, finden die Richtlinien keine Anwendung. Sind die Richtlinien gesetzeskonform, sind sie als Konkretisierung der gesetzlichen Vorschrift zur Vermeidung von Ungleichbehandlungen zu beachten und einheitlich anzuwenden[127]. Auch die Kontrolle der einheitlichen Rechtsanwendung obliegt den Sozialgerichten.

Das Bundessozialgericht hat die Richtlinien teilweise akzeptiert, teilweise verworfen[128]. Einige Beispiele hierzu in ◨ Tab. 2.1.

---

122  Sehr ausführlich zu dieser Problematik *Lehmann-Franßen* Die Beachtlichkeit der Richtlinien nach § 17 SGB XI (Diss.) Berlin 2003, S. 126 ff., 172 ff.

123  BSG 19.02.1998 – B 3 RP 7/97.

124  KassKomm/*Koch* § 17 SGB XI Rdn. 3.

125  Mit weiteren Literaturnachweisen *Krahmer/Schiffer-Werneburg* in LPK-SGB XI, § 17 Rdn. 9.

126  *Udsching* SGB XI § 17 Rdn. 4.

127  BSG 19.02.1998 – B 3 P 7/97 R.

128  KassKomm/*Koch* § 17 SGB XI Rdn. 3 mit den entsprechenden Nachweisen.

**Tab. 2.1**    Entscheidungen des Bundessozialgerichts zur Beachtlichkeit der Richtlinien

| Akzeptiert | Verworfen |
| --- | --- |
| Abgrenzung von Nahrungsvorbereitung und -aufnahme in PflRi Ziff. 3.4 | Ausschluss jeder Form von Behandlungspflege (auch der verrichtungsbezogenen) aus dem berücksichtigungsfähigen Pflegebedarf gemäß PflRi Ziff. 3.4.1 |
| Pflegebedarf »rund um die Uhr« gemäß § 15 Abs. 1 Nr. 3 SGB XI (PflRi Ziff. 4.1.3 gemäß der BRi Ziff. 1.4) | Einbeziehung des Abklopfens bei mukoviszidosekranken Kindern in PflRi (1994) Ziff. 3.5.1 2. Abs. |
| Hilfebedarf bei der Verrichtung »Verlassen und Wiederaufsuchen der Wohnung« in PflRi Ziff. 3.4.2 5. Abs. | Bewertung des Pflegemehrbedarfs bei kranken bzw. behinderten Kindern ausschließlich nach der sog. Differenzmethode in BRi Abschn. D 5 III 7 |
| Hilfebedarf bei der Verrichtung »Gehen« in PflRi Ziff. 3.4.2 4. Abs. | Härtefall-Richtlinien der Spitzenverbände der Pflegekassen in der Fassung vom 03.07.1996 schöpften die gesetzlichen Quoten von 3% im häuslichen und 5% im stationären Bereich nicht aus |
| Verwendung von Zeitkorridoren in den BRi | |

Die nach der Richtlinienkompetenz des § 17 SGB XI verabschiedeten Härtefall-Richtlinien stellen nach Ansicht des Bundessozialgerichtes eine abschließende und für die Pflegekassen sowie den Medizinischen Dienst der Krankenversicherung verbindliche Regelung dar[129].

Die Pflegekassen und der Medizinische Dienst der Krankenversicherung haben insofern bei der Anerkennung von Härtefallen keinen Ermessensspielraum. Sie müssen sich strikt an die Härtefall-Richtlinien halten und sind zugleich auch zum Zwecke der Wahrung der Gleichbehandlung der Versicherten an diese Richtlinien gebunden[130].

Mit dem Pflege-Neuausrichtungs-Gesetz wurde der Spitzenverband Bund gemäß § 18 b SGB XI ergänzend verpflichtet, für alle Medizinischen Dienste verbindliche Richtlinien für das Begutachtungsverfahren der Versicherten zu erlassen. Die Richtlinien sollen im Sinne einer erhöhten Dienstleistungsorientierung insbesondere Verfahrensgrundsätze einheitlich regeln und die Informationsrechte sowie die Beschwerdemöglichkeiten der Versicherten stärken.

Die entsprechenden Dienstleistungs-Richtlinien (Die-RiLi) sind vom Spitzenverband Bund der Pflegekassen am 10.07.2013 beschlossen wor-

den. Das Bundesministerium der Gesundheit hat den Richtlinien am 10.09.2013 zugestimmt.

Da der Gesetzgeber den Spitzenverband Bund der Pflegekassen in § 18 b Abs. 1 Satz 1 SGB XI ausdrücklich beauflagt hat, verbindliche Richtlinien zum Begutachtensverfahren zu erlassen, besteht nun kein Ermessensspielraum mehr, der eine Abweichung hiervon rechtfertigen könnte.

## 2.3    Stufen der Pflegebedürftigkeit

Dem Umstand, dass die Pflege regelmäßig mit unterschiedlicher Intensität zu gewährleisten ist, dennoch generell eine typisierte Leistung bei Pflegebedürftigkeit gewährt werden soll, trägt die Vorschrift des § 15 SGB XI Rechnung.

Danach wird die Gewährung von Leistungen der gesetzlichen Pflegeversicherung in drei Pflegestufen unterteilt, die sich, angelehnt an ein Schema bei Hübsch/Meindl, Leistungen der Pflichtversicherung, § 15 Rdn. 1, zunächst wie in **Abb. 2.3** skizzieren lassen:

Ist der Pflegebedarf geringer als in der Pflegestufe I vorausgesetzt, werden keine Leistungsansprüche aus der Pflegeversicherung gewährt. Eine Teilleistung kommt grundsätzlich nicht in Betracht.

In besonders gelagerten Härtefällen kann der Pflegebedürftige, der die Voraussetzungen der Pfle-

---

129  BSG 30.10.2001 – B 3 P 2/01 R; a. A. KassKomm/*Koch* § 17 SGB XI Rdn. 3.

130  *Hübsch/Meindl* Leistungen der Pflegeversicherung § 15 Rdn. 13.

<u>Voraussetzungen für das Erreichen der Pflegestufe I</u>

| | |
|---|---|
| Mindestens 1-mal täglich Hilfebedarf bei mindestens 2 Verrichtungen aus dem Bereich der Grundpflege von mehr als 45 Minuten | Zusätzlich mehrfach in der Woche Hilfebedarf bei der hauswirtschaftlichen Versorgung |

 insgesamt im Tagesdurchschnitt mindestens 90 Minuten

<u>Voraussetzungen für das Erreichen der Pflegestufe II</u>

| | |
|---|---|
| Mindestens 3-mal täglich tagsüber Hilfebedarf bei mindestens 2 Verrichtungen aus Bereich der Grundpflege von mindestens 2 Stunden | Zusätzlich mehrfach in der Woche Hilfebedarf bei der hauswirtschaftlichen Versorgung |

 insgesamt im Tagesdurchschnitt mindestens 3 Stunden

<u>Voraussetzungen für das Erreichen der Pflegestufe III</u>

| | |
|---|---|
| Mindestens 3-mal täglich tagsüber Hilfebedarf bei mindestens 2 Verrichtungen aus Bereich der Grundpflege und regelmäßig mindestens 1-mal nachts Hilfebedarf bei einer Verrichtung aus Bereich der Grundpflege von insgesamt mindestens 4 Stunden | Zusätzlich mehrfach in der Woche Hilfebedarf bei der hauswirtschaftlichen Versorgung |

 insgesamt im Tagesdurchschnitt mindestens 5 Stunden

**Abb. 2.3** Voraussetzung für Leistungsansprüche in den Pflegestufen I–III. (adaptiert nach Hübsch u. Meindl 2002)

gestufe III erfüllt und darüber hinaus einen außergewöhnlich hohen Pflegeaufwand bedingt, gemäß der §§ 36 Abs. 4, 43 Abs. 2 S. 4 SGB XI Mehrleistungen erhalten.

Die Einstufung in die einzelnen Pflegestufen richtet sich maßgeblich nach den Kriterien der Häufigkeit der Pflegeeinsätze wie des erforderlichen Zeitaufwandes für die einzelnen Pflegemaßnahmen. Maßgeblich ist dabei allein der sachlich gebotene bzw. objektiv erforderliche Zeitaufwand des Familienangehörigen oder einer anderen nicht als Pflegekraft ausgebildeten Pflegeperson (vgl. § 15 Abs. 3 SGB XI)[131].

■ **Pflegestufe I**

Die Leistungen der Pflegestufe I erhalten erheblich Pflegebedürftige. Dies sind Personen, die bei der Körperpflege, der Ernährung oder der Mobilität bei mindestens zwei Verrichtungen aus einem oder mehreren Bereichen mindestens einmal täglich der Hilfe bedürfen und zusätzlich mehrfach in der Woche Hilfe bei der hauswirtschaftlichen Versorgung benötigen. Der Zeitaufwand muss im Tagesdurchschnitt mindestens 90 Minuten betragen. Bei dem Mindestzeitaufwand müssen mehr als 45 Minuten auf die Grundpflege entfallen.

Das Bundessozialgericht hat das Erfordernis, dass mindestens einmal täglich für wenigstens zwei im Ablauf des täglichen Lebens gewöhnliche und wiederkehrende Verrichtungen ein Hilfebedarf besteht, für unerlässlich erachtet, weshalb krankheitsbedingte Schübe, die einen Hilfebedarf nur an einigen Tagen in der Woche begründen, für die Feststellung der Pflegebedürftigkeit nicht ausreichen[132].

131  BSG 24.06.1998 – B 3 P 1/97 R.

132  BSG 14.12.2000 – B 3 P 5/00 R.

**2**

- **Pflegestufe II**

Die Pflegestufe II gewährt Leistungen bei Vorliegen der Schwerpflegebedürftigkeit. Eine Schwerpflegebedürftigkeit ist gegeben, wenn mindestens dreimal täglich zu verschiedenen Tageszeiten ein Hilfebedarf bei mindestens zwei Verrichtungen aus den Bereichen der Körperpflege, der Ernährung oder der Mobilität gegeben ist. Der Hilfebedarf muss zu verschiedenen Tageszeiten bestehen.

Da bei psychisch Kranken oder Menschen mit Demenz ein Hilfebedarf in Form der Beaufsichtigung und Anleitung ausreicht, kann eine Schwerpflegebedürftigkeit auch dann gegeben sein, wenn diese einen Teil des Tages außer Haus, beispielsweise in einer Werkstätte für behinderte Menschen, verbringen[133]. Der Zeitbedarf im Bereich der Grundpflege muss mindestens 2 Stunden täglich betragen.

Hinzukommen muss für die Pflegestufe II mehrfach wöchentlich notwendige Hilfe bei der hauswirtschaftlichen Versorgung, um den Tagesdurchschnitt von mindestens 3 Stunden zu erreichen. Gleichwohl steht auch im Rahmen dieser Pflegestufe der Aufwand für die Grundpflege des Pflegebedürftigen im Vordergrund.

- **Pflegestufe III**

Die Pflegestufe III wird bei Schwerstpflegebedürftigkeit gewährt. Hierunter wird verstanden, dass der Hilfebedarf so groß ist, dass jederzeit eine Pflegeperson unmittelbar erreichbar sein muss, weil der konkrete Hilfebedarf für die Grundpflege Tag und Nacht (das Gesetz spricht von »rund um die Uhr«) vorhanden sein muss.

Eine solche Rund-um-die-Uhr-Betreuung liegt dann vor, wenn über die dreimal täglich zu verschiedenen Tageszeiten nötige Grundpflege (vgl. Ziffer 1.3.2 Pflegestufe II) zusätzlich mindestens einmal zur Nachtzeit ein Pflegebedarf notwendig ist[134]. Die Hilfeleistung findet nachts statt, wenn sie zwischen 22:00 Uhr abends und 06:00 Uhr morgens in einer Weise objektiv erforderlich ist, dass sie aus pflegerischen Gründen nicht auf einen Zeitpunkt davor oder danach verschoben werden kann[135]. Der nächtliche Grundpflegebedarf hinsichtlich mindestens einer der in § 14 Abs. 4 Nr. 1–3 SGB XI aufgeführten Verrichtungen muss grundsätzlich jede Nacht entstehen, fehlt er an einzelnen Tagen, ist dies aber unschädlich[136]. Nicht erforderlich ist es, dass die Pflegeperson ihren eigenen Nachtschlaf unterbricht[137], allerdings reicht die bloße Rufbereitschaft für Pflegezeiten während der Nacht allein nicht aus[138].

Insgesamt muss der Grundpflegebedarf der Rund-um-die-Uhr-Betreuung täglich mindestens 4 Stunden betragen. Die Pflegestufe III erfordert darüber hinaus einen mehrmals wöchentlich entstehenden Hilfebedarf bei der hauswirtschaftlichen Versorgung, um einen gesamten Tagesdurchschnitt von mindestens 5 Stunden zu erreichen.

- **Besonderheiten bei der Pflege von Kindern**

Für die Pflege von Kindern gilt die Besonderheit, dass gemäß § 15 Abs. 2 SGB XI für die Zuordnung zu den Pflegestufen pflegebedürftige Kinder mit gesunden Kindern gleichen Alters zu vergleichen sind.

Insofern kann nur der zusätzliche, auf der Behinderung oder der Erkrankung beruhende Bedarf an Verrichtungen der Grundpflege oder der hauswirtschaftlichen Versorgung gegenüber dem Hilfebedarf eines gleichaltrigen gesunden Kindes berücksichtigt werden[139].

Außer Betracht zu bleiben haben deshalb bei der Feststellung der Pflegebedürftigkeit von Kindern i. d. R. diejenigen hauswirtschaftlichen Versorgungsbedarfe, die aufgrund des Alters der Kinder ohnehin üblicherweise von den Erziehungsberechtigten zu erbringen sind[140]. Jene sind umso höher, je jünger das Kind ist.

Im Übrigen gelten die jeweiligen Erfordernisse für die Einordnung in die einzelnen Pflegestufen auch bei Kindern[141]. Soweit die Begutachtungsrichtlinien standardisierte Erfahrungswerte für die Prüfung eines zusätzlichen krankheits- oder

---

133  BT-Drucks. 12/5262 S. 98.
134  BSG 17.05.2000 – B 3 P 20/99 R.
135  BSG 18.03.1999 – B 3 P 3/98 R.

136  BSG 19.02.1998 – B 3 P 7/97 R.
137  BSG 18.03.1999 – B 3 P 3/98 R.
138  BSG 19.02.1998 – B 3 P 7/97 R.
139  *Klie* in LPK-SGB XI § 15 Rdn. 6, a. A. *Udsching* SGB XI § 15 Rdn. 12.
140  KassKomm/*Koch* § 15 Rdn. 11.
141  BSG 24.06.1998 – B 3 P 1/97 R.

behinderungsbedingten Hilfebedarfs von Kindern enthalten, ist es nicht ausgeschlossen, im Einzelfall hiervon abzuweichen und einen Hilfebedarf bei den dort genannten Verrichtungen bei geistig behinderten oder kranken Kindern anzuerkennen[142].

Die in den Begutachtungs-Richtlinien insoweit als Vergleichswerte pauschalierten Angaben für den Pflegeaufwand gesunder Kinder sind ebenfalls nur Orientierungswerte, von denen unter Berücksichtigung der konkreten Verhältnisse abgewichen werden kann[143].

## 2.4 Private Pflegeversicherungen

Gemäß § 1 Abs. 2 SGB XI unterliegen dem Schutz der sozialen Pflegeversicherung nicht nur jene Personen, die kraft Gesetzes versichert sind, sondern auch diejenigen, die wegen Krankheit bei einem privaten Krankenversicherungsunternehmen versichert sind. Für diese Personen gilt die Pflicht, eine private Pflegeversicherung abzuschließen, wobei dies gemäß § 110 Abs. 1 Nr. 1 SGB XI wiederum mit dem Kontrahierungszwang auf Seiten der privaten Versicherungsunternehmen korrespondiert.

Obwohl es sich jeweils um einen privaten Versicherungsvertrag handelt, wird deren Inhalt ganz maßgeblich zwingend gesetzlich mit dem Recht der sozialen Pflegeversicherung vorgegeben. Die Einzelheiten sind in den §§ 23, 110 SGB X detailliert beschrieben.

Insofern folgt der Pflegebedürftigkeitsbegriff in den Versicherungsbedingungen der einzelnen privaten Versicherungsgesellschaften den Regeln der §§ 14, 15 SGB XI, ohne dass sich Unterschiede im materiellen Recht definieren ließen.

Zum Zwecke der Durchführung der Begutachtung der Pflegebedürftigkeit zur Feststellung des Ausmaßes des jeweils vorliegenden Hilfebedarfs haben alle Unternehmen der privaten Krankenversicherung mit der Medicproof GmbH, einer Tochtergesellschaft des Verbandes der privaten Kran-

kenversicherungen e. V., einen Begutachtungsvertrag vereinbart[144].

Im Interesse der Gleichbehandlung aller Versicherten gelten die gemäß § 18 b SGB XI durch den Spitzenverband Bund der Pflegekassen an die Medizinischen Dienste der Krankenversicherung oder andere unabhängige Gutachter adressierten und erlassenen Dienstleistungs-Richtlinien für das Begutachtungsverfahren der sozialen Pflegeversicherung auch für die Begutachtungsverfahren, die die privaten Pflege-Pflichtversicherungen durchführen[145].

## 2.5 Ausblick

Spätestens seit der 14. Legislaturperiode des Deutschen Bundestages ist es das Bestreben des Gesetzgebers, eine Modifizierung des Pflegebedürftigkeitsbegriffs und des Begutachtungsverfahrens herbeizuführen. Dies gelang bislang nicht.

Auch mit dem zum 23.10.2012 in Kraft getretenen Pflege-Neuausrichtungs-Gesetz wurde der Notwendigkeit, den Begriff der Pflegebedürftigkeit weg von der stark verrichtungsbezogenen Beurteilung bei der Bemessung der Hilfebedarfe neu zu definieren, nicht entsprochen. Vielmehr wurde – ausdrücklich »bis zur Leistungsgewährung aufgrund eines neuen Pflegebedürftigkeitsbegriffs« – Pflegebedürftigen mit erheblich eingeschränkter Alltagskompetenz (hier insbesondere demenzbedingten Funktionsstörungen, geistigen Behinderungen oder psychischen Erkrankungen) vorübergehend pauschal erhöhte Leistungsbeträge zu den Pflegestufen I und II zugesprochen und diesen Menschen darüber hinaus mit der Pflegestufe 0 erstmals Pflegegeld oder Pflegesachleistungen gewährt[146]. Die Einzelheiten sind in den Übergangsvorschriften der §§ 123, 124 SGB XI geregelt.

Die Regierungsparteien der 18. Legislaturperiode haben in ihrem Koalitionsvertrag von Dezember 2013 verabredet, den neuen Pflegebedürftigkeitsbe-

---

142 SG Braunschweig 24.11.1992 – S 6 P 44/96 für 11-jähriges Kind mit Krampfanfällen; SG Lübeck 24.09.1996 - S 7 P 9/95 bei 3-jährigem Kind mit Epilepsie.
143 BSG 26.11.1998 – B 3 P 20/97 R.

144 genauer und ausführlicher hierzu: *Heinemann* Medizinische Begutachtung in der privaten und sozialen Pflegeversicherung (Diss.) Frankfurt a. M. 2009 S. 98 ff.
145 BT-Drucks. 17/9369 S. 39
146 BT-Drucks. 17/9369 S. 18 f.

griff auf Grundlage der Empfehlungen des Expertenrates »so schnell wie möglich« einzuführen.

Der Expertenrat hatte gemäß seinem Bericht vom 27.06.2013 u. a. vorgeschlagen, im Rahmen eines neuen Begriffs der Pflegebedürftigkeit nunmehr 5 Pflegegrade anstelle der bisherigen 3 Pflegestufen vorzusehen[147]. Der neue Pflegebedürftigkeitsbegriff soll neben den körperlich Betroffenen auch pflegebedürftige Menschen mit kognitiven Erkrankungen und psychischen Störungen gleichberechtigt einschließen. Die Einstufung der Pflegegrade und die Gleichbehandlung aller Pflegebedürftigen soll aufgrund eines modular aufgebauten neuen Begutachtungs-Assessments (NBA) erfolgen, das alle pflegerelevanten Bereiche des täglichen Lebens einschließt und nicht mehr nur auf die körperbezogenen Verrichtungen begrenzt ist (vgl. hierzu ausführlich ▶ Kap. 12).

Es wird insoweit abzuwarten bleiben, ob die Regierungsparteien ihre Absprachen des Koalitionsvertrages tatsächlich in die Tat umzusetzen in der Lage sind.

## Fazit

Der Gesetzgeber definiert, wann eine Pflegebedürftigkeit im Sinne der sozialen Pflegeversicherung vorliegt und unterscheidet – je nach Grad der Pflegebedürftigkeit – drei Pflegestufen. Darüber hinaus hat der Gesetzgeber detailliert und abschließend bestimmt, für welche gewöhnlichen und regelmäßig wiederkehrenden Verrichtungen der Versicherte Hilfe im Rahmen der sozialen Pflegeversicherung erwarten darf.

Um eine einheitliche Rechtsanwendung durch die Pflegekassen zu ermöglichen, wurde eine Richtlinienkompetenz zu Gunsten des Spitzenverbandes Bund der Pflegekassen begründet. Die auf dieser Grundlage erlassenen Richtlinien entfalten jedoch keine abschließende Bindung, d. h. die im Streitfall angerufenen Sozialgerichte beurteilen autonom, ob die jeweils angegriffene Entscheidung einer Pflegekasse den gesetzlichen Voraussetzungen genügt, selbst wenn diese Entscheidung richtlinienkonform ist.

---

147  Bericht des Expertenrates zur konkreten Ausgestaltung des neuen Pflegebedürftigkeitsbegriff vom 27.06.2013, S. 12.

## Literatur

Hassel R, Gurgel D, Otto SJ (2012) Handbuch des Fachanwalts für Sozialrecht, 3. Aufl. Luchterhand, Köln

Heinemann U (2009) Medizinische Begutachtung in der privaten und sozialen Pflegeversicherung. Dissertation, Frankfurt a.M.

Hübsch M, Meindl A (2002) Leistungen der Pflegeversicherung. Erich Schmidt, Berlin

Kasseler Kommentar (2013) Sozialversicherungsrecht/Bearbeiter, Loseblatt, Stand 2013. Beck, München

Klie T, Krahmer U, Plantholz M (2014) Soziale Pflegeversicherung, Lehr- und Praxiskommentar (LPK-SGB XI), 4. Aufl. Nomos, Baden Baden

Lehmann-Franßen N (2003) Die Beachtlichkeit der Richtlinien nach § 17 SGB XI. Dissertation, Berlin

Udsching P, Schütze B, Behrend N, Bassen A (2010) SGB XI, Soziale Pflegeversicherung, 3. Aufl. Beck, München

# Die Begutachtungs-Richtlinien und die Aufgaben der Medizinischen Dienste

*Klaus-Peter Buchmann*

## 3.1    Ziele der Begutachtungs-Richtlinien

Die Ziele der Begutachtungs-Richtlinien (BRi) sind es, bundesweit einheitliche Kriterien für die Begutachtung von Pflegebedürftigkeit zu gewährleisten und eine hohe Qualität für die Begutachtungen durch die Medizinischen Dienste der Krankenversicherungen (MDK) zu sichern. Insoweit sind die Begutachtungs-Richtlinien als verbindliche Handlungsanweisungen sowohl für die Pflegekassen als auch für die MDK und die von den Pflegekassen beauftragten unabhängigen Gutachter mit Richtlinienstatus (▶ Kap. 2) zu verstehen.

Die Begutachtungs-Richtlinien konkretisieren die gesetzlichen Rahmenbedingungen für das Verfahren zur Feststellung von Pflegebedürftigkeit, wie es im engeren Sinn mit den §§ 18 ff. SGB XI geregelt ist.

### ▪ Vorrangregelungen

Die im Sozialgesetzbuch Elftes Buch (SGB XI) beschriebenen gesundheitspolitischen Grundsätze, wie der Vorrang ambulanter vor stationärer Hilfe (§ 3) und der Vorrang der Prävention, Krankenbehandlung und medizinischer Rehabilitation zur Vermeidung dauerhafter Pflege (§ 5), sind von wesentlicher Bedeutung. Daraus ergeben sich bereits Aufgabenstellungen sowohl für die Pflegekassen als auch für die MDK.

### ▪ Ambulant vor stationär

Der Vorrang »ambulant vor stationär« setzt nicht nur – wie sich vermuten ließe – auf eine Versorgung pflegebedürftiger Menschen außerhalb stationärer Versorgungsangebote, sondern in gleicher Weise auf die Unterstützung der Pflegepersonen, genannt werden Angehörige und Nachbarn.

Dabei ist durch den Gesetzgeber vorgesehen, diese Unterstützung ganz konkret durch Aufklärung und Beratung bezüglich einer pflegevermeidenden Lebensführung und durch Teilnahme an gesundheitsfördernden Maßnahmen (§ 7 SGB XI) umzusetzen. Als Aufgabe ist dies unzweideutig den Pflegekassen zugewiesen.

> ❱ Bei festgestellter bzw. vorliegender Pflegebedürftigkeit entsteht eine aktive Mitwirkungspflicht der Versicherten in dem Sinne, dass sie – bei dem Bezug von Pflegegeld – nach § 37 Abs. 3 SGB XI verpflichtet sind, Beratungsleistungen in Anspruch zu nehmen (sogenannte Pflegepflichtberatung).

Zu den Aufgaben der Pflegekassen gehören in diesem Zusammenhang die Aufklärung und Beratung über die Leistungen der Pflegeversicherung und anderer Leistungsträger. Der Anspruch auf Pflegeberatung nach § 7a SGB XI bleibt hiervon unberührt und besteht vollumfänglich.

## 3.2    Pflichtaufgaben der Pflegekassen und der MDK

Von Bedeutung ist es, sich die Aufgaben der Pflegekassen und der MDK im Verfahren zur Feststellung von Pflegebedürftigkeit im Einzelnen zu verdeutlichen. Als Kostenträger für die Leistungen der Pflegeversicherung sind die Pflegekassen auch Entscheidungsträger. Das heißt, während die Pflegekassen für den verwaltungsrechtlichen Teil der Leistungsanträge und deren Bearbeitung verantwortlich sind, besteht die wesentliche Aufgabe der MDK in der Prüfung des Vorliegens der mit den §§ 14 und 15 SGB XI definierten Voraussetzungen zur Anerkennung von Pflegebedürftigkeit. Das formale Verfahren von der Leistungsbeantragung bis zur Leistungsbescheidung veranschaulicht ▯ Abb. 3.1.

Der Prüfung der MDK-Gutachten und der Nachvollziehbarkeit der im Rahmen der Feststellung von Pflegebedürftigkeit dokumentierten Angaben kommt sowohl im Antrags- wie auch im Widerspruchsverfahren, aber ggf. auch in sozialgerichtlichen Klageverfahren, eine wesentliche Bedeutung zu. Die Dokumentation der Begutachtung zur Feststellung von Pflegebedürftigkeit ist der Kern des Anerkennungsverfahrens. Auf der Grundlage der Begutachtungsergebnisse werden die Leistungsanträge durch die Pflegekassen beschieden. Darin liegt gleichfalls begründet, weshalb

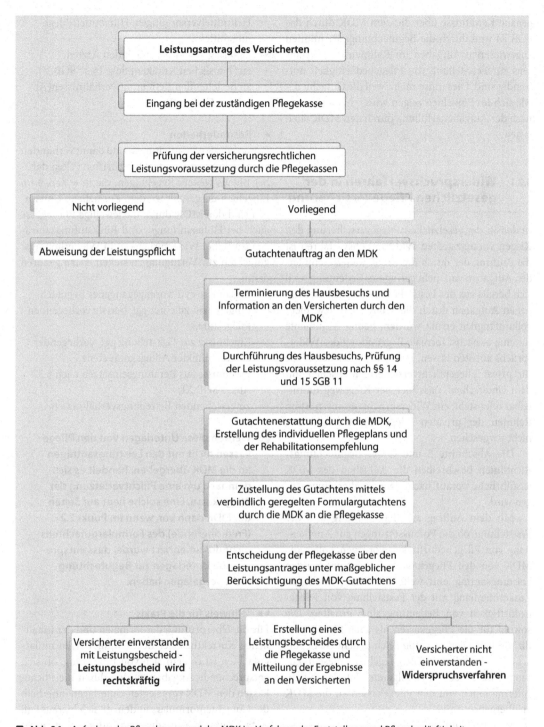

**Leistungsantrag des Versicherten**

Eingang bei der zuständigen Pflegekasse

Prüfung der versicherungsrechtlichen Leistungsvoraussetzung durch die Pflegekassen

Nicht vorliegend

Vorliegend

Abweisung der Leistungspflicht

Gutachtenauftrag an den MDK

Terminierung des Hausbesuchs und Information an den Versicherten durch den MDK

Durchführung des Hausbesuchs, Prüfung der Leistungsvoraussetzung nach §§ 14 und 15 SGB 11

Gutachtenerstattung durch die MDK, Erstellung des individuellen Pflegeplans und der Rehabilitationsempfehlung

Zustellung des Gutachtens mittels verbindlich geregelten Formulargutachtens durch die MDK an die Pflegekasse

Entscheidung der Pflegekasse über den Leistungsantrages unter maßgeblicher Berücksichtigung des MDK-Gutachtens

Versicherter einverstanden mit Leistungsbescheid - **Leistungsbescheid wird rechtskräftig**

Erstellung eines Leistungsbescheides durch die Pflegekasse und Mitteilung der Ergebnisse an den Versicherten

Versicherter nicht einverstanden - **Widerspruchsverfahren**

◻ **Abb. 3.1**   Aufgaben der Pflegekassen und des MDK im Verfahren der Feststellung und Pflegebedürftigkeit

genaue Kenntnisse über die dem MDK durch das SGB XI und durch die Begutachtungs-Richtlinien zugewiesenen Aufgaben im Rahmen des Verfahrens zur Feststellung von Pflegebedürftigkeit notwendig sind. Dies umso mehr, weil die Gutachten – wie sich im Einzelnen zeigen wird – häufig Fragen nach der Aufgabenerfüllung durch den MDK offen lassen.

### 3.2.1 Widerspruchsverfahren in der gesetzlichen Pflegeversicherung

In den in der gesetzlichen Pflegeversicherung den Klagen vorangestellten Widerspruchsverfahren ist die Prüfung der durch die MDK wahrzunehmenden Aufgaben von nicht geringerer Bedeutung, weil sich bereits aus der Feststellung, dass die beschriebenen Aufgaben durch die MDK nicht bzw. nicht vollumfänglich erfüllt wurden, häufig Argumente für eine zunächst formale Begründung des Widerspruchs ableiten lassen. Dies gilt in gleicher Weise für privat pflegepflichtversicherte Menschen mit dem Unterschied, dass hier der Klageweg unmittelbar offensteht; ein Widerspruchsverfahren ist im Rahmen der privaten Pflege-Pflichtversicherung nicht vorgesehen.

Die Abschnitte B und C der Begutachtungs-Richtlinien beschreiben die Aufgaben des MDK ausführlich, worauf nachfolgend näher eingegangen wird.

Mit dem Auftrag zur Begutachtung und der Feststellung, ob die Voraussetzungen zur Anerkennung von Pflegebedürftigkeit vorliegen, sollen die MDK von den Pflegekassen den entsprechenden Leistungsantrag und weitere Unterlagen, die im Zusammenhang mit der Feststellung von Pflegebedürftigkeit von Bedeutung sind, erhalten. Die sowohl für die Pflegekassen als auch für die medizinischen Dienste verbindlich geltenden Begutachtungs-Richtlinien (BRi) regeln in diesem Zusammenhang, dass u. a. folgende Unterlagen bzw. Informationen von den Pflegekassen an die MDK zu übergeben sind:

= Vorerkrankungen,
= Krankenhausaufenthalte, Krankenhausentlassungsberichte

= Heilmittelversorgungen, Hilfsmittel/Pflegehilfsmittel,
= Unterlagen von behandelnden Ärzten,
= zur häuslichen Krankenpflege (§ 37 SGB V),
= zu bestehenden Betreuungsverhältnissen(Abschnitt C1 der BRi).

**▪ Besonderheiten**

Bei verkürzten Bearbeitungs- und damit verbunden auch verkürzten Begutachtungsfristen gelten darüber hinaus weitere Regelungen, die in ▶ Kap. 9 im Einzelnen dargestellt werden. Zusätzliche Unterlagen sind den MDK durch die jeweilige Pflegekasse auch bei Höherstufungs- und Rückstufungsanträgen sowie bei Widerspruchs- und Wiederholungsgutachten zur Verfügung zu stellen. Dazu gehören dann:

= Ergebnisse evtl. vorangegangener Begutachtungen bzw. zu einer ggf. bereits vorliegenden Pflegestufe,
= Ergebnisse zur Feststellung ggf. vorliegender eingeschränkter Alltagskompetenz,
= Ergebnisse aus Beratungseinsätzen nach § 37 Abs. 3 SGB XI,
= zu bestehenden Betreuungsverhältnissen.

> ❯ **Werden diese Unterlagen von den Pflegekassen nicht mit den Leistungsanträgen an die MDK übergeben, handelt es sich demnach um eine Pflichtverletzung der Pflegekasse. Eine solche liegt auf Seiten der MDK dann vor, wenn im Punkt 2.2 (Fremdbefunde) des Formulargutachtens nicht dokumentiert wurde, dass entsprechende Unterlagen zur Begutachtung nicht vorgelegen haben.**

**▪▪ Hinweis für die Praxis**

Für die Überprüfung der formalen und der inhaltlichen Korrektheit der Bearbeitung der Formulargutachten ist es demnach von Bedeutung, ob sich entsprechende Angaben zu den durch die Pflegekassen den MDK vorgelegten Unterlagen innerhalb des Gutachtenformulars finden, da sich hieraus ggf. erste Argumente für die Begründung einer nicht korrekten Bearbeitung der Gutachtenformulare ergeben können.

### 3.2.2 Begutachtungen als zentrale Aufgabe der Medizinischen Dienste

Mit Abschnitt B2 der BRi wird die Feststellung der Pflegebedürftigkeit als zentrale Aufgabe der MDK im Rahmen des § 18 SGB XI beschrieben. Formal betrachtet dürfte es sich bei dieser Formulierung der BRi insoweit um eine Unkorrektheit handeln, als dass die Feststellung vorliegender Pflegebedürftigkeit (im Rahmen des Verwaltungsaktes) nicht Aufgabe der MDK, sondern der Pflegekassen ist, da sie die Leistungsanträge verwaltungsrechtlich auch bescheidet. Die Aufgabe der MDK besteht vielmehr darin, das Vorliegen der Voraussetzungen zur Anerkennung von Pflegebedürftigkeit nach §§ 14 und 15 SGB XI zu prüfen und der Pflegekasse die (Nicht-)Anerkennung einer Pflegestufe zu empfehlen.

■ **Begutachtung im Wohnbereich**

Grundsätzlich haben die MDK zu diesem Zweck eine Begutachtung des Versicherten gemäß § 18 Abs. 2 SGB XI in seinem Wohnbereich vorzunehmen. Grundsätzlich heißt auch hier, dass Ausnahmen von dieser Regelung möglich sind und nach § 18 Abs. 2 SGB XI zugelassen werden. Diese Ausnahmen sind jedoch nur in engem Rahmen zulässig, auf die im ► Kap. 9 noch näher einzugehen sein wird.

Die mit Abschnitt B2 der BRi im Rahmen des Hausbesuchs durch die MDK zu erhebenden Befunde sind als Pflichtkatalog zu verstehen.

### 3.2.3 Verbindlich geltendes Formulargutachten

Abschnitt C der BRi beschreibt das Verfahren zur Feststellung von Pflegebedürftigkeit. Ausdrücklich wird, um bundesweit ein einheitliches Begutachtungsverfahren zu gewährleisten, darauf hingewiesen, dass die BRi in der vorliegenden Form anzuwenden und umzusetzen sind; regionale Abweichungen werden dabei nach dem Gesetz ausgeschlossen. Das heißt zugleich, dass auch das Formulargutachten in der mit Abschnitt G2 der BRi vorgegebenen Form zu verwenden ist. Regionale Abweichungen sind demnach auch für die Ver-

wendung des Gutachtenformulars ausgeschlossen (BRi Abschnitt D01, Pflegebedürftigkeits-Richtlinien Abs. 5.8).

Praxiserfahrungen zeigen jedoch, dass die durch die MDK verwendeten Formulargutachten in einzelnen Bundesländern variieren. So liegen beispielsweise aus vier verschiedenen Bundesländern vier unterschiedliche Formulargutachten vor, was nach den Regelungen der BRi jedoch ausgeschlossen ist.

Dies ist für die formale Prüfung des Gutachtens insoweit von Bedeutung, als dass ein modifiziertes Gutachtenformular zumindest eines der wesentlichen Ziele der BRi, die Sicherung bundesweit einheitlicher Maßstäbe für die Begutachtung, unterläuft. Ein verändertes Formulargutachten birgt aber auch deswegen Brisanz in sich, weil durch die Pflegekassen in ablehnenden Widerspruchsbescheiden häufig angegeben wird, dass der Antragsteller durch die ablehnende Entscheidung nicht in seinen persönlichen Rechten verletzt werde. Vor dem Hintergrund der dargestellten Bestimmungen und Ziele der BRi, aus denen sich der Anspruch der versicherten Antragsteller ableitet, bundesweit nach einheitlichen Maßstäben begutachtet zu werden, ist eine solche oder ähnlich lautende Behauptung, dass eine Verletzung der persönlichen Rechte nicht vorliege, wiederum kaum haltbar. Zwar handelt es sich hier im Kern um ein juristisches Problem, das letztlich ggf. durch das erkennende Gericht bewertet werden muss. Es bedarf dazu jedoch des pflegerischen Sachverstands, um das Gericht auf solche Differenzen im Vorverfahren (Widerspruchsverfahren) hinzuweisen. Hinzu kommt außerdem, dass sich aus veränderten Formulargutachten pflegefachliche Fragen und Probleme ergeben können, weil eine veränderte Systematik des Gutachtenformulars den Begutachtungsprozess in seiner fachlich-inhaltlichen Logik verändert.

**Praxisbeispiele für Veränderungen in Formulargutachten**
- Aus dem Gutachtenformular entfernte einzelne Abschnitte.
- Eigens eingefügte Textbausteine, die in dem mit den BRi vorgegebenen Formulargutachten nicht enthalten sind. So wurden z. B. Gutachten aus dem Jahr 2008 eingesehen, in

denen sich keine Angaben zu Fremdbefunden fanden, weil der entsprechende Punkt 2.2 im Gutachtenformular nicht nur nicht bearbeitet worden, sondern im Formular gar nicht vorhanden war.

— Nach der Modifizierung der BRi von 2001 durch die Fassung vom 11. Mai 2006 bestand eine – hinsichtlich der Bearbeitung von Screening und Assessment – häufig anzutreffende Praxis der MDK darin, dass diese nicht bearbeitet und um den Satz: »Screening wurde nicht bearbeitet, da der Versicherte nicht zum berechtigten Personenkreis nach § 45a SGB XI gehört« ergänzt wurde. Dazu war ein Kontrollkästchen eingefügt, das im Bedarfsfall angehakt werden konnte.

■ **Von MDK veränderte Formulargutachten**
Da es sich hierbei ganz offensichtlich nicht um arbeitserleichternde Ideen einzelner Gutachter handelte, sondern um Einfügungen, die nicht Bestandteil des Formulargutachtens des Abschnitts G5 der bis 2009 geltenden BRi waren, lässt dies kaum eine andere Schlussfolgerung zu als die, dass Systemänderungen am Formulargutachten auf Länderebene (je nach Zuständigkeit der regionalen medizinischen Dienste) durch die MDK organisiert wurden. Das heißt objektiv betrachtet, dass die für die Umsetzung der für eine bundesweit einheitliche Begutachtung entwickelten Maßstäbe auf den Landesebenen verantwortlichen MDK in ihren jeweiligen Zuständigkeitsbereichen Systemänderungen organisiert haben, die nach Gesetz und BRi ausgeschlossen sind bzw. ausgeschlossen werden sollten. Dies ist vom Medizinischen Dienst der Spitzenverbände – aus dem mit Einführung des Pflege-Weiterentwicklungsgesetzes der Spitzenverband Bund wurde – offensichtlich zumindest toleriert worden.

Führt man dies, ungeachtet der juristischen Bedeutung, auf eine pflegefachliche Ebene zurück, bleibt schließlich fraglich, wie es zu den jeweils vorgenommenen Einschätzungen bezüglich der Pflegebedürftigkeit gekommen ist, da eine Überprüfung anhand der mit dem Formulargutachten vorgesehenen Instrumente jedenfalls nicht stattgefunden haben kann und sie durch keine weiteren Erläuterungen begründet waren.

Eine vergleichbare Praxis konnte auch nach Inkrafttreten der BRi 2009 beobachtet werden. Das neue, modifizierte Formulargutachten wurde zumindest von einzelnen Medizinischen Diensten nicht mit Inkrafttreten der neuen BRi verwendet.

❯ **Jede Veränderung des Formulargutachtens gegenüber der mit Abschnitt G bzw. G5 (jetzt G2) der BRi verbindlich vorgegebenen Fassung ist ein formaler Widerspruchsgrund. Ein pflegefachlich begründeter Widerspruch oder eine Klagebegründung sollte dann darauf zielen, dass der Begutachtungsprozess in seiner logischen Abfolge nicht mehr gegeben ist, was die fachlichen Versäumnisse innerhalb entsprechender Begutachtungen begründet. Gutachten solcher Art stehen den Zielen der BRi grundsätzlich entgegen.**

### 3.2.4 Aufgabenerweiterung der Gutachter

Seit dem Jahr 2013 gestalten sich die Aufgaben der Medizinischen Dienste und die der von den Pflegekassen beauftragten unabhängigen Gutachter – vor dem Hintergrund des § 18 Abs. 6 SGB XI – umfangreicher und komplexer als zuvor. Danach haben die MDK (sowie von den Pflegekassen beauftragte unabhängige Gutachter) den Pflegekassen nicht nur die Ergebnisse ihrer Begutachtungen unverzüglich mitzuteilen, sondern darüber hinaus gleichzeitig ob und ggf. welche Maßnahmen der Prävention und der medizinischen Rehabilitation für den jeweiligen Versicherten geeignet, notwendig und zumutbar sind sowie einen individuellen Pflegeplan zu empfehlen.

Seit Einführung des Pflege-Neuausrichtungs-Gesetzes ist darüber hinaus eine gesonderte Rehabilitationsempfehlung zu dokumentieren.

### 3.3 Überprüfung der Aufgabenerfüllung

In Widerspruchs- und sozialgerichtlichen Klageverfahren ist die Prüfung der von den Pflegekassen bei den MDK in Auftrag gegebenen Gutachten zentraler Bestandteil. Dazu gehört die Überprüfung der ordnungsgemäßen, das heißt in diesem Zusammenhang der richtlinienkonformen Bearbeitung der Aufgaben, die die MDK (oder unabhängige Gutachter) im Vorfeld der körperlichen Begutachtung zu erledigen haben. Das fokussiert zunächst die Vorbereitung der Hausbesuche nach Abschnitt C2 der BRi. Dies ist jedoch nur schwerlich möglich, ohne zuvor die Zusammenarbeit zwischen Kranken- und Pflegekassen einerseits und den medizinischen Diensten andererseits in einigen Einzelheiten darzustellen.

### 3.3.1 Zusammenarbeit der Pflegekassen und der MDK (BRi C2.1)

Gemäß § 18 Abs. 5 SGB XI sind die Pflege- und Krankenkassen sowie weitere Leistungserbringer (zu denken ist hier an Krankenhäuser, Rehabilitationseinrichtungen, aber auch Vertragsärzte) verpflichtet, den MDK für die Begutachtung erforderliche Unterlagen vorzulegen und Auskünfte zu erteilen. Grundlage dafür sind sowohl die verbindlich geltenden Richtlinien über die Zusammenarbeit der Kranken- und Pflegekassen mit den MDK als auch entsprechende Vereinbarungen zwischen den kassenärztlichen Vereinigungen und den MDK.

Daraus leiten sich zunächst zwei Schlussfolgerungen ab:

— Für die Kranken- und Pflegekassen (sowie ggf. weitere Leistungserbringer) gehört es zu den Pflichtaufgaben, den MDK für die Begutachtung der Pflegebedürftigkeit relevante Unterlagen vorzulegen und weitere Auskünfte zu erteilen.

— Ebenso ist es Pflichtaufgabe der MDK, diese Unterlagen vor dem Hausbesuch zu sichten und daraufhin zu prüfen, ob möglicherweise darüber hinaus weitere Auskünfte einzuholen sind.

Der Schwerpunkt hat dabei darauf zu liegen, aktuelle Informationen zu pflegebegründenden Erkrankungen/Behinderungen, zum Verlauf, zu durchgeführten Behandlungen sowie zu Art, Umfang und Dauer der Pflege in Erfahrung zu bringen. Im Hinblick auf eine von Sozialgerichten mit Beweisanordnung oder ausdrücklich durch Beweisfragen erbetene kritische Würdigung der Gutachten der MDK, ist dies insoweit von Bedeutung, als dass im Punkt 2.2 des Formulargutachtens durch die MDK zu dokumentieren ist, wenn entsprechende Unterlagen nicht vorgelegt worden sind. Dieses Erfordernis ist im Zusammenhang mit den Normierungen des Abschnitts D2.2 der BRi zu betrachten und mit der Praxis der Dokumentation in den Gutachten zu vergleichen.

Abschnitt D2.2 der BRi legt die MDK darauf fest, vorliegende Befundberichte zu prüfen und daraufhin auszuwerten, ob sie bedeutsame Angaben über pflegeverursachende Schädigungen/Beeinträchtigungen der Aktivitäten, vorhandene Ressourcen sowie Art und Umfang des Pflegebedarfs enthalten. Berücksichtigt werden sollen dabei Krankenhaus-, Rehabilitations- und Arztberichte, Pflegedokumentationen, Berichte von Werkstätten für behinderte Menschen und von Therapeuten, Pflegeberichte sowie andere evtl. vorliegende sozialmedizinische Gutachten (vgl. BRi, Abschnitt D2.2).

Nachfolgend sind Beispiele aus Gutachten von MDK zur Feststellung von Pflegebedürftigkeit aus dem Punkt 2.2 von Formulargutachten aus mehreren Bundesländern zusammengetragen, die sich in MDK-Gutachten aus den Jahren 2008 bis 2012 gefunden haben.

**Dokumentationsbeispiele aus dem Punkt 2.2 von Formulargutachten**
Die Beispiele 1–5 sind Formulargutachten nach Begutachtungen im Rahmen von Hausbesuchen entnommen, die Beispiele 6–10 von in stationären Pflegeeinrichtungen vorgenommenen Begutachtungen.

1. »Widerspruchsschreiben vom TT.MM.JJJJ. MDK-Gutachten von 07/09, empfohlene Pflegestufe keine mit 18 Min. Grundpflege.«

2. »Arztbericht von 12/09. Widerspruchsschreiben von 12/09. MDK-Gutachten von 11/09, empfohlene Pflegestufe keine mit 19 Min. Grundpflege.«

3. »Krankenhausbericht von 5/09. Arztbericht von 9/09«

4.  »Krankenhausberichte«
5.  »Arztbericht, MDK-Gutachten ohne Pflegestufenempfehlung«
6.  Ohne Eintragung
7.  »Pflegedokumentation vollständig, nachvollziehbar, Widerspruchschreiben von 2/2008; MDK-Gutachten von 12/07, empfohlene Pflegestufe I mit 86 Min. Grundpflege«
8.  »MDK-Gutachten von 01/08, empfohlene Pflegestufe I mit 74 Min. Grundpflege«
9.  »Widerspruchsschreiben des Versicherten, Schwerbehindertenausweis vorhanden GdB: 100«
10. »Pflegedokumentation unvollständig, nachvollziehbar«

▪ **Anforderungen an die Dokumentation**

Vergleicht man einerseits die Anforderungen der BRi und andererseits den Inhalt der vorgefundenen Dokumentationen in den Gutachten, wird nicht nur der fehlende pflegefachliche Aussagegehalt der Dokumentationen deutlich, sondern auch das Ausmaß der Abweichungen von den Normierungen der BRi. Die Beispiele aus stationären Begutachtungen zeigen zudem, dass Pflegedokumentationen bewertet worden sind, indem sie als »(un-)vollständig« oder »nachvollziehbar« klassifiziert werden. In stationären Pflegeeinrichtungen eingesehene Pflegedokumentationen qualitativ zu bewerten ist Aufgabe der MDK im Rahmen von Qualitätsprüfungen nach §§ 114 ff. SGB XI, nicht aber im Verfahren zur Feststellung von Pflegebedürftigkeit.

▪ **Sorgfaltspflicht**

Dies sollte sowohl in Widerspruchs- wie auch in sozialgerichtlich beauftragten Sachverständigengutachten deswegen herausgearbeitet werden, da sich hier bereits Rückschlüsse auf die Sorgfalt ziehen lassen, mit der Gutachten durch die MDK erarbeitet worden sind. Gleichzeitig lassen solche oder ähnliche Beispiele auch vermuten, dass die Hausbesuche nicht nach den Vorgaben des Abschnitts C der BRi vorbereitet worden sind. Denn von einer Prüfung und Auswertung der jeweils benannten Berichte kann hier nicht gesprochen werden.

Die Beispiele aus der voranstehenden Übersicht belegen, dass entweder Kranken- und/oder Pflegekassen bzw. die beteiligten MDK ihren Aufgaben

nach den BRi nicht, jedenfalls nicht umfänglich, nachgekommen sind. Ursächlich kommen dafür (theoretisch) zumindest drei Möglichkeiten in Betracht:

a.  Unterlagen liegen weder Kranken- noch Pflegekassen oder sonstigen Leistungserbringern vor.
b.  Unterlagen waren vorhanden, sind aber den MDK nicht übergeben worden.
c.  Unterlagen haben den MDK vorgelegen, sind aber nicht entsprechend den BRi geprüft und ausgewertet worden.

▪ **Pflegefachliche Bewertung**

Mit Ausnahme der unter a) benannten Möglichkeit, die jedoch – bezogen auf z. B. hausärztliche Behandlungsberichte – kaum vorstellbar ist, liegen demnach Pflichtversäumnisse auf der einen oder/und der anderen Seite vor. Die oben aufgeführten Beispiele belegen in jedem Fall Dokumentationsversäumnisse der jeweils beteiligten MDK, da weder dokumentiert wurde, dass entsprechende Unterlagen nicht vorgelegen haben, noch eine inhaltliche Prüfung und Auswertung entsprechend Abschnitt D2.2 der BRi erkennbar ist. Dies sollte, ohne den Umstand im Einzelnen zu bewerten, im Rahmen des Widerspruchs- bzw. Klageverfahren festgestellt werden. Hierbei kann es nicht darum gehen, Versäumnisse dieser Art aufzuklären oder gar Verantwortlichkeiten auszumachen. Die Aufgabe besteht darin, solche Mängel sachlich festzustellen, zu benennen und zu dokumentieren, nicht sie zu (be-)werten. Das macht die Qualität eines wohlbegründeten Widerspruchs bzw. auch die Substanz eines Sachverständigengutachtens im Rahmen gerichtlicher Klageverfahren aus, weil damit die pflegerische Sachkunde in den Mittelpunkt der Argumentation gestellt wird.

### 3.3.2 Vorbereitung der persönlichen Untersuchung im Wohnbereich (BRi C2.2)

Die Abschnitte C2.2.1 und C2.2.2 der BRi regeln die MDK-internen Vorbereitungen und die Ankündigung des Hausbesuchs durch die MDK. Abschnitt C2.2.3 beschreibt das Verfahren bei Verweigerung des Hausbesuchs durch Versicherte. Während die MDK in solchen Fällen der Pflegekasse die ihnen vorgelegten Unterlagen mit einer entsprechenden Mitteilung zurückgeben, besteht nach § 18 Abs. 2 SGB XI für die Pflegekassen ein Leistungsverweigerungsrecht. Ferner wird ein Ausnahmetatbestand für Begutachtungen durch die MDK nach Aktenlage beschrieben. Ein solcher ist dann gegeben, wenn das Ergebnis der medizinischen Untersuchung bereits aufgrund einer eindeutigen Aktenlage feststeht.

### 3.3.3 Hausbesuch (BRi C2.3)

Besonderer Aufmerksamkeit bedürfen die Regelungen des Abschnitts C2.3 der BRi. Dies gilt primär dann, wenn im Verfahren Bezug auf Gutachten nach Aktenlage genommen wird. Auf die Formen der Begutachtungen wird im ▸ Kap. 9 noch einmal detailliert einzugehen sein. Deswegen sei an dieser Stelle nur die grundsätzliche Feststellung erwähnt, dass der mit Abschnitt C2.3 beschriebene Ausnahmetatbestand für eine Begutachtung nach Aktenlage in Widerspruchsverfahren oder im Rahmen sozialgerichtlicher Streitfälle um die Anerkennung von bzw. des Umfangs vorliegender Pflegebedürftigkeit regelmäßig nicht gegeben zu sein scheint. Von einer eindeutigen Aktenlage kann schon allein deswegen nicht ausgegangen werden, weil der Versicherte gegen den gutachterlich ermittelten Hilfebedarf widersprochen (und ggf. Klage) erhoben hat. Die Aktenlage kann dann im Blick auf die Begutachtungsergebnisse auch deswegen nicht eindeutig sein, weil die Angaben innerhalb der Gutachten zumindest in den Punkten 1.4 (»Umfang der pflegerischen Versorgung und Betreuung«) und 5.1 (»Stimmt der unter 1.4 von Pflegepersonen angegebene Pflegeaufwand mit dem gutachterlich festgestellten Hilfebedarf überein?«) differieren.

### 3.3.4 Durchschnittliche häusliche Wohnsituation (BRi C2.4)

Bei der Feststellung des zeitlichen Umfangs des Pflegebedarfs ist, unabhängig vom Aufenthaltsort des Antragstellers, von einer »durchschnittlichen

häuslichen Wohnsituation« auszugehen, wie sie mit Abschnitt C2.4 der BRi beschrieben ist. Dies gilt auch bei Antragstellern, die in stationären Pflegeeinrichtungen leben, was insbesondere für die Ermittlung des zeitlichen Hilfebedarfs bei den Verrichtungen der Mobilität von Bedeutung sein kann. Die BRi beschreiben im Abschnitt D4.3 lfd. Nr. 12 beispielsweise, dass – unter Zugrundelegung einer »durchschnittlichen häuslichen Wohnsituation« – eine einfache Gehstrecke im Rahmen der gesetzlich definierten Verrichtungen von jeweils acht Metern anzunehmen ist.

## 3.4 Begutachtungs- und Bearbeitungsfristen

Zur Bearbeitung von Anträgen auf Leistungen nach dem Pflegeversicherungsgesetz gelten für die Pflegekassen Fristen nach § 18 Abs. 3 SGB XI. Dem Antragsteller ist spätestens innerhalb von fünf Wochen nach Antragseingang bei den Pflegekassen ein Leistungsbescheid vorzulegen. Diese Frist einzuhalten liegt in der Verantwortung der Pflegekassen, die nicht in die der MDK delegiert werden kann, selbst wenn Umstände von Verzögerungen vorliegen, die durch die MDK zu vertreten sind. Mit dem Pflege-Neuausrichtungs-Gesetz hat der Gesetzgeber Sanktionen für die Pflegekassen bei Fristüberschreitung außerhalb von stationären Einrichtungen eingeführt.

Darüber hinaus besteht die gesetzliche Verpflichtung für die Pflegekassen, den antragstellenden Personen eine Liste mit mindestens drei unabhängigen Gutachtern zur Auswahl vorzulegen, wenn eine Begutachtung durch den MDK nicht innerhalb von vier Wochen nach Antragstellung stattgefunden hat (§ 18 Abs. 3a Nr. 2. SGB XI).

Auf dem Deckblatt des Formulargutachtens finden sich sechs Kategorien von Verzögerungsgründen, die allerdings allein in der Person oder den tatsächlichen Umständen des Antragstellers begründet sind, die die Begutachtung durch die MDK – und damit das Verfahren insgesamt – verzögern können. Sie sind mit der Feststellung überschrieben, dass es sich um Verzögerungen im Verfahren (der Begutachtung) handelt, die durch MDK nicht zu vertreten sind (▸ Übersicht).

**Ausschnitt aus dem Formulargutachten (Seite 1): »Verzögerungen im Verfahren«**

- Der Wohnsitz des Antragstellers ist nicht im Inland
- Antragsteller im Krankenhaus/Reha-Einrichtung
- Wichtiger Behandlungstermin des Antragstellers
- Antragsteller umgezogen
- Antragsteller verstorben
- Termin des Antragstellers abgesagt (sonstige Gründe)
- Beim angekündigten Hausbesuch nicht angetroffen
- Hausbesuch musste abgebrochen werden wegen Gewaltandrohung oder ähnlich schwerwiegender Gründe
- Hausbesuch musste abgebrochen werden wegen Verständigungsschwierigkeiten (z. B. Muttersprache)

Bei diesen Angaben handelt es sich um rein deklaratorische Informationen der MDK an die Pflegekassen, da letztlich die Pflegekassen – nicht die MDK – für Fristüberschreitungen verantwortlich bleiben, solange Verzögerungen in der Planung und Durchführung des Verfahrens begründet sind.

### 3.4.1    Einwöchige Begutachtungsfrist

Neben den für die Pflegekassen bindenden Fristen gelten nach den Bestimmungen der Abschnitte C2.4 und C3 der BRi weitere Besonderheiten bezüglich des Begutachtungs- bzw. Untersuchungsortes und abweichend geregelter Begutachtungsfristen für die MDK.

So ist der Versicherte beispielsweise dann im Krankenhaus oder in der Rehabilitationseinrichtung zu begutachten, wenn Hinweise vorliegen, dass dies zur Sicherstellung der weiteren Versorgung und Betreuung erforderlich ist bzw. auch dann, wenn berufstätige Pflegepersonen Pflegezeit im Sinne des Pflegezeitgesetzes in Anspruch zu nehmen beabsichtigen und dies dem jeweiligen Arbeitgeber bereits angekündigt haben. Gleiches

gilt, wenn sich der versicherte Antragsteller in einem (stationären) Hospiz befindet oder ambulant palliativ versorgt wird.

Von Bedeutung ist dabei, dass es danach ausreichend ist, wenn Hinweise (!) auf solche Fallkonstellationen vorliegen. Das heißt, es müssen entsprechende Anhaltspunkte dafür gegeben sein, dass beispielsweise eine bedarfsgerechte Weiterversorgung nach einer Krankenhausentlassung nicht gesichert ist. Es ist demnach nicht notwendig, eine Begutachtung unter den beschriebenen Voraussetzungen im Einzelnen zu begründen, weil allein das Vorliegen von Hinweisen für die Geltendmachung z. B. entsprechend verkürzter Bearbeitungsfristen ausreichend ist. In diesen Fällen ist innerhalb einer Woche durch den MDK zu begutachten.

Bei ambulanter palliativer Versorgung (auf die in ► Kap. 11 noch einmal eingegangen wird) gilt ebenfalls eine einwöchige Bearbeitungsfrist. Die nur sehr unkonkrete Formulierung der ambulant palliativ(en) Versorgung lässt allerdings offen, wann entsprechende Voraussetzungen vorliegen und ob eine palliative Versorgung im Rahmen der allgemeinen ambulanten Palliativversorgung (AAPV) für eine verkürzte Begutachtungsfrist bereits ausreichend ist oder ob sie ausschließlich bei spezialisierter ambulanter Palliativversorgung (SAPV) Anwendung findet.

Da es sich hierbei insgesamt um Fragen mit stark pflegefachlichem Charakter handelt (Sicherung der weiteren Versorgung/Betreuung, palliative Versorgung usw.), gehört die Überprüfung der Voraussetzungen für das Vorliegen einer Begutachtung im Krankenhaus oder für verkürzte Begutachtungsfristen zum »Pflichtprogramm« das (Widerspruchs-) Verfahren begleitender Pflegender, weil die sachkundige Einschätzung der nach den BRi korrekten Bearbeitungsfristen ebenfalls ein möglicherweise formales und inhaltliches Detail einer substantiierten Begründung sein kann.

### 3.4.2    Zweiwöchige Begutachtungsfrist

Der Vollständigkeit halber sei erwähnt, dass eine Begutachtung innerhalb von 2 Wochen nach Antragseingang bei der zuständigen Pflegekasse sicherzustellen ist, wenn sich der Antragsteller in seiner häuslichen Umgebung befindet, nicht palliativ versorgt wird und die Pflegeperson gegenüber ihrem Arbeitgeber die Inanspruchnahme von Pflegezeit nach dem Pflegezeitgesetz angekündigt hat.

Generell gilt, dass die Ergebnisse der Begutachtungen der MDK im Sinne der Abschnitte C2.4 und C3 zumindest eine Aussage zu vorliegender Pflegebedürftigkeit im Sinne des SGB XI enthalten muss. Das heißt nicht zwangsläufig, dass der Umfang des Pflegebedarfs im Sinne einer Pflegestufe exakt ermittelt werden muss. Wird in solchen Fällen Pflegebedürftigkeit anerkannt, ohne dass gleichzeitig eine Pflegestufe ermittelt wurde, hat eine abschließende Begutachtung – insbesondere um der Pflegekasse eine Pflegestufe empfehlen zu können – dann unverzüglich stattzufinden.

## 3.5 »Folgegutachten«

Mit der zuletzt geänderten Fassung der BRi (vom 16. April 2013) wurde die unklare Begriffsbestimmung eines bis dahin als solches bezeichneten »Folgegutachtens« konkretisiert. Es wird nun in
- Begutachtungen aufgrund von Höher- oder Rückstufungsanträgen,
- Widerspruchsbegutachtungen sowie
- Wiederholungsbegutachtungen unterschieden.

Der Abschnitt C2.8.1 regelt, dass bei Begutachtungen aufgrund von Höher- und/oder Rückstufungsanträgen sowie Leistungsanträgen aufgrund erheblich eingeschränkter Alltagskompetenz analog einer Erstbegutachtung zu verfahren ist.

> Einer Verwendung des Begriffs der »Folgegutachten« sollte besondere Aufmerksamkeit gewidmet werden, weil dann zu prüfen ist, um welche Form der Begutachtung es sich tatsächlich handelt. Auch dies wird als ein nicht unwesentliches Detail erachtet, wenn es um die Darstellung der Sorgfalt geht, mit der die MDK Pflegegutachten für die Pflegekassen erarbeiten. Festzustellen ist, dass eine nur mangelnde Sorgfalt der MDK im Rahmen der Begut-

achtungsverfahren häufig die Ursache von Widerspruchs- und Klageverfahren zu sein scheint, die eigentlich vermeidbar wären.

## 3.6 Aufbau des Formulargutachtens (nach BRi D02)

Die innere Logik des Verfahrens zur Feststellung von Pflegebedürftigkeit nach dem SGB XI folgt einem prozessualen Verständnis. Demnach ist auch das Formulargutachten, anhand dessen die medizinischen Dienste vorliegende Pflegebedürftigkeit festzustellen haben, prozesshaft aufgebaut.

Die BRi beschreiben im Abschnitt D02 die Gliederung des Formulargutachtens dreiteilig.
- Teil 1: Angaben der zu Begutachtenden und/oder ihrer Pflegepersonen finden hier direkt Eingang in die Dokumentation der Erhebungen;
- Teil 2 und 3: Angaben, die einzig der Einschätzung bzw. dem Ermessen des Gutachters unterliegen.

### 3.6.1 Plausibilitätsprüfung als integraler Bestandteil des Begutachtungsprozesses

Abschnitt D02 der BRi verpflichtet, die erhobenen Angaben jedes einzelnen Gutachtenabschnittes, aber auch die Abschnitte untereinander, einer Plausibilitätsprüfung zu unterziehen. Dies ist vor allem deswegen relevant, weil die Angaben der Versicherten bzw. ihrer Pflegepersonen im Punkt 5.1 des Formulargutachtens mit den vom Gutachter erhobenen Befunden zusammengeführt werden und auf Übereinstimmungen/Abweichungen zu prüfen und abzugleichen sind. Durch die MDK-Gutachter ist hier explizit die Frage zu beantworten, ob der vom Versicherten bzw. den Pflegepersonen im Punkt 1.4 des Formulargutachtens angegebene Pflegebedarf mit dem gutachterlich ermittelten Hilfebedarf übereinstimmt. Dies setzt nach den BRi die Dokumentation der Angaben der Versicherten/Pflegepersonen im Punkt 1.4 voraus und ist Voraussetzung für Transparenz und Nachvollziehbarkeit der Gutachtenergebnisse.

**3**

❯ Die Prüfung auf Plausibilität ist deshalb wichtig, weil sich daran die gezogenen Schlussfolgerungen aus pflegefachlicher Perspektive nachverfolgen lassen. Beinhaltet beispielsweise der Punkt 1.4 des Formulargutachtens keine oder nur sehr allgemeine Angaben, kann die Beantwortung der Frage, ob der durch die Versicherten/Pflegepersonen angegebene Pflegeaufwand mit dem gutachterlich festgestellten Hilfebedarf übereinstimmt (Punkt 5.1 des Formulargutachtens), weder schlüssig noch nachvollziehbar –genau genommen gar nicht – beantwortet werden.

## 3.6.2 Gutachterliche Bewertung des festgestellten Hilfebedarfs

Der zweite Abschnitt des Formulargutachtens umfasst die Punkte 4 und 5. Hier sollen die im Rahmen der Begutachtung in Erfahrung gebrachten Informationen und Befunde gutachterlich bewertet werden.

Die durch die BRi verwendete Formulierung der »gutachterlichen« Wertung hat dabei weniger eine inhaltliche, als vielmehr eine deklaratorische Bedeutung. Das ist insofern von Bedeutung, als dass der Begriff des Gutachters hier nur zum Ausdruck bringt, dass die Wertung der Befunde durch die Mitarbeiter der Medizinischen Dienste bzw. durch den von der Pflegekasse beauftragten Gutachter zu erfolgen hat.

Problematisch ist der Begriff des Gutachters – und daraus abgeleitet die gutachterliche Wertung – aber auch deswegen, weil es sich hier um einen unklaren Rechtsbegriff handelt. Der Begriff des Gutachters als eine Form der Berufsbezeichnung ist in Deutschland nicht geschützt. Das heißt streng genommen, dass an die Bezeichnung des Gutachters (Synonym: Sachverständiger), die jedermann führen kann, keine weiteren Anforderungen bestehen, die zu erfüllen wären, um eine solche Berufsbezeichnung zu führen, solange damit nicht gegen die Regeln des unlauteren Wettbewerbs verstoßen wird.

❯ Eine Differenzierung ist zu den öffentlich bestellten und vereidigten Sachverständigen nach § 91 Handwerksordnung bzw. § 36 Gewerbeordnung vorzunehmen. Ferner sind staatlich anerkannte Sachverständige (Begriff ist gesetzlich geschützt) zu unterscheiden. Sie sind mit hoheitlichen Aufgaben betraut und werden beispielsweise für die technische Überwachung ausgebildet. Sie unterliegen ausschließlich der staatlichen Aufsicht.

In der Literatur besteht weitgehend Übereinstimmung darüber, dass sich Sachverständige (Gutachter) weniger durch ihre Bezeichnung als solche auszeichnen, sondern vielmehr durch eine besondere Sachkunde und eine überdurchschnittliche fachliche Expertise. Ein Nachweis der besonderen Sachkunde könnte z. B. durch ein fachbezogenes Hochschulstudium mit erfolgreichem Abschluss und mehrjähriger Berufserfahrung oder entsprechende Qualifizierungen erfolgen.

## 3.6.3 Grundlagen der Pflegestufen-empfehlung

Die Bewertung des jeweils vorliegenden Hilfebedarfs im zweiten Teil des Gutachtens ist aber auch deswegen bedeutsam, weil die Gutachter hier den pflegebedingten Hilfebedarf aufgrund vorliegender Fähigkeitsstörungen sowie Schädigungen und Beeinträchtigungen bei den einzelnen Verrichtungen der Körperpflege, der Ernährung und der Mobilität sowohl nach Häufigkeit und Form als auch zeitlich zu bewerten haben. Diese Bewertungen bilden die Grundlage für die (gutachterliche) Empfehlung der Einstufung in eine Pflegestufe. Zwar sind dafür mit dem Formulargutachten und den BRi objektive Kriterien vorgegeben, anhand derer diese Bewertungen vorzunehmen sind, dennoch werden sie zugleich immer auch subjektiv bleiben.

### ▪ Empfehlungen an Pflegekassen

Der aus den Punkten 6–8 bestehende dritte Teil des Formulargutachtens ist geprägt von Empfehlungen der MDK an die Pflegekassen. Dabei ist die

Erarbeitung eines jeweils individuellen Pflegeplans nach § 18 Abs. 6 SGB XI verpflichtend, der im Rahmen des Formulargutachtens ebenfalls empfehlenden Charakter für die Pflegekassen hat.

Genau genommen und nach den Normierungen der BRi besteht die Aufgabe der MDK im dritten Teil der Bearbeitung des Formulargutachtens darin, den Pflegekassen als Kostenträgern pflegefachliche Informationen zur Verfügung zu stellen, mit welchen Mitteln möglicherweise ein weiter steigender Pflegebedarf verhindert bzw. vermieden, zumindest verzögert werden könnte. Gleiches gilt für eine mögliche Minimierung abhängiger Pflegebedürftigkeit. Wenn in diesem Zusammenhang rehabilitative und/oder therapeutische Maßnahmen empfohlen werden, wird damit der Grundsatz nach § 5 SGB XI praktisch umgesetzt, nach dem gilt: Rehabilitation vor Pflege.

- **Hilfsmittelempfehlung**

Ferner sollen auch Empfehlungen zum Einsatz von (Pflege-)Hilfsmitteln nach den §§ 33 SGB V sowie 40 SGB XI erfolgen sowie ggf. Maßnahmen zur Wohnumfeldverbesserung mit dem Ziel, die Voraussetzungen für die ambulante Wohnsituation möglichst lange aufrechtzuerhalten. Der Grundsatz im Sinne von § 3 SGB XI lautet: »ambulant vor stationär«.

- **Empfehlung Wiederholungsbegutachtung**

Im Punkt 8 des Formulargutachtens ist ein Termin für eine Wiederholungsbegutachtung anzugeben, da die Begutachtung nach § 18 Abs. 2 SGB XI in angemessenen zeitlichen Abständen zu wiederholen ist. Der Termin für die Wiederholungsbegutachtung soll dabei in einem inneren Zusammenhang zur Prognose stehen, die hier durch den Gutachter bezüglich der voraussichtlichen Entwicklung der Pflegebedürftigkeit abzugeben ist. Die Verantwortung für die Wiederholungsbegutachtung ist im Rahmen der Aufgaben der Pflegekassen geregelt. Aus der im Abschnitt D02 der BRi beschreibenden Gliederung des Formulargutachtens wie auch aus Abschnitt C der BRi lässt sich demnach ein Prozess für das Verfahren der Begutachtung zur Feststellung von Pflegebedürftigkeit nach § 18 SGB XI erkennen und ableiten. Es ergibt sich der mit ◼ Abb. 3.2 dargestellte Prozessablauf. »Prozess« wird hierbei im Sinne einer geordneten Abfolge aufeinander bezogener Handlungsabläufe verstanden.

**Fazit**

Mit diesem Kapitel werden die Ziele der Begutachtungs-Richtlinien (BRi) sowie die Aufgaben der Pflegekassen und der Medizinischen Dienste (MDK) im Rahmen des Begutachtungsverfahrens zur Pflegebedürftigkeit dargestellt und erläutert. Diese bestehen im Wesentlichen in der Sicherung eines bundesweit einheitlichen Begutachtungsverfahrens sowie in der Gewährleistung eines qualitativen Begutachtungsprozesses. Es wurde herausgestellt, dass es im Zusammenhang mit von den Pflegekassen erteilten Leistungsbescheiden sowohl aus formalen als auch aus inhaltlichen Gründen von einiger Bedeutung sein kann, im Rahmen ggf. erforderlicher Widerspruchs- bzw. Klageverfahren, die Aufgabenerfüllung der beteiligten Pflegekassen und der MDK nachzuvollziehen und auf ihre Vollständigkeit sowie Korrektheit zu prüfen.

Während die Verantwortung im Begutachtungsverfahren für den verwaltungsrechtlichen Teil bei den Pflegekassen liegt, besteht die wesentliche Aufgabe für die MDK in der Durchführung der Begutachtungen und der Prüfung der leistungsrechtlichen Voraussetzungen. Deutlich wurde herausgestellt, dass das mit Abschnitt G2 der BRi vorgegebene Formulargutachten verbindlich gilt. Das heißt, die Ergebnisse der Begutachtungen sind durch die MDK im Formulargutachten zu dokumentieren. Jede Veränderung des Formulargutachtens durch einen medizinischen Dienst verstößt gegen die Ziele der BRi und stellt bereits eine ausreichend formale Begründung für Widerspruchs- bzw. Klageverfahren. Häufig lassen sich daraus auch inhaltliche Begründungen für Widerspruchs- und/oder Klageverfahren ableiten, weil ein verändertes Formulargutachten dem vorgegebenen Begutachtungsprozess zuwidersteht und ein einheitliches Begutachtungsverfahren unterläuft.

Den Anforderungen an die Dokumentationsinhalte im Rahmen der Begutachtungen, wie sie mit den BRi vorgegeben sind, wurden Beispiele aus mehreren Gutachten unterschiedlicher Bundesländer gegenübergestellt. Hierbei war aufgefallen, dass sich in Formulargutachten dokumentierte Inhalte in den Formulierungen sehr ähneln und ihr

**1. Schritt:**
Vorbereitung des Besuches

– Prüfung vorliegender Unterlagen
– ggf. Einholung weiterer Auskünfte (z.B. bei [Haus-] Ärzten)
– Festlegen des Besuchstermins
– Ankündigung des Besuches

**2. Schritt:**
Besuch und Befunderhebung

– Erhebung der Versorgungssituation (nach Angaben der an der Pflege beteiligten Personen; Punkt 1 des Formulargutachtens)

**3. Schritt:**
Dokumentation

– Dokumentation der (ambulanten) Wohnsituation
– Prüfung und Auswertung vorliegender Befundberichte
– Anamnese

**4. Schritt:**
Befundung durch den Gutachter

– Befunderhebung durch den Gutachter anhand der Vorgaben im Punkt 3 des Formulargutachtens
– Codierung pflegebegründender Diagnosen nach ICD-10
– Screening und Assessment zur Feststellung vorliegender erheblich eingeschränkter Alltagskompetenz

**5. Schritt:**
Feststellung von Hilfebedarf nach Art, Umfang und Dauer

– Wertung des vorliegenden Hilfebedarfs bei den gesetzlich abschließend definierten Verrichtungen der Körperpflege, der Ernährung und der Mobilität
– Bestimmung der Hilfeformen
– Bestimmung der Häufigkeit des täglichen/ wöchentlichen Hilfebedarfs
– Bewertung des für die HIlfen notwendigen Zeitaufwandes

**6. Schritt:**
Bewertung des vorliegenden Hilfebedarfs nach §15 SGB XI

– Vergleich der Angaben der Pflegeperson(en) zum Pflegeaufwand (Punkt 1.4) mit dem durch den Gutachter ermittelten Hilfebedarf
– Empfehlung einer Pflegestufe
– Feststellung des Vorliegens einer eingeschränkten Alltagskompetenz und des entsprechenden Umfanges
– Bewertung einer gesicherten Versorgung bzw. der Notwendigkeit vollsttionärer Pflege

**7. Schritt:**
Empfehlungen individueller Pflegeplan und Rehabilitations-empfehlung

– Präventive Leistungen, Heilmittel, sonstige Therapien, medizinische Rehabilitation
– Hilfsmittel-/ Pflegehilfsmittelverodnung
– Wohnumfeldverbessernde Maßnahmen
– Maßnahmen zur Verbesserung/Veränderung der Pflegesituation
– Prognose Wiederholungsbegutachtung

**8. Schritt:**
Auswertung und Gutachten-abschluss

– Besuchsauswertung durch Arzt und Pflegefachkraft
– Ergebnisdokumentation

◾ **Abb. 3.2**    Begutachtungsprozess im Verfahren zur Feststellung von Pflegebedürftigkeit nach den BRi

pflegefachlicher Aussagegehalt nicht selten gegen Null geht. Dies wirft einerseits Fragen bezüglich der Sorgfaltspflicht der MDK auf, die in Widerspruchs- und/oder Klageverfahren deutlich benannt werden sollten. Kann eine mangelnde Sorgfalt bei der Dokumentation der Inhalte in den Formulargutachten nachgewiesen werden, sind Rückschlüsse auf die Pflegezeitbemessung in den Punkten 4.1–4.3 der Gutachtenformulare legitim, weil die Sorgfalt der Ermittlung der Hilfebedarfszeiten dann ebenfalls zumindest fraglich sein dürfte.

Andererseits lassen »standardisierte« Dokumentationsinhalte ohne pflegefachliche Aussagen Fragen an das MDK-interne, aber auch das übergreifende Qualitätsmanagementsystem offen. Wenn sowohl die interne als auch die übergreifende Qualitätsprüfung durch die MDK bearbeitete Formulargutachten auf ihre Vollständigkeit und Plausibilität prüft (vgl. z. B. Gaertner et al. 2009) und solche oder vergleichbare Bearbeitungsmängel häufig erst im Rahmen gerichtlicher Klageverfahren bekannt werden, scheinen entweder die Prüfinstrumente überarbeitungsbedürftig zu sein oder aber die Praxis ist Kalkül. Auch nach mehreren Anfragen fand sich der Medizinische Dienst des Spitzenverbandes der Krankenkassen leider nur sehr verspätet bereit, Einsichtnahme in das Qualitätsmanagementsystem zu gewähren, weshalb eine nähere Prüfung der Eignung des Qualitätsmanagementsystems hier nicht betrachtet werden kann.

## Literatur

Bundesministerium für Gesundheit (2011) Fünfter Bericht der Bundesregierung über die Entwicklung der Pflegeversicherung und den Stand der pflegerischen Versorgung in der Bundesrepublik Deutschland. ▶ http://www.bmg.bund.de/pflege/pflegeversicherung/pflegeberichte.html. Zugegriffen: 03. Februar 2014

Gaertner T. et al. (Hrsg) (2009) Die Pflegeversicherung. Begutachtung Qualitätsprüfung Beratung Fortbildung, 2. Aufl. De Gruyter, Berlin

Medizinischer Dienst des Spitzenverbandes Bund der Krankenkassen e.V. – MDS (2009) Richtlinien des GKV-Spitzenverbandes zur Begutachtung von Pflegebedürftigkeit nach dem XI. Buch des Sozialgesetzbuches. ▶ http://www.gkv-spitzenverband.de/pflegeversicherung/richtlinien_vereinbarungen_formulare/richtlinien_vereinbarungen_formulare.jsp. Zugegriffen: 03. Februar 2014

# Verfahren zur Feststellung von Pflegebedürftigkeit

*Klaus-Peter Buchmann*

Die Abschnitte D4.0 ff. der BRi beschreiben Grundsätze, die bei der Feststellung des Umfangs des Hilfebedarfs zu berücksichtigen sind. Diese Grundsätze lassen sich wie folgt zusammenfassen:

1. Nicht die Schwere einer Erkrankung/Behinderung ist für die Bestimmung der Pflegebedürftigkeit ausschlaggebend, sondern allein die Art und der Umfang der aus der jeweils krankheitsbedingten Schädigung/Beeinträchtigung resultierende Hilfebedarf, bezogen auf die gesetzlich definierten Verrichtungen.
2. Bei der Feststellung des Umfangs jeweils vorliegender Pflegebedürftigkeit – und daraus resultierend der Empfehlung der Pflegestufe – sind die
   - individuelle Ausprägung der Schädigung/Beeinträchtigung,
   - individuellen Ressourcen,
   - jeweilige Lebenssituation,
   - individuelle Pflegesituation
   zugrunde zu legen.
3. Zu berücksichtigen ist, was hinsichtlich der Hilfebedürftigkeit medizinisch und pflegerisch notwendig ist, unter Beachtung der Vermeidung sowohl einer Unter- als auch einer Überversorgung.
4. Physische und psychische Erkrankungen/Behinderungen sind bezüglich des daraus resultierenden Hilfebedarfs gleich zu behandeln.

## 4.1 Abgrenzung des Hilfebedarfs (BRi D4.0/I)

Mit dem Abschnitt D4.0/I wird unzweideutig festgestellt, dass sich der individuelle Hilfebedarf allein aus den jeweils vorliegenden Schädigungen/Beeinträchtigungen bezüglich des Verrichtungskatalogs gemäß § 14 Abs. 4 SGB XI sowie aus den vorhandenen Ressourcen ergibt. Einer weiteren Klarstellung dient auch der Hinweis, dass Leistungen der Krankenversicherung (SGB V) von den Leistungen der Pflegeversicherung (SGB XI) abzugrenzen sind. SGB-V-Leistungen sind hier ebenso wenig berücksichtigungsfähig wie solche der sozialen Betreuung und der Hauswirtschaft. Ferner sind nicht zu berücksichtigen Leistungen der beruflichen und so-

zialen Eingliederung sowie der Kommunikation. Ausnahmen bilden allein verrichtungsbezogene krankheitsspezifische Pflegemaßnahmen im Sinne des Abschnitts F der BRi.

In Fällen, in denen Verrichtungen durch die eigenständige Nutzung von Hilfsmitteln oder Gebrauchsgegenständen selbständig ausgeführt werden können, verringert sich der Hilfebedarf. Nur der trotz Nutzung von Hilfsmitteln bzw. Gebrauchsgegenständen verbleibende personelle Hilfebedarf ist für die Bemessung des Umfangs der Pflegebedürftigkeit ausschlaggebend.

### ■ Gesamtbetrachtung

Die BRi legen darüber hinaus fest, dass der jeweils individuelle Pflegebedarf durch die Gutachter im Rahmen einer als solchen bezeichneten »Gesamtbetrachtung« zu ermitteln ist. Dabei soll durch die Gutachter der MDK geprüft werden, inwieweit erbrachte Hilfeleistungen dem jeweiligen Hilfebedarf entsprechen. Hilfebedarf und Hilfeleistungen sollen dabei einerseits in ein Verhältnis zueinander gesetzt und zusammenfassend bewertet werden. Andererseits ergibt sich der individuelle Hilfebedarf laut BRi aus den vom Gutachter festgestellten Schädigungen/Beeinträchtigungen der Aktivitäten sowie aus den vorhandenen Ressourcen hinsichtlich der wiederkehrenden Verrichtungen im Ablauf des täglichen Lebens.

Hier wird – wie oben bereits dargelegt – noch einmal deutlich, warum die Angaben im Punkt 1.4 des Formulargutachtens die beschriebene Bedeutung haben. Werden die Angaben zur pflegerischen Versorgung und Betreuung, auf der Grundlage der Angaben der Pflegepersonen bzw. des Pflegebedürftigen selbst, nicht nachvollziehbar dargestellt, kann eine hier von den BRi verlangte Gesamtbetrachtung nur schwerlich glaubhaft gemacht werden. Dies lässt dann wiederum Rückschlüsse auf die ermittelte Pflegezeitbemessung zu. Solche oder vergleichbare Umstände wären in Widerspruchs- aber auch in gerichtlichen Klageverfahren entsprechend darzustellen.

### ■ Pflegeaufwand und Hilfebedarf

Dieser für die zeitliche Bewertung des Hilfebedarfs äußerst wichtige Schritt innerhalb des Begutachtungsprozesses wird in der Auseinandersetzung mit den dokumentierten Inhalten des MDK-Gutachtens häufig unterschätzt. Diesen durch die BRi vorgegebenen Bearbeitungsschritt der Begutachtung im Einzelnen nachzuvollziehen, eröffnet die Möglichkeit, darzustellen, ob und in welcher Weise der angegebene Hilfebedarf aus dem Punkt 1.4 Eingang in die gutachterliche Bewertung gefunden hat. Demnach besteht gleichzeitig ein enger Zusammenhang zur Bearbeitung des Punktes 5.1 des Formulargutachtens (Übereinstimmung des Hilfebedarfs) und ist ebenfalls Ausdruck für die Sorgfalt, mit der die Begutachtungen durchgeführt und die Ergebnisse dokumentiert worden sind. Maßstab ist dabei immer der individuelle Hilfebedarf, nicht Mutmaßungen darüber, was theoretisch noch möglich sein müsste, wenn beispielsweise »Schürzengriff« und/oder »Nackengriff« umgesetzt werden können.

- **Das »Maß des Notwendigen«**

Mit dem Verweis der BRi auf das Wirtschaftlichkeitsgebot nach § 29 Abs. 1 SGB XI werden die Gutachter der MDK verpflichtet, ggf. bestehende Über- bzw. auch Unterversorgung darzustellen. Allein nach dem »Maß des Notwendigen« ist zu bewerten, inwieweit einzelne Hilfeleistungen im Rahmen der Leistungen der Pflegeversicherung zu berücksichtigen sind. Inwieweit das Maß des Notwendigen dem individuellen Hilfebedarf auch entgegenstehen kann, die hier genannten Prämissen der Bewertung also in sich selbst zu Widersprüchen führen, sollte an den Umständen der jeweils konkret vorliegenden Situation geprüft werden. Die BRi setzen den Maßstab der Berücksichtigung des im Einzelfall individuell bestehenden Hilfebedarfs. Demnach ist es nicht möglich, Hilfebedarf einzelfallübergreifend zu vergleichen. Deutlich wird aber auch, dass die Einschätzung des Maßes des Notwendigen damit immer eine subjektive Bewertung des jeweiligen Gutachters ist, der selbstverständlich widersprochen werden kann.

- **Umfang anzuerkennenden Hilfebedarfs**

Mit einem Widerspruch bzw. einer Klage gegen die auf der Grundlage der Begutachtungen durch die MDK erlassenen Leistungsbescheide der Pflegekassen wird – wenn Pflegebedürftigkeit nicht oder nicht in ausreichendem Maße anerkannt wird – unterstellt, dass eine pflegerische Versorgung nach

der Bewertung der MDK zu einer Unterversorgung des Pflegebedürftigen führt. Dies sollte dann auch so benannt, allerdings ebenfalls nachvollziehbar begründet werden können.

Grundlage für die Bewertung des Maßes der Hilfe sind die jeweils verbliebenen Fähigkeiten, die gesetzlich definierten Verrichtungen ohne Hilfe Dritter auszuführen. Jedoch ist nicht allein die physische Fähigkeit zur Ausführung der Verrichtungen zu beurteilen. Hilfebedarf ist auch dann anzuerkennen, wenn die physischen Voraussetzungen zwar vorliegen, das Erfordernis der Umsetzung jedoch nicht verstanden und demnach nicht in sinnentsprechendes Handeln umgesetzt werden kann. Dabei sind Unterstützung, teilweise bzw. vollständige Übernahme, Beaufsichtigung und Anleitung nach Abschnitt D4.0/II als Formen der Hilfe gleichwertig zu berücksichtigen.

## 4.2 Formen des Hilfebedarfs (BRi D4.0/II)

Abschnitt D4.0/II definiert die Formen der Hilfe, die in den Punkten 4.1–4.3 des Formulargutachtens für jede einzelne Verrichtung anzugeben ist, bei der ein Hilfebedarf eruiert wurde. Nach dem Grundsatz der vollständigen Tatsachenermittlung gehört es demnach zu den Aufgaben der MDK-Gutachter, die erbrachten Hilfeleistungen bei jeder einzelnen Verrichtung, die Gegenstand der Punkte 4.1–4.4 des Formulargutachtens sind, zu erfragen bzw. zu ermitteln (siehe Abschnitt D4.0/IV der BRi). Die Aufgabe der Gutachter besteht im Rahmen der Begutachtung konkret darin, jede einzelne Verrichtung zu benennen und den jeweiligen Hilfebedarf bei der Umsetzung zu prüfen. Wo dies nicht geschieht, ist allein das hinreichend, um einen Widerspruch entsprechend zu begründen.

Unabhängig davon und darüber hinaus ist die Kenntnis der begrifflichen Bedeutung der Hilfeformen nach den BRi eine wesentliche Voraussetzung nicht nur für die Überprüfung der Angaben in den Gutachten der medizinischen Dienste. Die Hilfeformen sind ein wesentlicher Bestandteil für die semantische Betrachtung des jeweils vorliegenden Hilfebedarfs und bedürfen daher einer eigenen Bewertung.

**4**

> ❯ Hierbei ist die genaue Kenntnis der Umstände des individuellen Einzelfalls, die Pflegenden hier unterstellt werden kann, gleichfalls eine wichtige Grundlage des fachlich begründeten Widerspruchs. Zu überprüfen und zu belegen, dass beispielsweise durch den MDK angegebene »Unterstützung« als ausreichende Hilfeform tatsächlich nicht angemessen ist, um bedarfsgerecht versorgen zu können, sondern die betreffenden Verrichtungen teilweise von Pflegepersonen übernommen, angeleitet und/oder beaufsichtigt werden müssen, kann den (zeitlichen) Unterschied ausmachen.

### 4.2.1 Hilfe in Form der Beaufsichtigung

Von besonderer Bedeutung ist in diesem Zusammenhang die Feststellung der Hilfeformen bei psychisch kranken und geistig behinderten Menschen, bei denen den Formen der Unterstützung, der Anleitung und der Beaufsichtigung häufig eine primäre Rolle zukommt. Deswegen soll darauf nachfolgend gesondert eingegangen werden, jedoch nicht ohne den ausdrücklichen Hinweis auf den Abschnitt D4.0/III/6 (Hilfebedarf und aktivierende Pflege).

Die BRi regeln für die Hilfeform der Beaufsichtigung, dass es hierbei vordergründig um die Sicherheit des Pflegebedürftigen während der konkreten Handlungsabläufe bei den nach § 14 Abs. 4 SGB XI zu berücksichtigenden Verrichtungen geht (Vermeidung von Eigengefährdung). Eine Aufsicht – im Sinne einer Überwachung und/oder gelegentlicher Aufforderung – ist danach allein nicht ausreichend, um einen entsprechenden Hilfebedarf zu begründen. Nach Abschnitt D4.0/II der BRi ist die Hilfeform der Beaufsichtigung nur dann berücksichtigungsfähig, wenn konkrete Beaufsichtigung, Überwachung und/oder Erledigungskontrolle eine Pflegeperson in zeitlicher und örtlicher Weise ebenso bindet, wie bei unmittelbarer und direkter personaler Hilfe. Ein entsprechender Hilfebedarf ist demnach immer

dann anrechenbar, wenn eine Pflegeperson die Ausführung der Verrichtung selbst übernehmen müsste. Ausdrücklich wird darauf hingewiesen, dass Formen der allgemeinen Beaufsichtigung hier keine Berücksichtigung finden können. Die Beaufsichtigung (einer Verrichtung) ist aber auch dann als ein vorliegender Hilfebedarf zu werten, wenn dies der Erhaltung bzw. der Wiedererlangung von Ressourcen pflegebedürftiger Menschen dient, da somit die Kriterien einer aktivierenden Pflege (Abschnitt D 4.0/III/6 BRi) erfüllt sind, wenn und solange diese Hilfeform erforderlich ist, um die Selbständigkeit/Unabhängigkeit zu fördern bzw. zu erhalten. Oder anders ausgedrückt: Kann der Pflegebedürftige während der Ausführung der Verrichtungen selbst aktiv sein, d. h. vorhandene Ressourcen einsetzen und nutzen, bedarf deswegen bzw. dafür aber einer Beaufsichtigung, damit sich der Pflegebedürftige überhaupt bei der Verrichtung einbringen kann, ist dies als eine notwendige Form der Hilfe zuzuerkennen. Demnach ist die Hilfeform der Beaufsichtigung immer dann anzuerkennen, wenn es um aktivierende Formen der Pflege geht (siehe auch Abschnitt D4.0/III/6 Hilfebedarf und aktivierende Pflege). Eine noch einmal besondere Bedeutung kommt der Hilfeform der Beaufsichtigung im Rahmen der Feststellung des Hilfebedarfs bei geistig behinderten und psychisch kranken Kindern zu (siehe dazu auch Abschnitt D4.0/III/8).

### 4.2.2 Hilfe in Form von Anleitung

Ähnlich verhält es sich bei der Hilfeform der Anleitung. Die zeitliche Bindung der Pflegeperson während der Verrichtungen, um konkrete Handlungsschritte bis hin zum gesamten Handlungsablauf zu steuern, zu demonstrieren oder auch zu motivieren, sind die wesentlichen Charakteristika dieser Hilfeform. Auch die Anleitung ist auf die Eigenaktivität des pflegebedürftigen Menschen gerichtet und daher ebenfalls ein Ansatz der aktivierenden Pflege. Generell gilt: Anleitung und Beaufsichtigung können nach den BRi nur im Zusammenhang mit den gesetzlich definierten Verrichtungen berücksichtigt werden und müssen immer auf

**◻ Tab. 4.1** Häufigkeit des Hilfebedarfs als Voraussetzung für die Anerkennung von Pflegebedürftigkeit in den einzelnen Pflegestufen

| Pflegestufe I (erhebliche Pflegebedürftigkeit) | Pflegestufe II (Schwerpflegebedürftigkeit) | Pflegestufe III (Schwerstpflegebedürftigkeit) |
|---|---|---|
| Hilfebedarf muss für wenigstens zwei Verrichtungen aus den Bereichen der Körperpflege, Ernährung, Mobilität bestehen und in einem oder mehreren Bereichen mindestens einmal täglich anfallen; zusätzlich muss mehrmals wöchentlich hauswirtschaftlicher Hilfebedarf gegeben sein | Hilfebedarf muss mindestens dreimal täglich zu verschiedenen Tageszeiten aus den Bereichen der Körperpflege, Ernährung, Mobilität bestehen und wöchentlich mehrfach hauswirtschaftlicher Hilfebedarf gegeben sein | Hilfebedarf muss täglich rund um die Uhr, auch nachts, bestehen sowie mehrfach wöchentlich hauswirtschaftlicher Hilfebedarf anfallen |

= Fähigkeitserhaltung,
= Vermeidung von Selbst- und/oder Umweltgefährdung sowie
= Reduktion von Ängsten und/oder Aggressionen

gerichtet sein.

### 4.2.3 Hilfe in Form von Unterstützung

Als Hilfe in Form von Unterstützung sind solche Hilfen zu verstehen, mit denen der Pflegebedürftige darin unterstützt wird, Verrichtungen selbst auszuführen (z. B. Vor- und/oder Nachbereitung des selbständigen Waschens durch Bereitstellen erforderlicher Utensilien).

### 4.2.4 Hilfe durch teilweise Übernahme der Verrichtung

Von der Hilfeform der Unterstützung ist die teilweise Übernahme von Verrichtungen durch eine (oder mehrere) Pflegeperson(en) zu differenzieren. Eine teilweise Übernahme bei einzelnen Verrichtungen ist dann gegeben, wenn Teilschritte der betreffenden Verrichtungen nicht selbst ausgeführt werden können und zur Vollendung der teilweise selbst ausgeführten Verrichtung personelle Hilfe erforderlich ist. Wird beispielsweise die Körperwäsche durch den Pflegebedürftigen selbst begonnen, aber nicht zu Ende geführt oder können nur einzelne Körperregionen selbständig gewaschen werden, führt dies zur Wertung einer teilweisen Übernahme.

### 4.2.5 Hilfe durch vollständige Übernahme der Verrichtung

Ist dem Pflegebedürftigen die eigenständige Ausführung einer definierten Verrichtung nicht möglich, so dass sie komplett durch eine Pflegeperson übernommen werden muss, ist als Hilfeform die vollständige Übernahme zu werten. Nach den Erläuterungen der BRi kommt diese Form der Hilfe erst in Betracht, wenn alle anderen Formen der Hilfe nicht mehr ausreichend sind und der Pflegebedürftige selbst keinen aktiven Beitrag zur Ausführung der jeweiligen Verrichtung leisten kann.

### 4.3 Ermittlung des Hilfebedarfs (BRi D4.0/III)

Die folgenden Abschnitte des Kapitels D4.0 der BRi erläutern Grundsätze bei der Ermittlung des Hilfebedarfs sowie grundlegende Voraussetzungen, die nach den §§ 14 und 15 SGB XI gegeben sein müssen, um einen Leistungsanspruch nach dem Pflegeversicherungsgesetz begründen zu können. Diese werden – weil als bekannt vorausgesetzt (Art, Häufigkeit, Regelmäßigkeit und Dauer des Hilfebedarfs) – deswegen nur der Vollständigkeit halber erwähnt.

Nach § 15 Absatz 1 SGB XI ist die Häufigkeit des Hilfebedarfs bei den wiederkehrenden Verrichtungen im Ablauf des täglichen Lebens ein entscheidendes Kriterium für die Zuordnung zu einer der Pflegestufen. ◻ Tab. 4.1 fasst das Kriterium der Häufigkeit des Hilfebedarfs nach Pflegestufen zusammen.

### 4.3.1 Grundsätze bei der Ermittlung des Hilfebedarfs (BRiD4.0/III/1)

Nach Abschnitt D4.0/III/1 der BRi ist die Hilfebedürftigkeit für jede der mit § 14 Abs. 4 SGB XI genannte Verrichtung entsprechend zu prüfen.

Hilfebedarf im Sinne der Pflegeversicherung kann nicht anerkannt werden, wenn ausschließlich hauswirtschaftliche Versorgung notwendig ist.

### 4.3.2 Hilfebedarf auf Dauer (BRi D4.0/III/2)

Abschnitt D4.0/III/2 der BRi beschreibt als zweite Voraussetzung für die Anerkennung von Pflegebedürftigkeit, dass nach § 14 Abs. 1 SGB XI der Hilfebedarf dauerhaft bestehen muss. Hilfe auf Dauer bedeutet, dass zumindest davon auszugehen sein muss, dass der Hilfebedarf über einen Zeitraum von sechs Monaten besteht (§ 14 Abs. SGB XI).

Hierbei ist jedoch zu beachten, dass Leistungszusagen nach § 33 Abs. 1 SGB XI auch befristet gegeben werden können, dazu gehört u. a. auch die zeitlich begrenzte Anerkennung von Pflegebedürftigkeit. In Fällen zeitlich befristeter Anerkennung – und daraus folgend befristeter Zuordnung zu einer der Pflegestufen – gehört es zu den Aufgaben der Pflegekassen, vor Ablauf der Befristung eine Entscheidung darüber herbeizuführen, ob Hilfebedarf im Sinne der Pflegeversicherung weiterhin anerkannt werden soll. Befristete Leistungszusagen können wiederholt gegeben werden, dürfen aber einen Gesamtzeitraum von drei Jahren nicht überschreiten.

Der Hilfebedarf muss nach § 14 Abs. 1 SGB XI »voraussichtlich für mindestens sechs Monate« bestehen. Für die Beurteilung der Dauer ist der Eintritt der Pflegebedürftigkeit entscheidend, nicht das Antragsdatum oder der Begutachtungstermin. Ebenso ist von einem Hilfebedarf auf Dauer auszugehen, wenn die voraussichtlich bestehende Lebenserwartung unterhalb der genannten Frist liegt.

### 4.3.3 Art und Häufigkeit des regelmäßigen Pflegebedarfs (BRi D4.0/III/3)

Mit Abschnitt D4.0/III/3 stellen die BRi unmissverständlich klar, dass bei der Bemessung der Häufigkeit des jeweiligen Hilfebedarfs von den tatsächlichen und individuellen Lebensgewohnheiten der antragstellenden Versicherten auszugehen ist. In diesem Zusammenhang wird – bezogen auf die Körperpflege – festgestellt, dass es anerkannte Standards bezüglich der Häufigkeit einzelner Verrichtungen nicht gibt. Für wen es beispielsweise zu seinem Leben gehört, täglich zweimal zu duschen (etwa morgens und abends), wird einen entsprechenden Hilfebedarf, wenn und solange dieser bestehen sollte, bei den Verrichtungen geltend machen können. Die BRi stellen auf die individuellen Lebensgewohnheiten und auf hygienische Mindestanforderungen ab. Das heißt, die Häufigkeit der Ausführung einzelner Verrichtungen aus dem mit § 14 Abs. 4 beschriebenen Verrichtungskatalog bestimmt sich allein aus den jeweiligen, im Einzelfall zu berücksichtigenden Lebensgewohnheiten, nicht aufgrund von Annahmen oder Mutmaßungen.

Nicht täglich, aber dennoch regelmäßig (d. h. mindestens wöchentlich) und auf Dauer anfallender Hilfebedarf ist bei der zeitlichen Bewertung ebenfalls zu berücksichtigen.

- **Nächtlicher Hilfebedarf**

Darüber hinaus wird nächtlicher Grundpflegebedarf definiert. Dieser liegt vor, wenn ein konkreter Hilfebedarf bei Verrichtungen aus dem grundpflegerischen Bereich zwischen 22.00 Uhr und 06.00 Uhr regelmäßig, mindestens einmal anfällt. Einen solchen geltend machen zu können, wird das tägliche Anfallen entsprechenden Hilfebedarfs voraussetzen, da § 15 Abs. 1 Nr. 3 den Hilfebedarf während der Nacht im Zusammenhang mit einem täglichen, rund um die Uhr bestehenden Hilfebedarf bei bestehender Schwerstpflegebedürftigkeit nennt. Maßgeblich ist aber auch hier der individuell notwendige Bedarf an grundpflegerischen Leistungen während der Nachtzeit. Ein Grundpflegebedarf während der Nachtstunden ist durch die

Gutachter der MDK nach Art und Häufigkeit zu dokumentieren.

> ❯ Von Bedeutung ist in diesem Zusammenhang, dass die Gutachter der MDK hier zu einer besonders sorgfältigen Prüfung der Angaben der Pflegepersonen verpflichtet werden. Sie haben, z. B. anhand vorhandener Aufzeichnungen und/oder Pflegedokumentation die Plausibilität der Angaben zu prüfen. Dieser Arbeitsschritt sollte im Zweifelsfall belegt werden können, was immer dann schwer sein dürfte, wenn sich entsprechende Hinweise innerhalb des Gutachtens nicht finden. Das heißt im Umkehrschluss: lassen sich Zweifel an der Durchführung dieses Arbeitsschrittes konkret begründen, dürfte es durch den MDK im Nachhinein nur schwerlich möglich sein, glaubhaft nachzuweisen, dass die Plausibilität der Angaben mit der gebotenen Sorgfalt geprüft worden ist.

Schließlich wird vorgegeben, wo ggf. nächtlicher Hilfebedarf im Gutachtenformular zu dokumentieren und wie in den Fällen zu verfahren ist, wenn eine nächtliche Sedierung erfolgt; beschrieben werden zwei Fallkonstellationen:

a. es sind nur die tatsächlich angefallenen und damit erbrachten Hilfeleistungen zu berücksichtigen und

b. bei Unterversorgung (defizitäre Pflege) ist die Pflege als nicht sichergestellt zu benennen.

Nächtlicher Hilfebedarf ist dann, unabhängig von der Leistungserbringung, anzuerkennen und bei der Empfehlung der Pflegestufeneinordnung zu berücksichtigen. Pflegerische Defizite sind gesondert zu dokumentieren.

### 4.3.4 Zeitliche Bewertung des Hilfebedarfs (BRi D4.0/III/4)

Die in den Tabellen der Punkte 4.1–4.3 des Formulargutachtens aufgeführten, für die Anerkennung der Pflegebedürftigkeit zu berücksichtigenden Verrichtungen sind – neben Form und Häufigkeit der

Hilfe – zeitlich zu bewerten. Diese zeitlichen Bewertungen sind aufgrund der Regelungen des § 15 Abs. 3 SGB XI erforderlich, um letztlich den Umfang der Pflegebedürftigkeit zu quantifizieren und der Pflegekasse die Einstufung in eine Pflegestufe empfehlen zu können. Der Bearbeitung der Punkte 4.1–4.3 des Formulargutachtens kommt somit eine grundlegende Bedeutung bei der Ermittlung vorliegender Pflegebedürftigkeit zu (Abschnitt D4.0/III/4 »Ermittlung des zeitlichen Umfangs des regelmäßigen Hilfebedarfs«).

- Zeitorientierungswerte zur Pflegezeitbemessung

Ausgangspunkt für die Pflegezeitbemessung ist dabei die sogenannte »Laienpflege«, also die pflegerische Versorgung durch Personen, die nicht als Pflegefachkräfte ausgebildet sind und die Versorgung pflegebedürftiger Menschen nicht zum Zweck des Erwerbs übernommen haben. Für die Bemessung der Pflegezeit jeder einzelnen anerkennungsfähigen Verrichtung stellen die BRi mit Abschnitt F die als solches bezeichneten »Zeitorientierungswerte zur Pflegezeitbemessung« zur Verfügung. Im Zusammenhang mit der Pflegezeitbemessung wird durch die BRi mehrfach zum Ausdruck gebracht, dass es sich bei den Zeitorientierungswerten nicht um verbindliche Zeitvorgaben für die vollständige Ausführung der jeweiligen Verrichtungen handelt. Vielmehr sind die Zeitorientierungswerte danach als »Anhaltsgrößen im Sinne eines Orientierungsrahmens« zu verstehen. Sowohl in Abschnitt F als auch im Abschnitt D4.0/III/4 der BRi wird ausdrücklich hervorgehoben, dass für die Feststellung der Pflegebedürftigkeit – die Bemessung des zeitlichen Umfangs des Hilfebedarfs sowie die Zuordnung zu einer der Pflegestufen – eine wesentliche Voraussetzung allein im individuellen, d. h. im Einzelfall objektiv bestehenden Hilfebedarf zu sehen ist.

In den Verfahren zur Feststellung der Pflegebedürftigkeit gibt es – und zwar auf allen Ebenen – kaum einen anderen Punkt als die Zeitorientierungswerte, die mit mehr oder minder großer Phantasie nach dem jeweiligen Bedarf interpretiert werden. Grundlagen für die Feststellungen und Aussagen bezüglich der Bemessung des Pflegezeitbedarfs dürfen allein die Bestimmungen des

SGB XI, die Regelungen der BRi und die Ergebnisse der Untersuchungen sein. Die Aufgabe besteht in der pflegefachlichen Bewertung des objektiv notwendigen Zeitaufwandes nach den Umständen des individuellen Einzelfalls.

■ **Gutachterliche Schätzung**

Es wurde bereits festgestellt, dass die BRi bei der Ermittlung des Pflegezeitbedarfs der jeweiligen Situation des individuellen Einzelfalls oberste Priorität einräumen. Leider kann den Formulargutachten im Regelfall nicht entnommen werden, wie und auf welche Weise die Gutachter der MDK den zeitlichen Hilfebedarf ermittelt haben. Sowohl in der Literatur als auch in der Rechtsprechung wird in diesem Zusammenhang von »gutachterlicher Schätzung« gesprochen (vgl. z. B. Gaertner et al. 2009, aber auch Bundessozialgericht Az.: B 3 P 8/04 R oder Sozialgericht Münster Az.: S 6 P 135/10). Anzumerken ist gleichfalls, dass dies als ein wesentlicher Mangel des Instruments und nicht des Umgangs damit zu beschreiben ist.

■■ **Hinweis für die Praxis**

Bestehen allerdings begründete Zweifel, dass der Pflegezeitbedarf tatsächlich nach den individuellen Gegebenheiten des jeweiligen Einzelfalls ermittelt worden ist – wie es die BRi nicht lediglich nur vorgeben, sondern zu einer Grundlage für die Ermittlung des Hilfebedarfs erklären – sollte die Pflegekasse im Rahmen des Widerspruchs- oder Klageverfahrens aufgefordert werden, das Zustandekommen der jeweils ermittelten Hilfebedarfszeiten offenzulegen. Dies sollte dann unter Bezugnahme und mit Hinweis auf die BRi, Abschnitte D4.0/III/4 sowie F geschehen. Hier wird durch die BRi unzweideutig erläutert, dass es unzulässig ist, den Pflegezeitbedarf losgelöst von den Besonderheiten des Einzelfalls zu betrachten und schließlich zu bewerten.

■ **Pflegeerleichternde/pflegeerschwerende Faktoren**

Ferner gilt es zu überprüfen, ob bei der Bemessung der Hilfebedarfszeiten pflegeerleichternde bzw. pflegeerschwerende Faktoren zu berücksichtigen sind; Gleiches gilt für verrichtungsbezogene krankheitsspezifische Pflegemaßnahmen. Worum es sich dabei im Einzelnen handelt, definieren die BRi ebenfalls mit Abschnitt F. Die Pflege erleichternde bzw. sie erschwerende Faktoren lassen sich dabei in den Situationen des jeweiligen Einzelfalls vergleichsweise einfach zuordnen. Das Vorliegen solcher Faktoren sollte jedoch in jedem Fall überprüft werden. Beispielgebend wird dafür das Körpergewicht von mehr als 80 kg als ein die Pflege erschwerender Faktor benannt, das während des Hausbesuchs oder im Rahmen der Pflegedokumentation durch Pflegeeinrichtungen routinemäßig und ohne größeren Aufwand zu erfassen ist.

■■ **Hinweis für die Praxis**

Zeitnah zur Begutachtung durch den MDK sollte das Körpergewicht auch schon allein deswegen gemessen werden, da den Angaben der Formulargutachten nur selten entnommen werden kann, auf welche Weise das hier angegebene Körpergewicht durch die Gutachter der medizinischen Dienste bestimmt worden ist. Daran sollte insbesondere gedacht werden, wenn sich die Angaben in den Formulargutachten im Grenzbereich zum genannten Wert bewegen, ab dem ein pflegeerschwerender Faktor zu berücksichtigen ist.

■ **Verrichtungsbezogene krankheitsspezifische Pflegemaßnahmen**

Hingegen gestaltet sich die Bewertung des Vorliegens von verrichtungsbezogenen krankheitsspezifischen Pflegemaßnahmen als vergleichsweise kompliziert. Verrichtungsbezogene krankheitsspezifische Pflegemaßnahmen sind ihrer Natur nach keine Pflegemaßnahmen im Sinne des gesetzlich abschließend definierten Verrichtungskatalogs gemäß § 14 Abs. 4 SGB XI. Vielmehr handelt es sich primär um Leistungen, die für sich betrachtet Pflegeleistungen im Rahmen der Krankenversicherung, also Leistungsansprüche nach SGB V sind. Zu verrichtungsbezogenen krankheitsspezifischen Pflegemaßnahmen werden diese Leistungen dann, wenn sie regelmäßig und auf Dauer

a. von den gesetzlich definierten Verrichtungen nach § 14 Abs. 4 SGB XI nicht zu trennen sind bzw.

b. im unmittelbaren zeitlichen und sachlichen Zusammenhang mit diesen Verrichtungen vorzunehmen und objektiv notwendig sind.

Dies kann beispielsweise dann der Fall sein, wenn bei der Verrichtung des Ankleidens Kompressionsstrümpfe (ab Klasse 2) anzuziehen sind; entsprechend das Ablegen derselben beim Entkleiden oder – im Zusammenhang mit der Nahrungsaufnahme oder auch der Körperpflege – Sekretabsaugungen erforderlich werden, die Verabreichung von Sauerstoff während der Verrichtungen etc.

Demnach sind verrichtungsbezogene krankheitsspezifische Pflegemaßnahmen zwar nicht als Verrichtungen im Sinne des SGB XI zu verstehen, können aber als ein die Pflege erschwerender Faktor den SGB-XI-Verrichtungen zeitlich dann hinzugerechnet werden, wenn sie zusätzlich notwendig sind und die unter a) und b) genannten Voraussetzungen erfüllen. Der zeitliche Mehraufwand, der in verrichtungsbezogenen krankheitsspezifischen Pflegemaßnahmen begründet liegt, ist im Formulargutachten bei der jeweiligen Verrichtung, mit der sie in einem unmittelbaren zeitlichen und sachlichen Zusammenhang steht, als Summe mit dem Hilfebedarf für die Verrichtung selbst zusammenzurechnen.

> ❯ **Das heißt: Beim Vorliegen verrichtungsbezogener krankheitsspezifischer Pflegemaßnahmen muss im Zweifelsfall hinterfragt werden, welche Zeit konkret für die jeweilige Verrichtung nach dem Verrichtungskatalog (§ 14 Abs. 4 SGB XI) bemessen und welcher Zeitbedarf für die anzurechnende verrichtungsbezogene krankheitsspezifische Pflegemaßnahme zugemessen wurde.**

Darüber hinaus wird klargestellt, dass bei Pflegemaßnahmen, deren Ausführung zwei Pflegepersonen erfordert, der Zeitaufwand beider Pflegepersonen anzusetzen ist. Ebenfalls zeitlich zu berücksichtigen ist der Einsatz von Hilfsmitteln und etwaigen baulichen Besonderheiten, die – bei Vorliegen – in der Dokumentation der Punkte 1.3 und/oder 2.1 des Formulargutachtens begründet sind.

### 4.3.5 Besonderheiten bei der Ermittlung des Hilfebedarfs (BRi D4.0/III/5)

Mit Abschnitt D4.0/III/5 beschreiben die BRi Besonderheiten, die sich bei der Ermittlung des Hilfebedarfs ergeben können. Als solche Besonderheit wird die vollstationäre Versorgung benannt und darauf hingewiesen, dass bei der Bewertung des zeitlichen Umfangs des Hilfebedarfs von der durchschnittlichen häuslichen Wohnsituation auszugehen ist, wie sie mit Abschnitt C2.4 der BRi beschrieben sind. Bezüglich der Art und der Häufigkeit des Hilfebedarfs ist im Übrigen vom tatsächlichen Bedarf auszugehen.

Ausdrücklich weisen die BRi darauf hin, dass auch bei professioneller Pflege Grundlage für die Ermittlung des Pflegezeitaufwands die »Laienpflege« zu sein hat.

### 4.3.6 Aktivierende Pflege (BRi D4.0/III/6)

Der Abschnitt D4.0/III/6 beschreibt – wie oben bereits erwähnt – das Verständnis der BRi von aktivierender Pflege. Dabei handelt es sich um eine Form der Pflege, die Selbständigkeit und Unabhängigkeit fördert sowie die Ressourcen des zu Pflegenden unter Anleitung einsetzt und Beaufsichtigung steuert. Ziel ist dabei, dass der zu Pflegende selbst aktiv werden kann. Beschrieben wird die aktivierende Pflege ferner als eine Haltung, die nicht eine allumfassende Vollversorgung verfolgt, sondern eine biografiegeleitete und bedürfnisorientierte Pflege ist. Grundlage dafür ist das Pflegeprozessmodell.

▪ **Ziele aktivierender Pflege**
Als Ziele der aktivierenden Pflege werden benannt:
- Erhaltung/Reaktivierung von Selbstversorgungsaktivitäten,
- verbesserte Kommunikation während der Leistungserbringung,
- verbesserte Möglichkeiten der zeitlichen und örtlichen Orientierung für geistig und seelisch behinderte Menschen, psychisch kranke und geistig verwirrte Menschen.

Wichtig ist auch hier, dass der jeweils individuellen Situation durch die BRi oberste Priorität beigemessen wird; Art, Häufigkeit und Dauer des Hilfebedarfs bestimmen sich allein aus diesem Kriterium. Bei der Pflege durch Pflegeeinrichtungen wird grundsätzlich von aktivierender Pflege ausgegangen und normiert, dass – wo durch diese nicht aktivierend gepflegt wird – dieser Umstand im Formulargutachten zu vermerken ist.

- **Kritik des Begriffsverständnisses der aktivierenden Pflege innerhalb der BRi**

So logisch und fachlich korrekt diese Darstellungen der BRi zunächst auch scheinen mögen, stehen sie doch in einem sich widersprechenden Kontext und zwar in dem zur sogenannten »Laienpflege«, die ansonsten als vergleichende Basis wie etwa für die Pflegezeitbemessung beschrieben wird (vgl. z. B. Abschnitte C2.4, D4.0/I, D4.0/III/4, D4.0/III/5 BRi).

Der Begriff der aktivierenden Pflege ist unzweifelhaft ein pflegefachlicher Terminus, der – im Gegensatz zur kompensatorischen Pflege – »Hilfe zur Selbsthilfe« mit dem Ziel anbietet, verlorengegangene und/oder nur (noch) teilweise vorhandene Fähigkeiten wiederzugewinnen bzw. zu reaktivieren. Der Kern dieser Hilfeform liegt, auch außerhalb des Begriffsverständnisses der BRi, in der Anleitung und Beaufsichtigung. Die Anleitung und/oder Beaufsichtigung ist jedoch durch eine Fachkraft zu führen, da sowohl Anleitung als auch Beaufsichtigung in der aktivierenden Pflege vorhandene Ressourcen zunächst eruieren muss und ggf. auf Überforderungen zu achten hat, was zumindest für den nicht geschulten Laien zu leisten kaum möglich sein dürfte.

Ferner ist einer universalen Begriffsverwendung für alle denkbaren Pflegesituationen eher mit Skepsis zu begegnen. Eine entsprechende Kritik ist bereits aus der Entstehung und der Einführung des Begriffs in die professionelle Pflege abzuleiten. Der Begriff der aktivierenden Pflege geht auf das von Krohwinkel 1984 veröffentlichte Konzept der »Aktivitäten und existenziellen Erfahrungen des Lebens« zurück. Im Rahmen der ersten, von einer Pflegenden durchgeführten wissenschaftlichen, durch das Bundesministerium für Gesundheit geförderten Studie untersuchte Krohwinkel die ganzheitlich-rehabilitative Prozesspflege am Beispiel von Schlaganfallerkrankten (»Der ganzheitliche Pflegeprozess am Beispiel von Apoplexiekranken«, Krohwinkel 1993).

Da bei der Erarbeitung der BRi im Zusammenhang mit der aktivierenden Pflege primär an geistig und seelisch behinderte Menschen bzw. psychisch kranke und geistig verwirrte Menschen gedacht worden zu sein scheint, bleibt die Frage offen, inwieweit vergleichbare Pflegesituationen zu Menschen nach Schlaganfallgeschehen eine universale Begriffsverwendung der aktivierenden Pflege rechtfertigen, zumal die BRi – wie oben zu sehen war – immer auf die individuelle Pflegesituation des Einzelfalls zielt.

- **Aktivierende Pflege vs. Laienpflege**

Das zugrunde liegende Pflegeprozessmodell und dessen Umsetzung, u. a. eine dies voraussetzende Pflegeplanung, sind ebenfalls Determinanten, die die Laienpflege aus sich heraus nicht leisten kann. Auch aus diesen Gründen muss der Begriff der aktivierenden Pflege auf die professionell erbrachte Pflege beschränkt bleiben und kann insoweit – im Kontext der Laienpflege – nur schwerlich zum Maßstab erhoben werden.

Diesen Umstand gilt es, in Abhängigkeit der jeweiligen Pflegesituation und der Begründung der Ablehnung eines Leistungsantrags durch die Pflegekassen, aufzugreifen und auszulegen. Während im Rahmen der Pflege durch Angehörige (also durch Laien) ein erhöhter Zeitaufwand immer dann geltend gemacht werden sollte, wenn die Pflege Elemente enthält, die eigentlich professionelles Handeln voraussetzt, ist es im umgekehrten Fall denkbar, darauf zu verweisen, dass die Voraussetzung – insbesondere für körpernahes Handeln – eine zuvor aufgebaute Beziehung ist, die professionell Handelnde erst aufbauen müssen. Das setzt zeitintensive und vertrauensbildende Beziehungsarbeit, in Form von Gesprächen, Motivation etc. voraus.

### 4.3.7 Vorrang der Rehabilitation vor Pflege (BRi D4.0/III/7)

Abschnitt D4.0/III/7 der BRi weist die Gutachter der medizinischen Dienste an, das Vorliegen von Pflegebedürftigkeit bzw. die Anerkennung einer höheren Pflegestufe dann zu verneinen bzw. abzulehnen, wenn Leistungen der medizinischen Rehabilitation als geeignet und zumutbar identifiziert werden. Hier haben die Gutachter der medizinischen Dienste eine Prognose dahingehend abzugeben, inwieweit ein ggf. auf Dauer drohender Pflegebedarf durch Rehabilitationsmaßnahmen vermieden werden kann. Bei bereits vorliegender Pflegebedürftigkeit soll der Pflegekasse nur die Pflegestufe empfohlen werden, die auch nach Abschluss geeignet erscheinender und zumutbarer Rehabilitationsmaßnahmen als wahrscheinlich anzunehmen ist. Ein sich durch den Einsatz präventiver Maßnahmen und/oder von Hilfsmitteln verringernder Pflegebedarf ist nur dann zu unterstellen, wenn Veränderungen des Hilfebedarfs ebenfalls auf Dauer zu erwarten ist. Können solche Veränderungen des Hilfebedarfs nur vage prognostiziert werden, muss der dann tatsächlich bestehende Umfang der Pflegebedürftigkeit im Rahmen einer Wiederholungsbegutachtung erneut geprüft werden. Darauf ist auch im Punkt 8 des Formulargutachtens Bezug zu nehmen.

- **Maßnahmen der medizinischen Rehabilitation**

Im Rahmen der Begutachtung zur Feststellung von Pflegebedürftigkeit ist in jedem Fall zu überprüfen, ob Gründe vorliegen, die medizinische Rehabilitationsmaßnahmen (auch präventiv) rechtfertigen, wenn dadurch Pflegebedürftigkeit vermieden, beseitigt oder gemindert werden kann (Vorrang der Rehabilitation). Der Begriff der »Leistung zur medizinischen Rehabilitation« ist im Abschnitt D6.3 der BRi definiert. Eine Indikation für Leistungen der medizinischen Rehabilitation liegt regelmäßig dann vor, wenn Rehabilitationsbedürftigkeit, Rehabilitationsfähigkeit, realistische alltagsrelevante Rehabilitationsziele sowie eine positive Rehabilitationsprognose gegeben sind. Die einzelnen Begriffe werden durch die BRi ebenfalls im Abschnitt D6.3 definiert.

- **Formulierung von Rehabilitationszielen im Rahmen der Begutachtung**

Im Zusammenhang der Beurteilung der Notwendigkeit von Leistungen der medizinischen Rehabilitation stellen die BRi fest, dass es die Begutachtung selbst und in deren Rahmen die Feststellung von Schädigungen/Beeinträchtigungen erlauben, ggf. Rehabilitationsziele zu beschreiben, die die Selbständigkeit pflegebedürftiger Versicherter erhöhen und damit personellen Hilfebedarf verringern. Realistische alltagsrelevante Rehabilitationsziele sind im Formulargutachten im Punkt 6.3 zu dokumentieren. Zu prüfen ist durch die Gutachter der medizinischen Dienste ferner, ob über eine kurative Behandlung der pflegebegründenden Erkrankungen hinaus ein multidimensionaler interdisziplinärer Rehabilitationsansatz Erfolgsaussichten bezüglich einer höheren Selbständigkeit verspricht. Grundlage dafür sind die im Punkt 2.3 des Formulargutachtens dokumentierten Feststellungen zu Art, Umfang und Dauer der Schädigungen/Beeinträchtigungen sowie ihrer Entwicklungen, aber auch die Kenntnis vorliegender medizinischer Unterlagen, insbesondere zur Diagnostik und bereits absolvierter Therapien. Dies setzt – wie durch die BRi ebenfalls festgestellt wird – eine sehr genaue Vorbereitung der Begutachtungsbesuche durch die medizinischen Dienste voraus.

Schließlich beschreiben die BRi ein für die medizinischen Dienste intern geltendes Verfahren für den Fall, dass die begutachtende Pflegefachkraft bezüglich einer Rehabilitationsempfehlung nicht zu einer gesicherten Aussage findet.

- **Rehabilitationsempfehlung**

Mit einer entsprechenden Änderung des § 18 Abs. 6 und der Einführung des § 18a SGB XI im Jahr 2013 sind die Gutachter der MDK verpflichtet worden, im Rahmen jeder Begutachtung gegenüber den Pflegekassen eine gesonderte Rehabilitationsempfehlung abzugeben. Das heißt, neben den im Punkt 6 des Formulargutachtens (Empfehlungen an die Pflegekasse/Individueller Pflegeplan) und hier insbesondere im Punkt 6.3 (Leistungen zur medizinischen Rehabilitation) abzugebenden Empfehlungen der MDK, ist eine gesonderte Rehabilitationsempfehlung zu erstellen. Die Pflegekassen haben gegenüber den Begutachteten umfassend und begründet zur Rehabilitationsempfehlung Stellung zu nehmen (§ 18a Abs. 1 SGB XI). Demnach ist im jeweiligen Leistungsbescheid der Pflegekassen eine ausführliche und begründete Stellungnahme abzugeben, ob seitens der Pflegekassen vorgesehen wird, einen Antrag auf Leistungen zur medizinischen Rehabilitation einzuleiten oder nicht. Die Leistungsbescheide sollten daraufhin geprüft werden. Ist eine entsprechend begründete Stellungnahme der Pflegekassen nicht Gegenstand des Leistungsbescheides, besteht, wiederum aus formalen Gründen, Anlass zum Widerspruch bzw. auch zur Klage, weil die Leistungsbescheide dann nicht den Vorgaben des § 18a Abs. 1 SGB XI entsprechen.

Die Rehabilitationsempfehlungen sind – nach der letzten Überarbeitung der BRi – als Anhang zum Formulargutachten gestaltet.

### 4.3.8 Hilfebedarfsermittlung bei psychisch kranken und geistig behinderten Menschen

Mit dem Abschnitt D4.0/III/8 geben die BRi Hinweise auf mögliche Besonderheiten bei der Ermittlung des Hilfebedarfs bei Menschen mit psychischen Erkrankungen oder geistigen Behinderungen. Als Grundlage für die Beschreibung der jeweils vorliegenden Erkrankung ist der psychopathologische Befund (Anlage 4 der BRi) zu verwenden. Dabei handelt es sich um ein Raster zur Prüfung kognitiver Fähigkeiten psychisch nicht erkrankter bzw. geistig nicht behinderter Menschen, das als Maßstab für die Darstellungen der kognitiven Schädigungen/Beeinträchtigungen dient. Die BRi nehmen in diesem Zusammenhang darauf Bezug, dass die Hilfeformen der Anleitung und der Beaufsichtigung hier von besonderer Bedeutung sein können und der mit diesen Hilfeformen verbundene zeitlich zu berücksichtigende Hilfebedarf individuell sehr verschieden sein kann.

- **Hilfeformen bei psychisch kranken und geistig behinderten Menschen**

Mit Hinweis auf die durch die BRi gegebenen Definitionen der Hilfeformen im Abschnitt D4.0/II und mit Bezug auf Abschnitt D4.0/III/6 (aktivierende Pflege) sollte die Nachvollziehbarkeit der in den Formulargutachten angegebenen Hilfeformen bei psychisch kranken und geistig behinderten Menschen genau geprüft werden. Die Erfahrungen aus der Praxis zeigen, dass gerade die Hilfeformen der Anleitung und Beaufsichtigung bei der zeitlichen Bewertung häufig nicht so berücksichtigt worden sind, wie es die tatsächlich vorliegenden Umstände erfordert hätten. Dies mag darin begründet liegen, dass diese Hilfeformen dann zu berücksichtigen sind, wenn zwar die motorischen Fähigkeiten zur Ausführung der Verrichtungen vorhanden sind, die aber aufgrund psychischer Schädigungen/Beeinträchtigungen bzw. geistiger Behinderung tatsächlich nur dann selbst ausgeführt werden können, wenn während der gesamten Verrichtung angeleitet und/oder beaufsichtigt wird. Dann ist – auch nach Abschnitt F der BRi – die Übernahme der Verrichtungen als vollständige zu Übernahme zu werten, was sich unmittelbar auf die zu berücksichtigende Pflegezeit auswirkt. In diesem Zusammenhang kann es ebenfalls erforderlich sein, die Zeitorientierungswerte zu überschreiten, was dann allerdings nachvollziehbar begründet werden sollte.

- **Vorbereitung des Begutachtungsbesuchs durch die MDK**

Die Abschnitte der BRi D4.0/III/8a–e beschreiben einzelne neurologische/psychiatrische Erkrankungen (Demenzen und organbedingte Psychosen, psychische Verhaltensstörungen, Schizophrenie, affektive Störungen, Intelligenzminderung) und mit ihnen ggf. verbundene Besonderheiten, auf die hier nicht näher eingegangen werden soll, weil typische Erkrankungsmerkmale beschrieben werden, die in den jeweiligen Abschnitten der BRi nachgelesen oder entsprechende Informationen an anderer Stelle eingeholt werden können.

Mit Abschnitt D4.0/III/8f der BRi werden nochmals Besonderheiten bei Begutachtungen aufgenommen und die Bedeutung der Vorbereitung des Begutachtungsbesuchs hervorgehoben. Die ggf. notwendige Beschaffung von Informationen, die aus den durch die von den Pflegekassen an die MDK übergebenen Unterlagen nicht hervorgehen, ist eine nach den BRi dezidiert den MDK zugewiesene Aufgabe, die ebenfalls zur Vorbereitung der Begutachtung (siehe Abschnitt C2.1 der BRi) zu zählen ist. Sind entsprechende Angaben im Formulargutachten nicht vorhanden oder können einzelne Inhalte der Dokumentation innerhalb des Gutachtenformulars nicht oder nicht gänzlich nachvollzogen werden, kann die Pflegekasse im Rahmen des Widerspruchs- bzw. auch eines Klageverfahrens gebeten werden, alle diesbezüglichen Informationen zugänglich zu machen. Dies dient zum einen der Darstellung der jeweiligen Zusammenhänge und ist zum anderen gleichzeitig eine Überprüfung, inwieweit die Begutachtung durch die MDK anhand der BRi vorbereitet worden ist.

## 4.4 Begutachtungs- und Bewertungsschritte (BRi D4.0/IV)

Abschnitt D4.0/IV der BRi erläutert Begutachtungs- und Bewertungsschritte bei der Ermittlung des individuell notwendigen Hilfebedarfs. Diese hat in einem ersten Schritt durch Befragung des Pflegebedürftigen und/oder der Pflegepersonen bzw. auch – soweit vorhanden – durch andere Quellen (z. B. Pflegedokumentation, Pflegetagebuch) zu erfolgen. Die Ergebnisse der Befragung sind entsprechend im Punkt 1.4 des Formulargutachtens (Umfang der pflegerischen Versorgung und Betreuung) zu dokumentieren bzw. auch im Punkt D2.2 (Fremdbefunde).

> **Es sei hier noch einmal darauf hingewiesen, dass sowohl eine mit den Abschnitten D02 und D4.0/IV im Weiteren verlangte Plausibilitätsprüfung nur dann möglich und nachvollziehbar ist, wenn der Punkt 1.4 des Formulargutachtens in der Weise bearbeitet wurde, dass sich aus diesen Angaben die konkreten Hilfeleistungen für die Verrichtungen der Grundpflege ableiten lassen. Dies ist ebenfalls Grundlage für die mit Abschnitt D4.0/I verlangte Gesamtbetrachtung (s. oben), im Rahmen derer die erbrachten Hilfeleistungen zum individuellen Hilfebedarf ins Verhältnis zu setzen sind. Auch dies kann als glaubhaft und nachvollziehbar nur dann akzeptiert werden, wenn dafür im Punkt 1.4 des Formulargutachtens die entsprechenden**

**Grundlagen gelegt wurden. Gleiches gilt für »andere Quellen«, deren Inhalte nach den Vorgaben des Abschnittes D2.2 der BRi im Punkt 2.2 des Formulargutachtens niederzulegen sind.**

### 4.4.1 Plausibilitätsprüfung

Der im Abschnitt D4.0/IV verlangte zweite Schritt besteht in einer Plausibilitätsprüfung der Angaben über die erbrachten Hilfeleistungen. Grundlage dafür bilden nunmehr die mit Punkt 3.2 des Formulargutachtens festgestellten Schädigungen/Beeinträchtigungen der Aktivitäten bzw. der Ressourcen. Die hier verlangte Plausibilitätsprüfung besteht in der Beantwortung zweier Fragen, nämlich

- Sind erbrachte Hilfeleistungen medizinisch und pflegerisch notwendig, um dem Versicherten eine maximale Selbständigkeit im täglichen Leben zu ermöglichen?
- Sind die erbrachten Hilfeleistungen ausreichend?

Die genaue Textanalyse der Vorgaben der BRi macht deutlich, dass die beiden Schritte auf die »erbrachten Hilfeleistungen« zielen, also auf die Angaben des Pflegebedürftigen selbst bzw. seiner Pflegepersonen, was die Notwendigkeit und die Bedeutung der Angaben im Punkt 1.4 des Formulargutachtens noch einmal unterstreicht. Das heißt: Ist der Pflegebedürftige oder die Pflegeperson in der Lage, die erbrachten Pflegeleistungen glaubhaft als medizinisch und pflegerisch notwendig (also als unerlässlich) darzustellen, besteht die Aufgabe der Gutachter der MDK noch in der Beurteilung, ob die erbrachten Pflegeleistungen ausreichend sind (d. h. dass keine Unterversorgung besteht). Es geht bei dieser Bewertung für die Gutachter der MDK also nicht darum, die Angaben des Versicherten bzw. der Pflegeperson in dem Sinne in Zweifel zu stellen, ob die benannten Hilfeleistungen tatsächlich erbracht werden bzw. erbracht worden sind, sondern einzig und allein um eine Bewertung, ob sie aus pflegefachlichen Erwägungen, vor dem Hintergrund einer größtmöglichen Selbständigkeit, notwendig sind.

### 4.4.2 Dokumentation bei Über-/ Unterversorgung

Nach der Interpretation der BRi entsprechen die Hilfeleistungen dann dem individuell notwendigen Hilfebedarf, wenn die erbrachten Pflegeleistungen pflegerisch notwendig und ausreichend sind.

Kommt der Gutachter des MDK zu dem Ergebnis, dass die erbrachten Hilfeleistungen medizinisch und pflegerisch nicht notwendig sind und damit eine Überversorgung vorliegt, ist dies unter dem Punkt 5.2 des Formulargutachtens zu begründen und auf das Maß des medizinisch bzw. pflegerisch Notwendigen abzustellen.

Für den Fall, dass durch den Gutachter eine Unterversorgung festgestellt wird, demnach ein pflegerisches Defizit besteht, ist eine nicht sichergestellte Pflege zu dokumentieren. Dann soll durch den Gutachter Art, Häufigkeit und zeitlicher Umfang der zusätzlich notwendigen Hilfeleistungen hinzugerechnet, in den Punkten 4.1–4.3 des Formulargutachtens dokumentiert und im Punkt 6.7 (Verbesserung/Veränderung der Pflegesituation) begründet werden. Bestandteil des medizinisch und pflegerisch Notwendigen ist auch der Hilfebedarf, der aus aktivierender Pflege resultiert.

Die BRi verweisen in diesem Abschnitt ferner auf Anhaltspunkte, die auf pflegerische Unterversorgung hinweisen. Pflegerische Defizite und eine demnach nicht sichergestellte Pflege sollen die Gutachter der MDK veranlassen, bei der Pflegekasse die Einleitung von Sofortmaßnahen anzuregen. In Fällen einer defizitären Versorgung ist die Frage im Punkt 5.4 des Formulargutachtens (Sicherstellung der häuslichen Pflege) grundsätzlich zu verneinen. Darüber hinaus soll den Pflegekassen durch die Gutachter eine zeitnahe Wiederholungsbegutachtung empfohlen werden, die die Pflegekassen entsprechend zu veranlassen haben.

### 4.5 Verrichtungen im Sinne des SGB XI (BRi D4.0/V)

Abschnitt D4.0/V der BRi stellt einen sehr engen Bezug zu dem mit § 14 Abs. 4 SGB XI gesetzlich abschließend definierten Verrichtungskatalog her und beschreibt in einzelnen Schritten, auf welche

Weise schließlich festzustellen ist, ob Pflegebedürftigkeit im Sinne des Pflegeversicherungsgesetzes vorliegt. Danach sind zunächst Art und Häufigkeit der Hilfe bei den Verrichtungen im Sinne von § 14 Abs. 4 SGB XI zu erheben, bei denen jeweils Hilfebedarf besteht. In einem weiteren Schritt hat die Zuordnung des ermittelten Bedarfs nach Art und Häufigkeit zu einer Pflegestufe gemäß § 15 Abs. 1 Nr. 1–3. SGB XI zu erfolgen (◘ Tab. 4.1). Schließlich ist in einem dritten Schritt – unter Zugrundelegung der Laienpflege – der Zeitaufwand zu ermitteln, der für die Hilfe bei den einzelnen Verrichtungen benötigt wird. Die BRi sprechen in diesem Zusammenhang von Voraussetzungsebenen. Danach ist die Ermittlung des Zeitaufwands für die Hilfe bei den einzelnen Verrichtungen nur dann erforderlich, wenn Art und Häufigkeit der Hilfe bei den Verrichtungen den Regelungen des § 15 Abs. 1 SGB XI zugeordnet werden können. Damit ist gleichzeitig eine Bearbeitungsanweisung für die Punkte 4.1–4.4 des Formulargutachtens gegeben. Nach diesem Schema ist jede einzelne Hilfeleistung für Verrichtungen der Grundpflege und der Hauswirtschaft hinsichtlich der Häufigkeit, ihrer Art und des zeitlichen Umfangs zu bewerten.

■ **Orientierungswerte zur Pflegezeitbemessung**

Schließlich verweisen die BRi auf die Bedeutung und das Verständnis der Orientierungswerte zur Pflegezeitbemessung (Zeitorientierungswerte) im Abschnitt F. Ausdrücklich und wiederholt wird betont, dass die Zeitorientierungswerte nicht von der Pflicht entbinden, den in jedem Einzelfall bestehenden individuellen Hilfebedarf zu ermitteln (▶ Abschn. 4.3). Die BRi charakterisieren die »Orientierungswerte zur Pflegezeitbemessung für die in § 14 Abs. 4 SGB XI genannten Verrichtungen der Grundpflege« als ein Instrument des Rechts- und Sozialstaates, mit Hilfe dessen das Gebot der sozialen Gerechtigkeit umgesetzt wird, indem vergleichbare Umstände verglichen und vergleichbar bewertet werden. Da aber gleichzeitig das Individualitätsprinzip gilt, wird die Bedeutung der Zeitorientierungswerte wieder dadurch relativiert, dass sie auch als »Anhaltsgrößen im Sinne eines Orientierungsrahmens« beschrieben werden. Dies lässt zwar für die MDK wie für die Pflegekassen einen breiten Interpretationsraum, der aber in gleicher Weise für die Begründung in Widerspruchs- bzw. Klageverfahren genutzt werden kann.

Abschließend wird ausgeführt, in welchen Fällen verrichtungsbezogene krankheitsspezifische Pflegemaßnahmen als pflegeerschwerender Faktor bei der zeitlichen Bewertung des Hilfebedarfs zu berücksichtigen sind. Eine ausführliche Erörterung zu den Zeitorientierungswerten findet sich in ▶ Kap. 8.

## Fazit

Mit dem voranstehenden Kapitel wurden die Grundsätze für die Medizinischen Dienste, die für diese bei der Feststellung von Pflegebedürftigkeit nach den BRi gelten, aufgenommen und erläutert. Danach ist für die Bestimmung von Pflegebedürftigkeit nicht die Schwere einer Erkrankung bzw. Behinderung ausschlaggebend, sondern der aus den konkret vorliegenden Schädigungen und Beeinträchtigungen der Aktivitäten abzuleitende Hilfebedarf.

Dargestellt wurde ferner, dass sich der Hilfebedarf immer nur auf die gesetzlich definierten Verrichtungen, wie sie mit § 14 Abs. 4 SGB XI abschließend benannt sind, beziehen kann, wobei diesbezüglich auf eine Ausnahme hinzuweisen war. Diese Ausnahme besteht in den verrichtungsbezogenen krankheitsspezifischen Pflegemaßnahmen. Hierbei handelt es sich im eigentlichen Sinn nicht um Pflegeleistungen, sondern um Leistungen der Krankenversicherung, die dann als Pflegeleistungen anzuerkennen sind, wenn sie in einem unmittelbaren Zusammenhang zu den Verrichtungen der Grundpflege stehen bzw. in einem zeitlichen und sachlichen Zusammenhang dieser Verrichtungen zu erbringen sind (z. B. Anlegen von Kompressionsstrümpfen).

Darüber hinaus wurden die für die Bestimmung des Hilfebedarfs maßgeblichen Formen der Hilfe aufgenommen und das Verständnis der BRi von Unterstützung, teilweise Übernahme, vollständiger Übernahme, Beaufsichtigung und Anleitung als Hilfeformen vorgestellt. In diesem Zusammenhang wurde darauf verwiesen, dass den Hilfeformen der Beaufsichtigung und der Anleitung in mehrerlei Hinsicht besondere Bedeutung zukommt. Dies kann z. B. dann der Fall sein, wenn Pflegebedürftige zwar die motorischen Fähigkeiten zur Ausführung der jeweiligen Verrichtungen besitzen, allerdings zu einer sinnentsprechenden Umsetzung notwendiger Handlungsschritte beaufsichtigt und angeleitet werden müssen. Als eine Art »Faustregel« lässt sich beschreiben, dass die zeitliche Bewertung des Hilfebedarfs im Sinne einer vollständigen Übernahme zu erfolgen hat, wenn die Pflegeperson während der Ausführung der gesamten Verrichtung aus Gründen der Beaufsichtigung bzw. Anleitung gebunden wird.

Den Orientierungswerten für die Pflegezeitbemessung, deren Grundlage die vollständige Übernahme der jeweiligen Verrichtung ist, wird aufgrund ihrer Bedeutung ein eigenes Kapitel gewidmet (▶ Kap. 8) und deswegen hier nur der Vollständigkeit halber erwähnt.

Einen Sonderfall bei der Bemessung der Hilfebedarfszeit bilden die pflegeerleichternden und die pflegeerschwerenden Faktoren. Beim Vorliegen entsprechender Faktoren (Abschnitt F der BRi benennt solche beispielgebend – nicht abschließend), ist zu berücksichtigen, dass die zusätzliche Pflegezeit (bei Erschwernisfaktoren) dem Zeitbedarf für die einzelne Verrichtung, auf die sie zutreffen, hinzuzurechnen ist. Demnach ist vom Zeitbedarf der jeweiligen Verrichtung Pflegezeit zu subtrahieren, wenn pflegeerleichternde Faktoren zu berücksichtigen sind.

Aus dem Grundsatz des Vorrangs der »Rehabilitation vor Pflege« ergibt sich seit 1. Januar 2013 die Verpflichtung der MDK, im Rahmen jeder Begutachtung eine gesonderte Rehabilitationsempfehlung gegenüber der jeweils zuständigen Pflegekasse abzugeben (§ 18 Abs. 6 in Verbindung mit § 18a Abs. 1 SGB XI). Als Anhang zum Formulargutachten ist die Rehabilitationsempfehlung somit Bestandteil der Begutachtung. Den Pflegekassen hat der Gesetzgeber in diesem Zusammenhang aufgegeben, zu den Rehabilitationsempfehlungen der MDK gegenüber dem Pflegebedürftigen umfassend und begründend Stellung zu nehmen.

## Literatur

Gaertner T et al. (Hrsg) (2009) Die Pflegeversicherung.
    Begutachtung Qualitätsprüfung Beratung Fortbildung,
    2. Aufl. De Gruyter, Berlin
Krohwinkel M (1993) Der Pflegeprozess am Beispiel von
    Apoplexiekranken. Nomos, Baden-Baden
Medizinischer Dienst des Spitzenverbandes Bund der
    Krankenkassen e.V. (MDS) (2009) Richtlinien des GKV-
    Spitzenverbandes zur Begutachtung von Pflegebe-
    dürftigkeit nach dem XI. Buch des Sozialgesetzbuches..
    ▶ http://www.gkv-spitzenverband.de/pflegeversiche-
    rung/richtlinien_vereinbarungen_formulare/richt-
    linien_vereinbarungen_formulare.jsp. Zugegriffen: 05.
    Februar 2014
Medizinischer Dienst des Spitzenverbandes Bund der
    Krankenkassen e.V. – MDS (2013) Richtlinien des GKV-
    Spitzenverbandes zur Begutachtung von Pflegebe-
    dürftigkeit nach dem XI. Buch des Sozialgesetzbuches.
    ▶ http://www.gkv-spitzenverband.de/pflegeversiche-
    rung/richtlinien_vereinbarungen_formulare/richt-
    linien_vereinbarungen_formulare.jsp. Zugegriffen: 05.
    Februar 2014

# Das Formulargutachten: Nach den Begutachtungs-Richtlinien zu erhebende und zu dokumentierende Inhalte

*Klaus-Peter Buchmann*

Ein wesentliches Ziel der BRi besteht darin, ein bundesweit einheitliches Verfahren zur Feststellung von Pflegebedürftigkeit bereitzustellen. Diesem Zweck dienen sowohl die Anwendung des mit Abschnitt G2 der BRi verbindlich vorgegebenen Formulargutachtens wie auch die mit den Richtlinien – ebenfalls verbindlich vorgegebenen – Handlungsanweisungen für das Begutachtungsverfahren selbst (Abschnitte D1–D9 der BRi). Diese werden nachfolgend genauer betrachtet, um die mit dem Formulargutachten zu erhebenden Inhalte bei richtlinienkonformer Bearbeitung des Gutachtenformulars darzustellen. Daneben werden ausgewählte Beispiele aus der Begutachtungspraxis von Medizinischen Diensten mehrerer Bundesländer gestellt. Dies dient ausdrücklich und allein dem Zweck, in verständlicher Form nahezulegen, worauf sich das Augenmerk bei der Bearbeitung eines begründeten Widerspruchs bzw. einer Klage – in Abhängigkeit von den jeweiligen Beweisfragen der richterlichen Beweisanordnung – konzentrieren sollte, wenn es um eine kritische Würdigung bereits vorliegender Gutachten der MDK geht.

## 5.1    Derzeitige Versorgungs- und Betreuungssituation (Formulargutachten Punkt 1)

Der Punkt 1 des Formulargutachtens gliedert sich in die Unterpunkte
- ärztliche/medikamentöse Versorgung,
- verordnete Heilmittel,
- Hilfsmittel/Nutzung und
- Darstellung des Umfangs der pflegerischen Versorgung und Betreuung.

Zur besseren Orientierung zeigt ◘ Abb. 5.1 ausschnittsweise die Punkte 1.1–1.3 des Formulargutachtens.

### 5.1.1    Versorgungssituation

Hier ist die zum Zeitpunkt des Hausbesuchs vorliegende Versorgungs- und Betreuungssituation, wie sie sich aus der Perspektive des zu Begutachtenden bzw. der Pflegeperson(en) darstellt, durch den Gutachter des MDK aufzunehmen. Das heißt, der Ist-Stand der Versorgung ist nach Angaben der an der Pflege beteiligten Personen zu dokumentieren. Gleichzeitig ist in diesem Punkt festzuhalten, wer im Einzelnen an der Begutachtung teilgenommen hat. Sollten sich aus den Aussagen der hier Beteiligten inhaltliche Differenzen ergeben, sind diese ebenfalls im Punkt 1 des Formulargutachtens festzuhalten.

- **Pflegepersonen**

Nach Abschnitt D03 der BRi sind Pflegepersonen solche Personen, die einen oder mehrere im Sinne des § 14 SGB XI pflegebedürftige Menschen in seiner/ihrer häuslichen Umgebung nicht erwerbsmäßig pflegen. Voraussetzungen zur sozialen Absicherung der Pflegeperson(en) sind als Leistungen des SGB XI dann gegeben, wenn die wöchentliche Pflegezeit mindestens 14 Stunden beträgt (§ 19 SGB XI). Seit der Einführung des Gesetzes zur Neuausrichtung der Pflege kann zur Erfüllung dieser Voraussetzung die aufgewendete Zeit zur Versorgung mehrerer Pflegebedürftiger aufaddiert werden.

### 5.1.2    Ärztliche/medikamentöse Versorgung (Formulargutachten Punkt 1.1)

Im Punkt 1.1 des Formulargutachtens ist nach Abschnitt D1.1 der BRi die Art und die Häufigkeit der ärztlichen Versorgung anzugeben. Es ist durch die Gutachter der MDK zu dokumentieren, ob haus- und/oder fachärztlich versorgt wird, ob die ärztlichen Kontakte durch Besuche des zu Begutachtenden in Arztpraxen zustande kommen oder im Rahmen von Hausbesuchen der Ärzte und mit welcher Häufigkeit (z. B. wöchentlich, monatlich etc.). Ferner ist hier anzugeben, ob bei Besuchen in den Praxen Wartezeiten entstehen. Diese – in den Gutachten der MDK häufig fehlenden – Angaben sind oft nicht nur von untergeordneter oder nebensächlicher Bedeutung. Es kann sein, dass sich auch hieran, bei Vorliegen der entsprechenden Voraussetzungen, gleichzeitig ein Hilfebedarf beim Treppensteigen im Zusammenhang mit dem Verlassen/Wiederaufsuchen der Wohnung erkennen lässt.

---

**1. Derzeitige Versorgungs- und Betreuungssituation**
Nach Angaben von
................................................................................................................
................................................................................................................

**1.1 Ärztliche/medikamentöse Versorgung**
Arztbesuche                                                                         ☐ Keine
Hausbesuche
................................................................................................................
................................................................................................................
................................................................................................................

Praxisbesuche
................................................................................................................
................................................................................................................
................................................................................................................

Medikamente                                                                        ☐ Keine
☐ Selbständige Einnahme
☐ Hilfestellung erforderlich:
................................................................................................................
................................................................................................................
................................................................................................................

**1.2 Verordnete Heilmittel**                                                      ☐ Keine

☐ Physikalische Therapie        ☐ Ergotherapie        ☐ Stimm-, Sprech- und Sprachtherapie
☐ Podologische Therapie
................................................................................................................
................................................................................................................
................................................................................................................

**1.3 Hilfsmittel/Nutzung**                                                        ☐ Keine
................................................................................................................
................................................................................................................
................................................................................................................

---

◨ **Abb. 5.1** Ausschnitt aus dem Formulargutachten – Punkte 1.1 bis 1.3. (Adaptiert nach GKV-Spitzenverband Bund der Krankenkassen 2013)

In Fallkonstellationen, bei denen ein regelmäßiges Erscheinen des zu Begutachtenden außerhalb seiner Wohnung erforderlich ist, beispielsweise in Arzt- und/oder Therapiepraxen, ist ein solcher Hilfebedarf zu berücksichtigen, wenn er regelmäßig (wöchentlich) und auf Dauer (mindestens sechs Monate) besteht.

Zu erfragen – und demnach auch zu dokumentieren – ist ferner die aktuelle medikamentöse Therapie sowie evtl. vorliegende Besonderheiten bei der Einnahme von Medikamenten. Dabei verlangen die BRi ausdrücklich Angaben darüber, ob die Medikamente durch den zu Begutachtenden selbständig eingenommen werden können.

Im Folgenden werden Beispiele von Angaben zur medikamentösen Therapie und Besonderheiten bei der Einnahme wiedergegeben, wie sie sich in Gutachtenformularen der Jahre 2010–2013 von MDK verschiedener Bundesländer gefunden haben.

### Dokumentationsbeispiele aus Punkt 1.1 des Formulargutachtens – Ärztliche/medikamentöse Versorgung

- »Die Einnahme erfolgt selbständig. Der Ehemann erinnert daran.«
- »Vorbereitung von Tabletten durch Pflegeperson.«
- »Aktuelle Medikation: u. a. Diuretika.«
- »Aktuelle Medikation: 2-mal täglich Tabletteneinnahme.«
- »Aktuelle Medikation: 3-mal täglich Tabletten (u. a. Psychopharmaka).«
- »Vorbereitung und Verabreichung von Tabletten durch Pflegeeinrichtung.«

#### ■ Praxiserfahrungen

Vergleicht man die Normvorgaben der BRi mit den Dokumentationsbeispielen oben zeigt sich, dass mit solchen oder vergleichbaren Formulierungen die Anforderungen der BRi regelmäßig nicht als erfüllt betrachtet werden können. Hier ist weder erkennbar, worin die aktuelle medikamentöse Therapie besteht, noch (bis auf wenige Ausnahmen) ob Besonderheiten bei der selbständigen Einnahme vertragsärztlich verordneter Medikamente vorliegen. Zudem sind solche Angaben auch zweifelhaft. So impliziert die Information »Vorbereitung von Tabletten«, dass Tabletten von den jeweiligen Pflegepersonen selbst vorbereitet werden, was zumindest dann kaum den tatsächlichen Umständen entsprechen dürfte, wenn man unter »Vorbereitung«, vergleichbar der Vorbereitung von Mahlzeiten, zu denen auch das Kochen, also die Herstellung von Mahlzeiten gehört, die Herstellung von Medikamenten verstehen wollte. Zur Einnahme vorbereitete Tabletten werden heute durch die Pharmaindustrie hergestellt und können über den Apothekenhandel bezogen werden.

Unterstellt man, dass mit der Formulierung »Vorbereitung von Tabletten« eine Vorbereitung der Einnahme der Tabletten in der Weise zum Ausdruck gebracht werden soll, dass die Medikamente ihren Verpackungen entnommen und aus den Palletten herausgelöst werden müssen, etwa weil dem zu Begutachtenden die dafür notwendigen feinmotorischen Fertigkeiten nicht mehr zur Verfügung stehen, würden sich bereits hier erste Hinweise auf Schädigungen/Beeinträchtigungen der Aktivitäten erkennen lassen, was aber in dieser Form und bei solchen oder ähnlich gewählten Formulierungen nicht möglich ist. Hierauf wäre dann im Punkt 3.2 des Formulargutachtens durch den Gutachter näher einzugehen; ein Vergleich der innerhalb des Gutachtens vorzufindenden Angaben ist demnach erforderlich, um ggf. Widersprüchlichkeiten der Angaben herausstellen zu können.

## 5.1.3    Verordnete Hilfsmittel (Formulargutachten Punkt 1.2)

Die im Punkt 1.2 des Formulargutachtens notwendigen Angaben zu ggf. vertragsärztlich verordneten Heilmitteln (Therapien) sind mit den Angaben zu den Arztkontakten aus dem Punkt 1.1 des Gutachtenformulars vergleichbar. Anzugeben ist – neben Art, Häufigkeit und Dauer der Therapien auch hier –, wo therapeutische Behandlungen stattfinden (zu Hause oder in Therapiepraxen), ob bei Behandlungen in Praxiseinrichtungen Wartezeiten entstehen und ob eine Begleitung erforderlich ist.

Auch hier gilt es, eine sehr genaue Prüfung der Angaben vorzunehmen, da insbesondere die Begleitung und ggf. auch die Anwesenheit während der Therapien sowie beim Verlassen/Wiederaufsuchen der Wohnung anzurechnenden Hilfebedarf darstellen können. Die Anwesenheit bei Therapien ist häufig bei geistig behinderten und/oder psychisch kranken Menschen sowie bei Kindern erforderlich, wenn Pflegepersonen z. B. währenddessen angeleitet werden, um Therapien zu Hause fortsetzen zu können.

### 5.1.4 Hilfsmittel/Nutzung (Formulargutachten Punkt 1.3)

Abschnitt D1.3 der BRi verpflichtet die Gutachter der MDK, alle vorhandenen Hilfsmittel aufzulisten und gleichzeitig festzustellen, ob die Hilfsmittel durch die zu begutachtende Person genutzt werden oder nicht. Darüber hinaus ist an dieser Stelle zu erheben und ebenfalls zu dokumentieren, ob die Pflege bei den gewöhnlichen und regelmäßig wiederkehrenden Verrichtungen im Ablauf des täglichen Lebens durch die Anwendung/Nichtanwendung der vorhandenen Hilfsmittel beeinflusst wird.

Nicht hier, sondern im Punkt 3.2 des Formulargutachtens ist dann zu bewerten, inwieweit der Hilfsmitteleinsatz den Hilfebedarf kompensiert. Als Bestandteil des individuellen Pflegeplans (Punkt 6.5 des Formulargutachtens) ist ggf. darzulegen, inwieweit durch Schulung/Training des Hilfsmittelgebrauchs der Pflegebedarf minimiert werden kann.

- **Eigene Bewertung des individuellen Nutzens vertragsärztlich verordneter Hilfsmittel**

Es empfiehlt sich, eine eigene Überprüfung der Angaben im Formulargutachten vorzunehmen, um den Hilfsmitteleinsatz letztlich selbst bewerten zu können. Dies setzt allerdings voraus, sich Kenntnis davon verschafft zu haben, inwieweit ein selbständiger Umgang mit den Hilfsmitteln möglich ist, bzw. wie viel Zeit eine Pflegeperson benötigt, den Hilfsmittelgebrauch zu ermöglichen (z. B. das Anlegen von Orthesen etc.). So enthalten z. B. gerichtliche Beweisanordnungen oftmals Fragestellungen zur Eignung und Zumutbarkeit von Hilfsmitteln, was für den Pflegesachverständigen Anlass sein sollte, ggf. eigene Vorschläge dahingehend zu entwickeln, welche (Pflege-)Hilfsmittel sinnvollerweise eingesetzt werden können, um den Hilfebedarf zu kompensieren bzw. eine selbständigere Lebensführung zu ermöglichen oder Pflegepersonen zu entlasten.

Darüber hinaus wird hier die Auffassung vertreten, dass auf die Darstellung/Empfehlung eines sinnvollen Hilfsmitteleinsatzes auch dann nicht verzichtet werden sollte, wenn eine Beweisanordnung nicht explizit durch entsprechende Fragestellung Informationen abfordert. Dies scheint insbesonde-

re dann geboten, wenn dadurch eine selbständigere und, damit einhergehend, eine selbstbestimmtere Lebensführung möglich wird und/oder personale pflegerische Ressourcen durch den Einsatz von (Pflege-)Hilfsmitteln entlastet werden können.

### 5.1.5 Umfang der pflegerischen Versorgung und Betreuung (Formulargutachten Punkt 1.4)

Nach Abschnitt D1.4 der BRi sind in diesem Punkt des Formulargutachtens alle Pflege- und Betreuungsleistungen nach Art, Häufigkeit, Zeitpunkt und Dauer zu dokumentieren (ggf. auch nächtlicher Hilfebedarf). Eine Dokumentationspflicht dieser Leistungen wird explizit normiert bei der Pflege/Betreuung durch Angehörige und/oder Bekannte bzw. weitere Pflegepersonen auf der Grundlage ihrer Angaben. Das heißt, die Aufgabe für die Gutachter der Medizinischen Dienste besteht an dieser Stelle darin, den Vortrag der an der Pflege Beteiligten sachlich aufzunehmen, zunächst ohne eigene Bewertung; diese erfolgt im Punkt 5.1 des Formulargutachtens (◘ Abb. 5.2).

Bei erbrachten Pflegeleistungen im Rahmen der häuslichen Krankenpflege nach § 37 SGB V oder durch Pflegeeinrichtungen im Sinne von § 71 SGB XI sind die jeweils erbrachten Leistungen ebenfalls zu dokumentieren. Diese Formulierung der BRi verdient hier unbedingte Beachtung, weil sich in bearbeiteten Formulargutachten häufig lediglich zusammenfassende Bemerkungen zur Leistungserbringung finden. Diese können häufig jedoch nicht als ausreichend bezeichnet werden und ermöglichen oftmals auch keine plausible und transparente Beantwortung des Punktes 5.1 des Gutachtenformulars.

Die BRi normieren die Dokumentation aller Pflege- und Betreuungsleistungen. Die tatsächlich erbrachten Leistungen können, wie aus den folgenden Beispielen ersichtlich, aus solchen und vergleichbaren Formulierungen jedoch nicht abgeleitet werden, weil gerade nicht erkennbar ist, welche einzelnen, ganz konkreten Leistungen z. B. aus den Bereichen der Grundpflege und der Hauswirtschaft oder der sozialen Betreuung tatsächlich erbracht worden sind.

**1.4 Umfang der pflegerischen Versorgung und Betreuung**                    ☐ Keine

☐ Häusliche Krankenpflege (§ 37 SGB V)
☐ Rund um die Uhr erforderliche häusliche Krankenpflege
☐ Sonstiges
........................................................................................
........................................................................................
........................................................................................


☐ Pflege durch Pflegeeinrichtung(en) im Sinne des SGB XI
            ☐ ambulant    ☐ Tages-/Nachtpflege    ☐ Kurzzeitpflege    ☐ stationär
........................................................................................
........................................................................................
........................................................................................


☐ Pflege durch Angehörige/Bekannte
........................................................................................
........................................................................................
........................................................................................


☐ Betreuung durch sonstige Einrichtungen
........................................................................................
........................................................................................
........................................................................................


Versicherte(r) allein lebend                                    ☐ Ja    ☐ Nein
wenn »nein«
Versicherter lebt nach eigenen Angaben in einer ambulant betreuten Wohngruppe mit mindestens zwei
weiteren pflegebedürftigen Personen (mindestens Pflegestufe I) nach § 38a SGB XI    ☐ Ja    ☐ Nein

☐ **Abb. 5.2**    Ausschnitt aus dem Formulargutachten – Punkt 1.4. (Adaptiert nach GKV-Spitzenverband Bund der Krankenkassen 2013)

**Dokumentationsbeispiele zu Punkt 1.4 aus Begutachtungen im ambulanten Bereich**

— Häusliche Krankenpflege (§ 37 SGB V):
»Injektionen s.c. 1-mal morgens, 1-mal mittags, 1-mal nachmittags, 1-mal abends, 7 Tag/e pro Woche.«
— Pflege durch Pflegeeinrichtung im Sinne des SGB XI:
»Ambulant: Grundpflege 1-mal morgens, 1-mal abends, 7 Tag/e pro Woche, soziale Betreuung 1-mal morgens, 1-mal abends, 7 Tag/e pro Woche.«
— Pflege durch Angehörige/Bekannte:
»Ehefrau-Rentnerin: Grundpflege 1-mal morgens, 1-mal mittags, 1-mal abends, 7 Tag/e pro Woche; Hauswirtschaft 1-mal morgens, 1-mal mittags, 1-mal abends, 7 Tag/e pro Woche; soziale Betreuung 1-mal morgens, 1-mal mittags, 1-mal abends, 7 Tag/e pro Woche; Behandlungspflege 1-mal morgens, 1-mal abends, 7 Tag/e pro Woche.«

(Im Punkt 5.1 des gleichen Gutachtens war angegeben, dass der hier dokumentierte Pflegeaufwand nicht mit dem gutachterlich ermittelten Hilfebedarf übereinstimme.)

— Pflege durch Pflegeinrichtung im Sinne des SGB XI:
»Stationär. Derzeitig im Krankenhaus.«
(Im Punkt 5.1 des gleichen Gutachtens wurde angegeben, dass der hier dokumentierte Pflegeaufwand mit dem gutachterlich festgestellten Hilfebedarf übereinstimmt.)

Ebenso verhält es sich bei den Dokumentationsbeispielen aus stationären Versorgungssituationen. Welche konkreten Pflegeleistungen erbracht worden sind, lässt sich den Angaben der Dokumentationsbeispiele aus der Übersicht nicht entnehmen. Auch hier ist dies jedoch für die Bearbeitung des Punktes 5.1 des Formulargutachtens von nicht unerheblicher Bedeutung.

Bei Begutachtungen ambulanter Versorgungssituationen finden sich als Begründungen dafür, dass der unter dem Punkt 1.4 angegebene mit dem gutachterlich ermittelten Hilfebedarf nicht übereinstimmt, häufig Formulierungen wie: »allgemeiner Betreuungs- und Beaufsichtigungsbedarf ist für die Hilfebedarfsermittlung nicht berücksichtigungsfähig« oder »der ermittelte Gesamtpflegebedarf ist niedriger«.

**Dokumentationsbeispiele zu Punkt 1.4 aus stationären Begutachtungen**
— »Ambulant: Grundpflege 1-mal morgens, 1-mal abends, 7 Tage/e pro Woche, soziale Betreuung 1-mal morgens, 1-mal abends, 7 Tag/e pro Woche«
— »Hauswirtschaft 14-tägig«
— »Tages-/Nachtpflege 5 Tag/e pro Woche«
— »Pflege durch Pflegeeinrichtung, vollstationär«
— »Stationäre Versorgung«

- **Zusammenhang der Punkte 1.4 und 5.1 des Formulargutachtens**
Solche oder vergleichbare Formulierungen entbehren jedoch der Logik der BRi, da sie weder nachvollziehbar noch nachprüfbar sind. Hier lässt sich nicht erkennen, was als allgemeine Betreuungsleistungen bzw. als Beaufsichtigungsbedarf identi

fiziert und deswegen in die Berücksichtigung nicht eingeschlossen wurde. Wären diese Leistungen im Punkt 1.4 des Formulargutachtens dezidiert aufgeführt worden, könnte hier nachvollzogen werden, welche Leistungen bei der Bewertung nicht zu berücksichtigen gewesen waren.

Hinzu kommt nach den BRi eine differenzierte Begründungspflicht durch den Gutachter, wenn Abweichungen seiner Befunderhebung bezüglich erforderlicher Pflegeleistungen gegenüber den Angaben des Versicherten bzw. der Pflegepersonen festgestellt werden.

> ❯ **Da Erläuterungen, die als begründend attribuiert werden können, sehr häufig fehlen, bieten sich an dieser Stelle oftmals Möglichkeiten einer Widerspruchsbegründung. Hier lässt sich wiederholt auch in Frage stellen, inwieweit eine Plausibilitätsprüfung der dokumentierten Inhalte des Gutachtens nach den Abschnitten D02 und D4.0/IV erfolgt ist (◻ Abb. 5.3).**

Zwar wird durch die BRi beschrieben, dass die Angaben im Punkt 5.1 primär der Prüfung dienen, inwieweit durch Pflegepersonen Ansprüche auf Sozialleistungen nach SGB VI bestehen. Dennoch können Rückschlüsse auf die Plausibilität der Angaben zur Versorgungsnotwendigkeit und zum Versorgungsumfang des Pflegebedürftigen gezogen werden, die – bei fehlender Homogenität insbesondere auch zu den Angaben der Punkte 4.1–4.3 des Formulargutachtens – als Grundlage weiterführender Argumente für eine Widerspruchsbegründung dienen können.

## Sozialleistungen für Pflegepersonen
Mit § 166 Abs. 2 SGB VI werden Versorgungsansprüche nicht erwerbsmäßig Pflegender begründet. Diese Ansprüche gegenüber den Pflegekassen differenzieren sich nach der jeweils aufgewendeten Pflegezeit und damit nach Pflegestufen (14, 21 bzw. 28 Stunden je Woche). Am Umfang der aufgewendeten Pflegezeit bemisst sich jeweils die Höhe der Beitragszahlung durch die Pflegekassen, wenn und solange die Pflegeperson keiner anderen Erwerbstätigkeit im Umfang von 30 oder mehr Stunden/ Woche nachgeht.

---

**5.1 Stimmt der unter 1.4 von Pflegepersonen angegebene Pflegeaufwand mit dem gutachterlich festgestellten Hilfebedarf überein?**

Gesamtzeitaufwand aus Punkt 4.1 bis 4.4 ☐☐ Stunden ☐☐ Minuten pro Woche

☐ Ja   ☐ Nein

...............................................................................................................................
...............................................................................................................................
...............................................................................................................................

---

**◐ Abb. 5.3**   Ausschnitt aus dem Formulargutachten – Punkt 5.1. (Adaptiert nach GKV-Spitzenverband Bund der Krankenkassen 2013)

---

■ **Dokumentation bei Begutachtungen im stationären Bereich**

Bei Begutachtungen der Pflegebedürftigkeit im Rahmen von stationärer Versorgung ist die Qualität der Dokumentation häufig vergleichbar, wenngleich die zu prüfenden Schwerpunkte anders gelagert sind. Hier ist der Bezugspunkt zu den Angaben des Punktes 5.1 des Formulargutachtens die Dokumentation im Punkt 2.2 des Formulargutachtens (Fremdbefunde). Eine dort sehr häufige Formulierung »Pflegedokumentation vollständig, nachvollziehbar« belegt nicht nur, dass die nach Abschnitt D2.2 der BRi zu dokumentierenden Angaben fehlen, sondern unterstellt bei Höherstufungsanträgen zugleich, dass die Pflegedokumentation in einer Weise geführt ist, die eine Höherstufung nicht rechtfertigt, wenn diese durch die MDK nicht empfohlen wird. Dies dürfte aus Sicht der stationären Pflegeeinrichtungen jedoch kaum der Fall sein. Zudem trägt die Formulierung »Pflegedokumentation vollständig und nachvollziehbar« bewertenden Charakter; eine (qualitative) Bewertung der Pflegedokumentation kommt den MDK im Rahmen der Feststellung von Pflegebedürftigkeit jedoch nicht zu. Dazu dienen die Qualitätsprüfungen nach den §§ 114 ff. SGB XI (wenngleich auch diese zweifelhaft bleiben, was aber hier nicht weiter erörtert werden kann).

❯ Vielmehr kann davon ausgegangen werden, dass ein Höherstufungsantrag im Rahmen einer stationären Versorgung das Ergebnis der Auswertung einer Pflegedokumentation ist, im Rahmen derer die Pflegeeinrichtung festgestellt hat, dass der tatsächliche Hilfebedarf größer ist als mit der aktuellen Pflegestufe anerkannt. Dem werden zugleich die Angaben der Pflegeeinrichtung im Rahmen der Begutachtung (Punkt 1.4 des Formulargutachtens) entsprechen.

Das heißt, in Fallkonstellationen pflegebedürftiger Antragsteller, die im stationären Setting begutachtet werden, sind widersprüchliche Angaben in Formulargutachten regelmäßig dann begründet, wenn einerseits eine »vollständige und nachvollziehbare Pflegedokumentation« bescheinigt und andererseits eine Übereinstimmung der Angaben der Pflegeperson mit den Ergebnissen der gutachterlichen Befunderhebung im Punkt 5.1 des Formulargutachtens attestiert wird. Denn dies würde bedeuten, dass die Gutachter der MDK die Pflegedokumentation, innerhalb derer sich dann erbrachte Leistungen widerspiegeln, die eine höhere Pflegestufe rechtfertigen, als nachvollziehbar bewerten und damit einerseits einen höheren Leistungsbedarf anerkennen. Wird aber eine Höherstufung begründet nicht empfohlen, steht dies im Widerspruch zur angegebenen Nachvollziehbarkeit der Pflegedokumentation und bietet somit Anlass, die Gutachtendokumentation in diesem Punkt in Frage zu stellen.

> **Objektiv betrachtet werden die MDK-Gutachter mit der Bearbeitung des Punktes 1.4 im Zusammenhang mit dem Punkt 5.1 des Gutachtenformulars in ein Dilemma geführt, dem sie kaum entgehen können. Denn wie auch immer die Bearbeitung dieser Punkte vorgenommen wird, sie lässt sich nahezu in jeder Konstellation als widersprüchlich beschreiben. Dies ist jedoch weniger den Gutachtern als vielmehr dem Begutachtungsinstrument anzulasten, worauf in ▶ Kap. 6 noch einmal näher einzugehen sein wird.**

■ **Dokumentation der Pflege- und Betreuungsleistungen**

Eine Öffnung der Dokumentationsverpflichtungen aller Pflegeleistungen für die MDK besteht nur bei durch Angehörige erbrachter Pflege/Betreuung und zwar insoweit, als dass die Gutachter durch die BRi darauf festgelegt werden, die Versorgungssituation aus der Sicht der an der Pflege beteiligten Personen »stichpunktartig« aufzunehmen. Das heißt, hier besteht keine Verpflichtung, alle genannten Leistungen zu dokumentieren, sondern die wesentlichen zusammenzufassen, eben »stichpunktartig« festzuhalten. Wesentlich sind dabei die Pflege- und Betreuungsleistungen, die aufgrund notwendiger Hilfestellungen im Rahmen des gesetzlich definierten Verrichtungskatalogs nach § 14 Abs. 4 SGB XI entstehen und sich deswegen auf die Bemessung der Hilfebedarfszeiten auswirken bzw. bei diesen zu berücksichtigen sind. Zwar schützt dies die Gutachter der MDK einerseits vor möglicherweise kaum endender Dokumentationsarbeit, birgt aber gleichzeitig die Gefahr in sich, Leistungen, die von den an der Pflege beteiligten Personen als solche nicht genannt werden, auch nicht zu erfassen.

Ungeachtet dessen ist auch hier zu erwähnen, dass an dieser Stelle zunächst nur die Dokumentation der Angaben der an der Pflege beteiligten Personen durch die Gutachter zu erfolgen hat. Eine Wertung und der Abgleich auf Übereinstimmung mit den gutachterlich erhobenen Befunden erfolgt, wie oben bereits erwähnt, im Punkt 5.1 des Formulargutachtens.

Eine sorgfältige Prüfung des tatsächlich erbrachten Leistungsumfangs ist also für eine Widerspruchs- oder Klagebegründung von erheblicher Bedeutung.

Bei der »Betreuung durch sonstige Einrichtungen« ist im Formulargutachten anzugeben, ob und ggf. in welchem Umfang der zu Begutachtende durch andere, z. B. Tagespflegeeinrichtung oder Einrichtungen der Hilfe für behinderte Menschen, betreut wird.

■ **Freiheitsentziehende Maßnahmen**

Wird bei der Eruierung der hier zu erhebenden Inhalte festgestellt, dass freiheitsentziehende Maßnahmen Anwendung finden (Fixierung, Sedierung etc.), ist dies durch die MDK im Gutachten aufzunehmen und erläuternd klarzustellen, vor welchem Hintergrund diese Maßnahmen gehandhabt werden (etwa bei einsichtsfähigen Personen aus Gründen eines höheren Sicherheitsgefühls, auf eigenes Verlangen oder sonstigen Gründen).

Letztlich ist hier auch anzugeben, ob der zu Begutachtende allein lebt. Auch dieser Angabe sollte – vor dem Hintergrund der Bearbeitung des Punktes 5.4 des Formulargutachtens – genügend Aufmerksamkeit gewidmet werden.

## 5.2 Pflegerelevante Vorgeschichte und Befunde (Formulargutachten Punkt 2)

### 5.2.1 Ambulante Wohnsituation (Formulargutachten Punkt 2.1)

Nach Abschnitt D2.1 der BRi haben sich die Gutachter einen umfassenden Eindruck von der Wohnsituation des zu Begutachtenden zu verschaffen und die Wohnverhältnisse entsprechend zu dokumentieren. Begründet wird dies innerhalb der BRi damit, dass »umweltbezogene Kontextfaktoren« in besonderer Weise Einfluss auf den jeweils vorliegenden Hilfebedarf haben können und zwar sowohl im fördernden wie auch im hemmenden Sinn.

---

2 Pflegerelevante Vorgeschichte und Befunde

2.1 Pflegerelevante Aspekte der ambulanten Wohnsituation

........................................................................................................................................

........................................................................................................................................

........................................................................................................................................

---

**Abb. 5.4**  Ausschnitt aus dem Formulargutachten – Punkt 2.1. (Adaptiert nach GKV-Spitzenverband Bund der Krankenkassen 2013)

Die BRi verlangen ausdrücklich Angaben zur

- Lage der Wohnung (Stufen, Etage, vorhandener Personenaufzug usw.),
- Anzahl der vorhandenen Räume (Stufen, Treppen innerhalb der Wohnung, Erreichbarkeit pflegerelevanter Räume wie Bad, Toilette),
- evtl. behindertengerechten Gestaltung der Wohnung sowie
- zur Sicherheit der unmittelbaren Umgebung des zu begutachtenden Pflegebedürftigen (**Abb. 5.4**).

■ **Ambulante Wohnsituation**
In Widerspruchs- bzw. Klageverfahren erweist sich eine Prüfung dieser Angaben in Folge der Begutachtung von einiger Bedeutung, da durch die Gutachter der medizinischen Dienste hierauf in den Punkten 6.6 bzw. 6.7 des Formulargutachtens Bezug zu nehmen ist, weil sich daraus möglicherweise Empfehlungen für sogenannte »wohnumfeldverbessernde Maßnahmen« bzw. eine Verbesserung der Pflegesituation ergeben können.

Bei Begutachtungen im ambulanten Bereich sind die Gutachter der Medizinischen Dienste nach Abschnitt D3.2 der BRi aufgefordert, gemeinsam mit dem Antragstellenden alle Räume innerhalb der Wohnung aufzusuchen, in denen regelmäßig grundpflegerische Verrichtungen stattfinden. Inwieweit dies erfolgt ist, sollte grundsätzlich geprüft werden; die Pflegenden kennen die Wohnsituation zumeist besser als die Gutachter der MDK und können dadurch ggf. begründen, warum die mit den Gutachten dargestellte Wohnsituation nicht korrekt wiedergegeben wurde bzw. auch, dass dem

zu Begutachtenden das Aufsuchen der »pflegerelevanten Räume« nicht oder nur eingeschränkt bzw. nur mit Hilfe möglich ist. In den allermeisten Gutachten finden sich dazu keine Angaben, was wiederum als Beleg dafür geltend gemacht werden kann, dass ggf. die Begutachtung in diesem Punkt nicht nach den Vorgaben der BRi erfolgt ist.

**Dokumentationsbeispiele aus vorliegenden Gutachten ambulanter Wohnsituationen**
- »Versicherter lebt in Gemeinschaft mit Ehepartner, Mehrfamilienhaus, Erdgeschoss, kein Lift, 3 Zimmer. Pflegerelevante Räume eingeschränkt nutzbar, Schwellen, beengte Räumlichkeiten. Bad/Waschmöglichkeit mit Badewanne, eingeschränkt erreichbar. Toilette vorhanden.«
- »Mehrfamilienhaus 1. Etage, 3 Zimmer. Pflegerelevante Räume uneingeschränkt nutzbar. (…) Bad/Waschmöglichkeit mit Badewanne, eingeschränkt erreichbar.«
- »Versicherte lebt in Gemeinschaft mit Angehörigen. Mehrfamilienhaus, Erdgeschoss. Pflegerelevante Räume eingeschränkt nutzbar (…) Bad/Waschmöglichkeit mit Badewanne, mit Dusche (Einstieg hoch), eingeschränkt erreichbar.«

In keinem der Gutachten, denen die Dokumentationsbeispiele entnommen sind, wurden Angaben zu Hilfsmitteln, wohnumfeldverbessernden Maßnahmen bzw. Angaben zur Verbesserung der Pflegesituation (Punkte 6.5–6.7 der Formulargutachten) dokumentiert; solche wurden vielmehr ausdrücklich nicht empfohlen. Ferner liegen Gutachtenbeispiele vor, in denen der Punkt 2.1 gar nicht bearbeitet worden ist.

### ■ Praxiserfahrungen

Die Dokumentationsbeispiele belegen, dass von den mit den BRi benannten Dokumentationskriterien allenfalls die ersten beiden (Lage der Wohnung, Anzahl der Zimmer) als erfüllt betrachtet werden können. Im zweiten oben zitierten Beispiel ist die Widersprüchlichkeit der Angaben nicht zu übersehen, wenn einerseits von der uneingeschränkten Nutzbarkeit der pflegerelevanten Räume die Rede ist und andererseits angegeben wird, dass zumindest die Dusche nur eingeschränkt erreichbar ist. Solche Angaben »schreien« geradezu nach Empfehlungen wohnumfeldverbessernder Maßnahmen im Rahmen des individuellen Pflegeplans, die sich in dem betreffenden Gutachten jedoch nicht gefunden haben.

Demnach ist es sowohl im Rahmen von Widerspruchs- als auch von Klageverfahren unerlässlich, dann auf eine zumindest mangelhafte Bearbeitung der Punkte 6.5–6.7 im Formulargutachten hinzuweisen, wenn entsprechende Empfehlungen im Rahmen des zu erstellenden individuellen Pflegeplans nicht dokumentiert sind, tatsächlich aber durch technische Hilfsmittel und/oder wohnumfeldverbessernde Maßnahmen die Pflegesituation – und damit verbunden eine selbständigere/selbstbestimmtere Lebensführung – erleichtert werden könnte.

### ■ Orientierungswert: Durchschnittliche häusliche Wohnsituation

Eine genaue inhaltliche Analyse der Angaben im Punkt 2.1 des Formulargutachtens erweist sich als bedeutungsvoll, weil die Zusammenhänge der einzelnen im Gutachtenformular zu bearbeitenden Punkte oft erst dadurch erkennbar werden, wenn aus solchen scheinbar routinemäßigen Angaben deutlich wird, dass eine Verbesserung der Pflegesituation offensichtlich nicht in den Blick genommen worden ist.

Bei Begutachtungen in akutstationären und/oder stationären Langzeitpflegeeinrichtungen ist nach einem Urteil des Bundessozialgerichtes (BSG, Az.: B 3 P 10/08 R) grundsätzlich von einer durchschnittlichen häuslichen Wohnsituation, wie sie mit Abschnitt C2.4 der BRi beschrieben ist, auszugehen. Für die Bewertung des Hilfebedarfs, insbesondere im Bereich der Mobilität, kann dies bei der Berücksichtigung der Schädigungen/Beeinträchtigungen der Aktivitäten von besonderer Bedeutung sein.

## 5.2.2 Fremdbefunde (Formulargutachten Punkt 2.2)

Die Angaben, die im Punkt 2.2 des Formulargutachtens durch die Gutachter der Medizinischen Dienste zu dokumentieren sind, sollen die Ergebnisse der Prüfung und Auswertung vorliegender Befundberichte hinsichtlich

- pflegeverursachender Schädigungen und/oder Beeinträchtigungen der mit § 14 Abs. 4 SGB XI abschließend definierten Verrichtungen sowie
- noch vorhandenen Ressourcen sowie Art und Umfang des Pflegebedarfs

sein.Darüber hinaus beschreiben die BRi weitere mögliche Quellen, denen Informationen zu diesen Angaben ggf. entnommen werden können. Nicht selten stehen dem Formulierungen gegenüber, wie sie mit den folgenden Dokumentationsbeispielen wiedergegeben werden:

### Dokumentationsbeispiele zum Punkt 2.2 – Fremdbefunde

- »Pflegedokumentation unvollständig, nachvollziehbar«
- »MDK-Gutachten von 12/09, empfohlene Pflegestufe unterhalb Stufe I mit 15 Minuten Grundpflege«
- »Vorgutachten liegt nicht mehr vor«
- »Krankenkassenauszug«

Wie sich aus diesen Beispielen erkennen lässt, können aus der Analyse der hier dokumentierten Inhalte auch Rückschlüsse auf die Vorbereitung des Besuchs durch die Medizinischen Dienste nach Abschnitt C2.1 der BRi gezogen werden.

**• Prüfung der Unterlagen durch die MDK**

Die durch die Pflegekassen mit dem Antrag des Versicherten an die MDK zu übergebenden Unterlagen sind durch die MDK daraufhin zu überprüfen, ob ggf. weitere Auskünfte (z. B. von behandelnden Ärzten, Krankenhäusern, Rehabilitationseinrichtungen) eingeholt werden müssen, um relevante und aktuelle Informationen zu pflegebegründenden Erkrankungen und deren Verlauf, zu durchgeführten Behandlungen sowie zu Art, Umfang und Dauer der Pflege zu erhalten, um sie bei der Feststellung von Pflegebedürftigkeit im Rahmen der Begutachtung berücksichtigen zu können.

Werden den MDK solche Unterlagen durch die das Gutachten beauftragende Pflegekasse nicht vorgelegt, muss dies – entsprechend Abschnitt C2.1 der BRi – im Punkt 2.2 des Formulargutachtens durch die Gutachter der MDK dokumentiert werden.

**• Auswertung der Angaben**

Eine genaue Auswertung der Inhalte des Punktes 2.2 des Formulargutachtens bietet die Möglichkeit, sich damit auf die Spur der Sorgfalt der Vorbereitung des Besuchs zur Feststellung der Pflegebedürftigkeit durch die Pflegekassen und die MDK zu begeben. Dabei ggf. festgestellte Mängel dienen der etwaigen Begründung eines Widerspruchs. Mängel, wie beispielsweise nach den BRi fehlende Dokumentationsinhalte, sollten deutlich und ausführlich benannt werden, weil nicht davon ausgegangen werden kann, dass allen Verfahrensbeteiligten diese Zusammenhänge gegenwärtig sind.

Jedoch wird ausdrücklich und gleichzeitig empfohlen, auf Mutmaßungen, in wessen Verantwortung Versäumnisse im Verfahren zur Feststellung der Pflegebedürftigkeit zu verorten sind, zu verzichten. Es sei der Vollständigkeit halber darauf hingewiesen, dass die oben stehenden Dokumentationsbeispiele zumindest Dokumentationsversäumnisse der MDK erkennen lassen, da gerade nicht festgehalten wurde, dass andere, mit den BRi benannte Unterlagen nicht vorgelegen haben.

**• Weiterführende Unterlagen**

Im Rahmen einer substantiierten Prüfung der Dokumentation der Gutachten besteht die Aufgabe darin, die genannten Informationen auf ihre Nachvollziehbarkeit und Vollständigkeit hin zu überprüfen. Wird anhand weiterer Unterlagen festgestellt, dass über die im Gutachten dokumentierten Informationen hinaus auch andere als die im Punkt 2.2 des Gutachtens benannten Befundberichte Auskünfte und Informationen enthalten (z. B. etwa vorliegende Krankenhaus- und/oder sonstige Arzt- und/oder Therapieberichte), die für die Feststellung des Pflegebedarfs von Bedeutung sein können, ist zu prüfen, ob diese bei der Gutachtenerarbeitung durch die MDK zwar berücksichtigt, aber nicht benannt wurden oder ob diese Befunde überhaupt Eingang in die Bewertung durch die MDK gefunden haben. Hinweise darauf finden sich nicht selten im Punkt 3.2 der Gutachten. Finden sich Hinweise auf weitere relevante Dokumente, Befundberichte, Epikrisen etc., die solche Auskünfte mit einiger Wahrscheinlichkeit enthalten könnten, sollte darauf konkret verwiesen und die Pflegekasse aufgefordert werden, zu veranlassen, dass diese Unterlagen durch den MDK entsprechend den BRi zu würdigen sind. Dies kann beispielsweise dann der Fall sein, wenn festzustellen ist, seit welchem Zeitpunkt die Voraussetzungen zur Anerkennung von Pflegebedürftigkeit oder eines veränderten Umfangs vorliegen oder – in gerichtlichen Verfahren – eine entsprechende Fragestellung Inhalt der Beweisanordnung ist. Wenn die Zeit der Prüfung dann über mehrere Jahre in die Vergangenheit zurückreicht, aus dieser Zeit aber keine ärztlichen Befundberichte vorliegen, vielleicht aber ein Hinweis auf einen Krankenhausaufenthalt, Entlassungsbericht oder dergleichen, sollte einvernehmlich vereinbart werden, auf welchem Weg diese Unterlagen angemessen Berücksichtigung finden können. Bei gerichtlichen Verfahren erkennt das Gericht in aller Regel eine Anforderung weiterer Unterlagen als seine Aufgabe an. Gleiches gilt bei evtl. Vorgutachten von Medizinischen Diensten, die möglicherweise vor dem streitgegenständlichen Zeitraum beauftragt worden sind. Die gesetzliche Aufbewahrungsfrist für Gutachten zur Feststellung von Pflegebedürftigkeit beträgt für die MDK fünf Jahre.

**• Freiheitsentziehende Maßnahmen**

Die BRi erwähnen auch im Abschnitt D2.2 die ausdrückliche Notwendigkeit der gesonderten Dokumentation von freiheitsentziehenden Maßnahmen (z. B. durch Fixierung, Sedierung), wenn sich dafür entsprechende Hinweise ergeben. Vor allem aus stationären Pflegeeinrichtungen ist die Anwendung freiheitsentziehender Maßnahmen bekannt (vgl. z. B. Dritter Bericht des MDS nach § 114a Abs. 6 SGB XI, MDS 2012). Hier ist jedoch nicht die Rechtmäßigkeit bzw. Legalität oder die sonstigen Umstände solcher Maßnahmen zu bewerten; gleichzeitig soll damit nicht gesagt werden, dass Maßnahmen dieser Art ausschließlich in stationären Pflegeeinrichtungen vorzufinden sind. Es kommt hier und in diesem Zusammenhang allein auf die Dokumentation entsprechend vorgefundener Hinweise (!) an. Zu den Voraussetzungen einer legitimen Anwendung freiheitsentziehender Maßnahmen, die im Rahmen von Qualitätsprüfungen nach den §§ 114 ff. SGB XI zu überprüfen sind, siehe beispielsweise »Grundlagen der MDK-Qualitätsprüfungen in der stationären Pflege«, Abschnitt 18.2 und 18.3, bezüglich des fachgerechten Umgangs mit freiheitsentziehenden Maßnahmen im ambulanten Bereich siehe Abschnitt 15.7, MDS 2009.

> ❯ Besonders zu beachten gilt auch hier: Solche Umstände müssen nicht lückenhaft belegt oder gar bewiesen werden; Hinweise, also Anhaltspunkte, die entsprechende Vermutungen begründen, sind für eine Dokumentation im Formulargutachten ausreichende Grundlage.

### 5.2.3 Anamnese (Formulargutachten Punkt 2.3)

Nach Abschnitt D2.3 der BRi sind unter diesem Punkt im Formulargutachten die wesentlichen und die aktuellen Probleme der Selbstversorgung, Beginn und Verlauf der Erkrankungen/Behinderungen, die als Ursache für den jeweils vorliegenden Hilfebedarf identifiziert werden, überblickartig darzustellen. Dabei legen die BRi eine Hierarchie bezüglich der Reihenfolge der Dokumentation in der Weise fest, dass diejenigen Erkrankungen/Behinderungen, die in einem kausalen Zusammenhang zum Hilfebedarf stehen und diesen primär begründen, zuerst aufzuführen sind. Infolgedes-

sen sollen danach Erkrankungen/Behinderungen, die sich weniger auf den Hilfebedarf auswirken, aufgezählt werden. Die BRi bestimmen in diesem Zusammenhang ausdrücklich, dass sich die Dokumentation nicht in einer Auflistung von Diagnosen erschöpfen kann. Diese Regelung folgt insofern der Logik des SGB XI, als dass das Vorliegen von Erkrankungen/Behinderungen allein noch nichts über das damit jeweils verbundene Ausmaß an Pflegebedürftigkeit aussagt. Für den anzuerkennenden Leistungsumfang der Pflegeversicherung ist jedoch allein entscheidend, welcher Hilfebedarf bei den gesetzlich definierten Verrichtungen aus den vorliegenden Erkrankungen/Behinderungen resultiert.

- **Pflegediagnosen**

Eine sehr genaue Analyse der Angaben dieses Punktes des Formulargutachtens ist deswegen von Bedeutung, weil sich hier und in der Zusammenschau mit den Angaben im Punkt 3.3 häufig auch erkennen lässt, inwieweit die Gutachter der Medizinischen Dienste ihre Angaben auf Plausibilität geprüft haben, wozu – wie bereits erwähnt – Abschnitt D02, aber auch D4.0/IV/b der BRi ausdrücklich auffordert.

Das heißt, die im Punkt 2.3 des Formulargutachtens zuerst aufgeführten Erkrankungen/Behinderungen müssen danach im Punkt 3.3 wiederzufinden sein und nach ICD-10 in der Reihenfolge verschlüsselt werden, wie sie im Punkt 2.3 als pflegerelevante Erkrankungen/Behinderungen aufgeführt wurden. Vorliegende Erkrankungen, die sich nicht vordergründig auf den Hilfebedarf auswirken, in der Gesamtbeurteilung des zu Begutachtenden dennoch aber von Bedeutung sind, sollen – insbesondere im Hinblick auf vorhandene Rehabilitationsmöglichkeiten – dann in einer zweiten Hierarchieebene dargestellt werden (◻ Abb. 5.5).

- **Leistungen der medizinischen Rehabilitation**

Damit ist gleichzeitig der zweite Teil der im Punkt 2.3 des Formulargutachtens zu bearbeitenden Thematik benannt. Hier sollen einerseits evtl. in Anspruch genommene Leistungen der medizinischen Rehabilitation innerhalb der letzten vier Jahre vor Antragstellung auf Leistungen der Pflegeversicherung ihrer Art nach angegeben werden. Dabei

**2.3 Pflegerelevante Vorgeschichte (Anamnese)**

.............................................................................................................................

.............................................................................................................................

.............................................................................................................................

Leistungen der medizinischen Rehabilitation
im letzten Jahr vor der Begutachtung                                                ☐ Ja  ☐ Nein
mehr als 1 Jahr, aber weniger als 4 Jahre vor der Begutachtung                      ☐ Ja  ☐ Nein

Form:                                           ☐ ambulant  ☐ mobil  ☐ stationär
Art: ☐ geriatrische Rehabilitation inklusive geriatrische frührehabilitative Komplexbehandlung im
         Krankenhaus
       ☐ Indikationsspezifisch (z.B. neurologische, orthopädische, kardiologische Rehabilitation)

.............................................................................................................................

.............................................................................................................................

.............................................................................................................................

**◘ Abb. 5.5**    Ausschnitt aus dem Formulargutachten – Punkt 2.3. (Adaptiert nach GKV-Spitzenverband Bund der Krankenkassen 2013)

sind die Leistungen der medizinischen Rehabilitation, die im letzten Jahr vor der Begutachtung in Anspruch genommen worden sind, gesondert auszuweisen und der subjektiv erlebte Erfolg dieser Leistungen soll dokumentiert werden. Bei den Darstellungen der pflegerelevanten Vorgeschichte sind vorhandene längerfristige Aufzeichnungen zum Pflegeverlauf zu berücksichtigen; die BRi nennen beispielhaft Pflegedokumentationen, Anfallskalender, Entwicklungsberichte.

An dieser Stelle besteht die spannende und zu klärende Frage darin, welche Informationen den genannten Unterlagen durch die MDK-Gutachter entnommen worden sind und welche hätten entnommen werden können. Dabei kann es von Bedeutung sein, dies im Rahmen einer kritischen Würdigung der von den Pflegekassen beauftragten Gutachten den eigenen Erkenntnissen gegenüberzustellen. Dies wiederum setzt voraus, dass Einsicht in die genannten Unterlagen genommen werden kann, was in aller Regel möglich ist, wenn der Pflegebedürftige einer Einsichtnahme zustimmt. Dies kann beispielsweise dann der Fall sein, wenn davon auszugehen ist, dass bereits eine längere Pflegeverlaufsgeschichte vorliegt, die durch professionelle

Pflege (ambulant und/oder stationär) begleitet wurde und für Pflegedienste/stationäre Pflegeeinrichtungen die Verpflichtung bestand, eine personenbezogene Pflegedokumentation zu führen.

● **Berücksichtigung längerfristiger
    Aufzeichnungen**

Bei der Einsichtnahme in längerfristiger Aufzeichnungen sollten diese auch qualitativ gewürdigt werden, da es sich gerade bei längeren Pflegeverläufen um sehr komplexe pflegefachliche Aspekte handeln kann, die von anderen Verfahrensbeteiligten nicht oder nicht hinreichend wahrgenommen werden (können). Hier aber gehört es zu den Aufgaben einer pflegefachlichen Begleitung, inhaltliche Widersprüche, Differenzen und/oder sonstige Unzulänglichkeiten, die sich aus solchen Aufzeichnungen und den Bewertungen der Gutachter der Medizinischen Dienste ergeben, zu benennen. Dies umso mehr, da die Formulierung der BRi im Abschnitt D2.3, »längerfristige Aufzeichnungen (…) sind zu berücksichtigen« letztlich offen lässt, in welcher Weise und in welcher Tiefe eine Berücksichtigung stattfinden soll. Im Zweifel ist die nur wenig konkrete Formulierung der »Berücksichtigung« auf die durch die BRi genannten Kriterien der Dokumentation zu beziehen, also auf die Aspekte, die durch den Gutachter zu dokumentieren sind (Selbstpflegedefizite, Beginn und Verlauf der Erkrankungen, die ursächlich für den Hilfebedarf sind, Vorerkrankungen etc.).

Ferner weisen die BRi explizit darauf hin, dass es bei Begutachtungen nach Änderungsanträgen, Wiederholungs- und/oder Widerspruchsbegutachtungen nicht ausreichend ist, auf Vorgutachten der MDK zu verweisen. Auf der Grundlage einer zusammenfassenden Darstellung der Vorgeschichte und einer ausführlichen Zwischenanamnese ist durch die MDK darzulegen, wodurch sich Veränderungen des Hilfebedarfs begründen. Darüber hinaus ist bei zu begutachtenden Personen in stationären Pflegeeinrichtungen anzugeben, ob sie an aktivierenden/rehabilitativen Maßnahmen, die durch die Pflegeeinrichtungen angeboten werden, teilgenommen haben.

Die nachfolgenden Dokumentationsbeispiele aus Gutachten der MDK der Jahre 2010–2013 stammen aus Begutachtungen in stationären Langzeitpflegeeinrichtungen:

**Dokumentationsbeispiele zum Punkt 2.3 – Anamnese**
- »Laut Vorgutachten sind bipolare Persönlichkeitsstörungen mit depressiver Komponente und wechselnder Tagesform/Befindlichkeit sowie Senilität bekannt. Nach Ablehnung einer Pflegestufe wurde Widerspruch eingelegt. Nach Angaben habe die Versicherte körperlich abgebaut. Dennoch benötige sie nur Teilhilfen beim Waschen und Kleiden. Ein zwischenzeitlicher Krankenhausaufenthalt wurde negiert.«
- »Bekannt sind folgende Erkrankungen: [Auflistung von sechs Diagnosen] Nach Tod der Ehefrau sei es zu körperlichem und geistigem Abbau gekommen. Er müsse zur Aufnahme motiviert werden. Beim Waschen und Kleiden sei Hilfe notwendig.«
- »Die Vers. erhält Leistungen der Pflegestufe II seit 02/99 aufgrund völliger Desorientiertheit, Inkontinenz, Einschränkung der Mobilität bei fortgeschrittener demenzieller Erkrankung. Antrag auf Erhöhung der Pflegestufe wurde gestellt. Laut Aussage der anwesenden Pflege-

fachkraft habe sich der Allgemeinzustand der/des Vers. deutlich verschlechtert und somit der grundpflegerische Hilfebedarf erhöht.«

**▪ Praxiserfahrungen**
Die hier bewusst aus dem stationären Bereich gewählten und gekürzt wiedergegebenen Beispiele entsprechen an nahezu keiner Stelle den Anforderungen der BRi (die hier nicht wiedergegebenen Angaben haben Verfahrensfragen [Art des Gutachtens, Empfehlung der Pflegestufe des Vorgutachtens etc.] zum Inhalt). In keinem der vorliegenden Gutachten findet sich ein Hinweis auf die Teilnahme an aktivierenden/rehabilitativen Maßnahmen/Angeboten der Pflegeeinrichtungen, die von diesen konzeptionell und tatsächlich jedoch vorgehalten wurden.

Ferner fehlen jedwede Darstellungen vorliegender Selbstpflegedefizite und die überblicksartige Darstellung von Beginn und Verlauf der Erkrankungen/Behinderungen, die den Hilfebedarf begründen. Vorsorglich sei erwähnt, dass dies auch nicht damit gerechtfertigt werden kann, dass es sich um Begutachtungen aus stationären Pflegesettings handelt, bei denen die durch die Pflegeeinrichtungen vorgehaltenen Pflegedokumentationen entsprechende Auskünfte geben. Die BRi differenzieren zwischen ambulanten und stationären Begutachtungen an dieser Stelle nicht, sodass hier für die MDK die gleichen Dokumentationspflichten bestehen.

## 5.3 Gutachterlicher Befund (Formulargutachten Punkt 3)

Mit dem Punkt 3 des Formulargutachtens beginnt die Darstellung der Ergebnisse der körperlichen Befunderhebung im Rahmen der Begutachtung.

### 5.3.1 Allgemeinzustand (Formulargutachten Punkt 3.1)

Nach Abschnitt D3.1 der BRi sollen hier »offensichtliche Elementarbefunde wiedergegeben werden, die durch einfache Untersuchung und Inaugenscheinnahme (…) ohne apparativen Aufwand«

---

3 Gutachterlicher Befund

3.1 Allgemeinzustand/Befund

(Ernährungs-, Kräfte- und Pflegezustand)

........................................................................................................................

........................................................................................................................

........................................................................................................................

---

■ **Abb. 5.6**    Ausschnitt aus dem Formulargutachten – Punkt 3.1. (Adaptiert nach GKV-Spitzenverband Bund der Kranken-kassen 2013)

erhoben werden können. Ziel ist es, ein nachvoll-ziehbares Bild des zu Begutachtenden und seines pflegerischen Zustandes zu beschreiben. Ferner soll dokumentiert werden, wie der zu begutach-tende Antragsteller beim Hausbesuch durch den Gutachter des MDK angetroffen wurde und in wel-cher Weise Interaktionen möglich gewesen sind. Werden durch den Gutachter freiheitsentziehende Maßnahmen festgestellt, sollen diese im Punkt 3.1 des Formulargutachtens dokumentiert und weite-re, unübersehbare Symptome aufgenommen wer-den (■ Abb. 5.6).

■ **Überprüfung der Angaben in den Gutachten**

Wenn die nach den BRi zu erhebenden Angaben für sich genommen auch fachlich logisch erschei-nen, ist in den entsprechenden Regelungen der BRi dennoch eine gewisse Widersprüchlichkeit erkennbar. Wird einerseits festgelegt, dass die Be-funderhebung an dieser Stelle »mit den fünf Sin-nen« erfolgen soll und ohne apparativen Aufwand, sind andererseits Angaben zu erheben, die ohne Apparatur gesichert nicht festzustellen sind, wie beispielsweise Körpergewicht, Größe, Kräftezu-stand usw. Dies stellt die Gutachter der Medizini-schen Dienste zweifelsohne vor Dilemmata, denen nur schwerlich zu entkommen ist. So könnte eine Variante darin bestehen, anzugeben, auf welche Weise die jeweiligen Angaben ermittelt wurden; in Betracht kommen: Schätzung oder – bei Vorliegen anderer Dokumentationsunterlagen – die Über-nahme solcher Angaben.

❯ In jedem Fall ist es bedeutsam, die Anga-ben in den Gutachten zu überprüfen, weil es z. B. für die Bemessung des zeitlichen Pflegeaufwandes von entscheidender Be-deutung sein kann, ob das Körpergewicht mehr als 80 kg beträgt, um dies ggf. als einen die Pflege erschwerenden Faktor nach Abschnitt F der BRi geltend machen zu können.

Die nachfolgenden Dokumentationsbeispiele ver-deutlichen die erwähnten Schwierigkeiten bezüg-lich pflegefachlich relevanter Informationen in die-sem Gutachtenteil:

**Dokumentationsbeispiele zum Punkt 3.1 – All-gemeinzustand/Befund**

–  »Versicherte im Sessel sitzend angetroffen, vollständig bekleidet. Allgemeinzustand mä-ßig, Pflegezustand gut, Ernährungszustand adipös. Kommunikation eingeschränkt mög-lich durch Schwerhörigkeit.«

–  »Versicherter im Wohnzimmer stehend. Freundlich, zugewandt. Allgemeinzustand gut, Kräftezustand mäßig. Kommunikation mög-lich, Vers. ist ausreichend orientiert und aus-kunftsfähig, mnestische Defizite jedoch auffäl-lig, keine Gewichtsveränderung seit …«

–  »Versicherter 82 Jahre alt«

–  »Vers. 46 Jahre alt, Kommunikation möglich, ausreichende Deutschkenntnisse vorhanden (Vers. arbeitete als Dolmetscher).«

- **Praxiserfahrungen**

Wie die Dokumentationsbeispiele zeigen, führen die Vorgaben der BRi teilweise zu diffusen Angaben in den Formulargutachten, die dadurch eine pflegefachliche Bedeutung erhalten, die sich gegen Null bewegt bzw. in einer Weise unspezifisch bleiben, die verlässliche Rückschlüsse auf die jeweils tatsächlich vorliegende Pflegesituation kaum zulassen.

Zur Überprüfung der Angaben, ihrer Aktualisierung oder ggf. notwendiger Korrekturen, stehen – wie sich im Einzelnen noch zeigen wird – unterschiedliche Möglichkeiten zur Verfügung. Entscheidend bleibt, dass diese Angaben geprüft, aktualisiert und – wo notwendig – korrigiert werden müssen. Dieser Teil gehört zur Substanz eines begründeten Widerspruchs, wenn dargelegt werden kann, dass die im Gutachten enthaltenen Angaben nicht den Tatsachen entsprechen können. Werden in diesem Zusammenhang eigene Untersuchungsergebnisse den Angaben der MDK-Gutachten gegenübergestellt, müssen diese glaubhaft und nachvollziehbar dargestellt werden. Dazu gehört eine Beschreibung, auf welche Weise eigene Ergebnisse zustande gekommen sind (z. B. Ermittlung des Körpergewichts mittels geeichter Personenwaage oder konkrete Angaben zum Kräftezustand durch Ergebnisse einer Handkraftmessung etc.).

- **Veränderungen des Pflegebedarfs berücksichtigen**

Bei dem bewertenden Vergleich der im Formulargutachten vorgefundenen Angaben mit den selbst erhobenen Befunden ist allerdings zu bedenken (und schließlich in die Bewertung einzubeziehen), dass die Angaben im Formulargutachten bereits einem gewissen »Alter« unterliegen können. Dies sollte insbesondere berücksichtigt werden, wenn zwischen der Datenerhebung durch die MDK im Rahmen der Feststellung von Pflegebedürftigkeit und einer ggf. gerichtlichen Überprüfung durch einen ernannten Pflegesachverständigen im Rahmen der Beweiserhebung – in Abhängigkeit der jeweiligen gerichtlichen Instanz und der Verfahrenserledigung – durchschnittlich zwischen 12 und 20 Monate vergehen können. Erkrankungsbedingte Veränderungen des Pflegezustands sind deswegen

nichts Ungewöhnliches; es zeichnet die Expertise der Pflegefachkräfte aus, veränderte selbst erhobene Befunde zu begründen und die Ursachen verständlich zu erläutern (krankheitsbedingt, Qualität der Basisdaten in den Formulargutachten usw.), da solche Hinweise durch keinen anderen Verfahrensbeteiligten gegeben werden können.

## 5.3.2 Beschreibung von Schädigungen/ Beeinträchtigungen der Aktivitäten (Formulargutachten Punkt 3.2)

- **Begriffsdefinitionen: Schädigung, Krankheit, Leiden**

Mit Abschnitt D3.2 definieren die BRi, was im Rahmen des Verfahrens zur Feststellung von Pflegebedürftigkeit unter Schädigungen, Beeinträchtigungen und Ressourcen zu verstehen ist. Die Gutachter der MDK sind in ihren Bewertungen, ob Schädigungen und/oder Beeinträchtigungen vorliegen, sowie bei ihrer Beurteilung, ob Ressourcen im Einzelfall vorhanden sind, an die von den BRi vorgegebenen Definitionen der einzelnen Begriffe gebunden. Ob Beeinträchtigungen vorliegen und Ressourcen vorhanden sind, wird danach aus der Begriffsdefinition der Schädigung abgeleitet. Diese orientiert sich eng an dem Begriffsverständnis des Krankheits-/Behinderungsbegriffs des § 14 Abs. 2 SGB XI. Problematisch erscheint dabei, dass von »Anomalien« und »Normalabweichungen« gesprochen wird, weil die als solche bezeichneten gesundheitlichen Normen wiederum nicht näher beschrieben werden. Das heißt, es wird eine Norm ohne Basis konstruiert bzw. eine Basis vorausgesetzt, dessen Norm nicht beschrieben ist. Mag man dies z. B. im Zusammenhang mit Verlusten oder Fehlbildungen von Gliedmaßen noch als wenig kompliziert empfinden, so dürfte sich dies in der Beurteilung psychischer »Normalabweichungen« wesentlich komplizierter gestalten. Zwar beschreiben die BRi im weiteren Verlauf auch psychische Störungen (Abschnitte D4.0/III/8/a ff.). Diese können jedoch zum einen nicht als eine abschließende Beschreibung möglicher psychischer Störungen, die zu einem pflegerelevanten Hilfebedarf führen können, verstanden werden. Zum anderen wird

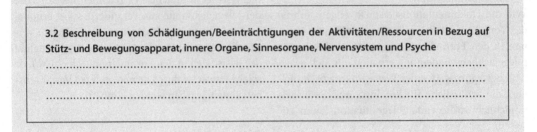

**3.2** Beschreibung von Schädigungen/Beeinträchtigungen der Aktivitäten/Ressourcen in Bezug auf Stütz- und Bewegungsapparat, innere Organe, Sinnesorgane, Nervensystem und Psyche

....................................................................................................................................

....................................................................................................................................

....................................................................................................................................

■ **Abb. 5.7**   Ausschnitt aus dem Formulargutachten – Punkt 3.2. (Adaptiert nach GKV-Spitzenverband Bund der Krankenkassen 2013)

unbestritten bleiben können, dass es immer auch Mischformen psychischer Gesundheitsstörungen gibt, die Merkmale sowohl der einen wie auch anderer Erkrankungen aufweisen können.

Zudem wird ebenso unbestritten sein – wie die BRi auch selbst ausführen – dass sich die Beeinträchtigungen der Aktivitäten immer auf den Menschen in seiner Ganzheit auswirken. Will man dies konsequent ernst nehmen, worum es in jedem Fall gehen sollte, wird das Thema »Leid« bzw. »Leiden« präsent. Diesen Terminus kennt die BRi aber nicht (auf die Unzulänglichkeiten des ausschließlich verrichtungsbezogen definierten Pflegebedürftigkeitsbegriffs wird in ▶ Kap. 12 noch näher einzugehen sein). Die Erfahrung abhängiger Hilfebedürftigkeit wird sich niemals nur auf eine Kompensation verloren gegangener Fähigkeiten beschränken, sondern hat immer auch eine psychische (und damit verbunden gleichfalls eine spirituelle) Dimension. Die Frage, inwieweit Erkrankungen mit auf Dauer abhängiger Pflegebedürftigkeit immer auch zu psychischen Gesundheitsstörungen führen (zu denken wäre z. B. an Depressionen), kann hier nicht abschließend beantwortet, sollte aber als Möglichkeit nicht ausgeschlossen und im Einzelfall geprüft werden.

Gerichtliche Beweisanordnungen beinhalten teilweise entsprechende Fragestellungen, etwa dergestalt, dass durch den Pflegesachverständigen zu beantworten ist, unter welchen Erkrankungen der Kläger leidet. Um dies sachgerecht beantworten zu können, bedarf es einer Klärung des Begriffs des Leidens und der Bedeutung der Auswirkungen des Leidens im konkreten Einzelfall. Leiden wird nach

Cassell verstanden als ein Zustand von Distress, der immer dann eintritt, wenn die Unversehrtheit oder Integrität einer Person bedroht oder beeinträchtigt ist (zitiert nach Barnet u. Taylor 2011).

Hinzu kommt, dass die BRi selbst keine entsprechenden Instrumentarien beinhalten, mit Hilfe derer psychische Gesundheitsstörungen für Pflegefachkräfte feststellbar wären.

■ **Funktionsprüfungen**

Ungeachtet dessen sollen im Rahmen der Feststellung von Pflegebedürftigkeit die festgestellten Schädigungen in den einzelnen Organsystemen »prägnant nach Art, Lokalisation und Ausprägung« (BRi Abschnitt D3.2) dokumentiert werden. Die BRi verlangen die Beschreibung der Beeinträchtigungen der Aktivitäten auf der Grundlage von Funktionsprüfungen unter Verwendung der den zu Begutachtenden zur Verfügung stehenden Hilfsmittel (■ Abb. 5.7). Darüber hinaus besteht bei ambulanter Begutachtung die Aufforderung an die Gutachter, gemeinsam mit dem Antragsteller alle Räume aufzusuchen, in denen regelmäßig grundpflegerische Verrichtungen stattfinden. Dabei sollen gleichzeitig vorhandene Ressourcen erfasst und ebenfalls dokumentiert werden. Besondere Regelungen gelten für Wiederholungsbegutachtungen. Hier sollen die erhobenen Befunde die Beurteilung des Erfolgs pflegerischer und/oder rehabilitativer Maßnahmen gestatten. Sollten sich aus diesen Beurteilungen andere Empfehlungen bezüglich der Pflegestufe ergeben, gelten die Befunde gleichzeitig als Beleg für die empfohlene Veränderung der Leistungsart.

- **Beschreibung der Schädigungen und Beeinträchtigungen**

Generell sind nach den Bestimmungen der BRi alle pflegerelevanten Schädigungen zu beschreiben, die Auswirkungen auf die einzelnen Organsysteme haben, unabhängig von ihrer Ursache. Die sich aus den Schädigungen ergebenden Beeinträchtigungen der Aktivitäten und Ressourcen müssen – hinsichtlich ihrer Auswirkungen auf die im Gesetz definierten Verrichtungen des täglichen Lebens – durch exakte Befunderhebung dargestellt werden. Die BRi definieren im Einzelnen, auf welche Bereiche sich die Beschreibung der Beeinträchtigungen zu erstrecken haben. Als problematisch erweisen sich dabei die Regelungen, nach deren Anleitung die Beeinträchtigungen der Aktivitäten und die Ressourcen im Einzelnen abzubilden sind. So sollen Funktionsprüfungen, z. B. von Gelenken, anhand von Bewegungsübungen erfolgen. Beispielhaft dafür werden u. a. »Nacken- und Schürzengriff sowie Pinzettengriff« genannt.

Wird aber berücksichtigt, dass diese und vergleichbare Bewegungsübungen keine in der Pflegewissenschaft anerkannten Assessments sind, stellt sich die Frage nach dem pflegerelevanten Aussagegehalt der auf diese Weise gewonnenen Ergebnisse.

> **Oder anders gesagt: Die Ergebnisse solcher oder vergleichbarer Bewegungsübungen lassen keine validen Schlussfolgerungen auf tatsächlich vorhandene Ressourcen zu.**

Wenn – wie in den meisten Gutachten der MDK – Informationen zu lesen sind wie etwa »Schürzengriff beidseits durchführbar, Nackengriff durchführbar« kann daraus begründet nicht geschlussfolgert werden, dass damit alle Voraussetzungen zur eigenständigen Durchführung der Körperpflege, zumindest einer Teilkörperwäsche gegeben sind oder beispielsweise Hilfe beim An-/Entkleiden nicht erforderlich wäre.

- ■ **Hinweis für die Praxis**

Ähnlich verhält es sich mit ebenfalls häufig anzutreffenden Formulierungen wie »Pinzettengriff beidseits möglich. Kann Tasse/Glas halten, selbständig Gabel zum Mund führen«. So formulierten Ressourcenbeschreibungen lässt sich sehr leicht begegnen, wenn in diesen Zusammenhängen etwa darauf verwiesen wird, dass aus solchen oder ähnlichen Angaben keine Rückschlüsse auf einen nicht anerkennungsfähigen Hilfebedarf beispielsweise bei der mundgerechten Vorbereitung der Nahrung, bei der Nahrungsaufnahme selbst oder auch beim Umgang mit Verschlüssen gezogen werden können. Die Aussage eines durchführbaren »Pinzettengriffs« ist zu unspezifisch, als dass sich daraus ableiten ließe, dass beispielsweise Knöpfe, Reißverschlüsse o. Ä. an Kleidungsstücken eigenständig verschlossen/geöffnet werden können oder keine Hilfe bei der Einnahme von Medikamenten benötigt wird (z. B. beim Herauslösen von Tabletten aus den Verpackungen) und ein Hilfebedarf deswegen nicht anerkannt werden kann.

- **Eigene Erhebungen**

Neben der Würdigung der Ergebnisse der MDK-Begutachtungen sollten Ergebnisse eigener Untersuchungen, die sich auf gesicherte und anerkannte Verfahren gründen, Bestandteil der Begründung eines ggf. einzulegenden Widerspruchs/einer Klage sein. Dabei sollte insbesondere darauf eingegangen werden, weshalb die durch die MDK dokumentierten Ergebnisse keine geeignete Grundlage dafür bilden, Pflegebedürftigkeit ggf. nicht anzuerkennen bzw. warum die Darstellungen innerhalb der Gutachten nicht geeignet sind, die vorgenommene Pflegestufenempfehlung bzw. die Ablehnung der Anerkennung von Pflegebedürftigkeit zu begründen.

> **Beispielgebend sei für die Funktionsprüfung von Gelenken die Neutral-0-Methode genannt oder für die Überprüfung des Kräftezustands etwa die Messung der Handkraft. Diese und weitere anerkannte Verfahren ermöglichen die Beschreibung von vorhandenen Funktionseinschränkungen und einen Vergleich vor dem Hintergrund einer wissenschaftlich gesicherten Basis. Damit wird die konkrete, nachvollziehbare und verifizierbare Benennung von Bewegungs- bzw. Krafteinschränkungen möglich.**

Anders formuliert ließe sich sagen, dass die mit den Gutachten auf der Basis der BRi vermeintlich vermittelte Evidenz bezüglich festgestellter Pflegebedürftigkeit im pflegefachlichen Sinne irrelevant ist, da die auf diese Weise gewonnenen Ergebnisse jedenfalls teilweise nicht auf pflegewissenschaftlich gesicherten Erkenntnissen basieren.

Dies scheint zumindest für einzelne MDK auch von nur nachrangiger Bedeutung zu sein, da ihrer Auffassung nach »Gutachten (…) eigentlich nur zur Rechtfertigung einer Sozialleistung faktisch Bestand haben [müssen]« (Gutachten des MDK Sachsen e.V. 2011). Aus solchen und ähnlichen Äußerungen einzelner Medizinischer Dienste wird deutlich erkennbar, worum es nach diesen Auffassungen im Verfahren zur Feststellung von Pflegebedürftigkeit eigentlich zu gehen scheint: Nicht der pflegebedürftige Mensch ist Mittelpunkt des Verfahrens, sondern das Verfahren zur Feststellung von Pflegebedürftigkeit selbst. Überspitzt – aber deswegen nicht weniger zutreffend – ließe sich, wenn sich solche Auffassungen durchsetzen, wäre zu schlussfolgern: Die Begutachtungen dienen der Selbsterhaltung der Medizinischen Dienste.

■ **Pflegefachliche Bewertung**

Auf der pflegepraktischen Ebene lässt sich das in der Weise nachvollziehen, als dass es beispielsweise in diesem Zusammenhang die Frage zu beantworten gilt, ob es legitim und fachlich korrekt ist, wenn aus der Tatsache, dass die Fähigkeit besteht, die Hände in den Nacken zu legen oder hinter dem Rücken zusammenführen zu können (»Nackengriff« »Schürzengriff«), die Schlussfolgerung gezogen wird, dass ein Hilfebedarf z. B. bei der Körperpflege (Kämmen, Rasieren, Waschen des Unterkörpers) oder dem An- und Entkleiden deswegen nicht besteht. Hier gilt es im Widerspruchsverfahren darzulegen, warum eine solche Schlussfolgerung im jeweils vorliegenden Einzelfall fachlich nicht korrekt ist und damit nicht dem Stand des Wissens entspricht.

Im gerichtlich erhobenen Beweisverfahren ist es Aufgabe des Pflegesachverständigen, diese den Verfahrensbeteiligten nicht immer gegenwärtigen Zusammenhänge verständlich darzustellen. Die Ergebnisdarstellung der eigenen Untersuchung (die mit den Beweisanordnungen ohnehin angewiesen

wird) auf der Grundlage anerkannter Assessments macht das Sachverständigengutachten glaubwürdig, seine Ergebnisse nachvollziehbar, überzeugend und sichert die Ergebnisse auf einer wissenschaftlichen Grundlage.

❯ **Es sollte deutlich geworden sein, dass es an dieser Stelle der Würdigung der von den Pflegekassen bei den MDK in Auftrag gegebenen Gutachten zur Feststellung der Pflegebedürftigkeit nicht nur um eine Prüfung der Vollständigkeit und Schlüssigkeit der vorgefundenen Dokumentation, sondern gleichzeitig um eine pflegefachliche Bewertung der vorgelegten Ergebnisse gehen sollte. Dies ist insbesondere deswegen von Bedeutung, weil hier gleichzeitig die Basis für die zeitliche Bewertung des Hilfebedarfs innerhalb der Gutachten der MDK gelegt wird, anhand derer sich wiederum die Plausibilität des ermittelten zeitlichen Hilfebedarfs in den Punkten 4.1–4.4 der Formulargutachten prüfen lässt.**

Die folgenden Dokumentationsbeispiele sollen dies hinsichtlich der Befunderhebung im Punkt 3.2 verdeutlichen.

**Dokumentationsbeispiele zum Punkt 3.2 – Beschreibung von Schädigungen/Beeinträchtigungen in Bezug auf Stütz- und Bewegungsapparat, innere Organe, Sinnesorgane, Nervensystem und Psyche**

– »Allgemeine Kraftminderung. Bewegungsabläufe verlangsamt. Nackengriff beidseits durchführbar. Schürzengriff beidseits uneingeschränkt. Händedruck beidseits ausreichend.«
– »Aktive Hüftbeweglichkeit beidseits eingeschränkt. Aktive Kniebeweglichkeit beidseits eingeschränkt. Bewegungsabläufe verlangsamt. Rumpfbeugen eingeschränkt. Hände erreichen in sitzender Position mittlere Unterschenkel.«
– »Allgemeine Leistungsfähigkeit leicht beeinträchtigt. Treppensteigen nicht möglich.«
– »Inkomplette Harninkontinenz. Harn- und Stuhldrang wird signalisiert. Inkontinenzver-

**3.3 Pflegebegründende Diagnose(n)**

............................................................................ICD-10

............................................................................ICD-10

Weitere Diagnosen:

............................................................................................

............................................................................................

............................................................................................

**Abb. 5.8** Ausschnitt aus dem Formulargutachten – Punkt 3.3. (Adaptiert nach GKV-Spitzenverband Bund der Krankenkassen 2013)

sorgung tagsüber mit Einlagen. Toilettentraining wird durchgeführt.«

— »Gangbild verlangsamt, kleinschrittig, schwerfällig, mit nach vorn geneigter Oberschonhaltung.«

Praxiserfahrungen Die Beispiele sind Gutachten sowohl aus dem ambulanten wie auch dem stationären Bereich entnommen. Liest man die Beispiele vor dem Hintergrund der Normierungen der BRi im Abschnitt D3.2, »wonach Schädigungen in den einzelnen Organsystemen (…) prägnant nach Art, Lokalisation und Grad ihrer Ausprägung« zu dokumentieren sind, wird deutlich, was gemeint ist. Keines der Dokumentationsbeispiele erfüllt die Anforderungen der BRi. Mit einem entsprechend begründeten Widerspruch lässt sich also der Nachweis führen, dass die Bearbeitung des Formulargutachtens nicht richtlinienkonform erfolgt ist. Darüber hinaus ließe sich – bezogen auf das vierte Beispiel – ebenfalls einwenden, dass die Angaben nicht den tatsächlichen Umständen entsprechen können, weil das Training einer Toilette unmöglich ist bzw. offensichtlich sinnlos wäre.

### 5.3.3 Pflegebegründende Diagnosen (Formulargutachten Punkt 3.3)

Der Abschnitt D3.3 der BRi verpflichtet, mindestens eine Diagnose, die die Pflegebedürftigkeit des

zu Begutachtenden begründet, anzugeben und entsprechend der ICD-10 zu verschlüsseln. Bei der ICD-10-GM handelt es sich um die Internationale statistische Klassifikation der Krankheiten und verwandter Gesundheitsprobleme, 10. Revision, angepasst an die Anforderungen in Deutschland (International Classification of Disease, German Modification)

Unter Bezugnahme auf die oben zum Abschnitt D2.3 der BRi genannten Hinweise ist nochmals festzustellen, dass die identifizierten pflegebegründenden Diagnosen in der Reihenfolge ihrer Angaben einer Hierarchie in dem Sinne folgen sollen, dass die Erkrankungen mit den größten Auswirkungen auf den Hilfebedarf zuerst zu nennen und nach ICD-10 zu verschlüsseln sind. Das heißt, die in der Erhebung der Vorgeschichte (Punkt 2.3 des Formulargutachtens) ermittelten Erkrankungen müssen sich nach der Logik der BRi im Punkt 3.3 in der gleichen Reihenfolge wiederfinden und verschlüsselt werden, wie sie im Punkt 2.3 des Gutachtenformulars dargestellt wurden (Plausibilitätsprüfung) (Abb. 5.8).

### ICD-10-Kodierungen prüfen

Bezüglich der Pflegediagnosen sollte hier nicht nur die Überprüfung der Übereinstimmung der Angaben der Punkte 2.3 und 3.3 des Formulargutachtens erfolgen, sondern auch die angegebenen Kodierungen selbst, da sich bei genauerer Betrachtung die Angaben im Punkt 3.3 des Formulargutachtens als häufige Fehlerquelle erweisen. Mögliche und nicht selten auch anzutreffende Fehler bei den Kodierungen bestehen in unkorrekter und/oder unvollständiger Angabe der ICD-10-Schlüsselnummern sowie in der Nichtübereinstimmung festgestellter und benannter Fähigkeitsstörungen einerseits und identifizierter Schlüssel-Codes andererseits.

Die Grundlagen des Kodierens sind in der Broschüre »Basiswissen Kodieren. Eine kurze Einführung in die Anwendung von ICD-10-GM und OPS«, das vom Deutschen Institut für Medizinische Dokumentation und Information (DIMDI) herausgegeben wurde, zusammengefasst (DIMDI 2010).

### 5.3.4 Erheblich oder in erhöhtem Maße eingeschränkte Alltagskompetenz (Formulargutachten Punkt 3.4)

Mit diesem Teil des Formulargutachtens sollen evtl. bestehende Voraussetzungen für einen Leistungsbezug der Pflegeversicherung nach § 45a SGB XI und in der Folge davon nach den §§ 123 und 124 SGB XI geprüft werden. Die BRi geben vor, das Verfahren zur Feststellung von Personen mit erheblich eingeschränkter Alltagskompetenz immer dann durchzuführen, wenn demenzbedingte Fähigkeitsstörungen, geistige Behinderung oder psychische Erkrankungen vorliegen. Erkrankungen und ihre Auswirkungen, die in diesem Zusammenhang primär sein können, werden mit den Abschnitten D4.0/III/8/a–e der BRi konkretisiert. Liegt die Feststellung der Einschränkung der Alltagskompetenz auf Dauer bereits vor, ist durch den Medizinischen Dienst zu prüfen, ob die vorliegende Zuordnung zum Personenkreis mit erheblicher oder in erhöhtem Maße eingeschränkter Alltagskompetenz unverändert fortbesteht oder ob sich Veränderungen ergeben haben, die eine Überprüfung der Zuordnung rechtfertigen. In diesen Fällen – aber auch nur dann – ist eine erneute Bearbeitung von Screening und Assessment erforderlich.

**• Screening**

Grundlage dafür, ob das Screening und in Auswertung des Ergebnisses ggf. auch das Assessment zur bearbeiten ist, ist die Auswertung der im Punkt 3.2 des Formulargutachtens erhobenen Schädigungen/Beeinträchtigungen der Aktivitäten. Das heißt, anhand der im Punkt 3.2 dokumentierten Einschränkungen und ihrer Auswirkungen entscheiden die Gutachter der Medizinischen Dienste, ob eine Bearbeitung des Screenings erfolgt.

> **Definition**
>
> Unter einem Screening (Selektion) wird ein systematisches Testverfahren verstanden, um in einem definierten Prüfbereich bestimmte Eigenschaften zu identifizieren. Ein Screening ist somit ein auf bestimmte Kriterien ausgerichteter orientierender Siebtest, mit dem keine Diagnosen gestellt, sondern Risikofaktoren ermittelt werden, die meist individuelle Nachuntersuchungen/Nachbehandlungen erfordern.

Wird das Screening bearbeitet, ist in der Tabelle im Punkt 3.4 des Formulargutachtens anzugeben, welche der genannten Kriterien jeweils als auffällig beurteilt werden (◘ Abb. 5.9). Darüber hinaus ist die Frage zu beantworten, ob die festgestellte(n) Auffälligkeit(en) einen regelmäßigen und dauerhaften Betreuungs- und Beaufsichtigungsbedarf erfordern. Ist dies nicht der Fall, also wenn z. B. Auffälligkeiten zwar diagnostiziert wurden, ein dauerhafter Bedarf an Betreuung und/oder Beaufsichtigung daraus jedoch nicht resultiert, ist dieser Umstand in einer gesonderten Begründung darzulegen.

**• Assessment**

> **Definition**
>
> Unter Assessment versteht man in der Pflege die Einschätzung und Bewertung pflegerelevanter Umstände, um aus deren Ergebnissen die ggf. vorliegende Notwendigkeit weiterer Therapien ableiten zu können. Dabei handelt es sich um Verfahren, durch die gesundheitliche Zustände strukturiert anhand festgelegter Kriterien erhoben werden, um schließlich den Umfang des Hilfebedarfs beschreiben zu können.

---

**3.4 Screening und Assessment zur Feststellung von Personen mit erheblich eingeschränkter Alltagskompetenz**

Eingeschränkte Alltagskompetenz wurde bereits festgestellt ☐ Nein

☐ Ja, als: ☐ erhebliche Einschränkung ☐ Einschränkung in erhöhtem Maße

Besteht die Empfehlung der Zuordnung zur erheblichen oder in erhöhtem Maße eingeschränkten Alltagskompetenz <u>unverändert</u> weiter? ☐ Ja ☐ Nein

Liegt eine demenzbedingte Fähigkeitsstörung, geistige Behinderung oder psychische Erkrankung vor ☐ Ja ☐ Nein

| | unauffällig | auffällig |
|---|---|---|
| Orientierung | ☐ | ☐ |
| Antrieb/Beschäftigung | ☐ | ☐ |
| Stimmung | ☐ | ☐ |
| Gedächtnis | ☐ | ☐ |
| Tag-Nacht-Rhythmus | ☐ | ☐ |
| Wahrnehmung und Denken | ☐ | ☐ |
| Kommunikation/Sprache | ☐ | ☐ |
| Situatives Anpassen | ☐ | ☐ |
| Soziale Bereiche des Lebens wahrnehmen | ☐ | ☐ |

Resultiert aus mindestens einer der in der Tabelle festgestellten Auffälligkeit regelmäßig und auf Dauer ein Beaufsichtigungs- und Betreuungsbedarf ☐ Ja ☐ Nein

Wenn »Nein« Begründung:

..................................................................................................................................

..................................................................................................................................

..................................................................................................................................

---

**◻ Abb. 5.9** Ausschnitt aus dem Formulargutachten – Punkt 3.4 (Screening). (Adaptiert nach GKV-Spitzenverband Bund der Krankenkassen 2013)

Wurde innerhalb des Screenings mindestens eine Kategorie als auffällig bewertet, die eine dauerhafte Betreuung/Beaufsichtigung begründet, ist das Assessment zu bearbeiten. Damit soll festgestellt und bewertet werden, ob und in welchem Maße die Alltagskompetenz eingeschränkt ist (◻ Abb. 5.10).

Ein Assessment-Kriterium ist dann positiv, also als vorliegend, zu werten, wenn aufgrund der vorhandenen Störung regelmäßig Betreuungs- und handenen Störung regelmäßig Betreuungs- und Beaufsichtigungsbedarf für einen Zeitraum von mindestens sechs Monaten besteht. Dabei ist die Formulierung »regelmäßig« in der Weise definiert, dass grundsätzlich von einem täglichen Bedarf ausgegangen wird. Bei bestimmten Krankheitsbildern kann eine zeitweilige Beaufsichtigung ausreichend bzw. eine intensive Betreuung notwendig sein, um den Hilfebedarf als gegeben bewerten zu können. Bezugspunkt für eine entsprechende Bewertung ist

**Assessment**

|  | Für die Bewertung, ob die Einschränkung der Alltagskompetenz auf Dauer erheblich ist, sind folgende Schädigungen und Beeinträchtigungen der Aktivitäten maßgebend: | Ja | Nein |
|---|---|---|---|
| 1. | Unkontrolliertes Verlassen des Wohnbereichs (Weglauftendenz) | ☐ | ☐ |
| 2. | Verkennen oder Verursachen gefährdender Situationen | ☐ | ☐ |
| 3. | Unsachgemäßer Umgang mit gefährlichen Gegenständen oder potenziell gefährdenden Substanzen | ☐ | ☐ |
| 4. | Tätlich oder verbal aggressives Verhalten | ☐ | ☐ |
| 5. | Im situativen Kontext inadäquates Verhalten | ☐ | ☐ |
| 6. | Unfähigkeit, die eigenen körperlichen und seelischen Gefühle oder Bedürfnisse wahrzunehmen | ☐ | ☐ |
| 7. | Unfähigkeit zu einer erforderlichen Kooperation bei therapeutischen oder schützenden Maßnahmen als Folge einer therapieresistenten Depression oder Angststörung | ☐ | ☐ |
| 8. | Störung der höheren Hirnfunktionen (Beeinträchtigung des Gedächtnisses, herabgesetztes Urteilsvermögen), die zu Problemen bei der Bewältigung von sozialen Alltagsleistungen geführt haben | ☐ | ☐ |
| 9. | Störung des Tag-/Nacht-Rhythmus | ☐ | ☐ |
| 10. | Unfähigkeit, eigenständig den Tagesablauf zu planen und zu strukturieren | ☐ | ☐ |
| 11. | Verkennen von Alltagssituationen und inadäquates Reagieren in Alltagssituationen | ☐ | ☐ |
| 12. | Ausgeprägtes labiles oder unkontrolliert emotionales Verhalten | ☐ | ☐ |
| 13. | Zeitlich überwiegend Niedergeschlagenheit, Verzagtheit, Hilflosigkeit oder Hoffnungslosigkeit aufgrund einer therapieresistenten Depression | ☐ | ☐ |

Ergebnis:

Die Alltagskompetenz des Antragstellers im Sinne § 45a SGB XI ist

☐ nicht eingeschränkt      ☐ erheblich eingeschränkt      ☐ in erhöhtem Maße eingeschränkt

Seit wann?   ☐☐ ☐☐ ☐☐☐☐   (TTMMJJJJ)

▫ **Abb. 5.10**  Ausschnitt aus dem Formulargutachten – Punkt 3.4 (Assessment). (Adaptiert nach GKV-Spitzenverband Bund der Krankenkassen 2013)

nach den BRi die jeweilige Tagesform des zu Begutachtenden.

Die BRi geben mit dem Abschnitt E1 (Verfahren zur Feststellung von Personen mit erheblich eingeschränkter Alltagskompetenz und zur Bewertung des Hilfebedarfs) eine differenzierte Anleitung zur Bearbeitung des Assessments. Hierbei ist jedoch zu beachten, dass die genannten Beispiele auch als solche zu verstehen sind und keine abschließende Aufzählung darstellen.

- **Erheblich eingeschränkte Alltagskompetenz**

Grundlage für die Bewertung, ob und in welchem Umfang die Alltagskompetenz als eingeschränkt zu betrachten ist, bilden die mit § 45a Abs. 2 SGB XI genannten 13 Kriterien (◘ Abb. 5.10).

Es ist von einer im erheblichen Maße eingeschränkten Alltagskompetenz auszugehen, wenn im Assessment vom Gutachter mindestens zwei Items positiv (mit »Ja«) gewertet wurden, wobei mindestens eine dieser Wertungen auf die Kriterien der unter 1.–9. genannten Auffälligkeiten zutreffen muss.

- **In erhöhtem Maße eingeschränkte Alltagskompetenz**

Die Alltagskompetenz ist dann in erhöhtem Maße eingeschränkt, wenn die für die Anerkennung einer in erheblichen Maße eingeschränkten Alltagskompetenz erforderlichen Voraussetzungen vorliegen (zwei dokumentierte positive Wertungen, von denen mindestens eine aus den Bereichen 1–9 gewertet worden sein muss) und zusätzlich mindestens ein weiteres Item aus den Kategorien 1, 2, 3, 4, 5, 9 oder 11 als positiv angegeben wurde. Schließlich ist anzugeben, seit wann die Einschränkung der Alltagskompetenz in welchem Umfang vorliegt. Dabei ist – vor dem Hintergrund meist chronischer Krankheitsverläufe – eine begründende Einschätzung bezüglich des angegebenen Beginns der Erkrankung zu dokumentieren.

- **Prüfung des Leistungsanspruchs**

Die Feststellung vorliegend eingeschränkter Alltagskompetenz führt, wie oben bereits erwähnt, zu unterschiedlichen Leistungsansprüchen. Für Menschen, deren Alltagskompetenz als mindestens erheblich eingeschränkt beurteilt wurde, die nicht in einer vollstationären Pflegeeinrichtung leben, sind zusätzliche Betreuungsleistungen im § 45b SGB XI definiert. Weitere zusätzliche Leistungen sind seit dem Jahr 2013 mit der Einführung des Gesetzes zur Neuausrichtung der Pflegeversicherung (PNG) durch die §§ 123 und 124 in das SGB XI aufgenommen worden.

Für stationär versorgte pflegebedürftige Menschen ist ein entsprechender Rechtsanspruch auf zusätzliche Betreuungsleistungen in § 87b SGB XI begründet.

Die Überprüfung der Angaben des Punktes 3.4 des Formulargutachtens ist sowohl im ambulanten wie auch im stationären Setting von Bedeutung, weil eine gegenüber dem MDK abweichende Einschätzung des Vorliegens einer Einschränkung der Alltagskompetenz sich direkt auf den jeweils bestehenden Leistungsanspruch auswirken kann.

## 5.4 Berechnung des nicht täglich anfallenden Hilfebedarfs (Formulargutachten Punkt 4)

Mit den in den BRi nachfolgenden Abschnitten D4.1–D 4.4 werden die einzelnen nach § 14 Abs. 4 SGB XI anerkennungsfähigen Verrichtungen der Körperpflege, der Ernährung und der Mobilität (bezeichnet als »Grundpflege«) sowie der Hauswirtschaft in einer fortlaufenden Nummerierung beschrieben und definiert, teilweise auch kommentiert sowie um die Verrichtungen jeweils vor- bzw. nachbereitende Handlungsschritte in der praktischen Umsetzung ergänzt.

Im Formulargutachten gestalten sich die entsprechenden Punkte 4.1–4.4 als 4 Tabellen (Körperpflege, Ernährung, Mobilität und hauswirtschaftliche Verrichtungen), die jeweils die zu den Bereichen gehörenden Verrichtungen benennen. In den Tabellen ist anzugeben, ob für die einzelne Verrichtung Hilfebedarf besteht und wenn ja, in welcher Form. Darüber hinaus sind die tägliche/wöchentliche Häufigkeit der Hilfenotwendigkeit anzugeben und der zeitliche Aufwand in Minuten pro Tag.

Von besonderer Bedeutung ist an dieser Stelle, dass Hilfen für anerkennungsfähige Verrichtungen, die nicht täglich anfallen, ihrer wöchentlichen Häufigkeit nach anzugeben und zeitlich auf eine tägliche Erbringung umzurechnen sind. Das Beispiel in ◘ Tab. 5.1 soll die Berechnung des nicht täglich, aber wöchentlich mehrmals anfallenden Hilfebedarfs verdeutlichen.

### Beispiel: Berechnung eines täglichen anfallenden Hilfebedarfs

Für das Beispiel in ◘ Tab. 5.1 wurde wie folgt gerechnet: für das dreimal wöchentlich anfallende Duschen werden jeweils 18 Minuten Zeit aufgewendet.

| Hilfebedarf bei(m) | Nein | Form der Hilfe | | | | | Häufigkeit pro | | Zeitaufwand pro Tag (Min.) |
|---|---|---|---|---|---|---|---|---|---|
| | | U | TÜ | VÜ | B | A | Tag | Woche | |
| Waschen | | | | | | | | | |
| … | | | | | | | | | |
| Duschen | | | | × | | | 0,43× | 3× | 8 |

◻ **Tab. 5.1** Umrechnung eines wöchentlich mehrfach anfallenden Hilfebedarfs auf einen täglich zu berücksichtigenden Zeitwert

Diese 18 Minuten sind demnach mit 3 (Häufigkeit des Anfallens je Woche) zu multiplizieren (18 Minuten × 3 = 54 Minuten). Da diese aber eben nicht an jedem, sondern nur an drei Wochentagen anfallen, sind die 54 Minuten durch sieben (Anzahl der Wochentage) zu dividieren, demnach 54 Minuten : 7 = 7,71 Minuten, mithin ist ein täglicher Hilfebedarf für diese Verrichtung im Gutachten von acht Minuten auszuweisen. Die in ◻ Tab. 5.1 als tägliche Häufigkeit ausgewiesenen 0,43 ergeben sich aus der Division des wöchentlichen Anfalls (3-mal) durch die Anzahl der Wochentage (7), also 3 : 7 = 0,43.

**Fazit**

Mit diesem Kapitel wurden die mit dem Formulargutachten im Rahmen der Feststellung von Pflegebedürftigkeit nach den BRi zu erhebenden und zu dokumentierenden Inhalte dargestellt. Die erforderlichen Dokumentationsinhalte wurden mit aus der Praxis in Formulargutachten vorgefundenen Formulierungen verglichen und festgestellt, dass diese oftmals nicht den Vorgaben der BRi entsprechen. Daraus wurde die Schlussfolgerung abgeleitet, dass eine genaue Analyse der in den Formulargutachten enthaltenen Angaben ebenso wichtig ist wie ein Vergleich der mit den jeweils durch die BRi verlangten Inhalte. Dabei festzustellende Abweichungen, unspezifische, intransparente und nicht plausible Angaben bieten regelmäßig hinreichend Begründung, um den von den MDK dargestellten Pflegesituationen zu widersprechen bzw. auch – wo notwendig – Klage vor dem jeweils zuständigen Sozialgericht zu erheben.

Mit Hinweis auf den Abschnitt D02 der BRi, der die MDK auf eine Plausibilitätsprüfung der Angaben innerhalb der einzelnen Abschnitte des Formulargutachtens, aber auch zwischen den Abschnitten verpflichtet, wurde herausgestellt, dass das Herstellen von Zusammenhängen der einzelnen Angaben in allen Gutachtenteilen von mindestens ebenso großer Bedeutung ist. Exemplarisch wurde dies nachvollzogen an den Inhalten der Punkte 1.4 (Umfang der pflegerischen Versorgung und Betreuung) und 5.1 (Übereinstimmung des angegebenen Pflegeaufwands und des gutachterlich ermittelten Hilfebedarfs) des Formulargutachtens sowie 2.3 (Anamnese) und 3.3 (pflegebegründende Diagnosen).

Aufgrund der Feststellung, dass die durch die MDK erhobenen Angaben bezüglich des Allgemeinzustandes sowie vorliegender Schädigungen und Beeinträchtigungen oft sehr unspezifisch sind, wurde empfohlen, einzelne Erhebungen durch eigene Untersuchungen nachzuvollziehen. Hierbei empfehlen sich pflegewissenschaftlich anerkannte Assessments, weil diese – anders als die mit den BRi im Abschnitt D3.2 genannten Funktionsprüfungen – einer Verifizierung standhalten und daraus valide Schlussfolgerungen gezogen werden können.

Ferner wurde auf eine richtlinienkonforme Bearbeitung von Screening und Assessment zur Feststellung vorliegender eingeschränkter Alltagskompetenz im Punkt 3.4 des Gutachtenformulars eingegangen. Ausschlaggebend für die Bearbeitung dieser Gutachtenabschnitte sind die mit dem Punkt 3.2 (Feststellung der Schädigungen/Beeinträchtigungen) des Formulargutachtens darzustellenden Ergebnisse. Ergibt sich aus der Bearbeitung des Screenings mindestens eine auf Dauer bestehende Auffälligkeit, ist das Assessment zu bearbeiten bzw. zu begründen, warum das Assessment nicht bearbeitet worden ist.

Anhand eines konkreten Beispiels wurde schließlich nachvollzogen, wie ein regelmäßiger

Hilfebedarf, der nicht täglich – aber mindestens wöchentlich – anfällt, in den Tabellen der Punkte 4.1–4.3 darzustellen und zu berechnen ist.

## Literatur

Barnet RJ, Taylor CR (2011) Palliative Care am Scheideweg. Zeitschrift für Palliativmedizin 1/2011

Deutsches Institut für Medizinische Dokumentation und Information (DIMDI) (2010) Basiswissen Kodieren. Eine kurze Einführung in die Anwendung von ICD-10-GM und OPS. DIMDI, Köln. ► http://www.dimdi.de/static/de/klassi/icd-10-gm/anwendung/index.htm. Zugegriffen: 05. Februar 2014

Gaertner T. et al. (Hrsg) (2009) Die Pflegeversicherung. Begutachtung Qualitätsprüfung Beratung Fortbildung, 2. Aufl. De Gruyter, Berlin

GKV-Spitzenverband Bund der Krankenkassen (2013) Richtlinien des GKV-Spitzenverbandes zur Begutachtung von Pflegebedürftigkeit nach dem XI. Buch des Sozialgesetzbuches. ► http://www.gkv-spitzenverband.de/pflegeversicherung/richtlinien_vereinbarungen_formulare/richtlinien_vereinbarungen_formulare.jsp. Zugegriffen: 05. Februar 2014

GKV-Spitzenverband/Verbände der Pflegekassen auf Bundesebene (2013) Gemeinsames Rundschreiben zu den leistungsrechtlichen Vorschriften vom 17.04.2013. ► http://www.gkv-spitzenverband.de/pflegeversicherung/richtlinien_vereinbarungen_formulare/richtlinien_vereinbarungen_formulare.jsp. Zugegriffen: 05. Februar 2014

Medizinischer Dienst des Spitzenverbandes Bund der Krankenkassen e.V. (MDS), GKV Spitzenverband (Hrsg) (2009) Grundlagen der MDK-Qualitätsprüfungen in der ambulanten Pflege. ► http://www.mds-ev.de/media/pdf/2010-04-29_MDK-Anleitung_ambulant_korr.pdf. Zugegriffen: 05. Februar 2014

Medizinischer Dienst des Spitzenverbandes Bund der Krankenkassen e.V. (MDS), GKV Spitzenverband (Hrsg) (2012) Dritter Bericht des MDS nach § 114a SGB XI. Qualität in der ambulanten und stationären Pflege. ► http://www.mds-ev.de/media/pdf/MDS_Dritter_Pflege_Qualitaetsbericht_Endfassung.pdf. Zugegriffen: 06. Dezember 2013

# Begutachtungsergebnisse

*Klaus-Peter Buchmann*

Dass eine enge inhaltliche Verknüpfung des Punktes 1.4 des Formulargutachtens (Umfang der pflegerischen Versorgung und Betreuung) und des Punktes 5.1 (Übereinstimmung des angegebenen Pflegeaufwands mit dem gutachterlich festgestellten Hilfebedarf) gegeben ist, wurde in ▶ Kap. 5 bereits ausführlich dargestellt. Deswegen soll an dieser Stelle nur noch einmal kurz auf die wichtigen Inhalte des Abschnitts D5.1 der BRi eingegangen werden.

## 6.1    Übereinstimmung des angegebenen und des ermittelten Hilfebedarfs (BRi D5.1)

■ **Soziale Absicherung der Pflegepersonen**

Die BRi begründen den Abgleich der Angaben zum Pflegeumfang durch die Pflegeperson(en) einerseits und dem gutachterlich ermittelten Hilfebedarf andererseits mit ggf. bestehenden rentenrechtlichen Ansprüchen. Voraussetzung dafür ist, dass eine Pflegeperson mindestens 14 Stunden pro Woche pflegebedürftige Menschen nicht erwerbsmäßig pflegt (▶ Abschn. 5.1.5). Nach Abschnitt D5.1 der BRi dient die Bearbeitung des Punktes 5.1 des Formulargutachtens dazu, es den Pflegekassen durch diese Angaben zu ermöglichen, ggf. entstehende Leistungsvoraussetzungen der Pflegepersonen zu prüfen.

■ **Prüfung der Übereinstimmung mit Punkt 1.4 des Formulargutachtens**

Verbindet man die Punkte 1.4 und 5.1 des Formulargutachtens pflegefachfachlich, ist zunächst – bei verneinender Beantwortung der Fragestellung – zu schlussfolgern, dass durch den Pflegebedürftigen selbst bzw. durch die Pflegepersonen ein anderer Hilfebedarf dargestellt wurde, als er dem Umfang nach gutachterlich ermittelt worden ist. Hier hat die Praxis bereits mehrfach gezeigt, dass dies sowohl bei Erst- wie auch bei Höherstufungsanträgen als Begründung für negative Empfehlungen der MDK dargestellt worden ist. Wo dies der Fall ist, sollte das nicht unwidersprochen hingenommen werden, weil Pflegebedürftigen bzw. Pflegepersonen damit unterstellt wird, bewusst einen Pflegeaufwand darzustellen, der dem tatsächlichen Hilfebedarf nicht entspricht.

■ **Plausibilitätsprüfung**

Die durch die Gutachter vorzunehmende eigene Bewertung im Punkt 5.1 des Formulargutachtens besteht in der Beantwortung der Frage: »Stimmt der unter 1.4 von Pflegepersonen angegebene Pflegeaufwand mit dem gutachterlich festgestellt Hilfebedarf überein?« Die Bearbeitung der Fragestellung wird den Gutachtern dadurch erleichtert, dass es sich zunächst um eine geschlossene Fragestellung im Sinne einer Ja-Nein-Frage handelt. Wie bereits erwähnt, setzt aber die Beantwortung dieser Fragestellung eine Plausibilitätsprüfung der gewonnenen und erhobenen Angaben voraus.

❯ **Plausibel sind die Angaben beider Punkte dann, wenn die Angaben des einen mit den Angaben des anderen Punktes schlüssig übereinstimmen, evident sind und sich gegenseitig kohärent, also ohne sich zu widersprechen, erklären.**

Die BRi erklären in diesem Zusammenhang, dass Zeiten für die allgemeine Betreuung und Beaufsichtigung hierbei nicht berücksichtigungsfähig sind.

■ **Praxiserfahrungen**

Diese Erläuterung haben sich viele MDK-Gutachter offensichtlich zu einer Tugend gemacht und begründen eine fehlende Übereinstimmung häufig damit, dass der im Punkt 1.4 auf der Grundlage der Angaben des Pflegebedürftigen bzw. der Pflegeperson(en) dokumentierte Hilfebedarf auch Zeiten für die soziale Betreuung beinhaltet. Dies kann aber regelmäßig dann nicht als plausibel hingenommen werden, wenn die Leistungen der Betreuung/Beaufsichtigung im Punkt 1.4 nicht von den sonstigen Pflegeleistungen abgegrenzt worden sind. Zudem können solche oder ähnliche Erläuterungen im Punkt 5.1 des Gutachtens nicht als differenzierte Stellungnahme zum Umfang der pflegerischen Versorgung akzeptiert werden, die der Gutachter des MDK nach Abschnitt D5.1 der BRI immer dann zu geben hat, wenn

— neben Pflegediensten noch weitere Pflegepersonen tätig werden,

— die Pflege durch mehrere Personen abgesichert wird

und/oder Abweichungen zu Art, Häufigkeit und Dauer der Pflegeleistungen gegenüber den Angaben der Pflegeperson(en) bestehen.

## 6.2 Angaben zu vorliegender Pflegebedürftigkeit (BRi D5.2)

Im Punkt 5.2 der Formulargutachten ist anzugeben, ob Pflegebedürftigkeit im Sinne des SGB XI vorliegt, wenn ja, in welchem Umfang und seit wann, ob eine Befristung der Anerkennung von Pflegebedürftigkeit empfohlen wird und für den Fall, dass Pflegebedürftigkeit nur vorübergehend anerkannt werden soll, für welchen Zeitraum. Die Vorgabe im Gutachtenformular einer jeweils taggenauen Datumsangabe lässt deutlich werden, dass es beispielsweise nicht ausreichend ist, einen Monat und ein Jahr anzugeben, seit dem die Voraussetzungen zur Anerkennung von Pflegebedürftigkeit nach Einschätzung der Gutachter vorliegt bzw. bis wann das Anerkenntnis befristet werden soll. In diesem Zusammenhang ist es ebenfalls nicht ausreichend, das Datum der Antragstellung als Zeitpunkt für das Vorliegen von Pflegebedürftigkeit zu benennen. Die BRi führen aus, dass z. B. bei chronischen Krankheitsverläufen begründend abzuschätzen ist, seit wann die leistungsrechtlichen Voraussetzungen zur Anerkennung von Pflegebedürftigkeit sehr wahrscheinlich vorgelegen haben.

### 6.2.1 Pflegebedürftigkeit (BRi D5.2.1)

Mit Abschnitt D5.2.1 geben die BRi noch einmal Erläuterungen, aufgrund welcher Feststellungen zu entscheiden ist, ob Pflegebedürftigkeit im Einzelfall vorliegt. Diese Erläuterungen entsprechen im Wesentlichen den Grundsätzen bei der Ermittlung des Hilfebedarfs, wie sie in den Abschnitten D4.0/III/1 und folgende dargelegt und im voranstehenden Kapitel bereits erläutert wurden. Zusätzlich sollen die Gutachter hier jedoch eine zeitliche Wichtung des erforderlichen Hilfebedarfs aus den Bereichen der Grundpflege und der hauswirtschaftlichen Versorgung vornehmen.

- »**Pflegestufe 0**«

Wird Hilfebedarf im Bereich der Grundpflege und der hauswirtschaftlichen Versorgung festgestellt, der das Ausmaß erheblicher Pflegebedürftigkeit nach § 15 Abs. 3 Nr. 1 SGB XI nicht erreicht (täglich 90 Minuten Hilfebedarf, von dem mehr als 45 Minuten auf die Verrichtungen der Grundpflege entfallen muss), ist dieses Ergebnis im Punkt 5.2.1 des Formulargutachtens zu dokumentieren und zu begründen. Die Frage, ob Pflegebedürftigkeit vorliegt, ist nur dann zu verneinen, wenn ein Hilfebedarf in den Bereichen der Grundpflege nicht festgestellt werden konnte.

Ein umgangssprachlich auch als »Pflegestufe 0« bezeichnetes Maß an Hilfebedarf kennen die BRi nicht. Ein Hilfebedarf unterhalb dessen, was das SGB XI leistungsrechtlich als Pflegebedürftigkeit anerkennt, ist im Gutachtenformular zwar auszuweisen, bleibt aber – solange keine Zugehörigkeit zum berechtigten Personenkreis nach § 45a SGB XI (Personen mit erheblichem Bedarf an allgemeiner Betreuung und Beaufsichtigung) festgestellt wird – ohne Berücksichtigung.

**Beispiel**

In Gutachten, in denen Hilfebedarf im Umfang der Pflegestufe I nicht festgestellt worden ist, ist häufig als Erläuterung zu lesen:

»Der Versicherte ist infolge der beschriebenen Funktionseinschränkungen neben voller hauswirtschaftlicher Versorgung auf Hilfeleistungen angewiesen, die das Ausmaß der Pflegestufe 1 nicht erreichen. Nach § 15 SGB XI liegt somit keine Pflegestufe vor.«

- **Außergewöhnlich hoher Pflegeaufwand**

Der Abschnitt 5.2.1 der BRi besteht im Weiteren zu wesentlichen Teilen aus der Wiedergabe von Gesetzestext. Aufgenommen wurde § 15 Abs. 1 SGB XI sowie Abs. 3 Nr. 1–.3. Darüber hinaus wird wiederholt, dass bei Schwerstpflegebedürftigkeit zu überprüfen und zu dokumentieren ist, ob ein außergewöhnlich hoher Pflegeaufwand (im Sinne der Härtefall-Richtlinie) vorliegt. Allerdings besteht hier ein Widerspruch zu den Einschränkungen der Überprüfung des außergewöhnlich hohen Pflegeaufwands, wie sie mit den Erläuterungen des Abschnitts »Medizinische Behandlungspflege« am

Ende des Abschnitts D4.3 der BRi gegeben werden. Während dort eine Beschränkung der Überprüfung auf das Vorliegen eines Härtefalls auf schwerstpflegebedürftige Personen in stationären Einrichtungen festgelegt ist, wird die Überprüfung nunmehr auf alle Pflegebedürftigen der Pflegestufe III ausgeweitet und das Vorliegen der Kriterien eines Härtefalls wiedergegeben.

- **Anerkennung des Hilfebedarfs durch mehrere Personen während der Nachtstunden**

Erläutert wird zudem, wie das zeitgleiche Erbringen grundpflegerischer Maßnahmen während der Nachtstunden durch mehrere Pflegepersonen zu definieren ist. Danach muss für mindestens eine Verrichtung während des Tages und während der Nacht Hilfebedarf bestehen, der durch eine professionelle und eine weitere Pflegekraft, die nicht bei einem Pflegedienst beschäftigt sein muss, erbracht wird. Die BRi erläutern dazu, dass durch diese Regelung vermieden werden soll, dass mehrere Mitarbeitende eines Pflegedienstes gleichzeitig gebunden werden; unterstützend ist beispielsweise an die Mithilfe durch Angehörige, Nachbarn, Freunde etc. zu denken. Unter der Voraussetzung der Härtefall-Richtlinie, dass wenigstens dreimal während der Nachtstunden Hilfebedarf bei der Körperpflege, Ernährung oder Mobilität besteht, ist es für die Anerkennung eines außergewöhnlich hohen Pflegeaufwands ausreichend, wenn bei einem der drei notwendigen Hilfeeinsätze nachts zwei Pflegepersonen tätig werden müssen, wovon eine Hilfeperson eine professionell pflegende Fachkraft sein muss.

- **Veränderungen des Pflegebedarfs**

Abschließend ist im Abschnitt D5.2.1 der BRi geregelt, dass bei Begutachtungen aufgrund von Höherstufungs- und Rückstufungsanträgen, Wiederholungs- sowie Widerspruchsbegutachtungen im Formulargutachten im Punkt 5.2.1 zu dokumentieren ist, ob und wann mit welchen Veränderungen bezüglich des Pflegebedarfs zu rechnen ist. Erwartete bzw. auch vorhersehbare Veränderungen sind insbesondere dann zu begründen, wenn sie zu einer Verringerung der Pflegestufe führen.

Diesem Aspekt ist in der Praxis besondere Aufmerksamkeit zu widmen. Es sind vor allem immer

wieder zwei Fallkonstellationen, in denen es zur Rückstufung bzw. zur Aberkennung der Pflegebedürftigkeit kommt:

- In Situationen, in denen den MDK verkürzte Begutachtungs- bzw. Bearbeitungsfristen nach Abschnitt C3 der BRi vorgegeben sind (z. B. Antragstellerin befindet sich im Krankenhaus und es liegen Hinweise auf eine nicht geklärte weitere Versorgung vor), wird durch die MDK – oftmals nach Aktenlage – festgestellt, dass Pflegebedürftigkeit vorliegt, ohne konkret eine Pflegestufe zu benennen. Ist die weitere Versorgung in einer stationären Pflegeeinrichtung vorgesehen, besteht in dieser Feststellung häufig die Voraussetzung zur Aufnahme.
Wird der betreffende Versicherte dann in der Pflegeeinrichtung begutachtet und festgestellt, dass erhebliche Pflegebedürftigkeit nach der Empfehlung der MDK nicht besteht, entsteht erheblicher Handlungsbedarf für alle an der Versorgung Beteiligten.
- Insbesondere bei geistig behinderten Kindern/Jugendlichen ist eine Rückstufung in eine niedrigere Pflegestufe immer wieder festzustellen. Häufigstes Argument der MDK in diesem Zusammenhang ist, dass die Betreffenden mit zunehmendem Alter zunehmende Fähigkeiten entwickelt haben, die es ermöglichen, sich an der Umsetzung der gesetzlich definierten Verrichtungen umfangreicher zu beteiligen, was den Hilfebedarf zunehmend reduziert. Oft aber bleiben solche Feststellungen unbegründete Behauptungen, die bei genauer Betrachtung mit den Angaben im Formulargutachten nicht zu belegen sind.

## 6.2.2 Vorliegende Einschränkung der Alltagskompetenz (BRi D5.2.2)

Mit Punkt 5.2.2 des Formulargutachtens gilt es für die MDK die Frage zu beantworten, ob im Einzelfall eine Einschränkung der Alltagskompetenz vorliegt und somit ein erheblicher Bedarf an allgemeiner Betreuung und Beaufsichtigung besteht. Damit wird gleichzeitig geklärt, ob Antragsteller zum nach § 45a SGB XI berechtigten Personenkreis gehören und Anspruch auf Leistungen nach § 45b SGB XI besteht, wenn und solange es sich um ambulante Pflegearrangements handelt. Bis zur Einführung des Gesetzes zur Neuausrichtung der Pflegeversicherung bestanden diese Leistungen in Form zusätzlicher Betreuung, die – bei Inanspruchnahme – im Umfang von monatlich 100 Euro (Grundbetrag) oder von bis zu 200 Euro (erhöhter Betrag) mit den Pflegekassen abgerechnet werden konnten. Mit der Einführung der §§ 123 und 124 SGB XI zum 1. Januar 2013 wurden Übergangsregelungen für Personen mit erheblich eingeschränkter Alltagskompetenz geschaffen. Dabei bezieht sich der Begriff der Übergangsregelung auf den Zeitraum bis zur gesetzlichen Einführung eines neuen Pflegebedürftigkeitsbegriffs, der die Belange von geistig behinderten Menschen, (geronto-)psychiatrisch erkrankten Menschen oder Menschen mit demenzbedingten Fähigkeitsstörungen angemessen berücksichtigt. Der neue Pflegebedürftigkeitsbegriff und das in diesem Zusammenhang neu einzuführende Begutachtungsinstrument wird in ▸ Kap. 12 in Einzelheiten vorgestellt.

■ **Übergangsregelungen**

Nach § 123 SGB XI haben auch pflegebedürftige Menschen ohne Pflegestufe, deren Alltagskompetenz in erheblichem oder erhöhtem Maße eingeschränkt ist, Anspruch auf Geld-, Sach- oder Kombinationsleistungen. Darüber hinaus besteht für diesen Personenkreis Anspruch auf häusliche Betreuungsleistungen nach § 124 SGB XI.

Nach Abschnitt D5.2.2 der BRi ist die im Formulargutachten zu beantwortende Frage nach dem Vorliegen einer eingeschränkten Alltagskompetenz anhand der Ergebnisse aus der Bearbeitung des Punktes 3.4 (Screening und Assessment) zu bewerten bzw. hierher zu übertragen. Ferner ist anzugeben, in welchem Umfang die Alltagskompetenz als eingeschränkt festgestellt wurde und ab welchem Zeitpunkt die Einschränkungen in dem festgestellten Umfang bestehen.

■ **Zusätzliche Betreuungsleistungen bei stationärer Versorgung**

Bei Begutachtungen in stationären Pflegeeinrichtungen gelten diese Regelungen gleichermaßen, wenn auch mit anderen Auswirkungen für eine zusätzliche Betreuung für die betreffenden Personen.

Rechtsgrundlage für zusätzliche Betreuungsleistungen im stationären Bereich ist der § 87b SGB XI, wonach Anspruch auf zusätzliche Betreuungsleistungen gegen die Pflegeeinrichtung besteht, wenn die Alltagskompetenz durch den MDK als zumindest erheblich eingeschränkt beurteilt wurde. Daraus leiten sich Vergütungszuschläge der Pflegeeinrichtungen gegenüber den Pflegekassen für alle Bewohner ab, bei denen eine mindestens erhebliche Einschränkung der Alltagskompetenz festgestellt wurde, aus denen sie zusätzliche Betreuung und Aktivierung für die berechtigten Bewohnerinnen durch zusätzliches Betreuungspersonal sicherzustellen haben.

### 6.2.3 Widerspruchsbegutachtungen (BRi D5.2.3)

Der Abschnitt D5.2.3 der BRi bezieht sich ausschließlich auf Widerspruchsbegutachtungen. In solchen Fällen ist im Punkt 5.2.3 des Formulargutachtens anzugeben, ob das Ergebnis des Vorgutachtens mit der erneuten Begutachtung im Widerspruchsverfahren bestätigt wird bzw. ob sich zwischenzeitliche Veränderungen in einer Weise auf den Hilfebedarf auswirken, die zu einer anderen Leistungsempfehlung führen.

Neben der Überprüfung einer inhaltlich korrekten Bearbeitung von Gutachten im Widerspruchsverfahren ist auch die Prüfung der formalen Bearbeitung von Begutachtungen bei Widersprüchen erforderlich, da die Aufgaben bei Widerspruchsverfahren sowohl der Pflegekassen als auch der MDK teilweise gegenüber dem Begutachtungsverfahren bei Erst-, Höherstufungs-/Rückstufungsanträgen sowie Wiederholungsbegutachtungen differieren. Die Verfahrensweise bei Widersprüchen ist im Abschnitt C2.8.3 der BRi niedergelegt. Danach ist – wenn durch den Widerspruch nach Auffassung der Pflegekassen eine erneute Begutachtung erforderlich wird – dem Erstgutachter der Widerspruch vorzulegen, der dann zu prüfen hat, ob sich aufgrund des Widerspruchs neue Aspekte ergeben, die ggf. zu einem anderen als mit dem Erstgutachten vorgelegten Ergebnis führen. Ist dies nicht der Fall, ist ein Zweitgutachten durch einen anderen Gutachter zu erstellen. Diese zweite Begutachtung hat grundsätzlich ebenfalls in der Häuslichkeit des Antragstellers bzw. in der Pflegeeinrichtung stattzufinden, es sei denn, dass die Pflegesituation im Erstgutachten ausreichend dargestellt wurde. Davon kann jedoch allein anhand der Tatsache, dass Widerspruch erhoben wurde, nicht ausgegangen werden, sodass eine Widerspruchsbegutachtung nach Aktenlage immer kritisch zu hinterfragen und darzustellen ist, weshalb eine körperliche Begutachtung hätte auch beim Widerspruchsverfahren stattfinden müssen. Ist das Widerspruchsgutachten ein Gutachten nach Aktenlage, muss darin ausführlich und detailliert begründet sein, weshalb auf eine weitere körperliche Begutachtung in der Häuslichkeit verzichtet wurde. Unabhängig davon hat das Widerspruchsgutachten die zwischenzeitliche Entwicklung seit der Erstbegutachtung aufzunehmen und den Zeitpunkt ggf. eingetretener Veränderungen zu benennen; auf die Begründungen des Widerspruchs ist in diesem Zusammenhang durch die MDK einzugehen.

Die BRi verweisen explizit darauf, dass es bei der Widerspruchsbegutachtung von behinderten oder psychisch kranken Menschen bzw. auch bei Kindern erforderlich sein kann, andere Pflegefachkräfte aus den entsprechenden Fachbereichen zu beteiligen. Hier sollte ggf. auf die mit Einführung des Gesetzes zur Neuausrichtung der Pflegeversicherung geschaffene Möglichkeit der Begutachtung durch andere unabhängige Gutachter hingewiesen werden.

### 6.2.4  Besonderheiten bei vollstationärer Pflege (BRi D5.24)

Mit Abschnitt D5.2.4 legen die BRi fest, dass bei einem Wechsel der Hilfeform von der ambulanten in die stationäre Versorgung sich an der Feststellung des Umfangs der Pflegebedürftigkeit bis zu einer evtl. Änderung durch erneute Begutachtung nichts ändert. Geregelt wird, dass im Einzelfall die Notwendigkeit einer stationären Versorgung im Rahmen eines Besuchs geprüft werden kann, insbesondere um das häusliche Umfeld zu erfassen. Eine solche Überprüfung entfällt regelmäßig bei bereits anerkannter Schwerstpflegebedürftigkeit. In Versorgungssituationen, in denen Pflegebedürftige zum Zeitpunkt der Antragstellung auf stationäre Versorgung bereits nicht mehr über eine eigene Wohnung

verfügen, ist bei der Bemessung des zeitlichen Hilfebedarfs von einer durchschnittlichen häuslichen Wohnsituation (siehe Abschnitt C2.4 BRi) und – wie grundsätzlich – von Laienpflege auszugehen.

### 6.2.5  Begutachtung in stationären Einrichtungen der Hilfe für Menschen mit Behinderungen (BRi D5.2.5)

Abschnitt D5.2.5 beschreibt das Verfahren der Begutachtung in vollstationären Einrichtungen der Hilfe für behinderte Menschen, die nach § 71 Abs. 4 SGB XI keine Pflegeeinrichtungen sind. In diesen Einrichtungen steht die Teilhabe am Arbeitsleben oder in der Gemeinschaft bzw. Erziehung oder schulische Ausbildung im Vordergrund. Wer im Sinne des SGB XI pflegebedürftig ist und in einer solchen Einrichtung lebt, hat gegenüber der Pflegekasse Anspruch auf Leistungen für pflegebedingte Aufwendungen, Aufwendungen der sozialen Betreuung und ggf. notwendiger medizinischer Behandlungspflege.

Für einen entsprechenden Leistungsanspruch in diesen Einrichtungen ist primär nur von Bedeutung, ob bzw. dass erhebliche Pflegebedürftigkeit vorliegt. Unabhängig davon ist die Pflegestufe auszuweisen, weil neben der pauschalen Abgeltung der Leistungen durch die Pflegekassen, die durch die genannten Einrichtungen erbracht werden (§ 43a SGB XI), für die Versorgung bei häuslicher Pflege ein weitergehender Leistungsanspruch bestehen kann (z. B. nach dem Aufenthalt in einer Werkstatt für Menschen mit Behinderungen, an Wochenenden oder Feiertagen).

Darüber hinaus sind Screening und Assessment bei Vorliegen geistiger Behinderung, psychischer Erkrankung oder demenzbedingter Fähigkeitsstörungen im Punkt 3.4 des Formulargutachtens zu bearbeiten.

### 6.3  Ursachen der Pflegebedürftigkeit (BRi D5.3)

Der Punkt 5.3 im Formulargutachten (in der BRi Abschnitt D5.3) ist vor allem aus versicherungsrechtlichen Gründen von Bedeutung, da er für die Pflegekassen, bei Vorliegen entsprechender Voraussetzungen, Grundlage für eine Kostenbeteiligung bzw. für Ersatzansprüche gegenüber den genannten Versicherungsträgern sein wird.

## 6.4 Sicherstellung der häuslichen Pflege (BRi D5.4)

Im Punkt 5.4 des Gutachtenformulars ist durch die Gutachter die Frage zu beantworten, ob die häusliche Pflege in geeigneter Weise sichergestellt ist. Dieser Umstand wird zunächst in einer geschlossenen Fragestellung (Ja-Nein-Frage) abgefragt. Gutachten lassen darüber hinausgehende Angaben häufig auch vermissen und die Beantwortung erschöpft sich oftmals in einer entsprechenden Beantwortung.

Die Erläuterungen des Abschnitts D5.4 der BRi führen die Gutachter für den Fall, dass festgestellt werden sollte, dass die häusliche Pflege nicht in geeigneter Weise sichergestellt ist, in einen umfangreichen Begründungszwang. Bei entsprechenden Feststellungen werden den Gutachtern Empfehlungen vorgegeben, die Konsequenzen bezüglich der Art der Leistungen nach sich ziehen können. Beim bisherigen Bezug von Geldleistungen soll dann ggf. die Inanspruchnahme professioneller Pflege empfohlen werden, was für den Pflegebedürftigen zur Folge hat, entweder kombinierte Leistungen (nach § 38 SGB XI) oder alleinige Sachleistungen (nach § 36 SGB XI) in Anspruch nehmen zu müssen. Entsprechende Empfehlungen der Gutachter können aber auch dahingehen, eine bedarfsgerechte Pflege im Rahmen von teil- oder vollstationärer Versorgung zu sichern. Auf die Konsequenzen solcher Empfehlungen für alle an der Pflege Beteiligten (z. B. Versagung des Pflegegeldes oder Rentenversicherungsansprüche für Pflegepersonen) wird hingewiesen. Die BRi weisen deswegen darauf hin, dass deswegen mit solchen Vorschlägen »behutsam umzugehen« ist.

■ **Zeichen nicht sichergestellter Pflege**
Welche Anzeichen darauf hindeuten, dass die Pflege nicht mehr in geeigneter Weise sichergestellt zu sein scheint, beschreiben die BRi nicht hier, sondern mit Abschnitt D4.0/IV. Genannt werden:
- schlechter Ernährungszustand,
- Dekubitalgeschwüre,

- zur Pflegeerleichterung angewendete Inkontinenzprodukte, Blasendauerkatheter oder Ernährungssonde,
- Kontrakturen,
- vertragsärztlich nicht verordnete Sedierung,
- nicht durchgeführte bzw. stark vernachlässigte Körperhygiene,
- verschmutzte Wäsche,
- Vernachlässigung des Haushalts,
- fehlende Beaufsichtigung von Menschen mit geistigen Behinderungen und/oder herausforderndem Verhalten,
- Hinweise (!) auf Gewaltanwendung (Gewalt ist als Misshandlung und/oder Vernachlässigung zu verstehen).

■ **Empfehlung von Sofortmaßnahmen**
Liegen Anzeichen dieser Art vor, hat der Gutachter der Pflegekasse Sofortmaßnahmen zu empfehlen. Bei unmittelbar gegebenen Gefahrensituationen muss der Gutachter selbst tätig werden und hat ggf. Kontakt zu den behandelnden Ärzten, versorgenden Pflegediensten oder sonst zuständigen Behörden aufzunehmen.

Da davon auszugehen ist, dass den Pflegepersonen/dem Pflegedienst die Umstände der häuslichen Pflege weitaus differenzierter bekannt sind, als sie durch den MDK während der Begutachtung aufgenommen werden können, sollten die im Gutachtenformular dokumentierten Inhalte sehr genau überprüft werden. In diesem Zusammenhang ist darauf hinzuweisen, dass die durch die BRi genannten Anzeichen einer Unterversorgung bzw. pflegerischer Defizite keine abschließende, sondern eine beispielhafte Aufzählung ist. Vergleichbare Kriterien, wie z. B. nicht oder nicht sachgerecht versorgte Wunden, sind dann in gleicher Weise entsprechende Hinweise.

## 6.5 Erfordernis der vollstationären Versorgung (BRi D5.5)

Im Punkt 5.5 des Gutachtens ist anzugeben, ob die Notwendigkeit einer vollstationären Pflege besteht. Das Erfordernis einer ggf. notwendigen vollstationären Versorgung ist während der Begutachtung generell zu überprüfen, wenn Pflegebedürftigkeit der Pflegestufe I vorliegt. Wird die Notwendigkeit der vollstationären Versorgung festgestellt, ist diese nur zu begründen, wenn bisher ambulant versorgt wurde. Bei Begutachtungen im stationären Bereich ist die Frage grundsätzlich mit ja zu beantworten, es sei denn, das Hinweise darauf vorliegen, die eine Rückkehr in die häusliche Umgebung möglich erscheinen lassen.

> **Diese zuletzt genannte Regelung kann in der Praxis höchst bedeutungsvoll werden. Die Bestimmung, dass es ausreichend ist, eine Rückkehr in die häusliche Umgebung zu empfehlen, wenn bereits Hinweise vorliegen, dass vollstationäre Versorgung nicht (mehr) erforderlich ist, räumen den Gutachtern und der Pflegekasse einen breiten Interpretationsspielraum ein. Erfahrungsgemäß folgen die Pflegekassen den Empfehlungen der MDK und stellen ihre stationären Versorgungsleistungen entsprechend ein. Dies schafft zunächst und in erster Linie erhebliche Probleme für den pflegebedürftigen Bewohner, dessen Häuslichkeit – aufgrund des stationären Aufenthaltes – oftmals zwischenzeitlich aufgelöst wurde und gar nicht mehr vorhanden ist. Hier zeigen die Erfahrungen ebenfalls, dass eine Diskussion um die dem Grunde nach nicht zutreffende Formulierung der »Rückkehr« in eine »Häuslichkeit«, die so nicht mehr vorhanden ist, auf nur geringe Akzeptanz trifft. Das Argument sowohl der MDK wie auch der Pflegekassen gegenüber den Versicherten besteht hier in dem Grundsatz des Vorrangs der ambulanten Pflege (§ 3 SGB XI).**

■   **Ausgangssituation prüfen**

Aus der Perspektive der begleitenden Pflege erscheinen zwei Argumentationslinien sinnvoll. Diese bestehen einerseits darin, in der Weise zu intervenieren, dass diese Regelung der BRi nicht auf Situationen ausgerichtet ist, die beispielsweise nach längerer, gezielter rehabilitativer Pflege durch die Einrichtung und einer erreichten Verbesserung der körperlichen Situation die stationäre Versorgung in Frage stellt. Musste durch alle Beteiligten zu Beginn der stationären Versorgung davon ausgegangen werden, dass stationäre Versorgung auf Dauer erforderlich ist, in

dessen Folge etwa auch die Wohnung des Betreffenden aufgelöst wurde, ist die Ausgangssituation eine andere, als sie durch die BRi mit der »Rückkehr in die häusliche Umgebung« beschrieben wird. Andererseits kann eine abschließende Entscheidung des Leistungsträgers nur durch Widerspruch bzw. Klage verzögert werden (wobei aufschiebende Wirkung nicht besteht), die dann inhaltlich mit der Qualität des Gutachtens zu begründen ist. Bei diesem Weg sollte begleitend ein Agreement mit dem Kostenträger bis zum Abschluss des Verfahrens verabredet werden, wonach ein Verbleib des betreffenden Bewohners bis zu diesem Zeitpunkt in der Einrichtung möglich sein sollte. Denn selbst in Fällen, in denen betreffende Bewohner – die bei Aberkennung der Pflegestufe zu sogenannten Selbstzahlern werden – in der Lage sind, die Kosten vollständig selbst zu übernehmen, dürfte der weitere Verbleib in der Pflegeeinrichtung vor dem Hintergrund der Regelungen in der überwiegenden Zahl der Versorgungsverträge problematisch werden. Zumindest bei den aus öffentlichen Mitteln geförderten Pflegeeinrichtungen findet sich im Versorgungsvertrag die Bindung, dass die Einrichtung pflegebedürftige Menschen aufzunehmen und zu versorgen hat, was bei Wegfall der Pflegestufe theoretisch in dem betreffenden Einzelfall nicht mehr gegeben wäre.

■   **Begründung einer vollstationären Versorgungsnotwendigkeit**

Für entsprechende Widerspruchs- bzw. Klagebegründungen sind die mit den BRi genannten Kriterien für die Notwendigkeit vollstationärer Versorgung von Bedeutung. Wichtig ist auch in diesem Zusammenhang, dass es sich hierbei nicht um eine abschließende Aufzählung handelt. Für die entsprechende Begründung ist also nicht von Bedeutung, dass die jeweilige Situation eine durch die BRi beschriebene genauso wiedergibt. Es sollte dann vielmehr auf evtl. eintretende Folgen einer nicht mehr bedarfsgerechten Versorgung hingewiesen werden. Insoweit sind die durch die BRi genannten Kriterien als Anhaltspunkte zu verstehen, woran ggf. zu denken ist. Die BRi benennen folgende Kriterien, die eine vollstationäre Versorgung erforderlich machen können:

– Fehlen einer Pflegeperson,
– fehlende Pflegebereitschaft möglicher Pflegepersonen,

— drohende oder bereits eingetretene Überforderung von Pflegepersonen (dies kann insbesondere der Fall sein, wenn die Pflegeperson selbst betagt oder gesundheitlich beeinträchtigt ist, die Entfernung zwischen Wohnort der Pflegeperson und dem Pflegeort zu groß ist),

— drohende oder bereits eingetretene Verwahrlosung des Pflegebedürftigen (Vernachlässigung der Körperpflege, unregelmäßige bzw. nicht ausreichende Nahrungsaufnahme, Vernachlässigung des Haushalts),

— Selbst- oder Fremdgefährdungstendenzen des Pflegebedürftigen (Selbstgefährdung besteht, wenn nicht davon auszugehen ist, dass der Pflegebedürftige im Falle des akuten Hilfebedarfs rechtzeitig Hilfe herbeiholen kann, Selbstgefährdung kann aber auch durch hochgradige Verwirrung, Antriebsarmut, Realitätsverlust, schwere Depression oder Suizidtendenzen gegeben sein; Fremdgefährdung ist insbesondere als dann gegeben anzunehmen, wenn ein nicht sachgemäßer Umgang mit Wasser, Strom, Gas vorliegt),

— räumliche Gegebenheiten im häuslichen Bereich, die keine häusliche Pflege ermöglichen und durch Maßnahmen zur Verbesserung des individuellen Wohnumfeldes (§ 40 SGB XI) nicht verbessert werden können (z. B. Bad/Toilette außerhalb der Wohnung, Unmöglichkeit, pflegerelevante Räume mit einem Rollstuhl zu erreichen).

Die BRi ergänzen erläuternd, dass, wenn ein pflegerisches Defizit durch Überforderung der Pflegeperson droht, das Kriterium der Überforderung bereits als erfüllt zu betrachten ist. Zeitlich befristete Überforderungen von Pflegepersonen sollen primär durch Maßnahmen der Kurzzeitpflege bzw. teilstationärer Pflege kompensiert werden.

## 6.6 Empfehlungen an die Pflegekasse (BRi D6)

Mit dem Abschnitt D6 der BRi sind die MDK-Gutachter aufgefordert, gegenüber den Pflegekassen Empfehlungen abzugeben, die geeignet sind, den Pflegebedarf des jeweiligen Versicherten in der Weise zu beeinflussen, dass der Hilfebedarf minimiert, die Selbständigkeit gefördert bzw. eine weitere Zunahme des Hilfebedarfs vermieden, zumindest aber verzögert werden kann. Mit dem Verständnis der BRi können dafür vor allem Maßnahmen der aktivierenden Pflege, eine geeignete Krankenbehandlung, präventive sowie rehabilitative Maßnahmen in Betracht kommen. Gleichfalls können dazu entsprechende Empfehlungen für eine notwendige und angemessene Hilfsmittel-/Pflegehilfsmittelversorgung gegeben werden sowie für technische Hilfen und/oder wohnumfeldverbessernde Maßnahmen.

Die BRi weisen die Gutachter der MDK an, unter Berücksichtigung der Begutachtungsergebnisse dahingehend Stellung zu nehmen, ob über die angetroffene Pflegesituation hinaus präventive Maßnahmen, Heilmittel als Einzelleistungen oder Leistungen zur medizinischen Rehabilitation erforderlich sind.

### ● Erfahrungen der Praxis: Veränderungen des Formulargutachtens

In der Praxis der Begutachtung ist häufig anzutreffen, dass die in den jeweiligen Ländern zuständigen MDK das Formulargutachten in der Weise verändert haben, dass – anders als in dem mit Abschnitt G2 der BRi verbindlich vorgegebenen Formulargutachten – auch in den Unterpunkten 6.2 (Heilmittel), 6.3 Leistungen zur medizinischen Rehabilitation) und 6.4 (sonstige Therapien) jeweils Zeilen eingefügt worden sind, die es den Gutachtern ermöglichen, durch das Setzen eines Hakens zum Ausdruck zu bringen, dass entsprechende Empfehlungen nicht gegeben werden.

Da sowohl die BRi selbst (Abschnitte C und D01) mehrfach zum Ausdruck bringen, dass das mit Abschnitt G2 vorgegebene Formulargutachten verbindlich gilt und regionale Abweichungen nicht zulässig sind, sollte im Rahmen eines Widerspruchs-/Klageverfahrens in jedem Fall auf die Veränderungen des Formulargutachtens hingewiesen werden. Eine weitere Quelle, auf die hier Bezug genommen werden kann, findet sich in den Pflegebedürftigkeits-Richtlinien unter Punkt 5.8. Hiernach haben die MDK die Ergebnisse der Begutachtung der Pflegekasse mittels dem der BRi beigefügten Gutachtenformular mitzuteilen. Veränderungen des Formulargutachtens untergraben die Ziele der BRi (bundesweit einheitliches Begutachtungsverfahren). Zur Begründung kann daraus abgeleitet werden, dass der versicherte Antragsteller insoweit in seinen persönlichen Rechten verletzt wird, als dass er nicht mehr nach einem einheitlichen Verfahren begutachtet worden ist.

> **❯** Veränderungen des Formulargutachtens haben oftmals zur Folge, dass sich – außer dem angekreuzten Kästchen, dass präventive Leistungen, Heilmittel, sonstige Therapien, Pflege-/Hilfsmittel, technische Hilfen und/oder Verbesserungen der Pflegesituation nicht empfohlen werden – keinerlei weitere Erläuterungen finden. Wo das Formulargutachten in einer solchen oder vergleichbaren Weise bearbeitet worden ist, kann jedoch gleichzeitig nicht von der Erstellung eines individuellen Pflegeplans gesprochen werden, was wiederum einen Verstoß gegen die Bearbeitung des Formulargutachtens nach den Vorgaben der BRi darstellt. Auch dies ist ein weiteres Argument für die Begründung eines Widerspruchs bzw. auch einer Klage.

## 6.6.1 Rehabilitationsempfehlung (BRi D6.3)

Mit Einführung des Gesetzes zur Neuausrichtung der Pflege (PNG) in das SGB XI wurde mit § 18 Abs. 6 SGB XI eine gesonderte Rehabilitationsempfehlung eingeführt. Während die MDK und nunmehr auch die von den Pflegekassen beauftragten Gutachter verpflichtet gewesen sind, die Ergebnisse der Prüfung bezüglich präventiver Leistungen oder ggf. notwendiger und zumutbarer Leistungen der medizinischen Rehabilitation sowie Art und Umfang von Pflegeleistungen nebst individuellem Pflegeplan zu empfehlen, ist neu, dass zusätzlich in einer gesonderten Rehabilitationsempfehlung die Feststellungen zur medizinischen Rehabilitation zu dokumentieren sind.

In der Begründung zur Gesetzesänderung durch das PNG heißt es dazu, dass der Grundsatz »Rehabilitation vor Pflege« genauso gestärkt

werden soll, wie die praktische Durchsetzung und die Möglichkeit des Einzelnen, davon auch Gebrauch zu machen. Deswegen ist die Feststellung der MDK »zur Durchführung oder Ablehnung einer Maßnahme zur medizinischen Rehabilitation auf Grundlage und im Rahmen der Begutachtung zur Pflegebedürftigkeit (…) nunmehr in einer gesonderten Rehabilitationsempfehlung eigenständig zu dokumentieren« (vgl. Bundestagsdrucksache 17/9369, S. 37). Mit der BRi vom 16. April 2013 wurde die gesonderte Rehabilitationsempfehlung als Anlage zum Gutachtenformular gestaltet.

**▪ Indikation zur medizinischen Rehabilitation**
Nach den BRi ist im Punkt 6.3 des Formulargutachtens im Rahmen der Begutachtung zur Pflegebedürftigkeit in jedem Fall zu prüfen, ob eine Indikation für eine medizinische Rehabilitation besteht, um Pflegebedürftigkeit zu vermeiden, zu mindern, einer Ausweitung vorzubeugen oder Pflegebedürftigkeit zu beseitigen. Diesen Leistungen der medizinischen Rehabilitation können Einzelleistungen z. B. durch Heilmittel gegenüberstehen, wenn damit eine rehabilitative Zielsetzung verfolgt wird.

Der Abschnitt D6.3 der BRi erläutert das Vorliegen einer Indikation zur medizinischen Rehabilitation im Sinne des 4. Kapitels des SGB IX und definiert die Begriffe der Rehabilitationsbedürftigkeit, der Rehabilitationsfähigkeit, der Rehabilitationsziele und der Rehabilitationsprognose als wesentliche Kriterien einer Indikation.

Für eine richtlinienkonforme Bearbeitung des Formulargutachtens ergeben sich daraus die nachfolgenden Bearbeitungsschritte:

> **Rehabilitationsempfehlung: Bearbeitungsschritte**
> 1. Aus den im Punkt 3.2 des Formulargutachtens erhobenen Schädigungen/Beeinträchtigungen der Aktivitäten sind für den Alltag bedeutsame Rehabilitationsziele zur Verbesserung der Selbständigkeit sowie zur Verminderung des personellen Hilfebedarfs abzuleiten.
> 2. Ferner ist zu prüfen, ob eine positive Beeinflussung der Schädigungen/Beeinträchtigungen über eine kurative Behandlung

hinaus ein interdisziplinärer Ansatz im Rahmen einer medizinischen Rehabilitation erforderlich sein und Aussicht auf Erfolg haben kann. Art, Umfang und Dauer der bestehenden Schädigungen/Beeinträchtigungen sowie ggf. Entwicklungstendenzen sind aus dem Punkt 2.3 des Formulargutachtens (Pflegerelevante Vorgeschichte [Anamnese]) abzuleiten.

3. Aussagen zu Erfolgsaussichten einer medizinischen Rehabilitation lassen sich ggf. aus vorliegenden Fremdbefunden, die im Punkt 2.2 des Formulargutachtens zu dokumentieren sind, ableiten. Hier sind die MDK auf die von den Pflegekassen im Rahmen der Beantragung von Pflegeleistungen übergebenen Unterlagen angewiesen (siehe Abschnitt C1 der BRi). Die MDK haben nach Abschnitt C2.1 darüber hinaus zu prüfen, inwieweit weitere Informationen, insbesondere bei behandelnden Hausärzten, einzuholen sind. Dabei geht es primär um Informationen zu den pflegebegründenden Erkrankungen/Behinderungen, zu deren Verlauf und zu durchgeführten Behandlungen sowie zu Art, Umfang und Dauer der Pflege. Seitens der behandelnden Ärzte besteht gegenüber den MDK Auskunftspflicht. Werden entsprechende Unterlagen (z. B. Krankenhaus-/ Rehabilitationsberichte etc.) nicht vorgelegt, ist dies im Formulargutachten im Punkt 2.2 zu dokumentieren.

4. Die MDK sollen mit ihrer Besuchsankündigung die Pflegebedürftigen gleichzeitig bitten, evtl. bei ihnen selbst vorhandene Unterlagen, soweit sie für die Begutachtung erforderlich sein können, zur Einsichtnahme bereit zu halten.

5. Ggf. vorliegende Anzeichen, die auf eine nur eingeschränkte Rehabilitationsfähigkeit deuten bzw. solche, die eine medizinische Rehabilitation als unmöglich erscheinen lassen, sind während der Begutachtung ebenso zu eruieren, wie z. B. fehlende Motivation oder sonstige medizinische/ärztliche Maßnahmen.

■ ■ **Hinweis für die Praxis**
Während man in Widerspruchsverfahren, bei denen die Bearbeitung des Punktes 6.3 des Formulargutachtens von Bedeutung sein kann, ein entsprechendes Vorgehen der MDK in diesen Fällen nur hinterfragen bzw. in Zweifel stellen kann, weil beispielsweise eine richtlinienkonforme Bearbeitung dieser Punkte nicht erkennbar ist, lässt sich dies in gerichtlichen Klageverfahren besser realisieren. Hier kann die Pflegekasse als Beklagte durch die verfahrensführende Kammer des Sozialgerichts veranlasst werden nachzuweisen, dass entsprechende Unterlagen angefordert worden sind, aber nicht vorgelegen haben.

■ **Entscheidung über Maßnahmen zur medizinischen Rehabilitation**
Durch die BRi wird vorgegeben, dass – wenn eine begutachtende Pflegefachkraft zu der Einschätzung gelangt, es könnte eine Rehabilitationsindikation bestehen– sie immer einen Arzt des MDK einzuschalten hat. Die Einbeziehung eines MDK-Arztes ist nur dann entbehrlich, wenn durch die begutachtende Pflegefachkraft eingeschätzt wird, dass entweder

– eine realistische Möglichkeit zur Verbesserung der Aktivitäten und der Teilhabe auch durch Maßnahmen der medizinischen Rehabilitation nicht erkennbar sind oder
– wenn den Rehabilitationsmaßnahmen schwerwiegende Einschränkungen der Aktivitäten oder fehlende Motivation entgegenstehen bzw. auch
– wenn entsprechende Maßnahmen durch den Begutachteten abgelehnt werden oder
– Behandlungsergebnisse im Rahmen einer zeitnah abgeschlossenen Rehabilitation abgewartet werden sollen bzw.
– andere Maßnahmen ausreichend erscheinen.

Kann die Pflegefachkraft begründen, warum sie eine medizinische Rehabilitation nicht empfiehlt, ist die Einschaltung eines Arztes ebenfalls entbehrlich.

❯ Gerade diese Begründungen dürften in der Praxis einige Bedeutung erlangen. Eine besonders sorgfältige Prüfung sollte daher erfolgen.

In jedem Fall ist – bei einer entsprechenden Empfehlung – im Formulargutachten anzugeben, ob eine geriatrische, eine indikationsspezifische Rehabilitation oder eine spezielle Maßnahme für Kinder und Jugendliche erforderlich ist und in welcher Form sie durchgeführt werden soll, z. B. ambulant (evtl. mobil) oder stationär.

Sofern erkennbar ist, dass Leistungen zur Teilhabe anderer Rehabilitationsträger erforderlich sein könnten, ist dies zu dokumentieren.

### 6.6.2   Sonstige Therapien (BRi D6.4)

Nach Abschnitt D6.4 der BRi sollen die Gutachter der MDK in diesem Punkt des Gutachtens der Pflegekasse weitere Empfehlungen zu Therapieveränderungen/Therapieergänzungen geben. Werden im Rahmen der Begutachtung therapeutische Unter- und/oder Fehlversorgungen festgestellt, ist dies zu dokumentieren. In solchen Fällen – und unter der Voraussetzung der Einwilligung des Begutachteten bzw. des Betreuers/Bevollmächtigten – kann der Kontakt zu den behandelnden Ärzten oder Therapeuten aufgenommen werden. Gegebenenfalls erzielte Gesprächsergebnisse sind durch die Gutachter dann im Punkt 6.4 des Formulargutachtens zu dokumentieren.

### 6.6.3   Hilfsmittel/Pflegehilfsmittel (BRi D6.5)

Mit Abschnitt D6.5 der BRi werden Hilfsmittel nach § 33 SGB V von Pflegehilfsmitteln nach § 40 SGB XI abgegrenzt.

Grundsätzlich besteht die Aufgabe bei der Begutachtung zur Pflegebedürftigkeit für die Gutachter der MDK bzw. für die von den Pflegekassen beauftragten unabhängigen Gutachter darin, in jedem Einzelfall zu prüfen, ob Möglichkeiten der Verbesserung der Versorgung gegeben sind. Im Rahmen der Begutachtung ist Ausgangspunkt dafür die jeweilige Versorgungssituation, wie sie im Punkt 1 des Formulargutachtens (»Derzeitige Versorgungs- und Betreuungssituation«) abgebildet und insbesondere mit den Angaben im Punkt 1.3 (»Hilfsmittel/Nutzung«) dokumentiert wurde. Von

besonderer Bedeutung sind dabei Situationen, in denen sich darstellt, dass Hilfsmittel zwar vorhanden sind, diese aber nicht oder nur unzureichend genutzt werden (können).

- **Hilfsmittelnutzung**

Im Rahmen der Begutachtung ist ggf. zu prüfen, ob der Pflegebedürftige das in Frage stehende Hilfsmittel bedienen kann und/oder ob eine »Ausbildung im Gebrauch erforderlich ist« bzw. ob Änderungen an dem Hilfsmittel vorgenommen werden müssen, um eine optimale Nutzung zu gewährleisten.

Wird durch die Gutachter eingeschätzt, dass eine weitere Hilfsmittelausstattung erforderlich ist, soll dies im Punkt 6.5 des Formulargutachtens dokumentiert werden. Dabei können die Gutachter die Bewertung, ob es sich um ein Hilfsmittel im Sinne des SGB V oder um ein Pflegehilfsmittel nach SGB XI handelt, vernachlässigen, da diese Entscheidung den jeweiligen Kostenträgern obliegt. Schließlich erläutern die BRi, welche Voraussetzungen erfüllt sein müssen, um einen Anspruch auf Pflegehilfsmittel nach § 40 SGB XI geltend machen zu können.

- ■ **Hinweis für die Praxis**

Grundsätzlich gilt, dass Hilfsmittel nach § 33 SGB V beantragt werden sollten. Eine entsprechende vertragsärztliche Verordnung ist für eine Genehmigung des beantragten Hilfsmittels zwar nicht zwingende Voraussetzung, sollte aber dennoch vorliegen. Voraussetzung für eine Kostenübernahme durch den zuständigen Leistungsträger ist also allein der Antrag auf Kostenübernahme, der bei der zuständigen Krankenkasse einzureichen ist. Es sollte vermieden werden, erst das Hilfsmittel anzuschaffen und danach die Kostenübernahme zu beantragen.

Bei beantragten Hilfsmitteln nach § 33 SGB V sind die Krankenkassen verpflichtet, innerhalb von drei Wochen nach Antragseingang eine Entscheidung über die Kostenübernahme zu treffen (§ 13 Abs. 3a SGB V). Die Frist kann sich auf fünf Wochen verlängern, wenn zur Prüfung der Notwendigkeit des Hilfsmittels der Medizinische Dienst eingeschaltet wird. Bei Fristüberschreitung durch die Krankenkasse gilt das Hilfsmittel jedoch als genehmigt.

## 6.6.4 Technische Hilfen und wohnumfeldverbessernde Maßnahmen (BRi 6.6)

§ 40 SGB XI regelt die Höhe möglicher Zuschüsse der Pflegekassen für wohnumfeldverbessernde Maßnahmen, je Einzelmaßnahme bis zu 2.557 Euro. In Folge der Einführung ambulant betreuter Wohngruppen bzw. von Wohngemeinschaften ist darüber hinaus festgelegt, dass bei gemeinschaftlichem Wohnen der Zuschussbetrag 10.228 Euro je Einzelmaßnahme nicht übersteigen darf.

Im Rahmen des Begutachtungsverfahrens besteht die Aufgabe für die Gutachter darin, alle erforderlichen Maßnahmen im Abschnitt 6.6 des Formulargutachtens zu dokumentieren, die entweder dazu geeignet sind, die häusliche Pflege zu ermöglichen, sie erheblich zu erleichtern und damit gleichzeitig präventiv evtl. Überforderungen der Pflegepersonen vorzubeugen und eine selbständigere Lebensführung zu ermöglichen. Entsprechende Maßnahmen sollen darauf gerichtet sein, Abhängigkeiten von Dritten zu verhindern bzw. zu mildern. Die Pflegekassen haben entsprechend vorgeschlagene Maßnahmen der Gutachter als Verbesserungsmaßnahmen zu werten.

Nach den BRi kommen als wohnumfeldverbessernde Maßnahmen in Betracht:

- Herrichten unterfahrbarer Waschbecken,
- Installation verstellbarer Spiegel,
- Installation einer an eine vorliegende Behinderung adaptierte Toilette,
- behindertengerechte Gestaltung von Dusche oder Badewanne (nach DIN 18040),
- notwendige Verbreiterung von Türen,
- Beseitigung von Türschwellen,
- Versetzen von Türgriffen,
- automatische Türöffnung,
- Einbau von Treppenliftern,
- Einbau fest installierter Rampen,
- Unterfahrbarkeit von Arbeitsflächen in der Küche,
- Höhenverstellbarkeit von Schränken, aber auch Wasseranschlüssen/Armaturen.

■ ■   **Hinweis für die Praxis**

Zu beachten ist, dass die Aufzählung der BRi beispielhaft und damit nicht abschließend ist. Das heißt, alle baulichen Maßnahmen sowohl innerhalb als auch außerhalb der Wohnung, die dafür geeignet sind, das Leben trotz Pflegebedürftigkeit im bisherigen Wohnumfeld weiter zu ermöglichen, sind im Rahmen des § 40 SGB XI durch die Pflegekassen förderfähig. Mit dem gemeinsamen Rundschreiben des GKV-Spitzenverbandes und der Verbände der Pflegekassen auf Bundesebene zu den leistungsrechtlichen Vorschriften des Pflegeversicherungsgesetzes vom 17. April 2013 zu § 40 Abs. 4 SGB XI werden wohnumfeldverbessernde Maßnahme weiter konkretisiert. So wird z. B. anhand von Musterrechnungen dargestellt, wie notwendige Um- bzw. Einbaumaßnahmen finanziert werden können. Auszüge aus dem gemeinsamen Rundschreiben sind den BRi als Anlage beigefügt und vermitteln weitere Informationen.

> **Im Rahmen der Begutachtung sollte die Bearbeitung des Punktes 6.6 des Formulargutachtens inhaltlich mit den Dokumentationsergebnissen insbesondere des Punktes 2.1 (»Pflegerelevante Aspekte der ambulanten Wohnsituation«) abgeglichen werden.**

Eine überaus häufige Form der Bearbeitung des Punktes 6.6 besteht im Ankreuzen des im Formulargutachten vorgesehenen Kästchens, mit dem bewertet wird, dass Empfehlungen für technische Hilfen bzw. bauliche Maßnahmen nicht gegeben werden (»Keine«). Andererseits finden sich dem gegenüber in der Beschreibung der häuslichen Wohnsituation Formulierungen, wie sie beispielhaft nachfolgend wiedergegeben werden:

**Dokumentationsbeispiele zu pflegerelevanten Aspekten der Wohnsituation**

- »Pflegerelevante Räume nur eingeschränkt nutzbar. Schwellen zum Bad«
- »Bad/Waschmöglichkeit eingeschränkt erreichbar«
- »Schwellen, beengte Räumlichkeiten«
- »Bad/Waschmöglichkeit mit Dusche (Einstieg hoch), eingeschränkt erreichbar«
- »Pflegerelevante Räume eingeschränkt nutzbar, Schwellen, Treppen/Stufen innerhalb des Wohnbereichs«

**▪ ▪   Hinweis für die Praxis**

Bei solchen oder vergleichbaren Formulierungen und im Punkt 6.6 des Formulargutachtens fehlenden Vorschlägen zur Wohnumfeldverbesserung sollte auf die Widersprüchlichkeit der Angaben zumindest hingewiesen werden. Die in aller Regel bessere Kenntnis der Pflegeperson hinsichtlich der Wohnverhältnisse eröffnet an dieser Stelle die Möglichkeit, im Rahmen eines Widerspruchs- oder Klageverfahrens darauf hinzuweisen, durch welche räumlichen Einschränkungen welche die Pflege erschwerenden Umstände verursacht sind. Die BRi liefern dafür selbst hinreichend Ansatzpunkte, da als Voraussetzungen für wohnumfeldverbessernde Maßnahmen lediglich darzulegen ist, dass durch entsprechende Veränderungen die häusliche Pflege überhaupt erst ermöglicht bzw. erheblich erleichtert, der Überforderung von Pflegepersonen vorgebeugt und eine selbständige Lebensführung (wieder) ermöglicht wird bzw. Abhängigkeit vermieden/verhindert werden muss. Diese Voraussetzungen sind so offen formuliert – was im Sinne eines entsprechenden Bedarfs als durchaus positiv zu werten ist – sodass ein gleichermaßen notwendiger Bedarf auch begründet werden kann.

### 6.6.5   Verbesserung/Veränderung der Pflegesituation (BRi D6.7)

Ähnlich verhält es sich mit den im Punkt 6.7 des Formulargutachtens durch die Gutachter zu empfehlenden Verbesserungen/Veränderungen der Pflegesituation. Der Abschnitt D6.7 der BRi weist die Gutachter an, Verbesserungen/Veränderungen der Pflegesituation auf der Grundlage der Befundergebnisse im Punkt 3.2 des Gutachtens (Schädigungen/Beeinträchtigungen der Aktivitäten/Ressourcen) sowie auf der Grundlage der aktuell vorgefundenen Pflegesituation vorzuschlagen. Diese Vorschläge/Empfehlungen sollen nach Möglichkeit konkret sein. Zu denken wäre etwa bei ausschließlicher Pflege durch Familienangehörige an die Einbindung eines Pflegedienstes bei bestimmten Pflegeverrichtungen oder behandlungspflegerischen Maßnahmen oder die Unterstützung bei der Haushaltsführung etc.

Auch hier sieht das Formulargutachten eine einfache Bearbeitung durch Abhaken eines entsprechenden Kästchens (»Keine«) vor, was die Gutachtenbearbeitung erleichtert und beschleunigt.

Schließlich weisen die BRi darauf hin, dass sich die Vorschläge der Gutachter auf unterschiedliche Akzente einer Pflegesituation, beispielsweise auf organisatorische, räumliche, inhaltliche Empfehlungen oder auch auf Personengruppen beziehen können.

Müssen die Gutachter den Eindruck gewinnen, dass die Pflegepersonen mit der Versorgung des Pflegebedürftigen überfordert sind oder eine Überforderung droht, sind Vorschläge zur Entlastung zu unterbreiten. Bei defizitärer Pflege, also bei Unterversorgung des Pflegebedürftigen, ist die nicht hinreichende Versorgungssituation darzustellen. Geeignete Maßnahmen, mit denen eine angemessene pflegerische Versorgung gesichert werden kann, sind durch die Gutachter ebenfalls zu empfehlen. Dies gilt insbesondere bei freiheitsentziehenden Maßnahmen.

## 6.7   Informationen für die Pflegekasse (BRi D7)

Der Punkt 7 des Formulargutachtens ist für weitere, an die Adresse der Pflegekasse gerichtete Informationen gedacht, die an keiner anderen Stelle im Gutachten vermerkt werden können. In der Praxis wird der Punkt 7 häufig darauf verwendet, Erläuterungen aus einzelnen vorangegangenen Punkten des Gutachtens fortzusetzen, z. B. um besondere Pflegesituationen o. Ä. zu beschreiben. Abschnitt D7 der BRi spricht in diesem Zusammenhang von »Bemerkungen des Gutachters, die in der Systematik des Formulargutachtens an anderer Stelle nicht möglich sind«.

## 6.8   Prognose/Wiederholungsbegutachtung (BRi D8)

Vergleichsweise höher sind die Anforderungen an die richtlinienkonforme Bearbeitung des Punktes 8 des Formulargutachtens.

Nach § 18 Abs. 2 SGB XI ist die Begutachtung des Antragstellers in angemessenen Zeitabständen zu wiederholen. Die Frage, was im Einzelfall ein angemessener Zeitabstand ist, wird und kann durch das Gesetz nicht beantwortet werden.

Deswegen konkretisieren die BRi im Abschnitt D8 die gesetzliche Regelung in der Weise, dass die Gutachter verpflichtet werden, einen Termin für eine Wiederholungsbegutachtung zu benennen, der in einem »inneren Bezug« zu einer gleichfalls abzugebenden Prognose stehen muss. Deswegen ist im Formulargutachten vorgesehen, dass ein Termin für eine Wiederholungsbegutachtung mit Monat und Jahr anzugeben ist. Das heißt zudem, dass der im Einzelfall anzugebende Termin für die empfohlene Wiederholungsbegutachtung mit den vom Gutachter dokumentierten Ergebnissen der Begutachtung begründbar sein muss. Demnach ist der für die Wiederholungsbegutachtung zu empfehlende Termin die logische Folge bzw. die Schlussfolgerung der Einschätzung der voraussichtlich eintretenden Entwicklung der Pflegebedürftigkeit.

Ferner ist in diesem Punkt des Formulargutachtens darzulegen, ob durch medizinisch-, rehabilitative oder pflegerisch zumutbare Maßnahmen bzw. auch durch den Einsatz von Hilfsmitteln oder durch wohnumfeldverbessernde Maßnahmen der Hilfebedarf (im Sinne einer Reduzierung) positiv beeinflusst werden kann.

Mit Abschnitt D8 der BRi wird ebenfalls darauf hingewiesen, dass eine kurzfristige Wiederholungsbegutachtung vor allem dann erforderlich sein kann, wenn eine Begutachtung im Krankenhaus/stationärer Rehabilitationseinrichtung und/oder in einem stationären Hospiz stattgefunden hat.

> **Ein sehr groß gewählter zeitlicher Abstand für eine Wiederholungsbegutachtung sollte insbesondere auch dann in Frage gestellt werden, wenn die zeitlichen Voraussetzungen für das Erreichen der beantragten Pflegestufe nur um wenige Minuten unterschritten sind. Wurde also beispielsweise die Pflegestufe II beantragt und die Summe des durch den Gutachter ermittelten zeitlichen Hilfebedarfs für die Verrichtungen der Grundpflege liegt nur unweit unter 120 Minuten, steht ein Termin für eine Wiederholungsbegutachtung im Abstand von einem Jahr nicht in einem »inneren Bezug« zu den Ergebnissen der Begutachtung und damit auch nicht zu einer ernsthaften Prognose.**

- **Verzicht auf Terminangabe ist zu begründen**

Die Angabe eines Termins für eine Wiederholungsbegutachtung ist nach den BRi nur dann entbehrlich, wenn prognostisch nicht eingeschätzt werden kann, ob und in welcher Weise Veränderungen des Hilfebedarfs zu erwarten sind. Eine solche Einschätzung muss durch den Gutachter dann allerdings begründend dokumentiert werden. Die Pflegekassen entscheiden über das weitere Vorgehen auf der Grundlage der Empfehlungen, die im Gutachten dokumentiert sind. Bei der Begutachtung von Kindern soll eine Wiederholungsbegutachtung regelmäßig alle zwei Jahre erfolgen.

Die Erfahrungen aus der Praxis zeigen, dass die Anforderungen an eine richtlinienkonforme Bearbeitung des Punktes 8 des Formulargutachtens häufig nicht erfüllt werden. Darüber geben die nachfolgenden Dokumentationsbeispiele Aufschluss:

**Dokumentationsbeispiele zum Punkt 8 des Formulargutachtens (Prognose)**

- »Alters- und erkrankungsbedingt ist sinkender Pflegebedarf nicht zu erwarten« (ein konkreter Termin für eine Wiederholungsbegutachtung wurde nicht angegeben)
- »Bei weiterer Verbesserung des Allgemeinzustandes und der Mobilität ist sinkender Pflegebedarf möglich, aber ungewiss« (eine konkrete Terminangabe für eine Wiederholungsbegutachtung fehlte)
- »Abhängig vom weiteren Krankheitsverlauf« (ohne Terminangabe)
- »In Anbetracht der bestehenden Erkrankungen ist steigender Pflegebedarf zu erwarten« (keine konkrete Terminangabe)
- »Alters- und erkrankungsbedingt ist in einem überschaubaren Zeitrahmen mit keiner pflegestufenrelevanten Änderung des grundpflegerischen Hilfebedarfs zu rechnen« (auch hier wurde kein Termin für eine Wiederholungsbegutachtung angegeben
- »Entwicklungsbedingt ist eine Änderung des Pflegebedarfes möglich« (ohne Terminangabe)

Mit Ausnahme des vorletzten Beispiels zeigen alle anderen Zitate, dass nach den Vorgaben der BRi ein konkreter Termin für eine Wiederholungsbegutachtung hätte angegeben werden müssen, da jeweils prognostisch eingeschätzt worden ist, dass mit Veränderungen des Pflegebedarfs zu rechnen war.

## 6.9    Beteiligte Gutachter (BRi D9)

Abschnitt D9 der BRi verpflichtet zur Angabe aller Gutachter, unabhängig von einer ggf. gemeinsamen Verantwortung im Sinne der Abschnitte C2.2.1 (Festlegung der den Hausbesuch durchführenden Personen) und C2.7 (Gutachtenabschluss – Aufgaben der Ärzte und Pflegefachkräfte), die für das Gutachtenergebnis verantwortlich sind.

Auch wenn es sich hierbei um Formalien handelt, ist es jedenfalls nicht korrekt, wenn das Gutachten die Unterschrift des begutachtenden Gutachters trägt, aus dem Gutachten aber hervorgeht, dass beispielsweise ein Supervisor beteiligt gewesen ist, der dann im Punkt 9 des Gutachtens jedoch unbenannt bleibt. Auch nicht erfüllte Formalien bieten Begründungen für Widerspruchs- und/oder Klageverfahren, da sich damit eine bezüglich der BRi nicht durchgängig korrekte Bearbeitung des Formulargutachtens nachweisen lässt.

**Fazit**

Mit diesem Kapitel wurde anhand der BRi dargestellt, auf welche Weise im Rahmen der Begutachtung zur Feststellung von Pflegebedürftigkeit durch die Medizinischen Dienste Befunde zu erheben sind.

Dabei wurde festgestellt, dass eine schlüssigen Befunderhebung und – wo notwendig – Begründung durch die Plausibilität der Angaben in den einzelnen Gutachtenabschnitten repräsentiert wird bzw. werden sollte. Eine Plausibilitätsprüfung der Angaben in den einzelnen Abschnitten des Formulargutachtens, aber auch zwischen den Abschnitten ist für die Gutachter der MDK bzw. für die von den Pflegekassen beauftragten Gutachter durch die BRi dezidiert vorgegeben (vgl. Abschnitt D02). Wie die Beispiele aus der Praxis der MDK-Begutachtung jedoch gezeigt haben, scheint diese nicht im-

mer in einer Weise zu erfolgen, die den Ansprüchen einer plausiblen Dokumentation der jeweiligen Pflegesituation gerecht wird. Deswegen sollten – wenn es um eine fachlich qualifizierte Begründung im Rahmen eines Widerspruchs- bzw. Klageverfahrens geht – Zusammenhänge zwischen den Inhalten der einzelnen Gutachtenabschnitte hergestellt und pflegefachlich bewertet werden können.

Es wurde darauf hingewiesen, dass die BRi in einem eigenen Abschnitt (D5.2.3) das Verfahren bei Widerspruchsbegutachtungen regelt und in diesem Zusammenhang empfohlen, neben den notwendigen inhaltlichen Angaben auch die formale Bearbeitung sorgfältig zu prüfen. Hier zeigen die praktischen Erfahrungen, insbesondere aus der sozialgerichtlichen Sachverständigentätigkeit, dass Widerspruchsverfahren – primär durch die MDK, aber auch durch die Kostenträger – nicht immer in der Weise bearbeitet werden, die durch die BRi vorgegeben wird. Daraus ergeben sich Begründungen, mit denen die im Rahmen der Begutachtungsverfahren dargestellten Ergebnisse zumindest bezweifelt werden können.

Ausführlich wurde dargestellt, welche Empfehlungen durch die MDK an die jeweils zuständigen Pflegekassen zu geben sind. Dabei handelt es sich sowohl um einen individuellen Pflegeplan, ggf. um Empfehlungen von Heilmitteln sowie zu Leistungen der medizinischen Rehabilitation und bezüglich der Versorgung mit Hilfsmitteln/Pflegehilfsmitteln. Darüber hinaus kann es die jeweilige Pflegesituation erfordern, technische Hilfen und wohnumfeldverbessernde Maßnahmen vorzuschlagen. Auch hier ist zu empfehlen, die Angaben in diesem Teil des Gutachtens auf Plausibilität, insbesondere in Bezug auf die Angaben im Punkt 2 ff. des Gutachtens zu prüfen. Diese sowie die Angaben im Abschnitt 3.2 (Beschreibung der Schädigungen/Beeinträchtigungen) sind ebenfalls Grundlage für Empfehlungen zur Verbesserung/Veränderung der Pflegesituation, wie sie mit Abschnitt D6.7 der BRi verlangt sein können.

Schließlich wurde hervorgehoben, dass die scheinbar einfache Bearbeitung des Punktes 8 des Formulargutachtens (Prognose/Wiederholungsbegutachtung) aufgrund der Regelungen des § 18 SGB XI ebenfalls eine nicht zu vernachlässigende Bedeutung hat. Hier sollte, wurde ein Termin für eine Wiederholungsbegutachtung nicht angegeben, sehr genau geprüft werden, ob dafür die Voraussetzungen gegeben waren bzw. auch ob ein angegebener Termin einen inneren Bezug zur dokumentierten Prognose hat.

## Literatur

Deutscher Bundestag (2012) Begründung zum Entwurf eines Gesetzes zur Neuausrichtung der Pflegeversicherung – Pflegeneuausrichtungsgesetz (PNG). Drucksache 17/9369, S 52 ff ► http://dip21.bundestag.de/dip21/btd/17/093/1709369.pdf. Zugegriffen: 05. Februar 2014

GKV-Spitzenverband/Verbände der Pflegekassen auf Bundesebene (2013) Gemeinsames Rundschreiben zu den leistungsrechtlichen Vorschriften vom 17.04.2013. ► http://www.gkv-spitzenverband.de/pflegeversicherung/richtlinien_vereinbarungen_formulare/richtlinien_vereinbarungen_formulare.jsp. Zugegriffen: 05. Februar 2014

Medizinischer Dienst des Spitzenverbandes Bund der Krankenkassen e.V. – MDS (2013) Richtlinien des GKV-Spitzenverbandes zur Begutachtung von Pflegebedürftigkeit nach dem XI. Buch des Sozialgesetzbuches. ► http://www.gkv-spitzenverband.de/pflegeversicherung/richtlinien_vereinbarungen_formulare/richtlinien_vereinbarungen_formulare.jsp. Zugegriffen: 05. Februar 2014

# Pflegezeitbemessung – gesetzlich definierte Verrichtungen und Einflussfaktoren

*Klaus-Peter Buchmann*

## 7.1 Verrichtungskatalog

§ 14 Abs. 4 SGB XI beinhaltet den sogenannten Verrichtungskatalog. Damit werden die gewöhnlichen und regelmäßig wiederkehrenden Tätigkeiten im Ablauf des täglichen Lebens beschrieben, bei denen ein Hilfebedarf anerkennungsfähig ist. Der Verrichtungskatalog ist abschließend zu verstehen; d. h. Tätigkeiten, die etwa den Bedürfnissen eines pflegebedürftigen Menschen entsprechen, jedoch nicht Bestandteil des Verrichtungskatalogs sind, bleiben nach derzeitiger Rechtslage bei der Ermittlung von Pflegebedürftigkeit ausgeschlossen. Dies ist zwar mit einem zeitgemäßen Verständnis von bedarfs- bzw. bedürfnisgerechter Pflege nicht zu erklären, beschreibt aber den noch immer geltenden Willen des Gesetzgebers.

■ ■ **Hinweis für die Praxis**
Demnach kommt es darauf an, alle tatsächlich erbrachten Pflegeleistungen gleichsam in die »Sprache der BRi bzw. der MDK oder der von den Pflegekassen beauftragten Gutachter zu übersetzen«, um eine Berücksichtigungsfähigkeit wahrscheinlich zu machen. In einem Versorgungskontext, der durch Pflegeeinrichtungen begleitet wird, kann dies mit Hilfe der dort zwingend zu führenden Pflegedokumentation ggf. einfacher sein.

Bei ausschließlicher Pflege durch Zugehörige/Angehörige, Nachbarn, Freunde etc. kann hier ein sorgsam geführtes Pflegetagebuch eine wertvolle Hilfe werden, wenn alle erbrachten Hilfeleistungen darin aufgenommen worden sind. Hier ist es Aufgabe professionell Pflegender, ggf. »Übersetzungsarbeit« zu leisten, da bei der Angehörigenpflege oftmals Tätigkeiten, die anerkennungsfähig sind, nicht als Pflegeleistung, sondern als Selbstverständlichkeit verstanden werden, die zur Versorgung einfach dazugehören.

■ **Ausnahme: »Umlagern«**
Mit den Begutachtungs-Richtlinien (BRi) wird im Abschnitt D4.3 unter der laufenden Nummer 10 im Rahmen des Hilfebedarfs der Mobilität eine Verrichtung benannt, die nicht Bestandteil des Verrichtungskatalogs nach § 14 Abs. 4 SGB XI ist und dennoch einen berücksichtigungsfähigen Hilfebedarf beschreibt: das »Umlagern«. Dabei handelt es sich um Positions- oder Lageveränderungen des Körpers im Sitzen oder Liegen, mit denen der Zweck verfolgt wird, mögliche Folgeschäden eines dauerhaften Sitzens oder Liegens zu vermeiden.

Das Umlagern ist als Hilfebedarf entweder zu berücksichtigen, wenn es als eine einzelne Hilfeleistung (solitär) erbracht wird oder als Bestandteil von Verrichtungen der Grundpflege, also der Körperpflege, der Ernährung und der Mobilität. Ist das Umlagern z. B. als Bestandteil der Körperpflege, etwa beim Wechsel von Inkontinenzprodukten, kann dafür nur die Hilfeleistung in Anrechnung gebracht werden, die sich allein auf die Positionsveränderung des Körpers bezieht. Gleiches gilt beispielsweise im Zusammenhang mit Positionsveränderungen zur Einnahme von Mahlzeiten.

## 7.2 »Grundpflege«

Die Verrichtungen der als solches bezeichneten »Grundpflege« beschreiben
– den Hilfebedarf bei der Körperpflege (§ 14 Abs. 4 Nr. 1),
– den Hilfebedarf bei der Ernährung (§ 14 Abs. 4 Nr. 2),
– den Hilfebedarf im Bereich der Mobilität (§ 14 Abs. 4 Nr. 3).

Davon zu trennen ist der Hilfebedarf im Bereich der hauswirtschaftlichen Versorgung (§ 14 Abs. 4 Nr. 4).

Dass der Begriff der »Grundpflege« neben der damit beabsichtigten Abgrenzung des Hilfebedarfs auch einen wertenden Charakter besitzt, ist eine Tatsache, die wohl eher kritisch zu verstehen ist. Darauf wird in der Literatur jedoch nur vereinzelt hingewiesen (vgl. z. B. Klie et al. 1998, Müller 1998).

■ **Exkurs: Grundpflege – Behandlungspflege**
Die Termini der Grund- und Behandlungspflege werden im vorliegenden Buch ausschließlich aus Gründen der Kompatibilität zu den BRi verwendet, weil diese Begriffe aus dem SGB XI in die BRi übernommen worden sind. Mit diesen Begriffen ist zugleich ein Teil der Leistungen der Pflegeversicherung (§ 4 SGB XI) beschrieben. Zudem werden die Pflegekassen verpflichtet, u. a. Leistungen der

Grundpflege und der Behandlungspflege sicherzustellen (§ 12 Abs. 2 SGB XI). Schließlich wird der Zeitaufwand für die Leistungen der Grundpflege mit § 15 Abs. 3 SGB XI zu einem entscheidenden Bestimmungsfaktor bezüglich zu gewährender Leistungen nach diesem Gesetz.

Die Begriffsverwendung führt jedoch zurück in die Mitte des vorigen Jahrhunderts, aus heutiger Sicht also in ein »pflegefachliches Mittelalter«. Unter »Grundpflege« wurden einfache Pflegetätigkeiten verstanden, die keine oder eine nur geringe Qualifizierung voraussetzten, während die »Behandlungspflege« Tätigkeiten beschrieb, die ursprünglich ärztliche Tätigkeiten waren und auf qualifiziertes Pflegepersonal übertragen wurden. Damit dienten die Begriffe auch der internen Abgrenzung des pflegenden Berufsstandes hinsichtlich erworbener Qualifikationen.

Dies ist allerdings aus heutiger Sicht eher als eine »Nabelschau« zu bewerten, da im Mittelpunkt der Pflege die Bedürfnisse pflegebedürftiger Menschen stehen sollten, die aus dem Blick zu geraten drohen, wenn berufsständische Wertmaßstäbe die Diskussion bestimmen.

Müller (1998) weist darauf hin, dass dem Begriffspaar Grundpflege – Behandlungspflege allerdings auch eine betriebswirtschaftliche und damit keine bedarfsorientierte Bedeutung innewohnt, weil Bedarfslagen damit nicht beschrieben werden. Dies wird unter Berücksichtigung der Tatsache, dass die Begriffe primär im Krankenhausbetriebswesen verwendet wurden, umso deutlicher. Unter Berücksichtigung der Unterschiede in der für die einzelnen Tätigkeiten erforderlichen Qualifikation (Grundpflege = einfache Qualifikation), wird schnell deutlich, dass die Begrifflichkeiten zu personalstrukturierenden Elementen und damit gleichzeitig zu betriebswirtschaftlichen Steuerungsfaktoren wurden; es ließe sich auch sagen: zu Kostenfaktoren.

Zu konstatieren ist demnach, dass die Bezeichnung der Grundpflege und der Behandlungspflege ihrer im deutschen Sprachraum ursprünglichen Verwendung nach Teil von Versorgungskonzepten in Krankenhäusern war, auf der Grundlage eines (bestenfalls) dichotomen Pflegeverständnisses. Den Folgen daraus entstandener Versorgungsmodelle, wie z. B. der Funktionspflege, kann bis heute

begegnet werden. Dennoch sind die Wurzeln der Begriffsverwirrung Bestandteil des Pflegeversicherungsgesetzes. Umso notwendiger bedarf es einer breit angelegten pflegeethischen Diskussion.

Es bedarf eines zeitgemäßen Verständnisses von Pflegebedürftigkeit und Reformen der Pflegeversicherung. Solange die geltenden Normen hinter dem Erkenntnisstand bzw. hinter dem aktuellen Stand des Wissens zurückbleiben, droht eine flächendeckende Unterversorgung. Dies ist u. a. an der Diskussion um den neuen Pflegebedürftigkeitsbegriff sehr deutlich ablesbar.

## 7.3 Einflussfaktoren zur Bemessung der Pflegezeit

### 7.3.1 Pflegeerleichternde und pflegeerschwerende Faktoren

Liegen die Pflege erleichternde oder die Pflege erschwerende Faktoren vor, so sind diese im Anschluss an die Bewertung des Hilfebedarfs im Bereich der Mobilität im Formulargutachten zu dokumentieren. Dabei sind hier alle erleichternden oder erschwerenden Faktoren aufzuführen, die sich auf die einzelnen Verrichtungen aus allen Bereichen der Körperpflege, der Ernährung und der Mobilität auswirken. Bei pflegeerschwerenden Faktoren ist etwa an ein Körpergewicht von mehr als 80 kg oder an stark ausgeprägte Kontrakturen von Gelenken zu denken, was sich sowohl bei der Körperpflege als auch auf einzelne Verrichtungen aus dem Bereich der Mobilität auswirken kann. Faktoren, die die Pflege erleichtern oder erschweren, sich aber nur auf eine der gesetzlich definierten Verrichtungen auswirken, sind im Anschluss an die Ermittlung der Hilfebedarfszeiten im Punkt 4.3 des Formulargutachtens aufzunehmen.

Nach Abschnitt F der BRi wirken sich z. B. folgende Faktoren erschwerend auf die Pflege aus. Der hier wiedergegebene Katalog von pflegeerschwerenden Faktoren aus den BRi ist eine beispielhafte, nicht eine abschließende Aufzählung:

- Körpergewicht >80 kg,
- Kontrakturen großer Gelenke, Fehlstellungen einzelner Extremitäten,
- hochgradige Spastik,

- einschießende unkontrollierte Bewegungen,
- eingeschränkte Belastbarkeit bei schwerer kardiopulmonaler Dekompensation mit Orthopnoe und ausgeprägter zentraler und peripherer Zyanose und Ödemen,
- mechanische Harnlösung oder digitale Enddarmentleerung,
- Schluck- sowie Atemstörungen,
- Abwehrverhalten, fehlende Kooperation,
- stark eingeschränkte Sinneswahrnehmungen (Hören, Sehen),
- starke therapieresistente Schmerzen,
- pflegebehindernde räumliche Verhältnisse,
- zeitaufwendiger Hilfsmitteleinsatz sowie
- verrichtungsbezogene krankheitsspezifische Pflegemaßnahmen.

Als pflegeerleichternde Faktoren werden durch die BRi ebenfalls beispielhaft, also wiederum nicht abgeschlossen, genannt:
- pflegeerleichternde räumliche Verhältnisse,
- Hilfsmitteleinsatz.

### 7.3.2 Verrichtungsbezogene krankheitsspezifische Pflegemaßnahmen

Liegen andere Umstände vor, durch die die Pflege erschwert oder in ihrer Umsetzung verzögert wird, sind diese in der Form zu beschreiben, dass die objektive Notwendigkeit einzelner zusätzlicher Maßnahmen sowie der unmittelbare zeitliche und sachliche Zusammenhang ablesbar wird (verrichtungsbezogene krankheitsspezifische Pflegemaßnahmen). Diese Maßnahmen sind zeitlich zu bewerten, da der durch entsprechende Umstände zusätzlich entstehende Zeitaufwand auch zusätzlich zu berücksichtigen ist. Dies kann z. B. der Fall sein, wenn Verrichtungen der Körperpflege unterbrochen werden müssen, um etwa bei fortgeschrittener chronisch obstruktiver Lungenerkrankung (COPD) Sauerstoff zu verabreichen.

Verrichtungsbezogene krankheitsspezifische Pflegemaßnahmen sind als pflegeerschwerende Faktoren von erheblicher Bedeutung, die – bei Vorliegen – in jedem Einzelfall der besonderen Beachtung bedürfen. Bei verrichtungsbezogenen krank-

heitsspezifischen Pflegemaßnahmen handelt es sich im eigentlichen Sinne nicht um Verrichtungen im Sinne des SGB XI, sondern um behandlungspflegerische Maßnahmen nach SGB V. In diesem Zusammenhang sind zwei Besonderheiten zu berücksichtigen:
- Im ambulanten Bereich werden behandlungspflegerische Maßnahmen zum Bestandteil einzelner pflegerischer Verrichtungen (also solcher Verrichtungen, die Gegenstand des Verrichtungskatalogs nach § 14 Abs. 4 SGB XI sind), wenn sie in einem »unmittelbaren zeitlichen und sachlichen Zusammenhang mit diesen Verrichtungen vorgenommen werden müssen« (z. B. das Anlegen von Kompressionsstrümpfen [ab Klasse 2] im Zusammenhang mit der Verrichtung des Ankleidens). Solche Maßnahmen müssen, um als verrichtungsbezogene krankheitsspezifische Pflegemaßnahmen anerkannt und zeitlich berücksichtigt werden zu können, zusätzlich erforderlich sein. Wo verrichtungsbezogene krankheitsspezifische Pflegemaßnahmen notwendig sind – ein anderes Beispiel könnte eine notwendige Wundversorgung im Zusammenhang mit der Körperpflege sein – sind sie
  - zeitlich der jeweiligen Verrichtung, mit der sie in einem unmittelbaren und sachlichen Zusammenhang stehen, hinzuzurechnen, also als summierter Zeitwert darzustellen und
  - unter den Erläuterungen im Formulargutachten der Punkte 4.1, 4.2 oder 4.3 zu dokumentieren.
- Bei pflegebedürftigen Menschen der Pflegestufe III in stationären Pflegeeinrichtungen ist medizinische Behandlungspflege auf Dauer (mindestens 6 Monate) nach Art, Häufigkeit und zeitlichem Umfang im Punkt 4.3 des Formulargutachtens zu dokumentieren. In diesem Zusammenhang ist auch zu überprüfen, ob ein außergewöhnlich hoher Pflegeaufwand im Sinne der sogenannten Härtefall-Richtlinien vorliegt. Die Kriterien des Vorliegens eines außergewöhnlich hohen Pflegeaufwandes sind erfüllt, wenn
  - Hilfe bei den Verrichtungen der Grundpflege im zeitlichen Umfang von mindestens

6 Stunden täglich und davon mindestens dreimal während der Nachtstunden (22.00–06.00 Uhr) erforderlich ist. Dabei ist in stationären Pflegeeinrichtungen auch auf die auf Dauer bestehende Notwendigkeit der medizinischen Behandlungspflege abzustellen.

– die Verrichtungen der Grundpflege (auch nachts) nur von mehreren Pflegekräften gemeinsam (zeitgleich) erbracht werden kann.

**· · Hinweis für die Praxis**

Die Komplexität dieser Angaben begründet in den Formulargutachten eine häufige Fehlerquelle. Eine Überprüfung der Angaben in den Gutachten der MDK bzw. der unabhängigen Gutachter bezüglich des Vorliegens pflegeerleichternder, insbesondere aber pflegeerschwerender Faktoren durch die das Begutachtungsverfahren begleitende Pflegefachkraft kann also auch hier von entscheidender Bedeutung sein. Wurden beispielsweise Angaben zu bestehendem nächtlichen Hilfebedarf durch die Pflegepersonen gemacht und ist dieser im Formulargutachten unberücksichtigt geblieben, besteht darin regelmäßig eine Widerspruchs- und ggf. auch eine Klagebegründung. Hier dürfte es den Pflegekassen bzw. den MDK sehr schwer fallen, nachzuweisen, dass der angegebene und aus Sicht der Pflegeperson notwendige nächtliche Hilfebedarf überprüft worden ist bzw. zu begründen, warum dieser aus pflegefachlicher Sicht nicht erforderlich sein soll. Hier kann schon ein nicht unwesentliches Argument in der Begutachtung der MDK während des Tages liegen, der gleichzeitig eine fehlende Einschätzung der Pflegesituation während der Nacht unterstellt werden kann. Auch sollte in diesem Zusammenhang immer wieder auf das mit den BRi formulierte Erfordernis der Berücksichtigung der individuellen Lebensgewohnheiten hingewiesen werden (BRi Abschnitt D4.0/III/3).

## 7.4 Verrichtungen und Zeitorientierungswerte

Zur besseren Übersichtlichkeit werden die wiederkehrenden, berücksichtigungsfähigen Verrichtungen im Ablauf des täglichen Lebens in ◘ Tab. 7.1 wiedergegeben, die die Erläuterungen der BRi (Abschnitte D4.1–4.4) aufnimmt und die Zeitorientierungswerte nach Abschnitt F der BRi danebenstellt. Sinn dieser Form der Darstellung soll sein, mit einem Blick alle der jeweiligen Verrichtung zuzurechnenden Teilschritte zu erfassen und ein lästiges Nachschlagen der Zeitorientierungswerte zu ersparen.

**Fazit**

Dieses Kapitel stellt eine Arbeitshilfe sowohl für die Überprüfung der Angaben in Formulargutachten dar als auch für die Erarbeitung von Widersprüchen, in dessen Mittelpunkt eine zusammengefasste Übersicht der mit § 14 Abs. 4 SGB XI gesetzlich definierten Verrichtungen steht. Dieser Übersicht wurden die Erläuterungen der BRi zu den einzelnen Verrichtungen hinzugefügt, um zu ermöglichen, die nach dem Verständnis der BRi zu den Verrichtungen jeweils gehörenden Tätigkeiten auf einen Blick zu erfassen. Daneben wurden die Orientierungswerte zur Pflegezeitbemessung aus Abschnitt F der BRi gestellt. Mit Blick auf die Zeitorientierungswerte soll noch einmal darauf hingewiesen werden, dass diese den Gutachtern als Anhaltsgrößen dienen sollen, wenn die vollständige Übernahme einer definierten Verrichtung zeitlich zu bewerten ist. Werden diese Orientierungswerte bei vollständiger Übernahme einer Verrichtung im Formulargutachten zeitlich über- oder unterschritten, bedarf es dafür einer entsprechenden Begründung durch die Begutachtenden.

Zu Beginn wurde dargestellt, dass die mit § 14 Abs. 4 SGB XI genannten gesetzlich definierten Verrichtungen als ein abgeschlossener Katalog zu verstehen ist, mit dessen Hilfe der Umfang von Pflegebedürftigkeit bewertet werden soll und der unter Berücksichtigung einer Ausnahme nicht erweiterbar ist.

Ferner wurden Einflussgrößen auf die Bemessung der Pflegezeit benannt, die sich in pflegerleichternden bzw. pflegeerschwerenden Faktoren und verrichtungsbezogenen krankheitsspezifischen Pflegemaßnahmen darstellen. Auch in diesen Zusammenhängen zeigen die praktischen Erfahrungen der Bewertung pflegefachlich korrekter Bearbeitung der Formulargutachten, dass diese Einflussgrößen auf die Pflegezeitbemessung nicht immer hinreichend Berücksichtigung finden und deswegen genau geprüft werden sollten.

**◘ Tab. 7.1**   Verrichtungen, Erläuterungen und Zeitorientierungswerte nach den Begutachtungs-Richtlinien (BRi) Abschnitte D4.1–4.4 und F

| Lfd. Nr. | Verrichtung | Erläuterungen (lt. BRi) | Zeitorientierungswerte (in Minuten) |
|---|---|---|---|
| D4.1 Körperpflege | | | |
| 1 | Waschen | Waschen des ganzen Körpers (GK) sowie Teilkörperwäschen des Ober- und/oder Unterkörpers (OK/UK) bzw. von Händen/ Gesicht (H/G) am Waschbecken oder mit Waschschüssel im Bett; zum Waschvorgang zählen auch vor- und nachbereitende Arbeiten (Bereitstellen der Arbeitsutensilien, Abtrocknen des Körpers, Reinigung der Arbeitsumgebung usw.); Bestandteil ist ebenfalls das Waschen des Intimbereichs, während die Intimhygiene, z. B. nach Toilettennutzung, der Verrichtung Darm-/ Blasenentleerung zuzurechnen ist Besonderheiten, die zeitlich zusätzlich zu berücksichtigen sind, können sein: a) verrichtungsbezogene krankheitsspezifische Pflegemaßnahmen oder b) pflegeerschwerende Faktoren | GK: 20–25 OK: 8–10 UK:12–15 H/G: 1–2 |
| 2 | Duschen | Ganzkörperwäsche unter der Dusche inkl. Abtrocknen des Körpers sowie Vor- und Nachbereitung Begleitende Verrichtungen (z. B. Transferleistungen in die Dusche oder Umsetzen auf einen Duschstuhl), sind der Mobilität (Stehen, Transfer) zuzuordnen und bleiben hier unberücksichtigt; evtl. Besonderheiten sind zu berücksichtigen (s. oben) | 15–20 |
| 3 | Baden | Ganzkörperwäsche in einer Badewanne in sitzender oder liegender Position; zur Verrichtung ist die Vorbereitung, das Waschen des Körpers und das Abtrocknen, sowie die Nachbereitung zu zählen Besonderheiten können z. B. durch notwendige Behandlung der Haut mit Dermatika im Sinne verrichtungsbezogener krankheitsspezifischer Pflegemaßnahmen bestehen, die zeitlich dann zusätzlich genauso zu berücksichtigen sind wie pflegeerschwerende Faktoren | 20–25 |
| 4 | Zahnpflege | Zu berücksichtigen sind: vor- und nachbereitende Tätigkeiten sowie der Putzvorgang selbst, ggf. die Reinigung des Zahnersatzes und die Mundpflege (Spülen des Mundes und/ oder ggf. mechanische Reinigung der Mundhöhle; eine Berechnung kann nur anteilig vorgenommen werden, wenn sich die Verrichtung auf das Spülen des Mundes beschränkt | 5 |
| 5 | Kämmen | Kämmen/Bürsten und das individuelle Richten der gewöhnlich getragenen Frisur | 1–3 |
| 6 | Rasieren | Nass- oder Trockenrasur (auch eines evtl. vorhandenen Damenbartes) | 5–10 |

**7**

**⬛ Tab. 7.1** Fortsetzung

| Lfd. Nr. | Verrichtung | Erläuterungen (lt. BRi) | Zeitorientierungs-werte (in Minuten) |
|---|---|---|---|
| 7 | Darm- und Blasenent-leerung | Kontrolle von Wasserlassen und Stuhlgang, Richten der Beklei-dung vor und/oder nach Toilettennutzung, Intimhygiene nach Wasserlassen und/oder Stuhlgang, Entleeren und Reinigen des Toilettenstuhls und/oder eines Stechbeckens, Urinbeu-tels, An-/Ablegen sowie Wechsel von Inkontinenzprodukten, Reinigung und Versorgung von künstlichen Ausgängen sowie Fehlhandlungen mit Exkrementen (allerdings sind sich daraus ergebende Reinigungsarbeiten der Hauswirtschaft zuzurech-nen); ggf. sind zusätzliche (Teil-) Körperwaschungen in den Blick zu nehmen, die aus solchen Fehlhandlungen resultieren; hier sind keine Hilfen beim Gehen (zur bzw. von der Toilette) berücksichtigungsfähig, da diese der Verrichtung Gehen im Bereich der Mobilität anzurechnen sind  Besonderheiten: verrichtungsbezogene krankheitsspezifische Pflegemaßnahmen (Klistier, Einlauf, Einmalkatheterisierung), die zeitlich gesondert zu berücksichtigen sind; ggf. sind pfle-geerschwerende Faktoren zu berücksichtigen | Wasserlassen, Intim-hygiene, Toilettenspü-lung: 2–3  Stuhlgang, Intimhygi-ene, Toilettenspülung: 3–6  Richten der Beklei-dung: 2 |
| D4.2 Ernährung | | | |
| 8 | Mundge-rechtes Zu-bereiten der Nahrung | Zu erfassen sind solche Hilfen, die allein darauf gerichtet sind, die schon zubereitete Nahrung so anzurichten, dass die Nahrungsaufnahme durch den zu Pflegenden erfolgen kann, z. B. Zerkleinern in mundgerechte Stücke, Herauslösen von Knochen aus dem Fleisch oder von Gräten aus dem Fisch, Aufweichen harter Nahrungsbestandteile bei Kau- und/oder Schluckstörungen, Eingießen von Getränken | Je Hauptmahlzeit ein-schließlich Getränke-bereitstellung: 2–3 (anteilige Berechnung bei Zwischenmahlzeit oder Getränkebereit-stellung) |
| 9 | Aufnahme der Nahrung | Zu berücksichtigen ist die Nahrungsaufnahme in jeder Form, einschließlich Sondennahrung mittels Ernährungssonde sowie die Pflege der Sonde; zu berücksichtigen ist auch die notwen-dige Aufforderung zur bedarfsgerechten Nahrungsaufnahme, die eine Überwachung/Erledigungskontrolle erfordert  Besonderheiten können bezüglich zusätzlich zu berück-sichtigender verrichtungsbezogener krankheitsspezifischer Pflegemaßnahmen vorliegen (z. B. Wechsel von Sprech- und/oder Dauerkanüle bei liegendem Tracheostoma, oro/tracheale Sekretabsaugung) | Aufnahme einer Hauptmahlzeit: 15–20  Verabreichung von Sondennahrung inkl. Systemreinigung: 15–20 (pro Tag) |

**◘ Tab. 7.1**    Fortsetzung

| Lfd. Nr. | Verrichtung | Erläuterungen (lt. BRi) | Zeitorientierungs-werte (in Minuten) |
|---|---|---|---|
| D4.3 Mobilität | | | |
| 10 | Selbständiges Aufstehen/Zubettgehen | Beim Aufstehen sind alle notwendigen Hilfemaßnahmen zu berücksichtigen, die dem Zweck dienen, aus der liegenden Position im Bett in eine sitzende oder stehende Position zu gelangen; das Zubettgehen ist der entsprechend umgekehrte Vorgang, der mit der Einnahme in eine zum Ruhen/Schlafen geeignete Position abgeschlossen wird; zu berücksichtigen ist jedes Aufstehen/Zubettgehen nach den jeweils individuellen Ruhe-/Schlafbedürfnissen<br>Besonderheiten können durch verrichtungsbezogene krankheitsspezifische Pflegemaßnahmen bestehen (z. B. oro/tracheale Sekretabsaugung) | Einfache Hilfe: 1–2 |
| | | Zum Umlagern zählen Maßnahmen, die geeignet sind, einen Positionswechsel im Bett oder auf anderen Lagerungshilfen zu vollziehen, um auf diese Weise Folgeschäden durch langes Liegen in gleicher Position zu vermeiden; es ist jeder notwendige Hilfebedarf zu berücksichtigen, unabhängig davon, ob dieser im Zusammenhang mit einer Verrichtung aus den Bereichen der Körperpflege, der Ernährung oder der Mobilität erbracht wird, da das Umlagern selbst nicht Gegenstand des Verrichtungskatalogs nach § 14 Abs. 4 SGB XI ist | Umlagern: 2–3 |
| 11 | An- und Auskleiden | Als Hilfebedarf zu bewerten sind alle Hilfen, die für das Ausziehen der Nachtwäsche und das Anziehen von Tagesbekleidung (als ein Vorgang) notwendig sind, entsprechend ist umgekehrt das Auskleiden als ein Vorgang zu betrachten; Hilfebedarf kann z. B. bestehen beim Öffnen/Verschließen von Kleidungsstücken, der Auswahl der Kleidung und deren Entnahme aus einem Schrank/einer Kommode, das An-/Ausziehen von Schuhen, das An-/Ablegen von Kompressionsstrümpfen der Kompressionsklasse 1; werden Korsetts, Stützstrümpfe, Orthesen/Prothesen an- bzw. abgelegt, ist der dafür notwendige Zeitaufwand individuell zu ermitteln; An- und Entkleiden fällt regelmäßig zweimal täglich an; darüber hinaus sind ggf. notwendige Teilan-/Entkleidungen berücksichtigungsfähig bei mindestens wöchentlichem und dauerhaftem Anfallen<br>Besonderheiten können durch verrichtungsbezogene krankheitsspezifische Pflegemaßnahmen vorliegen (z. B. An-/Ablegen von Kompressionsstrümpfen an Klasse 2) oder durch die Pflege erschwerende Faktoren (z. B. ein Körpergewicht von mehr als 80 kg); der dafür benötigte Zeitaufwand ist gesondert zu berücksichtigen | Ankleiden gesamt: 8–10<br>Ankleiden Ober-/Unterkörper (als Teilentkleidung): 5–6<br>Entkleiden gesamt: 4–6<br>Entkleiden Ober-/Unterkörper (als Teilentkleidung): 2–3 |

◼ **Tab. 7.1** Fortsetzung

| Lfd. Nr. | Verrichtung | Erläuterungen (lt. BRi) | Zeitorientierungs-werte (in Minuten) |
|---|---|---|---|
| 12 | Gehen | Berücksichtigungsfähig ist das Gehen, Stehen, Treppensteigen innerhalb der Wohnung nur im Zusammenhang mit anerkennungsfähigen Verrichtungen; Gehen meint dabei neben der körperlichen Fähigkeit der Fortbewegung auch die Fähigkeit des zielgerichteten und vernunftgeleiteten Gehens, in die Verrichtung eingeschlossen sein kann auch das Aufstehen und das Hinsetzen; für das Gehen im Zusammenhang mit einer Verrichtung nach § 14 Abs. 4 SGB XI ist – unter Zugrundelegung einer durchschnittlichen häuslichen Wohnsituation – eine einfache Wegstrecke von 8 Metern anzunehmen, dabei ist jede Wegstrecke als eine Verrichtung zu bewerten, d. h. Hin- und Rückweg gelten als zwei Verrichtungen | Es existieren keine Vorgaben, vorliegender Hilfebedarf ist individuell zu ermitteln |
| 13 | Stehen (Transfer) | Hilfestellungen beim Stehen und bei notwendigen Transfers sind immer dann zu berücksichtigen, wenn sie in einem unmittelbaren Zusammenhang zu einer gesetzlich definierten Verrichtung stehen (z. B. das Stehen während der Intimhygiene nach Blasen- oder Darmentleerung oder der Transfer vom Rollstuhl auf den Toilettenstuhl); jedes Stehen/jeder Transfer ist einzeln zu berücksichtigen, ein Hin- und ein Rücktransfer sind also zwei Verrichtungen | Transfer vom Rollstuhl in den Toilettenstuhl/ in die Badewanne/die Dusche und jeweils zurück: je 1 |
| 14 | Treppensteigen | Zu berücksichtigen ist das Überwinden von Stufen innerhalb der Wohnung; zu prüfen ist, ob das Überwinden von Stufen für die Ausführung der mit dem Verrichtungskatalog (§ 14 Abs. 4 SGB XI) genannten Verrichtungen notwendig ist; ist dies erforderlich, ist der jeweils benötigte Zeitaufwand durch Demonstration zu ermitteln; für die Ermittlung des Hilfebedarfs in stationären Pflegeeinrichtungen gilt die durchschnittliche häusliche Wohnsituation (Abschnitt C2.4 der BRi), wonach das Treppensteigen entfällt | Es existieren keine Vorgaben, vorliegender Hilfebedarf ist individuell zu ermitteln |
| 15 | Verlassen/ Wiederaufsuchen der Wohnung | Berücksichtigungsfähig sind nur Maßnahmen bzw. Anlässe, die das persönliche Erscheinen erfordern und für die Aufrechterhaltung der Lebensführung zu Hause unabdingbar sind; die Maßnahmen bzw. Anlässe außer Haus müssen regelmäßig und auf Dauer anfallen (Mindestens wöchentlich für einen Zeitraum von 6 Monaten Nicht berücksichtigungsfähig sind Leistungen der medizinischen Rehabilitation, der primären Prävention, Maßnahmen der Eingliederungshilfe Berücksichtigungsfähiger Hilfebedarf besteht für die Verrichtungen Gehen, Stehen, Treppensteigen außerhalb der Wohnung; ferner sind Fahrzeiten im Sinne einer Begleitung zu berücksichtigen, wenn während der Fahrt Beaufsichtigungsbedarf besteht, desgleichen Warte- und Begleitzeiten, wenn die Begleitperson dadurch zeitlich und örtlich gebunden wird | Es existieren keine Vorgaben, vorliegender Hilfebedarf ist individuell zu ermitteln Wartezeiten beim Aufsuchen von Ärzten/Therapeuten bis zu 45 Minuten |

7

◻ **Tab. 7.1** Fortsetzung

| Lfd. Nr. | Verrichtung | Erläuterungen (lt. BRi) | Zeitorientierungs-werte (in Minuten) |
|---|---|---|---|
| D4.4 Hauswirtschaftliche Versorgung<br>Zu berücksichtigen ist der individuelle Hilfebedarf bei den nachfolgend genannten Tätig-keiten, die allein bezogen auf den Antragsteller anfallen | | | |
| 16 | Einkaufen | Neben dem Einkaufen selbst ist sowohl die Information (Preis-werte, Lagerung) über als auch die Planung (erforderliche Menge) bei der Beschaffung von Lebens-, Körperpflege- und Reinigungsmitteln berücksichtigungsfähig, dies schließt Be-sonderheiten für eine diätetische Versorgung mit ein | Zeitorientierungswer-te sind nicht vorgege-ben; der notwendige Zeitaufwand soll in Stunden pro Woche geschätzt werden; nach § 15 Abs. 3 SGB XI ist ein zeitlich nicht näher definier-ter hauswirtschaft-licher Hilfebedarf Voraussetzung für die Anerkennung von Pflegebedürftigkeit; nach § 15 Abs. 1 SGB XI muss dieser wö-chentlich mehrfach anfallen |
| 17 | Kochen | Anrechenbar ist die gesamte Nahrungszubereitung, die Erstel-lung von Speiseplänen (ggf. unter diätetischen Gesichtspunk-ten) für eine altersadäquate und gesunde Ernährung; in den Hilfebedarf einzubeziehen ist auch das Bedienen technischer Geräte sowie Zeit für Mengenkalkulation und Garzeiten | |
| 18 | Reinigen der Wohnung | Zu berücksichtigen ist die Zeit für Reinigung von Fußböden, Möbeln, Fenstern, Haushaltsgeräten im alltäglichen Lebensbe-reich; berücksichtigungsfähig ist auch die Zeit, die für die An-eignung von Kenntnissen über Reinigungsmittel und -geräte notwendig ist sowie für das Bettenmachen | |
| 19 | Spülen | Manuelles oder maschinelles Spülen | |
| 20 | Wechseln und Waschen der Wäsche und Kleidung | Beziehen des Bettes, Sortieren der Wäsche, das Waschen der Wäsche, das Aufhängen der Wäsche zum Trocknen, Bügeln, Ausbessern und das Einräumen der Wäsche in einen Schrank | |
| 21 | Beheizen | Beschaffung und Entsorgung von Heizmaterial bzw. dessen Rückständen | |

Im Rahmen eines Exkurses wurde auf die unzeitgemäße Verwendung der Begriffe der »Grundpflege« und der »Behandlungspflege« aufmerksam gemacht und festgestellt, dass die Verwendung dieser Termini eine nur wenig ausgeprägte pflegerische Professionalität widerspiegelt. Die Hintergründe dafür finden sich in der Tatsache, dass diese Begrifflichkeiten ursprünglich keinen direkten pflegerischen Zusammenhang hatten, sondern der betriebswirtschaftlichen Terminologie des Krankenhauswesens entstammen und somit primär Kostenfaktoren beschreiben, nicht aber die Bedarfslagen pflegebedürftiger Menschen.

## Literatur

Bartholomeyczik S (1997) Nachdenken über Sprache – Professionalisierung der Pflege. In: Zegelin A: Sprache und Pflege. Ulstein/Mosby, Berlin

Klie T, Krahmer U (1998) (Hrsg) Soziale Pflegeversicherung. Lehr- und Praxiskommentar. Nomos, Baden-Baden

Medizinischer Dienst des Spitzenverbandes Bund der Krankenkassen e.V. – MDS (2013) Richtlinien des GKV-Spitzenverbandes zur Begutachtung von Pflegebedürftigkeit nach dem XI. Buch des Sozialgesetzbuches. ▶ http://www.gkv-spitzenverband.de/pflegeversicherung/richtlinien_vereinbarungen_formulare/richtlinien_vereinbarungen_formulare.jsp. Zugegriffen: 05. Februar 2014

Müller E (1998) Grundpflege und Behandlungspflege. Historische Wurzeln eines reformbedürftigen Begriffs. PfleGe 2(3): 1 ff

# Orientierungswerte zur Pflegezeitbemessung

*Klaus-Peter Buchmann*

Die Begutachtungs-Richtlinien (BRi) verstehen die Zeitorientierungswerte als ein Hilfsmittel der Objektivierung der Pflegezeitbemessung. Sie werden für die Verrichtungen der Grundpflege (§ 14 SGB XI) erfasst. Als Begründung dafür dient den BRi das Gebot der sozialen Gerechtigkeit als eine Ausdrucksform des gelebten Sozial- und Rechtsstaates.

Das aufmerksame Lesen dieses Abschnitts der BRi wirft jedoch mehr Fragen auf als Antworten, wie z. B. über den Umgang mit den Zeitorientierungswerten, gegeben werden. Dies dürfte dem System der Zeitorientierungswerte selbst geschuldet sein, weil die gewollte Objektivierung der Pflegezeit dem Individualitätsprinzip gegenübersteht.

Nachfolgend werden die wesentlichen Definitionen und Schwerpunkte des Abschnitts F der BRi untersucht. Die Betrachtungen im Einzelnen werden zu dem Ergebnis führen, dass die Zeitorientierungswerte ein Konstrukt darstellen, mit dem Pflegehandlungen zeitlich bewertet werden, ohne dass äußere wirksame Einflussfaktoren erkennbar berücksichtigt sind. Die BRi stellen die Zeitorientierungswerte als zeitlichen Hilfebedarf der jeweils zu pflegenden Person bei den einzelnen Verrichtungen dar. Inwieweit dies aus pflegewissenschaftlicher, aber auch aus ethischer Perspektive sachgerecht ist, gilt es zu hinterfragen.

## 8.1    Prämissen bei der Zeitbemessung

Für die Feststellung des individuellen Hilfebedarfs gelten nach Abschnitt F für die Gutachter der MDK bzw. für die durch die Pflegekassen beauftragten Gutachter folgende Voraussetzungen:

- Die Zeitorientierungswerte sind keine verbindlichen Vorgaben, sie besitzen lediglich Leitfunktion.
- Trotz der Zeitorientierungswerte besteht die Pflicht, den Hilfebedarf nach der individuellen Situation des Einzelfalls für die Verrichtungen der Grundpflege zu ermitteln. Das heißt, vorliegende Besonderheiten sind zu berücksichtigen; ein Hilfebedarf kann davon nicht losgelöst festgestellt werden.
- Die Zeitorientierungswerte dienen allein der Feststellung des Vorliegens der Leistungs-

voraussetzungen. Dabei verbieten sich Rückschlüsse auf die personelle Besetzung von bzw. in Pflegeeinrichtungen, weil den Zeitorientierungswerten die sogenannte Laienpflege bei vollständiger Übernahme einer Verrichtung zugrunde gelegt ist.

### ▪▪  Hinweis für die Praxis

Unabhängig von der Pflegesituation (ambulant oder stationär) und davon, wer die pflegerische Versorgung übernommen hat (Angehöriger, Nachbar, Freund oder eine beruflich pflegende Person), unterstellen die BRi bei der Pflegezeitbemessung immer die Pflege durch in der Pflege nicht ausgebildete Personen, also durch Laien. Das heißt, bei Fallkonstellationen, in denen die Pflege beruflich Pflegenden (Pflegedienste, Pflegeeinrichtungen) übertragen wurde, kann eine gering bewertete Hilfebedarfszeit nicht mit dem Argument gerechtfertigt werden, dass professionell gepflegt wird, worauf die Gutachter der MDK gelegentlich hinzuweisen sind.

### 8.1.1    Laienpflege als Grundlage für die Zeitmessung

Die Zugrundelegung der Laienpflege bei der Zeitbemessung ist jedoch nicht als eine Form von Großzügigkeit der BRi zu verstehen, sondern liegt vielmehr darin begründet, dass insbesondere intime Pflegehandlungen zumindest ein gewisses Maß an Vertrautheit voraussetzen, um diese annehmen bzw. zulassen zu können. Dies wiederum setzt bestehende Beziehungen zwischen Pflegenden und zu Pflegenden voraus, die bei der Pflege z. B. durch Angehörige unterstellt werden können, während solche Beziehungen bei der Pflege durch Dritte (z. B. einen Pflegedienst) erst aufgebaut werden müssen. Dies würde sich jedoch auf den Zeitbedarf niederschlagen, was hier allerdings unberücksichtigt bleibt.

Pflege ist Beziehungspflege, also der Aufbau und die Sorge um Beziehungen. Weil sich die Pflegezeitbemessung hier aber allein auf das »mechanischen« Verrichten der Pflege oder das »Handwerkliche« bezieht, ist die »Beziehungsarbeit« ausgeklammert (vgl. Bartholomeyczik 2007, S. 244).

Nach Abschnitt D4.0/I der BRi bleibt die Individualität der Pflegeperson unberücksichtigt. Zu den Kooperationsmöglichkeiten und -fähigkeiten des Pflegebedürftigen, als Einflussfaktor auf die Ausführung der Pflege, kommen die der Pflegeperson jedoch hinzu. Beides sind auf die Pflege nicht unwesentlich wirkende Determinanten. Das heißt, die wesentlich auf die Pflege wirkenden Faktoren (Person des zu Pflegenden und Pflegeperson) sind bei der Zeitermittlung für die Pflege ausgeklammert. Beleg dafür ist beispielsweise auch, dass die Zeitorientierungswerte keinen Unterschied der einzelnen Pflegestufen kennen. Demnach ist der Grad der Pflegeabhängigkeit (Pflegestufe) kein sich auf die Pflegezeit auswirkender Faktor.

### 8.1.2 Zeitwerte sind Orientierungswerte

Den Zeitorientierungswerten ist jeweils die vollständige Übernahme der Verrichtungen zugrunde gelegt. Das heißt, die »Leitfunktion« (Gaertner et al. 2009, S. 79) bzw. der durch die BRi als solches bezeichnete »Orientierungsrahmen« der Zeitorientierungswerte ist – rein zeitlich betrachtet – nur von Bedeutung, wenn es um die entsprechende Hilfeform der vollständigen Übernahme für die jeweiligen Verrichtungen geht.

Überschreitungen der oberen Korridorwerte der Zeitorientierungswerte bedürfen stets einer Begründung durch die Gutachter. Dies gilt jedoch auch umgekehrt: Wird die Notwendigkeit des Überschreitens der Zeitorientierungswerte bei vollständiger Übernahme der Verrichtung durch die Pflegeperson geltend gemacht (beispielsweise bei Vorliegen pflegeerschwerender Faktoren), ist dies ebenso zu begründen. Dies dürfte für die Pflegepersonen, unter Hinweis auf die Komplexität der Pflegesituation, in aller Regel jedoch einfacher darzustellen sein, als es den Gutachtern im Rahmen eines einzigen Hausbesuchs zu erfassen möglich ist.

❯ Den Pflegenden sollte es möglich sein, in Kenntnis der Gesamtsituation den Nachweis zu führen, dass die Umstände der individuellen Situation des Einzelfalls bei der Begutachtung nicht hinreichend Berücksichtigung gefunden haben. Dies wäre dann auf jeden einzelnen angegebenen Zeitwert der jeweiligen Verrichtung zu beziehen.

### 8.2 Verrichtungsbezogene krankheitsspezifische Pflegemaßnahmen

Wird durch den Gutachter der MDK oder den von den Pflegekassen beauftragten Gutachter die Notwendigkeit der vollständigen Übernahme einzelner Verrichtungen festgestellt, gleichzeitig aber ein von den Zeitorientierungswerten abweichender zeitlicher Hilfebedarf dokumentiert, ist dies im Formulargutachten zu begründen. Die entsprechenden Begründungen müssen insbesondere beinhalten:

- welche Verrichtung welche Hilfe erfordert; demnach ist eine differenzierte Beschreibung des die einzelnen Verrichtungen betreffenden Hilfebedarfs abzugeben;
- die Darstellung ggf. zu berücksichtigender pflegeerleichternder/pflegeerschwerender Faktoren sowie – bei Vorliegen – verrichtungsbezogener krankheitsspezifischer Pflegemaßnahmen.

Bei verrichtungsbezogenen krankheitsspezifischen Pflegemaßnahmen handelt es sich nach den BRi im eigentlichen Sinne nicht um Verrichtungen im Sinne von § 14 Abs. 4 SGB XI, sondern ihrer Art nach um behandlungspflegerische Maßnahmen nach SGB V. Solche (behandlungspflegerischen) Maßnahmen sind dann als verrichtungsbezogene krankheitsspezifische Pflegemaßnahmen anzuerkennen, wenn sie objektiv notwendig und in einem unmittelbaren zeitlichen und sachlichen Zusammenhang mit der eigentlichen Verrichtung der Grundpflege zu erbringen sind (▶ Abschn. 7.3.2); dies gilt auch bei Begutachtung in stationären Pflegeeinrichtungen. Beispielhaft hierfür ließe sich eine Wundversorgung im Zusammenhang mit der Körperpflege beschreiben, eine notwendige Verabreichung von Sauerstoff, durch die die Verrichtung unterbrochen werden muss oder die orotracheale Sekretabsaugung vor, während oder nach dem Waschen, das Anlegen von Kompressionsstrümpfen ab Klasse 2 etc.

Eine zeitliche Bewertung des durch verrichtungsbezogene krankheitsspezifische Pflegemaßnahmen entstehenden Mehrbedarfs hat nach dem tatsächlich notwendigen Zeiterfordernis zu erfolgen. Der Mehrbedarf an Zeit ist dem der jeweiligen Verrichtung, mit der sie in unmittelbaren Zusammenhang steht, hinzuzurechnen, als Summenwert im Formulargutachten anzugeben und zu erläutern.

> ● Verrichtungsbezogene krankheitsspezifische Pflegemaßnahmen sind regelmäßig als pflegeerschwerende Faktoren zu werten und zeitlich entsprechend zu berücksichtigen.

Beachtet werden sollte, dass die durch die MDK ermittelten Hilfebedarfszeiten im Gutachten auch dann zu erläutern sind, wenn andere Hilfeformen als die vollständige Übernahme (oder Mischformen) dokumentiert worden sind und der angegebene Zeitbedarf nicht von den Korridoren der Zeitorientierungswerte abweicht. Dafür sind im Formulargutachten in den Punkten 4.1–4.3 bzw. 4.5 die Felder »Erläuterungen« vorgesehen. Mit den inhaltlichen Begründungen ist durch die Gutachter darzulegen, um welche Formen der Hilfe es sich im Einzelnen handelt. Pflegeerleichternde/pflegeerschwerende Faktoren sind hier zu benennen. Anzugeben ist auch, ob und in welchem Umfang aktivierend gepflegt wird.

## 8.3    Aktivierende Pflege

Grundsätzlich gehen die BRi von einer aktivierenden Pflege aus (siehe Abschnitt D4.0/III/6 der BRi). Sowohl mit den Ausführungen hier als auch im Abschnitt F der BRi wird zum Ausdruck gebracht, dass diese Form der Pflege ggf. einen höheren Zeitbedarf begründen kann, als für die einzelnen Verrichtungen bei vollständiger Übernahme mit den Zeitorientierungswerten niedergelegt ist. Dies bedeutet zugleich, dass eine Hilfeleistung nicht automatisch eine – in welcher Form auch immer – praktische Handlung im Sinne der Grundpflege sein muss, sondern beispielsweise auch allein in der Anwesenheit der Pflegeperson, etwa zum Zweck der Anleitung und/oder der Beaufsichtigung bestehen kann. Nach Bartholomeyczik (2001,S. 6) kann daraus abgeleitet werden, dass nicht allein »handwerkliche« Tätigkeiten im Vordergrund der Betrachtungen stehen können, sondern zugleich »die Fähigkeiten und Fertigkeiten von Pflegenden und Gepflegten und deren Ziele«. Dies ist in den Zeitorientierungswerten der BRi jedoch nicht erkennbar und lässt die Logik des Systems der Zeitorientierungswerte zumindest jedoch zweifelhaft werden, was für sich betrachtet genügend Anlass zu Widerspruch bietet.

Mit der Einführung der Zeitorientierungswerte ist – wie bereits erwähnt – gleichzeitig darauf hingewiesen worden, dass diese die Gutachter nicht von der Pflicht entbinden, die jeweils individuelle Pflegesituation im Gutachten zu dokumentieren. Dabei geht es um die Darstellung der Besonderheiten des Einzelfalls, die Maßstab für die Bearbeitung der Punkte 4.1–4.4 sind.

Die BRi scheinen damit einerseits dem Stand des pflegefachlich gesicherten Wissens zu folgen, dass die Umgebung, in der Pflege sich vollzieht, ein weiterer wesentlicher Einflussfaktor bezüglich der aufzuwendenden Pflegezeit bildet. Dass die Bewertung der Hilfebedarfszeiten in der Praxis davon jedoch sehr weit weg zu sein scheint, liegt darin begründet, dass allein die Ausführung der Verrichtungen zeitlich zu bewerten ist. Dies zeigen die mit den Abschnitten D4.1–D4.4 der BRi vorgegebenen Definitionen der Verrichtungen (siehe auch Abschnitt F).

> ● Andererseits soll mit der Berücksichtigung der individuellen Gegebenheiten die Begutachtungsqualität gesichert werden. Es wird darauf hingewiesen, dass die Angaben im Formulargutachten ggf. auch einer juristischen Prüfung standhalten müssen.

## 8.4    Besonderheit des Einzelfalls

● **Erläuterungen zum Einzelfall**

Die BRi normieren das Herausstellen und die Dokumentation der individuellen Besonderheiten des Einzelfalls in den Punkten 4.1–4.3. Hingegen sieht das Gutachtenformular im Gegensatz dazu »Erläuterungen« zu den Angaben der jeweiligen Abschnitte vor. Demnach kann das Gutachtenformular auch so verstanden werden, dass Erläuterungen zu den Angaben in den jeweiligen Tabellen gefordert sind, also zum festgestellten Hilfebedarf, mithin der Form, der Häufigkeit und des bemessenen Zeitaufwandes.

Die Analyse der in Formulargutachten vorfindbaren »Erläuterungen« lässt erkennen, dass sich die Gutachter augenscheinlich veranlasst sehen, ihre Angaben zum festgestellten Hilfebedarf zu erläutern, nicht aber die besonderen Umstände des Einzelfalls, was Abschnitt F der BRi bei genauer Betrachtung jedoch verlangt. Darin besteht ein signifikanter Unterschied.

- **Häufige Formulierungen**

Soweit Zweck und Absicht der Regelungen einleuchtend sind, stellt sich die Frage, inwieweit diese Handlungsanweisungen der BRi in der Praxis durch die Gutachter umgesetzt werden. Finden sich in den Formulargutachten für entsprechende Fallkonstellationen verbale Erläuterungen außerhalb der Tabellen, z. B. in den Punkten 4.1–4.3 bzw. 4.5, sind diese meist als Stichpunkte formuliert, die oftmals den Anspruch nachvollziehbarer Begründungen entbehren. Die folgenden Formulierungsbeispiele belegen das.

**Beispiele für nicht eindeutig nachvollziehbare Formulierungen**

- Erläuterungen zur Körperpflege:
  - »U=Vor- und Nachbereitung. A=Aufforderung, B=Durchführungskontrolle«
  - »Gründliche Korrekturmaßnahmen«
  - »Toilettentraining«
- Erläuterungen zur Ernährung:
  - »Öffnen von Verschlüssen, Bechern usw.«
  - »Teilen großer Nahrungsstücke«
  - »siehe 3.2«
- Erläuterungen zur Mobilität:
  - »Hilfe Überkopfziehen«
  - »Einfädeln der Hosenbeine«
  - »Duschtransfer – zeitlich nicht relevant«

Die hier gewählten Beispiele finden sich in den Gutachten in verschiedenen Variationen. Auffällig ist dabei, dass sie zwar alle einen Hilfebedarf be-

schreiben, aber Beschreibungen der Individualität des Einzelfalls fehlen. Hier können Widerspruchs- und/oder Klagebegründungen gleichfalls ansetzen und auf formale und inhaltliche Verletzung der Vorgaben der BRi verweisen.

Da sich die jeweils länderübergreifend anzutreffenden Formulierungen sehr ähneln, ist auch hier zu vermuten, dass vorbereitete Textbausteine Verwendung finden, die dann jedoch ebenfalls nichts mit einer individuellen Darstellung der jeweiligen Pflegesituation zu tun hätten.

Die Beispiele zeigen, dass sie im eigentlichen Sinn keine Begründung für den jeweils vorliegenden bzw. festgestellten Hilfebedarf im Sinne der BRi beinhalten. Begründungen dienen dem Zweck, Sicherheit bzw. Gewissheit hinsichtlich der Legitimität einer Aussage zu erlangen. Anzumerken ist, dass dieser Umstand sehr wahrscheinlich auf die Inkonsistenz der BRi einerseits und des Instruments zur Erhebung des Pflegebedarfs (Formulargutachten) andererseits zurückzuführen ist.

> Überall dort, wo Erläuterungen zu den individuellen Voraussetzungen bzw. Gegebenheiten der Leistungserbringung fehlen, sind die Vorgaben der BRi regelmäßig nicht erfüllt, da das Individualitätsprinzip missachtet bleibt.

- - **Hinweis für die Praxis**

In solchen Fällen werden die mit den BRi beschriebenen Ziele und Ansprüche ad absurdum geführt. Auch hier und immer dann gilt, dass in dieser Weise bearbeitete Formulargutachten hinreichend Raum für Begründungen in Widerspruchs- und/oder Klageverfahren bieten und zwar sowohl formal als auch inhaltlich. Hier sind dann die tatsächlichen Umstände der Leistungserbringung mit der jeweiligen Individualität des Einzelfalls darzustellen, die zugleich die Begründung dafür bietet, dass das jeweilige Gutachten nicht richtlinienkonform erarbeitet worden ist.

- **Gutachten werden aus Mitteln der Solidargemeinschaft bezahlt**

Die von den Pflegekassen beauftragten Gutachter bzw. die Gutachter der MDK jeweils abzugebenden Erläuterungen zum vorliegenden Hilfebedarf sind nach Abschnitt F der BRi ein wesentlicher Bestandteil des Gutachtenauftrages. Daraus lässt sich schlussfolgern, dass überall dort, wo entsprechende Erläuterungen zum individuell festgestellten Hilfebedarf fehlen, der Gutachtenauftrag nicht, jedenfalls nicht vollumfänglich, erfüllt wurde. In diesem Zusammenhang sei – wenn auch nur am Rande und der Vollständigkeit halber – erwähnt, dass der Umstand nicht auftragsgemäßer Bearbeitung der Gutachten sowohl einen ökonomischen wie auch einen ethischen Aspekt trägt. Einen ökonomischen insofern, als dass zu fragen wäre, inwieweit die nicht auftragsgemäße Bearbeitung der Gutachten eine Vergütung derselben (aus Beitragsmitteln) rechtfertigt. Darüber hinaus ist zu bedenken, dass die antragstellenden Versicherten aber auch deswegen ein Recht auf eine bestimmungsgemäße Begutachtung haben, weil sie die Leistung der Begutachtung durch eingezahlte Beitragsmittel im Regelfall bereits bezahlt haben. In diesem Zusammenhang sei auch erwähnt, dass die logische Konsequenz nicht bestimmungsgemäß bearbeiteter Gutachtenaufträge eine Kürzung der Vergütung der Begutachtungen zur Folge haben müsste, was gleichzeitig auch Ausdruck eines verantwortungsbewussten Umgangs mit den finanziellen Beiträgen der Solidargemeinschaft wäre.

## 8.5    Hilfe durch Anleitung und Beaufsichtigung

Mit Abschnitt F der BRi wird ausgeführt, dass der Hilfebedarf für Menschen mit geistigen Behinderungen und psychischen Erkrankungen als primäre Hilfeform nicht die vollständige Übernahme von Verrichtungen ist, sondern hier vorrangig Anleitung und Beaufsichtigung Bedeutung erlangt. Diese Hilfeformen sind den Zeitorientierungswerten ausdrücklich nicht zugrunde gelegt. Die BRi gehen davon aus, dass für die Hilfe durch Anleitung und Beaufsichtigung ein höherer Zeitaufwand zu erwarten ist. Es besteht für die Gutachter in jedem Einzelfall die Notwendigkeit der Begründung.

Bei hier nicht ausreichend berücksichtigtem Hilfebedarf sollten – sofern vorhanden – die abgegebenen Begründungen der Gutachter sehr genau analysiert und ihnen ggf. gegenübergestellt werden, aus welchen Gründen der ermittelte Hilfebedarf nicht dem tatsächlichen entsprechen kann. So wäre beispielsweise zu prüfen, ob sowohl die Anleitung als auch die Beaufsichtigung die Anwesenheit der Pflegeperson während der gesamten Verrichtung erfordert, ob Verrichtungen demonstriert und/oder zum Zweck der Aktivierung gemeinsam ausgeführt werden müssen. Hier wäre dann der tatsächlich entstehende Zeitaufwand für die jeweiligen Verrichtungen anzurechnen.

- **Beaufsichtigung als stärker zu berücksichtigende Hilfeform**

Mit Studien zur Pflegezeitbemessung des Bundesministeriums für Arbeit und Sozialordnung (Bartholomeyczik et al. 1999; Landau et al. 2000) wurde bereits festgestellt, dass ca. ein Drittel der täglich aufgewendeten Pflegezeit durch »notwendige Beaufsichtigungen und therapeutische/präventive Maßnahmen« ausgefüllt wird. Konstatiert wird in diesem Zusammenhang, dass die Nichtberücksichtigung dieser Pflegehandlungen innerhalb der BRi sehr wahrscheinlich eine wesentliche Ursache für die nur geringe Akzeptanz der Zeitorientierungswerte ist. Aus den Untersuchungen wurde nicht nur resümiert, dass Beaufsichtigung vor allem bei demenziell erkrankten Menschen unumgänglich ist. Darüber hinaus wurde berichtet, dass es für den überwiegenden Teil der Pflegenden einsichtig gewesen ist, dass Beaufsichtigung zeitlich nicht wie Pflegehandlungen bewertet werden kann. Nicht einsichtig war den Untersuchungsteilnehmern hingegen, dass diese gar keine Berücksichtigung finden, was aus der Perspektive der Pflegenden auch nur unschwer nachvollziehbar ist.

- **Anleitung und Beaufsichtigung**

Vor dem Hintergrund einer steigenden Zahl pflegebedürftiger Menschen mit kognitiven Einschränkungen und sich daraus ergebenden pflegerischen Besonderheiten soll auf die Hilfeformen der Anleitung und Beaufsichtigung in besonderer Weise hingewiesen werden. In den Gutachten der MDK ist die Berücksichtigung z. B. demenzbedingter Fähigkeitsstörungen häufig unterrepräsentiert.

❯ Es empfiehlt sich eine sehr genaue Prüfung der Angaben im Punkt 3.2 (Beschreibung der Schädigungen/Beeinträchtigungen der Aktivitäten/Ressourcen), wie auch der Angaben im Punkt 3.4 (Screening und Assessment zur Feststellung erheblich eingeschränkter Alltagskompetenz). In diesem Zusammenhang bestehende, die Pflege erschwerende Faktoren, wie Abwehrverhalten aufgrund fehlender Krankheitseinsicht und/oder aufwendige Umstimmungs- bzw. Motivationsgespräche (beispielsweise bei Menschen mit depressiver Episode), sind dem Hilfebedarf bei den einzelnen Verrichtungen zuzuerkennen und zeitlich zu bewerten. Hier gibt es für die Gutachter keine Regelungen zur Anwendung der Zeitorientierungswerte außer der generell geltenden Norm, wonach der tatsächlich notwendige Zeitaufwand als Hilfebedarf zu berücksichtigen ist.

▪▪ **Hinweis für die Praxis**
Hier sollten sich die Pflegepersonen ihre zumeist detaillierteren und differenzierteren Kenntnisse der jeweiligen Pflegesituation zunutze machen. Die begründete und glaubhafte Darstellung des gesamten Ausmaßes notwendiger Hilfen, die in einem einzigen Hausbesuch (durch den MDK bzw. beauftragte Gutachter) auch nur schwerlich erfasst werden können, sollten im Widerspruchs- bzw. Klageverfahren vorgetragen werden.

## 8.6 Ablehnende Leistungs-/ Widerspruchsbescheide

Wie in den Formulargutachten mit vorformulierten Textbausteinen gearbeitet zu werden scheint, kann dies auch bei ablehnenden Leistungs- bzw. Widerspruchsbescheiden beobachtet werden. Dies zeigt das nachfolgende Beispiel:

**Beispiel**
»Auf der Grundlage der gemäß § 17 SGB XI vom Spitzenverband Bund der Pflegekassen erlassenen Begutachtungs-Richtlinien mit ihrem Anhang Orientierungswerte zur Pflegezeitbemessung für die in § 14 SGB XI genannten Verrichtungen der Grundpflege ermöglicht wird, dass auf der Basis der bisherigen Erfahrungen mit dem Begutachtungsgeschehen noch stärker als in der Vergangenheit bundesweit eine Begutachtung nach einheitlichen Kriterien gewährleistet wird und somit eine einheitliche Rechtsanwendung möglich ist. (…) Die in den Zeitorientierungswerten aufgeführten Zeitkorridore für die einzelnen Verrichtungen stellen Anhaltsgrößen im Sinne eines Orientierungsrahmens für die Feststellung des erforderlichen Zeitaufwandes der notwendigen Hilfeleistungen dar. Aufgrund der nachvollziehbaren und in sich schlüssigen Feststellungen im MDK-Gutachten besteht ein grundpflegerischer Hilfebedarf von täglich xx Minuten.«

Solche und ähnlich lautende Formulierungen finden sich länder- und kassenübergreifend. Sie beschreiben jedoch zunächst nicht mehr als den Anspruch der im Jahr 1997 in die BRi aufgenommenen Zeitorientierungswerte. Die Realität treffen diese Formulierungen häufig nicht. Hinzu kommt, dass die Zeitorientierungswerte nur begrenzt als geeignet gelten können, Hilfebedarf abzubilden.

Im Bericht des Expertenbeirats zur konkreten Ausgestaltung des neuen Pflegebedürftigkeitsbegriffs vom 27. Juni 2013 wird schließlich festgestellt, dass es einer Neudefinition des Begriffs der Pflegebedürftigkeit sowie eines neuen Begutachtungsinstruments vor allem auch deswegen bedarf, weil »der Faktor ‚Zeit' (…) nach pflegewissenschaftlichen Erkenntnissen als Bemessungsgröße für das Ausmaß der im Einzelfall benötigten Hilfen nicht sachgerecht [ist]«.

## 8.7 Evaluation von Zeitorientierungswerten

Das im Jahr 1998 zuständige Bundesministerium für Arbeit und Sozialordnung hatte zwei Forschungsaufträge vergeben, mit denen die Zeitorientierungswerte der BRi überprüft werden sollten. Ferner sollte untersucht werden, welche Einflüsse auf die Dauer pflegerischer Handlungen wirken. Darüber hinaus sollte mit Hilfe der beauftragten

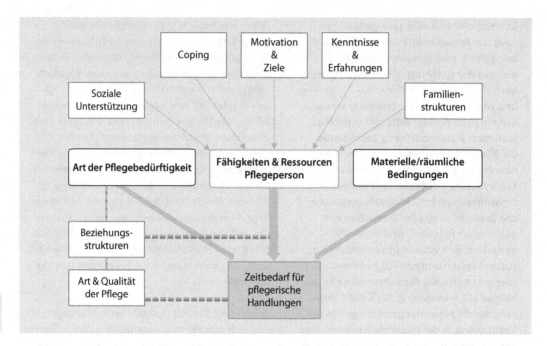

**Abb. 8.1** Einflussmodell auf den Pflegezeitbedarf bei häuslicher Pflege durch Angehörige. (Aus Bartholomeyczik et al. 1999, 2001, mit freundl. Genehmigung)

Studien beurteilt werden, ob Zeitvorgaben zur Feststellung von Pflegebedürftigkeit überhaupt geeignet sind (Bartholomeyczik et al. 1999; Landau et al. 2000).

**▪ Zweifel an den Zeitorientierungswerten**

Die Tatsache, dass eine wissenschaftliche Überprüfung der Zeitorientierungswerte in Auftrag gegeben wurde, könnte auch darauf schließen lassen, dass es bereits damals Zweifel am System der Feststellung von Pflegebedürftigkeit gegeben hat. Dass diese schließlich nicht unbegründet waren, belegen die Ergebnisse der Evaluationsstudien aus pflegewissenschaftlicher Perspektive. Dies begründet sich schon mit der einfachen Tatsache, dass sich die Erbringung von Pflegeleistungen in einem Haushalt A von denen in einem Haushalt B oder durch eine Familie C bereits dadurch unterscheiden, dass die äußeren Bedingungen, unter denen die Pflege jeweils erbracht wird, verschieden sind. So unterscheiden sich gleichfalls die handelnden Personen (Pflegende und zu Pflegende) durch ihre jeweiligen Handlungsmöglichkeiten, Kenntnisse und Erfahrungen genauso wie durch die äußeren Umstände,

unter denen sich die Pflege vollzieht (räumliche Bedingungen, materielle Voraussetzungen, Beziehungen der handelnden Personen zueinander etc.).

Demnach wird mit den Zeitorientierungswerten etwas gleichgesetzt, was objektiv nicht gleichzusetzen ist. Dies kann auch durch die Regelung der Berücksichtigung des individuellen Einzelfalls, die für die Gutachter maßgeblich ist – deren Berücksichtigung jedoch nur selten nachvollziehbar dargestellt wird – nicht geheilt werden.

## 8.7.1 Einflussfaktoren auf den Pflegezeitbedarf

Bartholomeyczik und Mitarbeiter (1998) haben auf der Grundlage einer umfangreichen Literaturanalyse ein Modell der Einflussfaktoren auf den Pflegezeitbedarf bei häuslicher Pflege durch Angehörige entwickelt (▪ Abb. 8.1).

Im Gegensatz zu den hier identifizierten Einflussfaktoren auf den Pflegezeitbedarf unterstellen die BRi eine Abhängigkeit des zeitlichen Umfangs der Hilfen hauptsächlich von den erforderlichen

Hilfeformen (z. B. der vollständigen oder teilweisen Übernahme einzelner anerkennungsfähiger Verrichtungen). Demnach käme bei der Feststellung des zeitlichen Hilfebedarfs dem Pflegebedürftigen mit seinen Fähigkeiten und Ressourcen, der Handlungskompetenz der Pflegepersonen und auch den äußeren Umständen (räumliche und sächliche Voraussetzungen, Hilfsmittel etc.) – wenn überhaupt – eine nur untergeordnete Bedeutung zu. Dies aber widerspricht dem Anspruch der BRi im Allgemeinen und dem Abschnitt F (Zeitorientierungswerte) im Besonderen, wonach der im Einzelfall bestehende individuelle Hilfebedarf maßgeblich zu sein hat.

So lässt sich davon ableiten, dass die BRi pflegerisches Handeln auf die Ausführung »mechanischer Tätigkeiten« reduzieren. Bartholomeyczik und Mitarbeiter (1999) sprechen in diesem Zusammenhang von »technischen Handlungsabläufen« und zwar in dem Sinne, dass bestimmte Funktionsausfälle durch festgelegte Hilfeformen, die ein bestimmtes Maß an Zeit binden, kompensiert werden sollen.

> **Pflegefachlich ist das die Frage nach der Standardisierbarkeit von Hilfebedarf und pflegerischem Handeln, die mit den Evaluationsstudien zur Pflegezeitbemessung teilweise anders beantwortet wird als mit den BRi. Die Zeitorientierungswerte der BRi sind standardisierte Ausführungszeiten für die wiederkehrenden Verrichtungen im Ablauf des täglichen Lebens im Sinne von § 14 Abs. 4 SGB XI.**

- **Grenzen der Zeitorientierungswerte**

Die BRi teilen im Abschnitt D4.0/V mit, dass die Zeitorientierungswerte auf den Erfahrungen mehrjähriger Gutachtertätigkeit erfahrener Pflegefachkräfte und Sozialmediziner beruhen. Außerdem liegen den Orientierungswerten zur Pflegezeitbemessung Erfahrungen aus mehr als 3 Millionen Begutachtungen zugrunde.

Wenn dies auch nicht zu bestreiten sein wird, stellt sich dennoch aber die Frage, ob diese quantitativen Angaben das System der Zeitorientierungswerte rechtfertigen und legitimieren können. Unter Berücksichtigung der weiteren Entwicklung pflegewissenschaftlicher Erkenntnisse ist, seitdem mehr

als eineinhalb Jahrzehnte nach Einführung der Zeitorientierungswerte vergangen sind, nunmehr unzweifelhaft festzustellen, was die Evaluationsstudien in den Jahren 1999/2000 bereits punktuell als Ergebnisse formuliert hatten, nämlich dass allein über den Faktor Zeit Hilfebedarf nicht wirklich abzubilden ist.

## 8.7.2 Gütekriterien der Zeitorientierungswerte

Gütekriterien für die Zeitorientierungswerte können nach hier vertretener Auffassung auch nicht durch mehr oder minder beeindruckende Zahlen durchgeführter Begutachtungen festgemacht werden. Gütekriterien müssen vielmehr wissenschaftlich überprüfbar sein und bedürfen einer entsprechenden Standhaltung. Als solche benennen die Evaluationsstudien (Landau et al. 2000, S. 11 ff.) Reliabilität (Zuverlässigkeit), Validität (Gültigkeit), Objektivität (Unabhängigkeit [hier von der Person des Gutachters]) und Reproduzierbarkeit (Nachvollziehbarkeit), an denen es den Zeitorientierungswerten jedoch mangelt.

Dass gerade die Kriterien der Objektivität und der Reliabilität bei den Zeitorientierungswerten nicht gegeben sind, zeigen z. B. häufig die Vergleiche von Ergebnissen aus Erst- und Widerspruchsgutachten. Die Ergebnisse der zeitlichen Bewertungen des Hilfebedarfs in vergleichsweise kurzen Zeitabständen aufeinanderfolgender Begutachtungen bei den gleichen Versicherten zeigen nicht selten zeitliche Bewertungsunterschiede von 50% und mehr (für diese Aussage wurden nur Gutachtenergebnisse verglichen, bei denen Erst- und Wiederholungsbegutachtung nicht länger als drei Monate auseinander lagen).

Die Zeitorientierungswerte können auch nicht als valide gelten, weil mit ihnen nicht erfasst wird, was eigentlich erfasst werden soll. Dies ergibt sich aus der Tatsache, dass mit den Punkten 4.1–4.3 des Formulargutachtens nicht Pflegebedürftigkeit gemessen wird, sondern der zeitliche Aufwand einer oder mehrerer Pflegeperson(en). Demnach ist davon auszugehen, dass eine gültige Beurteilung der mit § 14 Absatz 4 SGB XI genannten und anerkennungsfähigen Verrichtungen im praktischen

Begutachtungsverfahren nur schwerlich möglich sein dürfte (vgl. Bartholomeyczik et al. 2001, S. 104). Bartholomeyczik und Mitarbeiter stellten im Ergebnis ihrer Untersuchungen letztlich fest, dass die Orientierungswerte zur Pflegezeitbemessung die Leistungen bei Pflegebedürftigkeit kaum abbilden können. Die Zeitkorridore können demnach nur einen kleinen Teil notwendiger Pflegehandlungen abbilden, da sie ausschließlich die Hilfeformen bewerten. Hinzu kommt, dass die Hilfeform der vollständigen Übernahme im Kontext der BRi nicht genau definiert worden ist, was jedoch Voraussetzung gewesen wäre.

So gesehen erweist sich, dass der mit den BRi formulierte Anspruch bezüglich der Zeitorientierungswerte dem Gebot der sozialen Gerechtigkeit und einer Gleichbehandlung vergleichbarer Sachverhalten nachzukommen, fehl geht.

## Fazit

Mit diesem Kapitel wurden die Orientierungswerte zur Pflegezeitbemessung für die nach § 14 SGB XI anerkennungsfähigen Verrichtungen betrachtet. Dabei wurden die mit den BRi für die Gutachter der MDK bzw. für die von den Pflegekassen beauftragten Gutachter benannten Kriterien der Pflegezeitbemessung hervorgehoben und herausgestellt, dass die Zeitorientierungswerte die Gutachter in keinem Fall davon entbinden, den Hilfebedarf nach der individuellen Situation des Einzelfalls zu bewerten. In diesem Zusammenhang wurde aufgezeigt und begründet, dass das für das Begutachtungsverfahren insgesamt geltende Individualitätsprinzip dem System der Zeitorientierungswerte gegenübersteht.

Festzustellen war, dass die mit dem Abschnitt F der BRi vorgegebenen Zeitorientierungswerte ausschließlich für die Hilfeform der vollständigen Übernahme einer anerkennungsfähigen Verrichtung gelten und Über- bzw. Unterschreitungen der Zeitkorridore im Formulargutachten zu begründen sind. Es wurde herausgestellt, dass im Gegensatz dazu die Erläuterungen im Formulargutachten von den Gutachtern häufig als Erläuterungen ihrer Angaben zu festgestellten Hilfeformen und dem ermittelten Zeitbedarf fehlgedeutet werden; dies wurde mit Praxisbeispielen belegt.

Die Betrachtung der Zeitorientierungswerte lässt erkennen, dass bestimmte Einflussgrößen auf den Zeitbedarf mit den Orientierungswerten zur Pflegezeitbemessung unberücksichtigt geblieben sind. Mit den vom Bundesministerium für Arbeit und Sozialordnung im Jahr 1998 in Auftrag gegebenen Evaluationsstudien zur Pflegezeitbemessung ist bereits belegt worden, dass die Zeitorientierungswerte nur sehr bedingt geeignet sind, den jeweils tatsächlich vorliegenden Pflegebedarf abzubilden.

Dargestellt wurde, dass verrichtungsbezogene krankheitsspezifische Pflegemaßnahmen regelmäßig einen pflegeerschwerenden Faktor bilden, der zeitlich zu berücksichtigen ist. In diesem Zusammenhang ist es entscheidend, darlegen zu können, dass solche Pflegemaßnahmen in einem unmittelbaren zeitlichen und sachlichen Zusammenhang mit den Verrichtungen der Grundpflege stehen und diese objektiv notwendig sind. In solchen Fällen ist die für verrichtungsbezogene krankheitsspezifische Pflegemaßnahmen aufgewendete Zeit dem Zeitbedarf für die Verrichtungen der Grundpflege hinzuzurechnen.

Darüber hinaus wurde begründet, weshalb dem Aspekt der aktivierenden Pflege und den Hilfeformen der Anleitung und Beaufsichtigung bei der Bewertung der Pflegezeitbemessung durch die MDK besondere Aufmerksamkeit gewidmet werden sollte. Die aktivierende Pflege, zu deren Charakteristika sowohl die Anleitung als auch die Beaufsichtigung zu zählen ist, eröffnet Möglichkeiten, einen Pflegezeitbedarf außerhalb der Korridore der Zeitorientierungswerte glaubhaft zu begründen. Für die Praxis bedeutet dies, im Rahmen von Widerspruchs- bzw. Klageverfahren ggf. darzustellen, warum und weshalb beispielsweise die Anwesenheit der Pflegeperson während der Ausführung der gesamten Verrichtung erforderlich ist. Empfohlen wird in diesem Zusammenhang eine sehr genaue Prüfung der Angaben der Punkte 3.2 (Beschreibung der Schädigungen/Beeinträchtigungen der Aktivitäten/Ressourcen), und 3.4 (Screening und Assessment zur Feststellung erheblich eingeschränkter Alltagskompetenz). Etwa bestehende, die Pflege erschwerende Faktoren, wie Abwehrverhalten aufgrund fehlender Krankheitseinsicht und/oder

aufwendige Umstimmungs- bzw. Motivationsgespräche, sind dem Hilfebedarf bei den einzelnen
Verrichtungen ebenso zuzuerkennen und zeitlich
zu bewerten.

## Literatur

Bartholomeyczik S et al. (1998) Analyse des Bedarfs an
häuslicher und stationärer Pflege nach SGB XI – Auswertung von Begutachtungsdaten des MDK in Hessen. In:
Steppe H, Ulmer E, Saller R, Tuschen P, Weinand B (Hrsg)
Pflegebegutachtung – besser als ihr Ruf? Fachhoch-
schulverlag, Frankfurt/M

Bartholomeyczik S (2007) Pflegezeitbemessung unter
Berücksichtigung der Beziehungsarbeit. Pflege und
Gesellschaft, 12(3): 240 ff

Bartholomeyczik S, Hunstein D, Koch V, Zegelin-Abt A (2001)
Zeitrichtlinien zur Begutachtung des Pflegebedarfs.
Evaluation der Orientierungswerte für die Pflegezeitbe-
messung. Mabuse, Frankfurt/M

Bartholomeyczik S et al. (1999) Evaluation der Orientierungswerte für die Pflegezeitbemessung. Fachhochschule
Frankfurt/M, Kath. Fachhochschule Norddeutschland
Osnabrück, Universität Witten/Herdecke, Fachhochschule Neubrandenburg. Forschungsbericht des Bundesministeriums für Arbeit und Sozialordnung

Landau K, Brauchler R, Federhofer R, Bokranz R (2000)
Evaluation der Orientierungswerte für die Pflegezeitbemessung. REFA Verband für Arbeitsgestaltung,
Betriebsorganisation und Unternehmensentwicklung
e.V. Darmstadt, Institut für Arbeitswissenschaft der
Technischen Universität Darmstadt (IAD), Gesellschaft
für Wirtschaftsberatung zur Arbeits- und Betriebsorganisation mbH Landensberg (WAB). Forschungsbericht
des Bundesministeriums für Arbeit und Sozialordnung

Gaertner T et al. (Hrsg) (2009) Die Pflegeversicherung.
Begutachtung Qualitätsprüfung Beratung Fortbildung,
2. Aufl. De Gruyter, Berlin

GEK – Gmünder Ersatzkasse (Hrsg) (2007) Weichenstellung:
Altern in unserer Gesellschaft. Neue Herausforderungen
für das Gesundheitswesen (Schriftenreihe zur Gesundheitsanalyse, Bd 62). Asgard, St. Augustin

Medizinischer Dienst des Spitzenverbandes Bund der
Krankenkassen e.V. (MDS) (2009) Richtlinien des GKV-
Spitzenverbandes zur Begutachtung von Pflegebedürftigkeit nach dem XI. Buch des Sozialgesetzbuches.
▶ http://www.gkv-spitzenverband.de/pflegeversiche-
rung/richtlinien_vereinbarungen_formulare/richt-
linien_vereinbarungen_formulare.jsp. Zugegriffen: 05.
Februar 2014

# Formen der Begutachtung im Begutachtungsverfahren nach dem SGB XI

*Klaus-Peter Buchmann*

## 9.1    Rechtliche Grundlagen der Begutachtung

Bevor die Formen der Begutachtung im Einzelnen betrachtet werden, soll der Blick zunächst auf die rechtlichen Grundlagen des Begutachtungsverfahrens gerichtet werden.

Das Verfahren zur Feststellung von Pflegebedürftigkeit ist mit § 18 SGB XI geregelt; hier finden sich bereits erste Anhaltspunkte, aus denen sich Formen der Begutachtung ableiten lassen.

> Gemäß § 18 SGB XI sind die gesetzlichen Pflegekassen verpflichtet, durch die MDK oder – seit Einführung des Gesetzes zur Neuausrichtung der Pflegeversicherung – von anderen unabhängigen Gutachtern das Vorliegen der Voraussetzungen zur Anerkennung von Pflegebedürftigkeit prüfen zu lassen.

Welche Voraussetzungen zur Anerkennung von Pflegebedürftigkeit vorliegen müssen, um eine Leistungspflicht der Pflegekassen begründen zu können, beschreibt hinsichtlich der Pflegestufen § 15 SGB XI.

### 9.1.1    Gesetzlicher Auftrag der Medizinischen Dienste (§ 18 Abs. 1 SGB XI)

Für die MDK und die unabhängigen Gutachter ergibt sich aus § 18 SGB XI die Verpflichtung (und damit auch die Aufgabe), die nachfolgend aufgeführten Punkte zu prüfen und evtl. vorliegende Einschränkungen festzustellen:

- Einschränkungen, bezogen auf die mit § 14 Abs. 4 SGB XI genannten Verrichtungen;
- Art, Umfang und die voraussichtliche Dauer der Hilfebedürftigkeit;
- ggf. Umfang einer vorliegenden Einschränkung der Alltagskompetenz im Sinne von § 45a SGB XI;
- Maßnahmen prüfen, die zur Beseitigung, Minderung oder Verhütung einer Verschlimmerung von Pflegebedürftigkeit geeignet, notwendig und zumutbar sind;

- Beurteilung der Notwendigkeit bzw. Zweckmäßigkeit von Leistungen der medizinischen Rehabilitation.

Dieser gesetzliche Auftrag für die MDK und die unabhängigen Gutachter erklärt Form, Inhalt und Umfang des mit Abschnitt G2 der BRi verbindlich vorgegebenen Formulargutachtens.

### 9.1.2    Untersuchung des Versicherten im Wohnbereich (§ 18 Abs. 2 SGB XI)

Die MDK bzw. die von den Pflegekassen beauftragten unabhängigen Gutachter werden verpflichtet, die versicherten Antragsteller in ihrem Wohnbereich zu untersuchen. Der Begriff des »Wohnbereichs« wird dabei nicht näher definiert. Es ist jedoch davon auszugehen, dass als Wohnbereich der gewöhnliche Wohn- bzw. Aufenthaltsort bezeichnet wird, was sowohl die privat genutzte Wohnung wie auch eine stationäre Pflegeeinrichtung bezeichnen kann.

Die Verpflichtung für die Gutachter, die Versicherten grundsätzlich in ihrem Wohnbereich zu untersuchen, lässt Ausnahmen davon in nur sehr begrenztem Maße zu. Nach § 18 Abs. 2 SGB XI kann die Untersuchung des Antragstellers in seinem Wohnbereich ausnahmsweise dann unterbleiben, wenn aufgrund einer eindeutigen Aktenlage das Ergebnis der medizinischen Untersuchung bereits feststeht.

∎∎    **Hinweis für die Praxis**

Bei Widerspruchsbescheiden, denen eine Begutachtung nach Aktenlage vorausgegangen ist bzw. die sich auf die Ergebnisse einer Begutachtung nach Aktenlage stützen, bei denen eine persönliche Befunderhebung möglich und zumutbar gewesen wäre (Abschnitt G2 der BRi) und die Voraussetzungen verkürzter Bearbeitungsfristen nach § 18 Abs. 3 SGB XI nicht vorgelegen haben, sollte regelmäßig die Erhebung einer Klage vor dem zuständigen Sozialgericht erwogen werden. In solchen Fällen kann beinahe ausnahmslos davon ausgegangen werden, dass die mit § 18 Abs. 2 SGB XI genannten Gründe des Vorliegens der genannten Ausnahmen nicht gegeben sind. Gleiches gilt für Leistungsbescheide der Pflegekassen, nach Erst-, Rückstufungs-, Höherstufungs- und Wiederholungsbegutachtungen bezüglich eines Widerspruchsverfahrens.

Der gesetzlich beschriebene Ausnahmetatbestand, der Begutachtungen nach Aktenlage rechtfertigt, ist nicht erweiterbar.

❯ **Begutachtungen nach Aktenlage in den mit Abschnitt G1.2 der BRi genannten Fällen sind möglich. Danach ist eine Begutachtung nach Aktenlage dann zulässig, wenn die persönliche Befunderhebung objektiv nicht möglich, wenn der Antragsteller zwischenzeitlich verstorben ist oder eine persönliche Befunderhebung im Einzelfall nicht zumutbar ist. Von der Unzumutbarkeit einer persönlichen Befunderhebung für den Antragsteller ist immer dann auszugehen, wenn der Versicherte in einem stationären Hospiz bzw. ambulant palliativ versorgt wird. In diesen Fällen ist die Entscheidung, auf einen Hausbesuch zu verzichten, im Rahmen des Gutachtens zu begründen.**

Ist Pflegebedürftigkeit im Rahmen verkürzter Bearbeitungsfristen festgestellt worden oder weil sich der Antragsteller in einem Krankenhaus oder einer Einrichtung zur medizinischen Rehabilitation befindet, ist eine persönliche Befunderhebung unverzüglich nachzuholen.

❯ **In jedem Fall ist zu prüfen, ob die verbindlich geltende Frist (§ 18 Abs. 3 SGB XI), die von der Antragstellung bis zur Bescheiderteilung für alle Antragsverfahren gilt, eingehalten worden ist.**

■ ■  **Hinweis für die Praxis**
Für Leistungsanträge aus dem ambulanten Bereich ist seit dem 1. Juni 2013 mit § 18 Abs. 3b SGB XI geregelt, dass für jede begonnene Woche der Fristüberschreitung unverzüglich 70,00 Euro von der jeweils zuständigen Pflegekasse an den Antragsteller zu zahlen sind, wenn sie die Gründe der Fristüberschreitung zu vertreten hat. Dies ist z. B. auch dann der Fall, wenn die MDK bzw. andere beauftragte

unabhängige Gutachter nicht fristgerecht begutachten. Diese Regelung gilt jedoch nur für Leistungsanträge bei ambulanter Versorgung.

Zur Wahrung der Fünf-Wochen-Frist nach § 18 Abs. 3 SGB XI, die hingegen für Leistungsanträge sowohl aus dem ambulanten wie aus dem stationären Bereich gilt, hat der Gesetzgeber mit § 18 Abs. 3a für die MDK grundsätzlich eine Begutachtungsfrist von vier Wochen eingeräumt. Wird während dieser Zeit nicht begutachtet, können die Pflegekassen andere unabhängige Gutachter mit der Feststellung von Pflegebedürftigkeit beauftragen. In diesen Fällen sind dem Versicherten mindestens drei unabhängige Gutachter zur Auswahl zu benennen. Wählt der Versicherte binnen einer Woche einen Gutachter, ist dem Wunsch des Versicherten Rechnung zu tragen. Wird keine Auswahl getroffen, entscheidet die Pflegekasse, welcher der mit der Wahlliste benannten Gutachter mit der Feststellung der Pflegebedürftigkeit beauftragt wird.

## 9.2 Gutachtenarten

Aus den rechtlichen Grundlagen für die Verfahren zur Feststellung von Pflegebedürftigkeit ergeben sich die nachfolgend genannten Gutachtenformen:
– Gutachten durch persönliche Befunderhebung,
– Gutachten nach Aktenlage,
– Gutachten nach Aktenlage aus sonstigen Gründen,
– Gutachten bei isolierter Feststellung einer Einschränkung der Alltagskompetenz,
– Begutachtungen in Fällen mit verkürzten Bearbeitungs-/Begutachtungsfristen.

### 9.2.1 Gutachten nach Hausbesuch (BRi G1.1)

Die Begutachtung durch persönliche Befunderhebung durch einen Hausbesuchs bildet den Regelfall im Begutachtungsverfahren nach dem SGB XI. Der Hausbesuch – und damit auch die Begutachtung selbst – sind durch die MDK (und die unabhängigen Gutachter) entsprechend der Abschnitte C2 und C2.3 der BRi vorzubereiten und durchzuführen.

Im Auftrag der gesetzlichen Pflegekassen sind im Jahr 2012 knapp 1,6 Mio. Begutachtungen durchgeführt worden (vgl. Rothgang et al. 2013). Die Begutachtung durch persönliche Befunderhebung ist dabei die häufigste Form der Begutachtung. Wie die Befunderhebung und die Feststellung ggf. vorliegender Pflegebedürftigkeit im Einzelnen zu erfolgen hat, beschreiben die BRi im Abschnitt D.

> **In der Regel kann davon ausgegangen werden, dass den Gutachtern die Arbeitsschritte einer Begutachtung vertraut sind. Dennoch sollten bei Widerspruchs- bzw. bei Klageverfahren die Aufgaben der Gutachter im Rahmen der Feststellung von Pflegebedürftigkeit im Einzelfall nachvollzogen werden, weil Abweichungen sowohl inhaltlicher als auch formaler Art Widerspruchs- bzw. Klagebegründungen stützen.**

- **Praxiserfahrungen: Oft fehlt die Transparenz**

Die Erfahrungen aus der Praxis zeigen, dass insbesondere bei der Vorbereitung und Durchführung der Hausbesuche einzelne vorgegebene Arbeitsschritte nicht immer erkennbar und damit auch nicht immer nachzuvollziehen sind. Dies widerspricht aber stets den Zielen der BRi, nämlich u. a. der Transparenz des Gutachtenverfahrens. Meist zeigen sich die Mängel der Arbeitsschritte in der Dokumentation, beispielsweise in den Punkten 2.2 (Fremdbefunde) und/oder 2.3 (pflegerelevante Vorgeschichte).

- **Ziele des Hausbesuchs**

Die persönliche Befunderhebung im Hausbesuch dient dem Zweck, festzustellen, ob die Voraussetzungen zur Anerkennung einer Leistungspflicht der Pflegekassen gegeben sind und – wenn ja – in welchem Umfang. Im Rahmen der Befunderhebung im häuslichen Umfeld ist u. a. auch zu prüfen, ob und in welchem Maß ggf. Einschränkungen der Alltagskompetenz vorliegen. Gleiches gilt darüber hinaus für Empfehlungen bezüglich des Einsatzes von (Pflege-)Hilfsmitteln, wohnumfeldverbessernden Maßnahmen und/oder therapeutischen/rehabilitativen Leistungen. Sie sind den Pflegekassen zu empfehlen, um das Ausmaß der Pflegebedürftigkeit

zu verhüten, zu mildern bzw. auch zu kompensieren. Seit der Einführung des Pflege-Neuausrichtungs-Gesetzes in das SGB XI ist mit jedem Begutachtungsergebnis den Pflegekassen eine gesonderte Rehabilitationsempfehlung zu geben; diese wurde als Anhang zum Formulargutachten gestaltet.

Das heißt, der Hausbesuch dient, neben der Identifikation von Schädigungen/Beeinträchtigungen sowie Fähigkeiten und Ressourcen, nicht zuletzt auch der Prüfung im Einzelfall vorliegender Umweltfaktoren, die den Pflegebedarf ebenfalls nicht unwesentlich tangieren.

- **Persönliche und umweltbezogene Einflüsse auf den Pflegebedarf**

Um diese primären, jeweils auf den individuell bezogenen Pflegebedarf wirkenden Einflüsse identifizieren zu können, empfehlen die BRi mit Abschnitt D3.2, bei Begutachtungen im ambulanten Bereich mit dem Antragsteller alle pflegerelevanten Räume aufzusuchen. Hier sollten in Widerspruchs- oder ggf. Klageverfahren durch die MDK dargelegt werden, ob dieser Empfehlung gefolgt worden ist oder nicht.

- - **Hinweis für die Praxis**

In Fällen, in denen das unterblieben ist, können die Beschreibungen der Wohnsituation im Punkt 2.1 des Formulargutachtens und die daraus ggf. gezogenen Schlussfolgerungen in Frage gestellt werden, weil dann zu bezweifeln ist, ob sich der Gutachter ein umfassendes Bild der Wohnsituation des Antragstellers gemacht hat (vgl. Abschnitt D2.1 der BRi).

Dokumentationsinhalte wie z. B. »pflegerelevante Räume eingeschränkt nutzbar« oder »Türschwellen vorhanden« können allein nicht als Beleg dafür gelten, dass der Gutachter alle pflegerelevanten Räume gemeinsam mit dem Versicherten aufgesucht hat.

## 9.2.2 Begutachtung nach Aktenlage (BRi G1.2)

Nach § 18 Abs. 2 SGB XI ist eine Begutachtung nach Aktenlage nur in sehr begrenzten Ausnahmefällen möglich. Das Gesetz formuliert in diesem Zusammenhang, dass »die Untersuchung im Wohnbereich

(…) ausnahmsweise unterbleiben [kann], wenn aufgrund einer eindeutigen Aktenlage das Ergebnis der medizinischen Untersuchung bereits feststeht«. Demnach ist eine Begutachtung nach Aktenlage überhaupt nur dann möglich, wenn zur Begutachtung vorliegende und zu berücksichtigende Unterlagen keine Zweifel an einem medizinischen Untersuchungsergebnis zulassen. Dies kann eine sehr hohe Hürde sein, insbesondere dann, wenn verschiedene medizinische Untersuchungsergebnisse vorliegen und nicht in Übereinstimmung zu bringen sind.

- **Tod des Antragstellers und Unzumutbarkeit**

Mit Abschnitt G1.2 der BRi werden Fallkonstellationen definiert, die Begutachtungen nach Aktenlage ermöglichen, die den gesetzlichen Rahmen (§ 18 Abs. 2 SGB XI) erweitern. Nach den BRi gibt es zwei Arten von Fallkonstellationen, die regelmäßige Begutachtungen nach Aktenlage ermöglichen:

a. **Antragsteller ist verstorben**: Eine Begutachtung durch persönliche Befunderhebung ist tatsächlich nicht möglich, weil der Antragsteller verstorben ist.

Mindestinhalte von Begutachtungen zur Beurteilung dann vorgelegener Pflegebedürftigkeit sind, neben den Stamm- und Auftragsdaten auf dem Deckblatt des Gutachtenformulars, eine begründete Abschätzung des Hilfebedarfs auf der Basis zu benennender Fremdbefunde (Punkt 2.2) und der pflegerelevanten Vorgeschichte (Punkt 2.3). Daraus müssen die Schädigungen/Beeinträchtigungen der Aktivitäten/Ressourcen im Punkt 3.2 des Formulargutachtens abgeleitet und dokumentiert sein. Ferner sind die pflegebegründenden Diagnosen (Punkt 3.3) zu benennen und es ist zu bewerten, ob Einschränkungen der Alltagskompetenz vorgelegen haben (Punkt 3.4).

Darüber hinaus hat in diesen Fällen eine gutachterliche Würdigung zu erfolgen, aus der der qualitative Hilfebedarf und der Zeitbedarf bei den gesetzlich definierten Verrichtungen für die Bereiche der Grundpflege und der hauswirtschaftlichen Versorgung (Punkte 4.1–4.4) abzuleiten ist. Schließlich ist eine Empfehlung für die Zuordnung zu einer Pflegestufe abzugeben (Punkt 5.2.1) und das Ergebnis der Prüfung

der Einschränkung der Alltagskompetenz zu dokumentieren (Punkt 5.2.2). Der für die Versorgung notwendige Zeitumfang ist in Stunden/Woche anzugeben.

b. **Unzumutbarkeit der persönlichen Befunderhebung für den Antragsteller**: Eine Begutachtung nach Aktenlage erfolgt auch dann, wenn dem Antragsteller eine persönliche Befunderhebung nicht zugemutet werden kann. Eine fehlende Zumutbarkeit wird indirekt mit einem entsprechenden Gesundheitszustand begründet; genannt werden die Versorgung in einer stationären Hospizeinrichtung bzw. bei ambulanter Palliativversorgung. Das heißt, bezogen auf Versorgungssituationen in stationären Hospizeinrichtungen, dass bei dem Antragsteller eine Erkrankung vorliegt, die progredient verläuft, ein weit fortgeschrittenes Stadium erreicht hat, Heilung auszuschließen ist, palliativ-medizinische Behandlung geboten ist oder gewünscht wird und eine nur noch sehr begrenzte Lebenserwartung besteht, wenn und solange eine Krankenhausbehandlung nicht erforderlich oder gewollt ist.

Hingegen ist die Abgrenzung im zweiten genannten Fall, der ambulanten Palliativpflege, nicht ganz eindeutig, was der unscharfen Formulierung der »ambulanten Palliativpflege« geschuldet ist. Leider lässt die Formulierung nicht erkennen, welche Kriterien der ambulanten palliativen Versorgung vorliegen müssen, um auf eine persönliche Befunderhebung verzichten zu können.

In beiden der unter b) genannten Fallkonstellationen muss aus den Gutachten eine Begründung hervorgehen, warum auf einen Hausbesuch verzichtet wurde. Die BRi gehen davon aus, dass sich aus den Dokumentationsunterlagen der in diesen Fällen begleitenden Diensten bzw. Einrichtungen hinreichend Informationen ergeben, um die Anforderungen der Mindestinhalte dieser Gutachtenformen erfüllen zu können (Schädigungen/Beeinträchtigungen der Aktivitäten/Ressourcen, Pflegeverlauf).

Mit diesem Hinweis der BRi werden zugleich auch die zu dokumentierenden Inhalte dieser Gutachtenformen festgelegt, die hier unter a) benannt wurden.

- **Gutachten nach Aktenlage aus sonstigen Gründen**

Mit Abschnitt G1.2 der BRi wird ebenfalls festgelegt, dass – abweichend von den bisher genannten Fallkonstellationen – auch bei Höher-, Rückstufungs-, Widerspruchs- und Wiederholungsbegutachtungen im Einzelfall auf einen Hausbesuch verzichtet werden kann. Dafür müssen die nachfolgend genannten Voraussetzungen aufgrund einer eindeutigen Aktenlage erfüllt sein:

Die Leistungsvoraussetzungen zur Anerkennung von Pflegebedürftigkeit sind:

- Der Umfang der Pflegebedürftigkeit (Pflegestufe) steht fest.
- Leistungsansprüche nach § 45b SGB XI sind ggf. bereits begründet.
- Es wurde geprüft, ob therapeutische bzw. rehabilitative Leistungen geeignet, notwendig und zumutbar sind.

Werden in solchen Fällen Gutachten nach Aktenlage erstattet, muss die Entscheidung darüber, warum auf eine persönliche Befunderhebung verzichtet worden ist, zwingend Bestandteil des Gutachtens sein. Eine Voraussetzung für den Verzicht auf eine persönliche Befunderhebung ist ferner, dass von den betreuenden Institutionen bzw. Personen detaillierte Informationen zu Schädigungen/Beeinträchtigungen der Aktivitäten/Ressourcen sowie zum Pflegeverlauf vorliegen.

**Angaben für Gutachten nach Aktenlage ohne persönliche Befunderhebung**

Mindestinhalte von Gutachten dieser Form sind, neben den Stamm- und Auftragsdaten:

- Angabe zu vorliegenden Fremdbefunden, aus denen abzuleiten und zu dokumentieren sind:
  - Pflegerelevante Vorgeschichte (Formulargutachten Punkt 2.2)
  - Schädigungen/Beeinträchtigungen der Aktivitäten/Ressourcen (Formulargutachten Punkt 3.2)
  - Pflegebegründende Diagnosen (Formulargutachten Punkt 3.3)
  - Screening und Assessment zur Feststellung einer ggf. vorliegend einge-

schränkten Alltagskompetenz (Formulargutachten Punkt 3.4)
- Die gutachterliche Würdigung, aus der der Hilfebedarf und der Zeitbedarf bei den gesetzlich definierten Verrichtungen für die Bereiche der Grundpflege und der hauswirtschaftlichen Versorgung (Punkte 4.1–4.4) abzuleiten ist
- Die Punkte 5–9 des Formulargutachtens (nach Abschnitt G2) sind vollständig zu bearbeiten

■ ■  **Hinweis für die Praxis**

Im Falle von Widerspruchsverfahren sollten ggf. zur Entscheidung des Widerspruchs heran gezogene Gutachten nach Aktenlage besonders daraufhin geprüft werden, ob die Voraussetzungen für eine Begutachtung nach Aktenlage überhaupt gegeben waren. Insbesondere sollten die notwendigerweise enthaltenen Begründungen anhand der genannten Kriterien überprüft werden, ob ein Hausbesuch im Einzelfall entbehrlich gewesen ist. Meist kann z. B. von einer vermeintlichen Eindeutigkeit der Aktenlage schon allein deswegen nicht ausgegangen werden, weil Widersprüche häufig damit begründet werden, dass der ermittelte Hilfebedarf im Vorgutachten nicht mit dem tatsächlichen Hilfebedarf übereinstimmt. Ein Vergleich der Angaben in den Punkten 1.4 (Umfang der pflegerischen Versorgung und Betreuung) und 5.1 (Vergleich des angegebenen Pflegeaufwands mit dem gutachterlich ermittelten Hilfebedarf) sollte mit besonderer Sorgfalt vorgenommen werden.

### 9.2.3 Gutachten bei ausschließlicher Feststellung einer Einschränkung der Alltagskompetenz (BRi G1.3)

Bei Antragstellungen, die sich ausschließlich auf Leistungen nach § 45b SGB XI beziehen, ist ebenfalls das mit Abschnitt G2 der BRi verbindlich vorgegebene Formulargutachten zu verwenden. Der Unterschied in der Bearbeitung besteht bei alleiniger Feststellung eines erheblichen Bedarfs an allgemeiner Beaufsichtigung und Betreuung darin, dass nicht alle Punkte des Gutachtenformulars bearbeitet werden müssen.

Nach Abschnitt G1.3 der BRi haben diese Gutachten, neben den Stamm-̣ und Auftragsdaten auf dem Deckblatt mindestens folgende Angaben zu beinhalten:

> **Mindestangaben bei isolierter Feststellung einer Einschränkung der Alltagskompetenz**
> - Angabe vorliegender Fremdbefunde (Punkt 2.2 des Formulargutachtens)
> - Darstellung der pflegerelevanten Vorgeschichte (Punkt 2.3 des Formulargutachtens)
> - Beschreibung der Schädigungen/Beeinträchtigungen der Aktivitäten/Ressourcen (Punkt 3.2 des Formulargutachtens)
> - Pflegebegründende Diagnosen (Punkt 3.3 des Formulargutachtens)
> - Screening und Assessment (Punkt 3.4 des Formulargutachtens)

Darüber hinaus ist, wenn nicht mindestens erhebliche Pflegebedürftigkeit vorliegt, im Punkt 5.2.1 des Formulargutachtens anzugeben, ob Hilfebedarf in den Bereichen der Grundpflege und der Hauswirtschaft besteht. Im Punkt 5.2.2 des Formulargutachtens ist das Ergebnis der Begutachtung zu dokumentieren.

> Alle Angaben sind sowohl auf Vollständigkeit als auch auf Plausibilität zu prüfen. Unvollständige und/oder widersprüchliche Angaben in den Gutachten zur Feststellung des Bedarfs an allgemeiner Beaufsichtigung und Betreuung bieten formale bzw. Anhaltspunkte für Widerspruchsbegründungen.

### 9.2.4 Begutachtungen bei verkürzten Bearbeitungsfristen (BRi G1.4)

Nach den Bestimmungen des Abschnitts C2.4 der BRi gelten für die Untersuchungsorte, aber auch hinsichtlich abweichend geregelter Begutachtungsfristen weitere Besonderheiten.

So ist der Versicherte beispielsweise dann im Krankenhaus oder in der Rehabilitationseinrichtung zu begutachten, wenn Hinweise vorliegen, dass dies zur Sicherstellung der weiteren Versorgung und Betreuung erforderlich ist bzw. auch dann, wenn berufstätige Pflegepersonen Pflegezeit im Sinne des Pflegezeitgesetzes in Anspruch zu nehmen beabsichtigen und dies dem jeweiligen Arbeitgeber bereits angekündigt haben. Gleiches gilt, wenn sich der versicherte Antragsteller in einem (stationären) Hospiz befindet.

- **Verkürzte Begutachtungsfrist: Eine Woche**

So wie sich für die MDK Besonderheiten hinsichtlich der Begutachtungs-/Untersuchungsorte ergeben können, gibt es diese nach Abschnitt C3 der BRi auch bezüglich verkürzter Begutachtungsfristen. Die MDK haben innerhalb einer Woche zu begutachten, wenn der Antragsteller sich in einem Krankenhaus oder einer Rehabilitationseinrichtung befindet und Hinweise vorliegen, dass die weitere Versorgung und Betreuung nicht gesichert ist oder durch Pflegepersonen die Inanspruchnahme von Pflegezeit dem Arbeitgeber angekündigt wurde. Gleiches gilt, wenn sich der Antragsteller entweder in einem (stationären) Hospiz befindet oder ambulant palliativ versorgt wird.

> Es ist ausreichend, wenn entsprechende Hinweise auf solche Fallkonstellationen vorliegen. Das heißt, es müssen entsprechende Anhaltspunkte dafür gegeben sein, dass z. B. eine bedarfsgerechte Weiterversorgung nach einer Krankenhausentlassung nicht gesichert ist. Es ist also nicht notwendig, eine Begutachtung unter den beschriebenen Voraussetzungen im Einzelnen zu begründen, weil allein das Vorliegen entsprechender Hinweise für die Geltendmachung verkürzter Bearbeitungsfristen bzw. auch der unverzüglichen Untersuchung in einem Krankenhaus/ einer Rehabilitationseinrichtung/einer stationären Hospizeinrichtung ausreichend ist. Gleiches gilt bei ambulant-palliativer Versorgung.

Wie oben bereits erwähnt, lässt die nur sehr unkonkrete Formulierung der »ambulant palliativen Versorgung« allerdings offen, wann entsprechende Voraussetzungen vorliegen und ob eine palliative Versorgung im Rahmen der allgemeinen ambulanten Palliativversorgung (AAPV) für eine verkürzte Begutachtungsfrist bereits ausreichend ist oder ob sie ausschließlich bei spezialisierter ambulanter Palliativversorgung (SAPV) zur Anwendung kommt.

Da es sich hierbei insgesamt um Fragen mit stark pflegefachlichem Charakter handelt (Sicherung der weiteren Versorgung/Betreuung, palliative Versorgung usw.), gehört die Überprüfung der Voraussetzungen für das Vorliegen etwa einer Begutachtung im Krankenhaus oder mit verkürzten Begutachtungsfristen zum »Pflichtprogramm« im Rahmen eines Widerspruchs- bzw. Klageverfahrens begleitender Pflegender. Hier ist die sachkundige Einschätzung der nach den BRi korrekten Bearbeitungsfristen ebenfalls ein möglicherweise formales, aber auch inhaltliches Detail einer Begründung.

- **Verkürzte Begutachtungsfrist: Zwei Wochen**
Der Vollständigkeit halber sei erwähnt, dass eine Begutachtung innerhalb von zwei Wochen nach Antragseingang bei der zuständigen Pflegekasse sicherzustellen ist, wenn sich der Antragsteller in seiner häuslichen Umgebung befindet, nicht palliativ versorgt wird und die Pflegeperson gegenüber ihrem Arbeitgeber die Inanspruchnahme von Pflegezeit nach dem Pflegezeitgesetz angekündigt hat.

Gutachterliche Stellungnahmen in Fällen verkürzter Bearbeitungsfristen nach § 18 Abs. 3 SGB XI müssen mindestens die Aussage beinhalten, ob erhebliche Pflegebedürftigkeit vorliegt. Dies bedeutet nicht, dass der genaue Umfang vorliegender Pflegebedürftigkeit im Sinne einer Pflegestufe zu bestimmen ist. Mit den Ergebnissen dieser Begutachtungsformen, die sich lediglich nach den Fristen ihrer Bearbeitung unterscheiden, ist »nur« festzustellen, ob Pflegebedürftigkeit besteht. Eine körperliche Begutachtung ist dann jedoch unverzüglich nachzuholen und der Umfang bestehender Pflegebedürftigkeit festzulegen. Diese abschließenden Begutachtungen mit persönlicher Befunderhebung sind wie Erstgutachten zu bearbeiten.

> **Mindestangaben von Gutachten bei verkürzten Bearbeitungsfristen**
> - Vorliegende Fremdbefunde (Punkt 2.2 des Formulargutachtens)
> - Sich aus den Fremdbefunden ergebende aktuell relevante pflegerische Tatbestände und daraus resultierende Folgerungen bezüglich der Schädigungen/Beeinträchtigungen der Aktivitäten/Ressourcen (Punkt 3.2 des Formulargutachtens) sowie pflegebegründende Diagnosen (Punkt 3.3 des Formulargutachtens)
> - Eine gutachterliche Würdigung der Umstände muss den Hilfebedarf für die Bereiche der Grundpflege und der hauswirtschaftlichen Verrichtungen erkennen lassen
> - Eine Wertung, ob zumindest erhebliche Pflegebedürftigkeit im Sinne der Pflegestufe I vorliegt und
> - ob ggf. die Notwendigkeit einer vollstationären Versorgung besteht

> ❯ Bei allen benannten Gutachtenarten ist das mit Abschnitt G2 der BRi verbindlich vorgegebene Formulargutachten zu verwenden. Es ist – je nach Gutachtenart – zulässig, einzelne jeweils benannte Punkte des Formulargutachtens nicht zu bearbeiten. Verpflichtend bleibt die Verwendung des Formulargutachtens.

## 9.3    Begutachtung in der privaten Pflege-Pflichtversicherung (§ 23 Abs. 6 Ziffer 1 SGB XI)

Nach § 23 SGB XI sind für Versicherte der privaten Pflege-Pflichtversicherung dieselben Maßstäbe bei der Feststellung von Pflegebedürftigkeit und der Zuordnung zu einer Pflegestufe bindend wie für Versicherte in der sozialen Pflegeversicherung. Das heißt, dass privatrechtlich Versicherte nicht schlechter gestellt werden dürfen als gesetzlich versicherte Personen.

Die Versicherungsbedingungen und Versicherungsleistungen werden in Einzelheiten durch die Tarifbestimmungen der jeweiligen Versicherungsunternehmen geregelt (Versicherungsbedingungen und Tarifstufen sind auf den Internetseiten der meisten Versicherungsunternehmen einsehbar). Die Grundlage bildet eine abgeschlossene und geltende Versicherungsvereinbarung.

Ein Unterschied besteht also weniger in dem inhaltlichen Leistungsanspruch, sondern im Verfahren, diesen geltend zu machen. Zwar ist ein entsprechender Leistungsantrag gleichfalls an das jeweilige Versicherungsunternehmen zu richten; dies ist im Regelfall der gleiche Versicherungsträger, der auch gegen das Risiko von Erkrankungen versichert. Mit der Begutachtung zur Feststellung von Pflegebedürftigkeit wird hier aber nicht der jeweils regional zuständige MDK beauftragt, sondern die Medicproof GmbH.

**Fazit**

Mit diesem Kapitel wurden die rechtlichen Grundlagen der Begutachtungen im Zusammenhang mit der Feststellung von Pflegebedürftigkeit benannt. Festgestellt wurde dabei, dass die Begutachtung durch persönliche Befunderhebung im Rahmen eines Besuches der MDK bzw. der von den Pflegekassen beauftragten Gutachter im Wohnbereich des Antragstellers den Regelfall darstellt. Ausnahmen von dieser Regelung sind innerhalb der Vorgaben von § 18 Abs. 2 SGB XI nur in engen Grenzen möglich.

Aus den mit dem SGB XI genannten rechtlichen Vorgaben leiten sich unterschiedliche Gutachtenarten ab, die beschrieben und deren jeweilige Voraussetzungen benannt worden sind. Ferner wurde dargelegt, dass für die Bearbeitung von Leistungsanträgen der Pflegeversicherung eine Bearbeitungsfrist von fünf Wochen gilt (gerechnet vom Tag nach Antragseingang bei der Pflegeversicherung bis zur Bescheiderteilung).

In bestimmten Fallkonstellationen gelten verkürzte Bearbeitungs- und damit auch Begutachtungsfristen durch die Pflegekassen. In diesem Zusammenhang wurde auch darauf hingewiesen, dass Fristüberschreitungen bei Leistungsanträgen aus dem ambulanten Bereich nach § 18 Abs. 3b SGB XI zu Zusatzzahlungen der Pflegekassen an die Versicherten führen. Während diese Zusatzzahlungen der Pflegekassen bei Fristüberschreitungen ausschließlich an ambulant versorgte Antragsteller zu leisten sind, gilt die Bearbeitungsfrist von fünf Wochen (oder kürzer) für alle Leistungsanträge, unabhängig davon wo der Antragsteller versorgt wird.

Die sich aus der gesetzlichen Norm und den BRi ergebenden Gutachtenarten wurden im Einzelnen benannt. Gleichzeitig wurde auf die mit den BRi jeweils vorgegebenen Mindestinhalte der einzelnen Gutachtenarten verwiesen und herausgestellt, dass der Prüfung der benannten Mindestinhalte in der Praxis hohe Bedeutung zukommt. Denn unvollständig bearbeitete Gutachten – gleich welcher Art – sind bereits aus formalen Gründen zurückzuweisen und für sich genommen hinreichend Begründung, ein Widerspruchs- bzw. Klageverfahren einzuleiten. In diesen Fällen kann grundsätzlich davon ausgegangen werden, dass gegen die Ziele der BRi verstoßen wurde, weil ein einheitliches und transparentes Begutachtungsverfahren dann nicht mehr als gewährleistet nachgewiesen werden kann.

In unterschiedlichen Zusammenhängen wurde darauf hingewiesen, dass das Formulargutachten, wie es mit Abschnitt G2 der BRi verbindlich vorgegeben ist, im Begutachtungsverfahren im Bereich der sozialen (gesetzlichen) Pflegeversicherung Anwendung finden muss. Jede Veränderung des Formulargutachtens ist demnach ebenfalls Widerspruchs- bzw. Klagegrund, der sowohl formal als auch inhaltlich begründet werden kann. Ferner wurde darauf hingewiesen, dass Widerspruchsbescheide, deren Begründung für ablehnende Leistungen sich auf Gutachten nach Aktenlage beziehen, grundsätzlich skeptisch zu beurteilen sind, da es den Pflegekassen zumindest schwer fallen dürfte, in diesen Fällen eine eindeutige Aktenlage zu begründen, was das Hauptargument für diese Gutachtenform bildet, solange es sich nicht um Gutachten nach Aktenlage wegen Unmöglichkeit oder Unzumutbarkeit handelt.

## Literatur

Buchmann K.-P (2007) Demenz und Hospiz. Sterben an Demenz erkrankte Menschen anders? Hospiz Verlag, Wuppertal

Gaertner T et al. (Hrsg) (2009) Die Pflegeversicherung. Begutachtung Qualitätsprüfung Beratung Fortbildung, 2. Aufl. De Gruyter, Berlin

Medizinischer Dienst des Spitzenverbandes Bund der Krankenkassen e.V. (MDS) (2013) Richtlinien des GKV-Spitzenverbandes zur Begutachtung von Pflegebedürftigkeit nach dem XI. Buch des Sozialgesetzbuches. ▶ http://www.gkv-spitzenverband.de/pflegeversicherung/richtlinien_vereinbarungen_formulare/richtlinien_vereinbarungen_formulare.jsp. Zugegriffen: 05. Februar 2014

Rothgang H, Müller R, Unger R (2013) BARMER GEK Pflegereport 2013. Schwerpunktthema: Reha bei Pflege. (Schriftenreihe zur Gesundheitsanalyse, Bd 23). Asgard-Verlagsservice, Siegburg. ▶ http://www.zes.uni-bremen.de/uploads/News/2013/131218_BARMER_GEK_Pflegereport_2013.pdf. Zugegriffen: 28. Februar 2014

Spitzenverbände der Pflegekassen (2006) Richtlinien der Spitzenverbände der Pflegekassen über die Abgrenzung der Merkmale der Pflegebedürftigkeit und der Pflegestufen sowie zum Verfahren der Feststellung der Pflegebedürftigkeit (Pflegebedürftigkeits-Richtlinien - PflRi) vom 07.11.1994 geändert durch Beschlüsse vom 21.12.1995, vom 22.08. 2001 und vom 11.05.2006. ▶ http://www.gkv-spitzenverband.de/pflegeversicherung/richtlinien_vereinbarungen_formulare/richtlinien_vereinbarungen_formulare.jsp. Zugegriffen: 05. Februar 2014Literatur

9

# Rechtsbehelfe

*Frank Hirschkorn*

Über die Feststellung der Pflegebedürftigkeit nach § 14 SGB XI, das Ausmaß des Hilfebedarfs und damit die Einstufung in eine der nach § 15 SGB XI beschriebenen Pflegestufen wird durch die Pflegekassen in einem förmlichen Verwaltungsverfahren entschieden. Neben den allgemeinen Verfahrensvorschriften des SGB X sind hierbei spezielle Verfahrensschritte im Bereich der sozialen Pflegeversicherung nach § 18 SGB XI zu beachten. Diese werden in ▶ Kap. 4 näher dargestellt.

Lehnt die Pflegekasse die begehrte Feststellung der Pflegebedürftigkeit ab, besteht für den Versicherten die Möglichkeit, eine Überprüfung und Abänderung dieser Entscheidung im Rahmen eines nachfolgenden Rechtsbehelfsverfahrens zu erreichen.

## 10.1 Verfahrensschritte

Das Rechtsbehelfsverfahren ist dabei mehrstufig gestaltet, wobei zunächst die Pflegekasse im Rahmen eines Widerspruchsverfahrens selbst die Möglichkeit und Verpflichtung hat, ihre Entscheidung zu überprüfen, nötigenfalls aber in nachfolgenden Schritten eine auch gerichtliche Überprüfung durch den Versicherungsnehmer angestrebt werden kann. Die einzelnen Verfahrensabschnitte können zunächst vereinfacht schematisch wie in ▢ Abb. 10.1 dargestellt werden.

Die Leistungen der Pflegeversicherung werden auf Antrag gewährt, wobei der Beginn der Leistung regelmäßig dem Zeitpunkt des Antrags des pflegebedürftigen Antragstellers entspricht und nur in Teilbereichen ausnahmsweise rückwirkend Hilfebedarfe übernommen werden[1].

Es gilt zu Gunsten der pflegebedürftigen Menschen und deren Angehöriger in besonderer Weise der Grundsatz des beschleunigten Verfahrens und der zügigen Entscheidung, der seinen Ausdruck auch in den verschiedenen Fristsetzungen des § 18 Abs. 3 SGB XI findet, im Rahmen derer die Pflegekasse über die Anträge zur Feststellung einer Pflegebedürftigkeit zu entscheiden hat.

Bisher waren die Möglichkeiten des Versicherten, eine zügige Entscheidung der Pflegekasse auch

tatsächlich zu erlangen, begrenzt. Es stand allein die sogenannte Untätigkeitsklage zur Verfügung, die es nach § 88 Abs. 1 SGG jedoch erfordert, dass über die Dauer von 6 Monaten eine Entscheidung über den Antrag noch nicht getroffen ist. Hierdurch ergibt sich für die Antragsteller und ihre Familienangehörigen regelmäßig eine akute Notlage, der mit der Einführung einer Strafzahlung begegnet werden soll[2].

Der Gesetzgeber hat mit Wirkung zum 01.06.2013 durch das Pflege-Neuausrichtungs-Gesetz insofern einen weiteren Anreiz gesetzt. In § 18 Abs. 3b SGB XI ist nun der Anspruch des Antragstellers gegen die Pflegekasse auf Zahlung eines pauschalierten Zusatzentgelts bestimmt. Für jede begonnene Woche, die die Pflegekasse über seinen Antrag nicht innerhalb der Regelfrist von 5 Wochen bzw. innerhalb der – beispielsweise bei der Palliativversorgung bestehenden – verkürzten Begutachtungsfrist eine Entscheidung trifft, erlangt er einen Anspruch auf Zahlung eines Betrags in Höhe von 70,00 Euro. Der Anspruch besteht, ohne dass der Nachweis eines tatsächlichen Schadens erforderlich ist. Er ist damit auch unabhängig vom Ausgang des Verfahrens selbst und nicht zurückzuzahlen, wenn das Verfahren abschlägig beendet wird[3].

Eine Zahlungspflicht entfällt nur dann, wenn die Pflegekasse die Verzögerung nicht zu vertreten hat, beispielsweise mangels ausreichender Mitwirkung des Antragstellers.

Ob Versäumnisse des Medizinischen Dienstes der Krankenversicherung (MDK) oder des von der Pflegekasse beauftragten Gutachters Fristüberschreitungen der Pflegekasse ausreichend entschuldigen können, ist fraglich. Die Gesetzesbegründung enthält hierzu keine Stellungnahme. Letztlich wird man jedoch davon auszugehen haben, dass Versäumnisse des MDK der jeweiligen Pflegekasse zuzurechnen sind, weil anderenfalls der Regelungszweck der Vorschrift vollständig sinnentleert wäre. Für ein im weitesten Sinne vergleichbares Verfahren der Überprüfung der Krankenhausabrechnungen nach § 275 Abs. 1c SGB V, für die sich die Krankenkassen ebenfalls des Sachverstandes des

---

1   Näher hierzu: *Philipp* in LPK-SGB XI, S. 1433.

2   BT-Drucks 17/9369 S. 37.
3   *Plantholz* in LPK-SGB XI § 18 Rdn. 24.

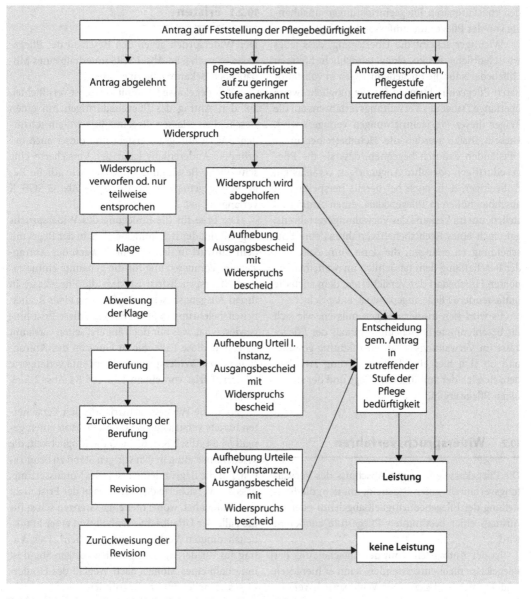

**☐ Abb. 10.1**   Schema der Rechtsbehelfe bei der Feststellung der Pflegebedürftigkeit

MDK bedienen, hat das Bundessozialgericht[4] klargestellt, dass sich die Krankenkassen das Handeln und Unterlassen des MDK im Rechtsverhältnis zu den Krankenhäusern zurechnen lassen müssen. Maßgebliche Unterschiede zu den Begutachtungs-

verfahren im Bereich der sozialen Pflegeversicherung sind nicht erkennbar.

Letztlich hat der Gesetzgeber das Zusatzentgelt nur für Antragsteller vorgesehen, die sich nicht auf Dauer in vollstationärer Pflege befinden und bereits mindestens die Pflegestufe I erhalten. In diesen Fällen entstünden den Versicherten durch die Verzögerung keine Nachteile, denn sie werden in

---

4    BSG 13.11.2012 – B 1 KR 24/11 R.

den vollstationären Pflegeeinrichtungen unabhängig von der Pflegestufe umfassend gepflegt[5].

Wichtiger scheint die Überlegung, dass jedes wirtschaftliche Risiko eines tatsächlich höheren Hilfebedarfs für die Pflegebedürftigen in vollstationären Pflegeeinrichtungen für die möglicherweise überlange Dauer des Verwaltungsverfahrens auf die Träger dieser Pflegeeinrichtungen verlagert wird. Diesem Risiko werden die Heimbetreiber unter Umständen dadurch begegnen, dass sie die Pflegebedürftigen oder ihre Angehörigen veranlassen, frühzeitiger, d. h. auch bei bereits perspektivisch absehbar höherem Pflegebedarf, einen Antrag zu stellen, um im Verlaufe des Verwaltungsverfahrens, ggf. auch eines Rechtsbehelfsverfahrens eine Entscheidung zu erlangen, die dann zum Zeitpunkt der Bescheidung dem tatsächlich unzweifelhaft erhöhten Hilfebedarf der Versicherten, dem auch die umfassendere Pflege angepasst ist, entspricht.

Es wird sich insofern zeigen müssen, wie sich die beschleunigte Entscheidungspraxis der Pflegekasse im Verwaltungsverfahren zukünftig gestaltet und ob sich hier eine Differenzierung zwischen dem Bereich der ambulanten Pflege und der stationären Pflege ergibt.

## 10.2    Widerspruchsverfahren

Die Pflegekasse erlässt mit Abschluss des Verwaltungsverfahrens einen Bescheid, mit dem die Feststellung der Pflegebedürftigkeit abgelehnt oder im Ausmaß einer bestimmten Pflegestufe zuerkannt wird.

Ist der Antragsteller mit der Entscheidung der Pflegekasse nicht einverstanden, kann er hiergegen Widerspruch einlegen. Das Widerspruchsverfahren ist einerseits noch als Verwaltungsverfahren konzipiert, andererseits aber auch bereits Voraussetzung für eine spätere Klage auf Leistungen gegen die Pflegekasse. Diese ist nach § 78 Abs. 3 SGG nur zulässig, wenn zuvor die Rechtmäßigkeit und Zweckmäßigkeit des Verwaltungsverfahrens in einem Vorverfahren – dem Widerspruchsverfahren – überprüft wurde.

### 10.2.1  Fristen

Der Widerspruch gegen den Bescheid der Pflegekasse ist nach § 84 Abs. 1 SGG innerhalb eines Monats nach Bekanntgabe zu erheben.

Die Pflegekasse ist somit zunächst verpflichtet, auf den Antrag des Pflegebedürftigen hin einen Bescheid zu erlassen. Regelmäßig wird ein schriftlicher Verwaltungsakt erstellt und dieser auch begründet. Anderenfalls kann der Versicherte eine schriftliche Bestätigung und/oder schriftliche Begründung gemäß §§ 33 Abs. 2, 35 Abs. 3 SGB X verlangen.

Die Frist für die Einlegung des Widerspruchs beginnt mit der Bekanntgabe, d. h. in der Regel mit dem Einwurf in den Hausbriefkasten des Antragstellers. Voraussetzung für die genannte einmonatige Widerspruchsfrist ist, dass die Pflegekasse in ihrem Ausgangsbescheid im Rahmen einer Rechtsbehelfsbelehrung (§ 36 SGB X) auf diese Frist hingewiesen hat, was nur noch äußerst selten versäumt wird. Für diese Fälle gilt zu Gunsten des Antragstellers bzw. Widerspruchsführers eine verlängerte Widerrufsfrist von einem Jahr (§§ 84 Abs. 2 S. 3, 66 SGG).

Sollte die Widerspruchsfrist für den Versicherten bereits verstrichen sein, besteht zum einen gemäß §§ 84 Abs. 2 S. 3, 67 SGG die Möglichkeit, die Wiedereinsetzung in den vorigen Stand zu beantragen. Für die Begründetheit ist indes Voraussetzung, dass der Versicherte das Versäumen der Frist nicht verschuldet hat, wobei hier enge Grenzen selbst für die Fälle der Urlaubsabwesenheit und einer krankheitsbedingten Verhinderung bestehen[6]. Der Antrag auf Wiedereinsetzung in den vorigen Stand ist innerhalb eines Monats nach Wegfall des Hindernisses zu stellen und zu begründen.

Dessen ungeachtet können selbst verfristet eingelegte Widersprüche Erfolg haben, weil die Pflegekasse gemäß § 44 Abs. 1 S. 1 SGB X selbst unanfechtbar gewordene Bescheide für die Vergangenheit zurücknehmen kann, wenn sich nachträglich zeigt, dass die Leistungen von vornherein zu Unrecht verwehrt wurden.

---

5    BT-Drucks. 17/9369, S. 37.

6    Näheres hierzu *Meyer-Ladewig/Keller* SGG § 67 Rdn. 5 ff.

## 10.2.2 Widerspruchsberechtigter

Grundsätzlich zur Einlegung des Widerspruchs berechtigt ist der Antragsteller selbst, der Betreuer oder ein rechtsgeschäftlich Bevollmächtigter. In der Regel werden auch Angehörige und nicht erwerbsmäßig tätige Pflegepersonen als Bevollmächtigte tätig. Ob auch ambulante Pflegedienste und die Träger der stationären Pflegeeinrichtungen hier als Bevollmächtigte auftreten können, ist fraglich, weil ihnen eine regelhafte Rechtsberatung nicht erlaubt sein dürfte. Zugleich dürfte der hiermit zusammenhängende organisatorische, personelle und finanzielle Aufwand dem jedenfalls in der Mehrzahl der Fälle entgegenstehen.

Für die Träger der stationären Pflegeeinrichtung kann sich damit die Schwierigkeit ergeben, dass die Beantragung der Leistungen bzw. auch die Weiterverfolgung dieses Anliegens im Widerspruchsverfahren vom Pflegebedürftigen nicht oder jedenfalls nicht mit der notwendigen Konsequenz betrieben wird und damit Pflegeeinstufungen nicht den objektiven tatsächlichen Gegebenheiten und den wirtschaftlichen Aufwendungen entsprechen.

Der Gesetzgeber hat zunächst mit § 87a Abs. 2 SGB XI ein Stufenmodell definiert, mit dem die Träger der stationären Pflege auf die pflegebedürftigen Heimbewohner einwirken können, um diese zu veranlassen, die Zuordnung zu einer höheren Pflegestufe zu beantragen, sofern dies angesichts des tatsächlichen Hilfebedarfs notwendig ist. Im Falle einer Weigerung kann der Heimträger ggf. auch unmittelbar dem Heimbewohner gegenüber den Pflegesatz der nächst höheren Pflegeklasse (also tatsächlich nur einer Pflegestufe, selbst wenn ausgehend von der Pflegestufe I nun der Hilfebedarf der Pflegestufe III begründet wäre) berechnen.

Hat der Heimträger insoweit ordnungsgemäß auf den Heimbewohner oder dessen Angehörige eingewirkt und blieb dies erfolglos, hat er ausnahmsweise die Möglichkeit, eine unmittelbare Vergütungsklage gegen die Pflegekasse zu richten[7]. Gestattet ist dem Heimträger eine sogenannte echte Leistungsklage nach § 54 Abs. 5 SGG, d. h. er muss

ein Verwaltungsverfahren und Widerspruchsverfahren ausnahmsweise nicht führen.

Der Heimbewohner darf im Übrigen einen Antrag auf Feststellung der Pflegebedürftigkeit, dem bereits stattgegeben wurde, nicht wieder zurücknehmen, obwohl nach allgemeinen Verfahrensgrundsätzen Leistungen zugunsten eines Versicherten nur auf Antrag gewährt werden. Auch insoweit sieht das Landessozialgericht Sachsen für den Heimträger Nachteile, da ihm Sachleistungen, die er zu erbringen hat, nicht vollständig durch die Pflegekasse oder den Pflegebedürftigen vergütet würden[8].

Solche eigenen Rechtspositionen stehen dagegen ambulanten Pflegediensten nicht zu. Diese Benachteiligung hat das Bundessozialgericht[9] betreffend eines Anspruchs nach § 19 Abs. 6 SGB XII gerechtfertigt und dies mit der herausgehobenen Stellung der stationären Pflege, deren Bedeutung für die Solidargemeinschaft und das insofern bei den Einrichtungen gebildete Vertrauen, erbrachte Leistungen vergütet zu erhalten, begründet. Insofern kann ein ambulanter Pflegedienst nach dem Tod des pflegebedürftigen Hilfeempfängers keinen eigenen, auf ihn übergegangenen Anspruch auf Übernahme noch nicht bezahlter Pflegekosten gegen den Sozialhilfeträger geltend machen. Ein solches Recht haben nur die Heimträger (bzw. ergänzend nicht erwerbsmäßig tätige Pflegepersonen).

## 10.2.3 Adressat und Form des Widerspruchs

Der Widerspruch ist, auch hierauf weist die Rechtsbehelfsbelehrung den Antragsteller hin, bei der Ausgangsbehörde einzulegen.

Der Widerspruch kann, nach § 84 Abs. 1 SGG, schriftlich oder zur Niederschrift bei der Behörde eingelegt werden. In der Regel wird die Schriftform gewählt, wobei als Widerspruch jedwedes Schreiben gilt, das im Kern erkennen lässt, dass sich der Verfasser gegen die ihm zugestellte Entscheidung wendet. Sinnvoll ist es gleichwohl, das Schreiben auch konkret als Widerspruch zu formulieren.

---

7   BSG 07.10.2010 – B 3 P 4/09 R.

8   LSG Sachsen 11.07.2007 – L 1 P 18/05.
9   BSG 13.07.2010 – B 8 SO 13/09 R.

Das Widerspruchsschreiben kann sich in der Folge neben der Anrede und der Unterschrift inhaltlich auf folgenden Satz beschränken:

**Muster**
Gegen den Bescheid vom…, Aktenzeichen:…, lege ich hiermit Widerspruch ein.

## 10.2.4 Begründung des Widerspruchs

Die den Ausgangsbescheid erlassende Pflegekasse führt auch das nachfolgende Widerspruchsverfahren inhaltlich und organisatorisch.

Zunächst wird das Anliegen des Versicherten dem Erstgutachter übermittelt, der zu prüfen hat, ob er zu einem anderen Ergebnis als im Erstgutachten gelangt. Ist dies nicht der Fall, beauftragt die Pflegeversicherung gemäß Nr. 7 Abs. 2 der Pflegebedürftigkeits-Richtlinien (BRi) die Erstellung eines Zweitgutachtens.

Zuvor wird der Widerspruchsführer aufgefordert sein, seinen Widerspruch zu begründen. Eine solche Begründung ist gesetzlich grundsätzlich nicht notwendig, aber sicher in jedem Fall sinnvoll, weil nur hiermit dem Erst- oder Zweitgutachter deutlich gemacht werden kann, welche konkreten Einwendungen bestehen und warum die im Erstgutachten beschriebene Pflegesituation unzutreffend dargestellt ist.

Für eine Begründung des Widerspruchs ist es unerlässlich, das Erstgutachten inhaltlich zu kennen, weshalb der Widerspruchsführer keinesfalls darauf verzichten sollte, das Erstgutachten anzufordern und sich zusenden zu lassen. Sofern nicht bereits im Rahmen der Erstbegutachtung der Wunsch des Antragstellers erfasst wurde, das Pflegegutachten zugesandt zu erhalten, kann der Versicherte dies gemäß § 18 Abs. 2 S. 10 SGB XI auch zu einem späteren Zeitpunkt noch verlangen.

Grundsätzlich ist auch eine weitergehende Akteneinsicht in die gesamte Verwaltungsakte der Pflegeversicherung sinnvoll, weil sich hieraus nicht selten weitere Anhaltspunkte für die der Verwaltungsentscheidung zugrunde liegenden Überlegungen ergeben, denen dann im Rahmen der Begründung des Widerspruchs konkret entgegengetreten werden kann. Für den Versicherten besteht der Anspruch auf eine solche Akteneinsicht in die Verwaltungsakte nach § 25 SGB X. In der Praxis läuft der Rechtsanspruch indes oft ins Leere, weil nach § 25 Abs. 4 S. 1 SGB X bestimmt ist, dass die Akteneinsicht in den Räumen der Behörde erfolgen muss. Zwar kann die Pflegekasse hiervon eine Ausnahme gestatten; in der Praxis machen die Pflegeversicherungen hiervon jedoch regelmäßig keinen Gebrauch.

Insbesondere wenn sich der Widerspruchsführer bereits im Widerspruchsverfahren durch einen Rechtsanwalt oder einen sonstigen beruflichen Beistand gemäß § 73 Abs. 2 S. 1 und 2 Nr. 3–9 SGG vertreten lässt, wird dieser wegen des hohen organisatorischen und zeitlichen Aufwandes überlegen, zunächst im Widerspruchsverfahren auf den Rechtsanspruch der Akteneinsicht zu verzichten. Im nachfolgenden Klageverfahren wird das Sozialgericht auf Antrag regelmäßig die Verwaltungsakte an ihn übersenden bzw. für einige Tage zur Verfügung stellen (§ 120 SGG) und insofern eine Vervielfältigung in den Kanzleiräumen ermöglichen.

> ❯ **Für die Begründung des Widerspruchs gilt die Empfehlung, substanziell darzustellen, welchen konkreten Hilfebedarf der Gutachter des Erstgutachtens unberücksichtigt ließ bzw. nicht im notwendigen zeitigen Umfang anerkannte. Da der Zweitgutachter nach Nr. 7 Abs. 2 BRi auch die zwischenzeitliche Entwicklung der Pflegesituation seit Erstellung des Erstgutachtens zu würdigen hat, ist es wiederum sinnvoll, ein aktuelles Pflegetagebuch zu führen und mindestens im Umfang von einer vollständigen Kalenderwoche jedweden Hilfebedarf bei den Verrichtungen der Grundpflege und der hauswirtschaftlichen Versorgung minutiös tabellarisch zu erfassen. Die Hinzuziehung externen Rates durch Pflegefachkräfte oder Pflegesachverständige kann für die Begründung des Widerspruchs durchaus erwogen werden.**

## 10.2.5 Abschluss des Widerspruchsverfahrens

Insgesamt ist für die Dauer des Widerspruchsverfahrens, einschließlich der Zweitbegutachtung, eine Dauer von 3 Monaten einzuhalten. Dabei ist ein Zusatzentgelt wie im Verwaltungsverfahren nach § 18 Abs. 3b SGB XI nicht bestimmt. Allerdings besteht die Möglichkeit des Widerspruchsführers, gemäß § 88 Abs. 2 SGG Untätigkeitsklage beim Sozialgericht zu erheben und die Entscheidung des Widerspruchs zu verlangen. Dabei wird das Gericht allerdings nicht unmittelbar selbst entscheiden, ob der Widerspruch begründet ist oder nicht[10].

Über den Widerspruch kann wie folgt entschieden werden:

- **Abhilfeentscheidung:** Hält die Pflegekasse den Widerspruch für begründet, ergeht eine sog. Abhilfeentscheidung nach § 85 Abs. 1 SGG. Es wird dabei ein neuer Bescheid erlassen, der nun die vom Antragsteller begehrte Feststellung der Pflegebedürftigkeit und Einstufung der Pflegestufe beinhaltet und der den bisherigen Bescheid ersetzt.
- **Widerspruchsbescheid:** Sofern der Widerspruch aus der Sicht der Pflegeversicherung nur teilweise begründet ist, also beispielsweise die Pflegebedürftigkeit jetzt anerkannt wird, jedoch Leistungen nach einer Pflegestufe gewährt werden, die nach Ansicht des Antragstellers den Hilfebedarf nicht abbilden, hat die Pflegeversicherung, ebenso wie in jenen Fällen, in denen sie den Widerspruch für gänzlich unbegründet erachtet, einen Widerspruchsbescheid zu erlassen.

Vor Erlass des Widerspruchsbescheides wird der Widerspruchsführer von der Pflegeversicherung auf die beabsichtigte ablehnende Entscheidung hingewiesen und ihm wird die Möglichkeit eingeräumt, den Widerspruch zurückzunehmen. Geschieht dies nicht, entscheidet ein von der Vertreterversammlung der Pflegeversicherung gewählter Widerspruchsausschuss.

Der Widerspruchsbescheid ist nach § 85 Abs. 3 SGG schriftlich zu erlassen. Er wird dem Widerspruchsführer bzw. seinem Bevollmächtigten in der Regel postalisch bekannt gegeben.

Für das Widerspruchsverfahren erhebt die Pflegekasse unabhängig vom Ausgang keine Gebühren oder Auslagen. Obsiegt der Widerspruchsführer ganz oder teilweise, werden ihm die notwendigen Kosten seiner Rechtsverfolgung, insbesondere die Kosten für die Tätigkeit eines Rechtsanwalts, vollständig oder anteilig erstattet.

## 10.3 Klageverfahren

Erlangt der Versicherte auch im Rahmen des Widerspruchsverfahrens nicht jene Ansprüche, die er für berechtigt erachtet, steht ihm die Möglichkeit offen, hiergegen Klage zu erheben.

### 10.3.1 Zuständigkeit

Die Verfahren zur Feststellung der Pflegebedürftigkeit sind gemäß § 51 Abs. 1 Nr. 2 SGG vor den Sozialgerichten zu führen. Örtlich ist dasjenige Sozialgericht zuständig, in dessen Gerichtsbezirk der Pflegebedürftige seinen Wohnsitz oder aber, beispielsweise in nicht nur vorübergehender stationärer Pflege, seinen Aufenthaltsort hat (§ 57 Abs. 1 S. 1 SGG).

### 10.3.2 Klagefrist

Die Klage ist nach § 87 SGG innerhalb eines Monats ab Bekanntgabe des Widerspruchsbescheides zu erheben.

Die Klagefrist beginnt mit der Bekanntgabe des Widerspruchsbescheides beim Antragsteller/Widerspruchsführer oder seinem Bevollmächtigten, vorausgesetzt der Widerspruchsbescheid enthält die notwendige Rechtsbehelfsbelehrung. Anderenfalls gilt nach § 66 Abs. 2 SGG eine Klagefrist von einem Jahr. Hierzu und hinsichtlich der Möglichkeit, im Falle der Säumnis eine Wiedereinsetzung in den vorigen Stand zu erlangen, kann auf die Ausführungen unter ▶ Abschn. 10.2.1 verwiesen werden.

---

10  *Meyer-Ladewig/Leitherer* SGG § 88 Rdn. 9.

### 10.3.3 Form der Klageschrift

Die Klage ist gemäß § 84 Abs. 1 SGG schriftlich zu erheben. Sie kann auch bei einem Urkundsbeamten der Geschäftsstelle des Sozialgerichts zur Niederschrift erhoben werden.

Die Wahrung der Schriftform erfordert grundsätzlich auch die eigenhändige Unterschrift des Klägers oder seines Bevollmächtigten, wobei hier zunehmend Ausnahmen, insbesondere auch im Hinblick auf die Telefaxübersendung, zugelassen sind[11]. Jedenfalls ist die Einlegung mittels E-Mail außerhalb des Anwendungsbereichs des § 65a SGG derzeit noch unzureichend.

Gemäß § 92 SGG hat die Klage den Kläger selbst, den Beklagten und den Gegenstand des Klagebegehrens zu bezeichnen. Die Klage des Pflegebedürftigen richtet sich gegen die Pflegekasse, die den Bescheid und Widerspruchsbescheid, die angegriffen werden, erlassen hat. Des Weiteren soll nach § 92 SGG ein Klageantrag formuliert sowie zugleich der angefochtene Verwaltungsakt und der Widerspruchsbescheid in Original oder in Abschrift beigefügt werden.

Die Durchsetzung der Ansprüche des Versicherten erfolgt im Wege einer kombinierten Anfechtungs- und Leistungsklage gemäß § 54 Abs. 4 SGG. Hierdurch wird zum einen die Aufhebung des Ausgangs- sowie des Widerspruchsbescheides begehrt und zugleich die Verurteilung der Pflegekasse zu Leistungen angestrebt.

Der Antrag kann etwa wie folgt lauten:

**Muster**
Ich beantrage, den Bescheid der Beklagten vom...
in der Gestalt des Widerspruchsbescheides vom...
aufzuheben und die Beklagte zu verurteilen, dem
Kläger seit dem... Pflegesachenleistungen/Pflegegeld... gemäß der Pflegestufe... zu gewähren/zu zahlen.

### 10.3.4 Klagebefugnis

Die Klagebefugnis steht dem Antragsteller bzw. Pflegebedürftigen zu, der durch den mit der Klage angegriffenen Verwaltungsakt und den nachfolgenden Widerspruchsbescheid die aus seiner Sicht gerechtfertigten Ansprüche nicht zugesprochen erhalten hat.

Der Versicherte kann sich durch einen Bevollmächtigten vertreten lassen, wobei gemäß § 73 Abs. 2 Nr. 2 SGG, neben Rechtsanwälten, Rentenberatern, Steuerberatern und weiteren Personen und Institutionen, die die Prozessvertretung gesetzlich erlaubt übernehmen dürfen, auch volljährige Familienangehörige tätig werden können.

Für die eigene Antragsbefugnis Dritter, d. h. der Heimträger oder ambulanter Pflegedienste, gilt das unter ▶ Abschn. 10.2.2 Niedergeschriebene entsprechend.

### 10.3.5 Gang des Klageverfahrens

Kern des sozialgerichtlichen Verfahrens ist der sog. Amtsermittlungsgrundsatz des Gerichts gemäß § 103 SGG.

Aus der dort geregelten Untersuchungsmaxime ergibt sich, dass das Gericht, ohne dass entsprechende Anregungen oder Beweisanträge der Klage- oder Beklagtenpartei notwendig sind, den Sachverhalt »von Amts wegen« erforscht, wozu einerseits die Anforderungen von Informationen und Unterlagen von den Parteien gehört, aber auch die Einholung eines Sachverständigengutachtens. Das Gericht verfügt nicht über eigene Sachkunde, das Ausmaß der Pflegebedürftigkeit des Klägers einzuschätzen.

Insofern ist es auch für den Kläger nicht erforderlich, eine Klagebegründung zu erstellen. Wie im Widerspruchsverfahren auch, gilt jedoch die Empfehlung, nach entsprechender Akteneinsicht in die Verwaltungsakte der Pflegekasse eine Begründung zu fertigen und umfänglich vorzutragen, welche Einschätzungen des MDK im ersten und zweiten Pflegegutachten den tatsächlichen Hilfebedarf nicht zutreffend wiedergeben. Ferner sollte dargestellt werden, dass und warum bislang unberücksichtigter Pflegebedarf bei den Verrichtungen des täglichen Lebens tatsächlich gegeben und bei der Frage der Feststellung der Pflegebedürftigkeit einzubeziehen ist.

---

11   Einzelheiten in *Meyer-Ladewig/Leitherer* SGG § 90 Rdn. 5 ff.

Sichergestellt wird mit einer Begründung zugleich, dass sich der vom Sozialgericht beauftragte Sachverständige nicht nur mit den Inhalten der im Verwaltungs- und Widerspruchsverfahren eingeholten Gutachten der Pflegekasse befasst, sondern auch die Einwendungen des Pflegebedürftigen gegen diese Gutachten berücksichtigt.

❯ **In aller Regel folgt das Gericht im Anschluss dem Votum des Sachverständigen, weshalb der Regelung des § 109 SGG besondere Bedeutung zukommt. Danach kann der Versicherte beantragen, dass ein bestimmter Arzt gutachterlich gehört wird. Dieser Schritt sollte indes erst ergriffen werden, wenn der zunächst vom Gericht beauftragte Sachverständige zu Ungunsten des Klägers votiert oder aber das Gericht trotz des ihm auferlegten Amtsermittlungsgrundsatzes die Einholung eines weiteren Sachverständigengutachtens verweigert.**

Das Gericht kann und wird die Beauftragung des vom Kläger selbst vorgeschlagenen Sachverständigen davon abhängig machen, dass der Kläger die Kosten hierfür vorverauslagt und vorbehaltlich einer anderen Entscheidung des Gerichts auch endgültig trägt. Der Staatskasse werden zum Abschluss des Sozialgerichtsverfahrens die Kosten des Gutachtens im Rahmen einer Ermessungsentscheidung des Gerichts nur dann auferlegt, wenn das vom Kläger initiierte Gutachten die Sachaufklärung wesentlich gefördert hat[12].

### 10.3.6 Entscheidung des Gerichts

Je nach dem Ergebnis der Sachverhaltsaufklärung des Gerichts, d. h. je nach Votum des oder der Sachverständigen, ist es denkbar, dass die beklagte Pflegekasse, ggf. auch auf richterliche Anregung hin, die Klage anerkennt oder im Wege eines Vergleichs eine Einigung hinsichtlich des Ausmaßes des Hilfebedarfs mit dem Pflegebedürftigen getroffen wird.

---

12  *Meyer-Ladewig/Keller* SGG § 109 Rdn. 16a.

Geschieht dies nicht, wird das Gericht in der Regel eine mündliche Verhandlung anberaumen und in der Folge durch Urteil entscheiden.

Gelegentlich ergreifen die Sozialgerichte auch die Möglichkeit, im Wege eines Gerichtsbescheides gemäß § 105 Abs. 1 S. 1 SGG zu entscheiden. Dies geschieht ohne das Abhalten einer mündlichen Verhandlung. Der Erlass eines solchen Gerichtsbescheides kommt allerdings nur dann in Frage, wenn die Sache weder in tatsächlicher noch in rechtlicher Hinsicht besondere Schwierigkeiten bereitet. Die Sozialgerichte sind hierbei im Hinblick auf ihre Arbeitsbelastung durchaus großzügig, was auf Bedenken stößt, weil die mündliche Verhandlung und die Erläuterung der Auffassung des Gerichts unmittelbar gegenüber den Beteiligten durchaus maßgeblich zum Rechtsfrieden und zu der Akzeptanz der richterlichen Entscheidung bei den Parteien beitragen kann.

Im Hinblick auf die nicht unerhebliche Dauer der gerichtlichen Verfahren ist es wichtig, zu beachten, dass sich eine Änderung des Pflegebedarfs des Klägers während des Klageverfahrens unmittelbar auf die Entscheidung des Gerichts auswirkt.

Entscheidend ist jeweils die Sach- und Rechtslage zum Zeitpunkt der letzten mündlichen Verhandlung. Hat sich seit Antragstellung der Pflegebedarf verringert, muss der Kläger seine Klage ggf. anpassen, um ein teilweises oder gar gänzliches Unterliegen zu vermeiden. Hat die Pflegebedürftigkeit des Klägers während des Verfahrens ein höheres Ausmaß erreicht und wurde dies vom gerichtlich bestimmten Sachverständigen im Laufe des Verfahrens festgestellt, hat das Gericht dem Pflegebedürftigen mit dem Urteil dann auch die höheren Leistungen zuzusprechen, die zum Zeitpunkt der Antragstellung oder des Widerspruchs noch nicht hätten begründet geltend gemacht werden können.

Das Gericht führt und leitet die mündliche Verhandlung und entscheidet in der Besetzung eines Berufsrichters mit zwei ehrenamtlichen Schöffen. In der Regel wird die Entscheidung am Ende der mündlichen Verhandlung, jedenfalls jedoch am Ende des Sitzungstages nach interner Beratung der Kammer verkündet.

Hält das Gericht die Klage für begründet, hebt es den ursprünglichen Leistungsbescheid und den Widerspruchsbescheid der Pflegekasse auf und verpflichtet diese, die berechtigt geltend gemachten Leistungen aufgrund der bestehenden Pflegebedürftigkeit zu erbringen. Sofern das Gericht die Klage für unbegründet erachtet, wird die Klage abgewiesen.

Das zunächst lediglich mündlich verkündete Urteil ist später schriftlich unter Darstellung des Tatbestandes, der Entscheidungsgründe und einer Belehrung über die zulässigen Rechtsmittel zu fassen und dem Kläger oder seinem Bevollmächtigten zuzustellen. Obwohl die Verfahrensvorschriften (vgl. §§ 134, 135 SGG) hierfür eine zügige Bearbeitung anstreben, können in der Praxis durchaus mehrere Monate vergehen, bis das Urteil tatsächlich vollständig begründet vorliegt.

### 10.3.7 Kosten des Klageverfahrens

Die Verfahren vor den Gerichten der Sozialgerichtsbarkeit sind, wie in § 183 SGG bestimmt, für Versicherte, die Leistungen der sozialen Pflegeversicherung geltend machen, kostenfrei.

Danach entstehen durch die Inanspruchnahme der Sozialgerichte, selbst wenn von den Gerichten Sachverständigengutachten eingeholt werden, unabhängig vom Ausgang des Verfahrens keine Kosten. Eine Ausnahme gilt, wie in ▶ Abschn. 10.3.5 dargestellt, bei der Beantragung der Anhörung bzw. Erstellung eines Gutachtens durch einen bestimmten Arzt nach § 109 SGG.

Daneben sind die Kosten der Pflegekassen, die diesen im Zusammenhang mit der Führung der sozialgerichtlichen Verfahren entstehen, auch im Falle des Unterliegens des Klägers nicht erstattungsfähig. Somit besteht im Hinblick auf die Durchführung der Klageverfahren keinerlei Risiko des Versicherten, Kosten des Gerichts oder anderer Verfahrensbeteiligter tragen zu müssen.

Insofern fallen dem Versicherten, soweit er im Rechtsstreit unterliegt, ausschließlich seine eigenen Rechtsverfolgungskosten, die ihm ggf. im Hinblick auf das Honorar eines mit der Prozessvertretung beauftragten Rechtsanwalts oder sonstigen Bevollmächtigten entstehen, zur Last. Obsiegt der Versicherte im Rechtsstreit, sind diese Kosten durch die Pflegekasse zu erstatten. Das Gericht hat insoweit nach § 193 Abs. 1 SGG bereits im Urteil zu entschei-

den, dass und mit welcher Quote dem ganz oder teilweise obsiegenden Kläger die Kosten erstattet werden.

## 10.4    Berufung/Revision

### 10.4.1 Berufung zum Landessozialgericht

Kann der Versicherte auch mit dem Verfahren vor dem Sozialgericht nicht den Anspruch erlangen, den er mit der Antragstellung begehrt, kann er gegen das Urteil des Sozialgerichts Berufung zum Landessozialgericht einlegen.

Die nach § 144 Abs. 1 SGG notwendige Beschwer des Versicherten in Höhe von 750,00 Euro, mit der verhindert werden soll, dass Bagatellstreite mehrinstanzlich geführt werden, dürfte im Falle der streitigen Feststellung der Pflegebedürftigkeit, die Leistungen über mehrere Monate hinweg begründen können, regelmäßig erfüllt sein.

Das Verfahren der Berufung vor dem Landessozialgericht ist noch einmal als Tatsacheninstanz ausgestaltet, d. h. das Berufungsgericht überprüft ebenfalls unter Berücksichtigung des gegebenen Amtsermittlungsgrundsatzes die für die Frage der Anspruchsbegründung notwendigen Sachverhalte und stellt die erforderlichen Nachforschungen und Beweisaufnahmen an. Die erstinstanzliche Entscheidung unterliegt damit sowohl hinsichtlich der Tatsachenermittlung wie der Rechtsanwendung der vollständigen Überprüfung und eigenständigen Bewertung des Landessozialgerichts. Gemäß § 157 S. 2 SGG sind, entgegen der zivilprozessualen Situation, sogar neu und erstmals durch die Prozessparteien vorgebrachte Tatsachen und Beweismittel zu berücksichtigen.

Insofern kann hinsichtlich der Darstellung des Verfahrensgangs vollumfänglich auf das in ▶ Abschn. 10.3.5 Beschriebene verwiesen werden.

Die Berufung ist innerhalb eines Monats nach Zustellung des Urteils des Sozialgerichts beim Landessozialgericht schriftlich oder zur Niederschrift des Urkundsbeamten der Geschäftsstelle einzulegen. Nach § 151 Abs. 2 SGG genügt es zur Fristwahrung auch, die Berufung beim Sozialgericht selbst einzulegen, welches eine Weiterleitung des Begehrens an das Landessozialgerichts veranlassen wird.

Für den Berufungsschriftsatz ist folgender Inhalt zwingend erforderlich:

**Muster**

Ich beantrage, das Urteil des Sozialgerichts... vom... und den Bescheid der Beklagten vom... in der Gestalt des Widerspruchsbescheides vom... aufzuheben und die Beklagte zu verurteilen, dem Kläger gemäß Antrag vom... Pflegesachleistungen/Pflegegeld... gemäß der Pflegestufe... zu gewähren/zu zahlen.

Die Landessozialgerichte tendieren – weitergehender als die Sozialgerichte – dazu, trotz des ihnen obliegenden Amtsermittlungsgrundsatzes von der nochmaligen Einholung eines gerichtlichen Gutachtens abzusehen, jedenfalls wenn erstinstanzlich ein Gutachten eingeholt wurde und dieses vom Landessozialgericht als nachvollziehbar und überzeugend angesehen wird.

Insofern ist die Möglichkeit des pflegebedürftigen Berufungsklägers, in dieser Verfahrenssituation einen Antrag nach § 109 SGG zu stellen und die Begutachtung durch einen von ihm benannten Sachverständigen zu begehren, umso relevanter. Hinsichtlich der Voraussetzungen und der Kostenrisiken gilt das in ▶ Abschn. 10.3.5 Gesagte entsprechend.

### 10.4.2 Revision zum Bundessozialgericht

Letztlich bliebe die Möglichkeit, gegen das Urteil des Landessozialgerichts Revision zum Bundessozialgericht einzulegen. Eine solche ist allerdings nur zulässig, wenn sie vom Landessozialgericht ausdrücklich zugelassen wurde oder im Rahmen eines der Revision vorausgehenden Beschwerdeverfahrens auf Zulassung der Revision, das ebenfalls vor dem Bundessozialgericht zu führen ist, gesondert zugelassen wird.

Im Verfahren vor dem Bundessozialgericht gilt für die Beteiligten ein Vertretungszwang. Geeignete Prozessbevollmächtigte sind gemäß § 73 Abs. 4 SGG vor allem Rechtsanwälte und sachkundige Angestellte von Gewerkschaften, Arbeitnehmerorganisationen oder Vereinigungen, deren satzungsgemäße Aufgabe die Beratung und Vertretung der Leistungsempfänger ist.

Eine Revision ist nur in seltenen Fällen zulässig, insbesondere wenn die Sache grundsätzliche Bedeutung hat oder das angegriffene Urteil des Landessozialgerichts von der bisherigen Rechtsprechung des Bundessozialgerichts abweicht. Einzelheiten ergeben sich aus den §§ 160, 160a SGG.

Eine Besonderheit ist, dass das Bundessozialgericht – entgegen den Vorinstanzen – keine eigenen Tatsachenfeststellungen trifft. Die Feststellungen des Landessozialgerichts reichen indes häufig zunächst nicht aus, damit das Bundessozialgericht abschließend über den Anspruch des pflegebedürftigen Klägers auf Leistungen der Pflegeversicherung entscheiden kann. Stellt es Fehler in der Rechtsanwendung fest und urteilt, dass die Entscheidung des vorausgehenden Landessozialgerichts aufgehoben werden muss, ist es dadurch in der Folge häufig veranlasst, den Rechtsstreit zunächst zur weiteren Sachverhaltsaufklärung wieder an das Landessozialgericht zurückzuverweisen und kann die Leistung dem Versicherten nicht unmittelbar zusprechen.

Das Landessozialgericht betreibt anschließend die nötige Sachverhaltsaufklärung in einer sogenannten vierten Instanz noch einmal bzw. erstmals grundlegend und entscheidet dann erneut mittels Urteil unter Beachtung der Rechtsauffassung des Bundessozialgerichts. Die Fortdauer und die Länge des Gesamtverfahrens stellen für die betroffenen Versicherten eine große Bürde dar.

## 10.5 Einstweiliger Rechtsschutz

Wie beschrieben, befindet sich der Pflegebedürftige bei der Antragstellung regelmäßig in einer Notlage, sodass die verzögerte Sachbearbeitung sowohl im Verwaltungsverfahren, später aber auch das lang andauernde sozialgerichtliche Verfahren, das sich oft über mehrere Monate, wenn nicht gar Jahre hinziehen kann, zu einer auch wirtschaftlich schwierigen Situation des Pflegebedürftigen führt, sofern ein Hilfebedarf besteht und auch in Anspruch genommen wird.

Grundsätzlich sieht das Sozialrecht gemäß § 86b Abs. 2 SGG für diese Fälle die Möglichkeit vor, eine einstweilige Anordnung zu beantragen. Ziel einer solchen ist es, die Pflegeversicherung vorläufig zur Leistung zu verpflichten, d. h. Leistungen in Phasen zu erhalten, in denen über die beantragten Ansprüche noch nicht oder zunächst abschlägig entschieden wurde und hierüber die Rechtsbehelfsverfahren andauern.

Die Hürden für eine solche vorläufige, als Regelungsanordnung bezeichnete Entscheidung sind relativ hoch, da sie, sofern eine vorläufige Leistung gewährt wird, zumindest für die Dauer des Verfahrens bereits den Zustand vorwegnehmen und durch die erhaltene Leistung praktisch auch unumkehrbar machen, über den letztlich erst verbindlich im Verwaltungsverfahren oder nachfolgenden Widerspruchs- und Hauptsacheverfahren der Sozialgerichte entschieden werden soll.

> Insofern muss der Pflegebedürftige das Bestehen seines Leistungsanspruchs in besonderer Weise glaubhaft machen, d. h. er muss, weil im Rahmen des Eilverfahrens die Gerichte nur eine eingeschränkte Sachaufklärung betreiben, ein seine Ansprüche eindeutig stützendes ärztliches Gutachten vorlegen. Das Gericht wird den für die einstweilige Anordnung notwendigen Anordnungsanspruch erkennen, wenn es im Rahmen einer sog. summarischen Prüfung zu der Überzeugung gelangt, dass eine Feststellung der Pflegebedürftigkeit offensichtlich begründet ist[13].

Darüber hinaus muss für die begehrte einstweilige Anordnung indes auch noch ein sogenannter Anordnungsgrund gegeben sein, d. h. der pflegebedürftige Antragsteller muss glaubhaft machen, dass ihm ohne die sofortige, im einstweiligen Rechtsschutz angestrebte Leistung der Pflegeversicherung ein erheblicher Nachteil droht. Denkbar wäre hier beispielsweise die Tatsache, dass sich ohne Absicherung der Pflegeleistungen sein gesundheitlicher Zustand verschlechtern würde. Dies wird nur in

absoluten Ausnahmefällen anerkannt, wobei insbesondere vom Pflegebedürftigen darzulegen ist, dass er auch über ausreichendes eigenes Vermögen oder über laufende Einkommen zur Absicherung der Pflegeleistungen nicht verfügt.

Äußerst strittig ist zugleich, ob der vermögens- und einkommenslose Pflegebedürftige zur Absicherung der Kosten etwaiger Pflegeleistungen auf die Sozialhilfe verwiesen werden darf[14].

Im Ergebnis wird dies mit dem Argument verneint, dass auch die Sozialhilfeträger die Beurteilung der Pflegekassen über das Ausmaß der Pflegebedürftigkeit ihrer Entscheidung zugrunde legen und in der konkreten Situation der Inanspruchnahme einstweiligen Rechtsschutzes eine solche Entscheidung entweder nicht vorliegt oder zum Nachteil des Pflegebedürftigen getroffen wurde. Somit ist der Sozialhilfeträger nicht in der Lage, eine vorläufige Entscheidung zu treffen, weshalb ein Verweis des Antragstellers im einstweiligen Rechtsschutzverfahren gegen die Pflegeversicherung auf die Sozialhilfe unzumutbar ist[15].

## 10.6    Rücknahme/Widerruf bestandskräftiger Bescheide

Für die Fälle, in denen sich bei rechtskräftigen Bescheiden zu einem späteren Zeitpunkt herausstellt, dass diese rechtswidrig sind, sehen die Verwaltungsvorschriften der §§ 44 ff. SGB X Regelungen der Korrektur vor.

Zunächst besteht, wie in ▸ Abschn. 10.2.1 geschildert, die Möglichkeit, die Rücknahme eines rechtswidrigen, nicht begünstigenden Verwaltungsaktes auch mit einem verfristeten Widerspruch zu erreichen, wobei darüber hinaus selbstverständlich auch eine unmittelbare Antragstellung gemäß § 44 SGB X durch den Pflegebedürftigen möglich ist.

Es werden dann im Sinne einer Rückwirkung von Anfang an die anfangs zu Unrecht verweigerten Leistungen gewährt, wenn sich herausstellt, dass beim Erlass des anfänglichen Bescheides das Recht unrichtig angewandt wurde oder von einem

---

13    Ausführlicher hierzu *Meyer-Ladewig/Keller* SGG § 86 b Rdn. 29 ff.

14    Auch hierzu mit Einzelheiten *Meyer-Ladewig/Keller* SGG § 86 b Rdn. 29e. f.

15    So auch *Philipp* in LPK-SGB XI, S. 1453.

Sachverhalt ausgegangen worden ist, der nicht den Tatsachen entspricht.

Wichtig ist, dass eine solche Rücknahme dann ausgeschlossen ist, wenn der Pflegebedürftige bei der Antragstellung selbst unrichtige oder unvollständige Angaben gemacht hat oder, obwohl ihm möglich, nicht in ausreichender Weise mitwirkte. Der maximale Zeitraum der rückwirkenden Leistungsgewährung ist auf eine Periode von bis zu 4 Jahren ab der Rücknahme des Ausgangsbescheides begrenzt.

Daneben kann auch ein die Pflegeleistungen zunächst bestätigender Verwaltungsakt nach Rechtskraft zurückgenommen werden, wenn dieser sich später als rechtswidrig herausstellt, d. h. von Anfang an beispielsweise von einer Pflegebedürftigkeit nicht hätte ausgegangen werden dürfen.

Hierzu bestimmt § 45 SGB X, dass eine Rücknahme nicht möglich ist, wenn das Vertrauen des die bis zur Aufdeckung der Rechtswidrigkeit die Leistungen erhaltenden Pflegebedürftigen schutzwürdig ist. Das ist insbesondere dann der Fall, wenn die ihm gewährten Leistungen verbraucht sind. Einen solchen Schutz genießt der Pflegebedürftige allerdings nicht, wenn er bei der Beantragung zur Feststellung der Pflegebedürftigkeit vorsätzlich oder grob fahrlässig wesentliche Angaben unrichtig oder unvollständig gemacht hat.

Für das Recht der sozialen Pflegeversicherung bedeutsam ist letztlich noch die Maßgabe der Aufhebung eines Verwaltungsaktes mit Dauerwirkung bei der Änderung der Verhältnisse, die in § 48 SGB X geregelt ist. Ändern sich die Verhältnisse des Pflegebedürftigen, ist der Bescheid über die Gewährung von Pflegeleistungen ab diesem Zeitpunkt aufzuheben oder der Hilfebedarf einzuschränken.

Daneben kann sich aber, beispielsweise auch aus Änderungen der Rechtsanwendung oder der Richtlinien bei einer Folgebegutachtung, eine andere Pflegestufe ergeben, als zu einem früheren Zeitpunkt entschieden, obwohl an sich ein unveränderter Hilfebedarf gegeben ist. Damit indes kann eine Aufhebung des mit Dauerwirkung ausgesprochenen Verwaltungsaktes nach § 48 Abs. 1 SGB X nicht verbunden werden, denn die rechtlichen Verhältnisse, d. h. die rechtlichen Voraussetzungen

zur Feststellung der Pflegebedürftigkeit, haben sich aufgrund von Klarstellungen in Richtlinien gerade nicht geändert, sondern sind unverändert geblieben. Eine Änderung früherer Begutachtungsrichtlinien stellt folglich keine Änderung der tatsächlichen Verhältnisse dar[16].

## 10.7 Rechtsschutz in der privaten Pflegeversicherung

Der Anspruch bei Pflegebedürftigkeit auf Leistungen aus einer privaten Pflegeversicherung ist als vertraglicher und nicht als gesetzlicher Anspruch definiert, wobei die Anspruchsvoraussetzungen im Wesentlichen durch die Allgemeinen Versicherungsbedingungen definiert sind, die mit Abschluss des Versicherungsvertrags Gegenstand der vertraglichen Abrede zwischen Versicherungsunternehmen und Versicherungsnehmer werden.

Zugleich jedoch ist gemäß § 1 Abs. 2 SGB XI für diejenigen, die eine private Krankenversicherung abgeschlossen haben, auch die private Pflegeversicherung als Pflichtversicherung definiert. Die Regelungen der Pflegebedürftigkeit sind in den Musterbedingungen der privaten Pflegeversicherung (MB/PPV 1996) denjenigen der §§ 14, 15 SGB XI nachgebildet.

### 10.7.1 Rechtswegzuständigkeit

Art und Umfang der privaten Pflegeversicherung sollen den Leistungen der sozialen Pflegeversicherung entsprechen. Deswegen ist auch eine einheitliche Zuständigkeit der Sozialgerichtsbarkeit in § 51 Abs. 2 S. 2 SGG vorgesehen. Hierdurch wird ein Gleichlauf der Rechtsprechung bei der Auslegung der Begrifflichkeiten innerhalb der sozialen Pflegeversicherung einerseits und der privaten Pflegeversicherung andererseits gesichert[17].

---

16  *Krahmer/Schiffer-Werneburg* in LPK SGB XI § 17 Rdn. 13.
17  *Meyer-Ladewig/Keller* SGG § 51 Rdn. 27.

## 10.7.2 Kein Widerspruchsverfahren

Eine besondere und maßgebliche Unterscheidung ergibt sich indes daraus, dass es das im Bereich der sozialen Pflegeversicherung geregelte Widerspruchsverfahren, mit dem sich der antragstellende Pflegebedürftige gegen eine ihm ungünstige Entscheidung der Pflegekasse zunächst außergerichtlich wehren kann, im Bereich der privaten Pflegeversicherung nicht gibt.

Private Versicherungsunternehmen erlassen keine Verwaltungsakte, sodass im Falle abschlägiger Mitteilung hinsichtlich einer begehrten Leistung aus der privaten Pflegeversicherung der Versicherungsnehmer unmittelbar Klage, und zwar in Form einer sogenannten echten Leistungsklage gemäß § 54 Abs. 5 SGG, erheben kann und muss[18].

Ein Vorteil für den Versicherungsnehmer ist, dass etwaige Leistungszusagen aufgrund des von der privaten Pflegeversicherung eingeholten Gutachtens als deklaratorisches Schuldanerkenntnis gelten[19], d. h. die Leistungszusage für den Versicherten verbindlich ist[20].

Diesem Vorteil steht andererseits jedoch der Nachteil des Versicherungsnehmers gegenüber, wegen des Entfallens des Widerspruchsverfahrens einen Anspruch auf ein Zweitgutachten nicht geltend machen zu können, sodass eine Überprüfung des Erstgutachtens und damit der Leistungsverweigerung des Versicherers außergerichtlich nicht erzwungen werden kann. Zugleich gilt für den Versicherungsnehmer selbst im Falle der unmittelbar erhobenen Leistungsklage die Erschwernis, dass das Sozialgericht vorliegend über zivilvertragliche Ansprüche zu entscheiden hat. Zwar gilt auch hier der Amtsermittlungsgrundsatz des sozialgerichtlichen Verfahrens, jedoch muss das Gericht die Besonderheiten der in den Versicherungsvertragsbedingungen geregelten zivilrechtlichen Einzelheiten und damit auch die Bindung der Vertragsparteien an das eingeholte Sachverständigengutachten beachten. Es wird insofern erst dann Anlass haben,

können, ein weiteres medizinisches Gutachten einzuholen, wenn es zu der Überzeugung gelangt ist, dass das Gutachten bei dem Versicherten vorhandene Defizite nicht hinreichend beschreibt[21]. Die Möglichkeit, ein gerichtliches Gutachten einzuholen, ist somit für das Sozialgericht erst dann eröffnet, wenn es aufgrund des Vortrags der Parteien die Überzeugung erlangt hat, dass das vom privaten Pflegeversicherer eingeholte Gutachten nicht verwertbar ist.

> **Insofern sollte der Versicherungsnehmer versuchen, im Rahmen außergerichtlicher Bemühungen mit dem Versicherer jedenfalls die Erstellung eines Zweitgutachtens in freier Form zu vereinbaren, welches aus Kulanz erstellt werden kann, ohne dass dem Versicherungsnehmer Kosten entstehen[22].**

Die sonstigen Rechtsbehelfe Privatpflegeversicherterstehen denen der gesetzlich Versicherten nicht nach.

**Fazit**

Gegen Entscheidungen der Pflegekasse findet zunächst ein Widerspruchsverfahren statt. Bleibt auch der Widerspruch erfolglos, so kann Klage vor dem Sozialgericht erhoben werden.

Zur Beschleunigung der Entscheidung über einen Antrag auf Leistungen der Pflegeversicherung hat der Gesetzgeber den Pflegekassen einen engen zeitlichen Rahmen gesetzt, bei dessen Überschreitung ein Zahlungsanspruch zu Gunsten des Antragstellers erwächst. Für das gerichtliche Verfahren steht dem Antragsteller die Möglichkeit offen, eine einstweilige Anordnung beim Sozialgericht zu beantragen; einschränkend ist jedoch anzumerken, dass die Anforderungen hieran hoch sind, da grundsätzlich im einstweiligen Rechtsschutz die Hauptsache nicht vorweggenommen werden soll.

Zu Gunsten stationärer Pflegeeinrichtungen wurde die gesetzliche Möglichkeit geschaffen, auch ohne Mitwirkung des Pflegebedürftigen die

---

18  *Meyer-Ladewig/Keller* SGG § 54 Rdn. 41; informativ LSG Bayern 07.11.2012 – L 2 P 66/11.
19  BSG 22.08.2001 – B 3 P 21/00 R.
20  *Heinemann* Medizinische Begutachtung in der privaten und sozialen Pflegeversicherung (Diss.) Frankfurt a. M. 2009, S 57.

21  *Udsching* SGB XI § 23 Rdn. 15.
22  So jedenfalls *Weber* DÄ 1999 A 1768 (1771).

Vergütung gemäß der nächsthöheren Pflegestufe durchzusetzen bzw. ohne vorangegangenes Verwaltungs- und Widerspruchsverfahren selbst eine Leistungsklage vor dem Sozialgericht zu erheben. Damit soll dem Umstand Rechnung getragen werden, dass Heimbewohner bzw. deren Angehörige nicht immer im gebotenen Maße an der Beantragung einer höheren Pflegestufe mitwirken, obwohl die Voraussetzungen hierfür vorliegen und die Pflegeeinrichtung die der höheren Pflegestufe zugehörigen Leistungen erbringt bzw. erbringen muss.

## Literatur

Heinemann U (2009) Medizinische Begutachtung in der privaten und sozialen Pflegeversicherung. Dissertation, Frankfurt a. M.

Klie T, Kramer U, Plantholz M (2014) Soziale Pflegeversicherung, Lehr- und Praxiskommentar (LPK-SGB XI), 4. Aufl. Nomos, Baden Baden

Meyer-Ladewig J, Keller W, Leitherer S (2012) Sozialgerichtsgesetz, Kommentar, 10 Aufl. Beck, München

Udsching P, Schütze B, Behrend N, Bassen A (2010) SGB XI, Soziale Pflegeversicherung, 3. Aufl. Beck, München

Weber K-H (1999) Pflegeversicherung: Wachsende Aufgaben für Gutachter. Dt Ärztebl 96(26): A1768–1771

# Palliative Care in der Begutachtung durch die Medizinischen Dienste

*Klaus-Peter Buchmann*

## 11.1 Rückblick

Heute ist häufig zu hören, dass die Palliativmedizin ein neuer und moderner Zweig der medizinischen Versorgung sei. Zur ganzen Wahrheit gehört allerdings auch, dass die Medizin bereits vor mehr ca. 500 Jahren die Cura palliativa kannte.

Stolberg (2011) berichtet in seinem Buch »Die Geschichte der Palliativmedizin« von ersten Definitionsversuchen palliativer Behandlungen aus dem Jahr 1563 und zitiert: »Eine palliative Behandlung ist, wenn eine Krankheit aus einem bestimmten Grund bemäntelt und nicht vollkommen geheilt wird.«

Es wird der seitdem vergangenen Zeit und der inzwischen entwickelten Medizin geschuldet sein, dass sich das Begriffsverständnis verändert hat. Denn die Metapher des Mantels (lat.: pallium = Mantel) wird heute auf den zu umsorgenden erkrankten Menschen bezogen, der – wie durch einen Mantel geschützt – mit besonderer Fürsorge zu behandeln ist. Hingegen wurde mit der Cura palliativa das Bedecken, also das Unsichtbarmachen, einer Erkrankung beschrieben. Heute wird Palliativversorgung verstanden als der Schutz von und die Sorge um Menschen, denen – aufgrund ihrer Erkrankung im medizinischen Sinn – nicht mehr geholfen werden kann, weil sie unheilbar erkrankt sind. Bei der Behandlung geht es primär darum, während der verbleibenden Lebenszeit alle Möglichkeiten für ein subjektiv gelingendes Sterben zu gestalten.

Dem Mantel kommt inzwischen – und auch dieses Bild wurde bereits beschrieben, allerdings nur partiell Aufmerksamkeit geschenkt – eine weitere Funktion zu, die als Schutzfunktion zu verstehen ist. Dabei geht es um den Schutz von schwerst- und unheilbar erkrankten Menschen vor medizinischen Maßnahmen, die ihren Sinn in sich selbst tragen, dabei aber keinen oder einen nur sehr zweifelhaften Nutzen für den leidenden Menschen tragen. (vgl. Heller u. Pleschberger 2011).

■ **Unklare Begriffsdefinition**

Es gibt kaum einen anderen Bereich der medizinisch-pflegerischen Versorgung, in dem es ein so breit gefächertes Verständnis von Begriffen gibt, wie in der Palliativversorgung. End of life care,

Finalpflege, Palliativmedizin, Hospice Care, Palliative Care, sind Begriffe – um nur einige wenige zu nennen – die häufig Verwendung für eine besondere Versorgungsform am Lebensende finden und genauso oft synonym gebraucht werden. So kennt z. B. die Deutsche Gesellschaft für Palliativmedizin (DGP) ausschließlich den Begriff der Palliativmedizin und subsumiert darunter alles Handeln, das der Palliativversorgung zuzuordnen ist.

## 11.2 Palliativversorgung im SGB V

Mit der Einführung des Wettbewerbsstärkungsgesetzes in die gesetzliche Krankenversicherung (GKV-WSG) im Jahr 2007 wurde die spezialisierte ambulante Palliativversorgung (SAPV) als eine Leistung der Krankenkassen gesetzlich verankert. Auffallend ist, dass sich weder eine Definition noch eine Leistungsbeschreibung der SAPV im Gesetz findet. Der Gesetzgeber hat den Gemeinsamen Bundesausschuss (G-BA) ermächtigt, Näheres über die Leistungen der spezialisierten ambulanten Palliativversorgung (SAPV) in einer eigenen Richtlinie festzulegen.

■ **Palliative Care ist bezüglich der Leistungen nicht definiert**

Der G-BA ist durch den Gesetzgeber nicht damit beauftragt worden, Leistungen der Palliativversorgung zu definieren, sondern erhielt vielmehr den Auftrag, Näheres zu den Leistungen in einer Richtlinie festzulegen. Nach § 37b Abs. 3 SGB V in Verbindung mit § 92 Abs. 1 Nr. 14. SGB V sollte mit der Richtlinie des G-BA insbesondere geregelt werden:
a. Anforderungen an die Erkrankungen und an den Versorgungsbedarf,
b. Inhalt und Umfang der SAPV, einschließlich eines integrativen Versorgungsansatzes und
c. Inhalt und Umfang der Kooperation verordnender Ärzte und der Leistungserbringer.

Auch mit dem Begutachtungsleitfaden werden keine Leistungsdefinitionen vorgegeben.

■ **Hospizversorgung**

Anspruch auf Zuschüsse für die stationäre oder teilstationäre Hospizversorgung besteht nach § 39a

SGB V gegenüber der zuständigen Krankenkasse, wenn durch diese Einrichtungen palliativ-medizinische Behandlungen erbracht werden und eine ambulante Versorgung im Haushalt nicht erfolgen kann, Krankenhausbehandlung jedoch nicht notwendig ist.

Mit § 39a Abs. 2 SGB V werden die Voraussetzungen im Einzelnen beschrieben, nach denen die Krankenkassen ambulante Hospizdienste zu fördern haben. Dazu gehört u. a. auch die Zusammenarbeit mit in der Palliativmedizin erfahrenen Ärzten und Pflegediensten. § 132d SGB V beschreibt, dass die Krankenkassen mit geeigneten Einrichtungen oder Personen Verträge zu schließen haben, mit denen die Vergütung und die Abrechnung erbrachter Leistungen geregelt ist, soweit dies für eine bedarfsgerechte Versorgung notwendig ist. Ferner soll mit diesen Verträgen auch festgelegt werden, inwieweit die Leistungserbringer beratend tätig werden. Auf Bundesebene waren Empfehlungen vorzulegen, mit denen die sächlichen und die personellen Anforderungen für die Leistungserbringer zu beschreiben waren, Mindestanforderungen an die Qualitätssicherung und die Fortbildung sowie Maßstäbe für eine bedarfsgerechte Versorgung in der SAPV.

## 11.3 Palliativversorgung im SGB XI

Im Kontext eines ebenfalls primär medizindominierten Verständnisses der Palliativversorgung, einer uneinheitlichen und nicht definierten Begriffsabgrenzung ist gleichzeitig das Konstrukt Palliativversorgung im SGB XI und – in der Folge davon – auch in den BRi zu verstehen. Das SGB XI findet im Wesentlichen zwei Anknüpfungspunkte, mit denen die Palliativversorgung aufgegriffen wird:

- Zu den Aufgaben der Pflegekassen gehört nach § 12 Abs. 2 SGB XI das partnerschaftliche Zusammenwirken mit den Trägern der gesundheitlichen und sozialen Versorgung, um die zur Verfügung stehenden Hilfen für pflegebedürftige Menschen zu koordinieren. Daneben haben die Pflegekassen sicherzustellen, dass Hilfemaßnahmen der Pflegeversicherung mit ggf. notwendigen Hilfen aus anderen Gesetzbüchern nahtlos und störungsfrei ineinandergreifen. In diesem Zusammenhang wird auch die spezialisierte Palliativversorgung genannt.

- Mit § 18 Abs. 3 SGB XI wird die ambulante palliative Versorgung aufgegriffen; der Zusammenhang besteht hier zu den verkürzten Begutachtungsfristen.

### Formulierungen führen zu Begriffsverwirrungen

Wird im SGB XI einerseits der Begriff der spezialisierten Palliativversorgung verwendet (§ 12), ist andererseits von der ambulanten palliativen Versorgung (§ 18) die Rede. Was jeweils im Einzelnen gemeint wird – und das beschreibt die Schwierigkeit – ist nicht erläutert. Die begrifflichen Ungenauigkeiten werden auch mit den Begutachtungs-Richtlinien (BRi) nicht aufgelöst. Den Unterschied in der Palliativversorgung macht – bezüglich der Begutachtungsfristen – der Aufenthaltsort des Betreffenden (vgl. BRi Abschnitt C3).

Eine Begutachtung ist danach unverzüglich, spätestens innerhalb einer Woche durchzuführen, wenn »(…) sich der Antragsteller in einem Hospiz befindet oder der Antragsteller ambulant palliativ versorgt wird.«

Menschen in einem stationären Hospiz haben Anspruch auf Versorgung, wenn sie an einer unheilbaren und progredient verlaufenden Erkrankung leiden, eine palliativmedizinische und palliativ-pflegerische Versorgung notwendig bzw. gewünscht ist, Krankenhausbehandlung aus medizinischen Gründen nicht erforderlich und eine ambulante Versorgung nicht mehr ausreichend ist (vgl. Rahmenvereinbarung nach § 39a Abs. 1 Satz 4 SGB V über Art und Umfang sowie Sicherung der Qualität der stationären Hospizversorgung). Mag man hieraus noch ableiten können, dass es sich dem Grunde nach um Menschen mit Leistungsansprüchen auf eine spezialisierte – ambulant nicht zu erbringende oder nicht gewünschte – Palliativversorgung handelt, bleibt dies im zweiten Fall ganz und gar offen. Denn: die Formulierung der ambulant palliativen Versorgung lässt nicht erkennen, ob hier eine Versorgung im Rahmen der allgemeinen ambulanten Palliativversorgung bereits für eine unverzügliche, spätestens innerhalb von einer Woche durchzuführende Begutachtung ausreichend ist oder ob für die verkürzte Begutachtungsfrist eine spezialisierte ambulante Palliativversorgung bereits verordnet und genehmigt sein bzw. ein berechtigter Leistungsanspruch vorliegen muss, um die Voraussetzungen für eine verkürzte Begutachtungsfrist geltend machen zu können.

## 11.4 Richtlinie zur spezialisierten ambulanten Palliativversorgung des G-BA

### 11.4.1 Begutachtungsleitfaden

Der Medizinische Dienst des Spitzenverbandes Bund der Krankenkassen (MDS) hat im Jahr 2010 den Entwurf eines Begutachtungsleitfadens für die spezialisierte ambulante Palliativversorgung vorgelegt. Nach Auskunft des MDS handelt es sich dabei um ein Arbeitspapier, das die internen Arbeitsabläufe der MDK bei entsprechenden Gutachtenaufträgen strukturieren und voraussichtlich im Jahr 2014 in eine verbindlich geltende Richtlinie überführt werden soll.

Da es Ziel und Zweck des Begutachtungsleitfadens ist, die SAPV-Richtlinie des G-BA im Rahmen der Begutachtung einheitlich anzuwenden, folgt das Begriffsverständnis des Leitfadens dem der SAPV-Richtlinie des G-BA. Bereits mit der Einleitung wird klargestellt, dass SAPV-Leistungen primär medizinisch ausgerichtet sind und auf die Linderung von Symptomen zielen. Daneben wird als Aufgabe der SAPV auch die Beratung zu Therapieentscheidungen, die ärztliche, aber auch die pflegerische Sterbebegleitung als Aufgabe verstanden. Leistungsinhalt ist ferner die Koordinierung weiterer Teilleistungen und zusätzlicher professioneller Hilfen.

Weitergehende begleitende Leistungen, genannt werden beispielhaft die Sterbebegleitung und Begleitung von Angehörigen, sind demnach nicht Bestandteil der SAPV.

### 11.4.2 Voraussetzungen für die Inanspruchnahme von SAPV-Leistungen

Nach der SAPV-Richtlinie des G-BA haben Menschen, die an einer nicht heilbaren, fortschreitenden und bereits weit fortgeschrittenen Erkrankung lei-

den und eine besonders aufwendige Versorgung benötigen, Anspruch auf entsprechende Versorgung, wenn die Leistungen ambulant erbracht werden können. Als weiteres Kriterium für die Inanspruchnahme von SAPV-Leistungen muss die Lebenserwartung durch die Erkrankung begrenzt sein. Nach der Richtlinie ist das Vorliegen aller Voraussetzungen in Summe erforderlich, um eine entsprechende Leistungserbringung begründen zu können.

- **»Anforderungen an die Erkrankung«**

Der so überschriebene § 3 der SAPV-Richtlinie bringt bereits das ganze Dilemma nicht von einander abgegrenzter Begriffe deutlich zum Ausdruck: im Mittelpunkt des Interesses steht nicht ein Versorgungskonzept im Sinne von Palliative Care, denn das wäre die Sorge um schwerstkranke und sterbende Menschen. Hier wird vielmehr die Erkrankung in den Fokus gestellt und zwar als Gegenstand medizinischer und pflegerischer Behandlung. Verstehen ließe sich, dass die Erkrankung losgelöst, gleichsam als Objekt natur- und pflegewissenschaftlicher Interessen zu betrachten ist, weil sich allein aus einer solchen Perspektive Anforderungen an Erkrankungen richten lassen.

Zu diesen Anforderungen gehört, dass die Erkrankung nach dem allgemeinen Stand der medizinischen Erkenntnisse nicht geheilt und nicht nachhaltig aufgehalten werden kann. Als weit fortgeschritten gilt eine Erkrankung, wenn die Verbesserung der Symptomatik und der Lebensqualität sowie die psychosoziale Betreuung im Vordergrund stehen. Zudem muss eine begründete ärztliche Auffassung vorliegen, nach der sich die Lebenserwartung auf Tage, Wochen oder Monate reduziert.

- ■ **Hinweise zum Leistungsanspruch**

Den Erläuterungen des Leitfadens zufolge ist ein Leistungsanspruch nicht gegeben, wenn allein eine nicht heilbare Erkrankung vorliegt, ohne dass diese fortschreitet oder bereits weit fortgeschritten ist.

> ❯ Es müssen alle in § 3 der SAPV-Richtlinie genannten Kriterien vorliegen, um einen Leistungsanspruch begründen zu können.

Zugleich wird ausgeführt, dass die mit der Richtlinie genannten »Anforderungen an die Erkrankung« nicht bei allen chronischen Erkrankungen im weit fortgeschrittenen Stadium, z. B. bei multimorbiden geriatrischen Patienten gegeben sind.

Empfohlen wird die Unterscheidung der Begriffe »palliative Therapie« sowie »Palliativmedizin/Palliativversorgung«. Nach Voltz (2009) sind unter palliativer Therapie Behandlungen bei unheilbarer Erkrankung zu verstehen, deren Ziel die Lebensverlängerung ist, während Therapieziele in der Palliativmedizin/Palliativversorgung bei nicht heilbaren Erkrankungen in der Verbesserung der Lebensqualität zu sehen sind. Typischerweise finde die Palliativmedizin/Palliativversorgung Anwendung, wenn Sterben und Tod in kurzen und überschaubaren Zeiträumen zu erwarten sind (Tage, Wochen, Monate).

Bei Unsicherheit bezüglich der Prognose zur Lebenserwartung wird auf die »Überraschungsfrage« (»Surprise Question«) verwiesen: »Würde es Sie erstaunen, wenn Ihr Patient in den nächsten 6–12 Monaten stirbt?«. Bei einer verneinenden Antwort sei dann Palliativversorgung angezeigt.

Die Erläuterungen zeigen, dass die Unsicherheit in der Begriffsklärung hoch ist, denn Palliativmedizin ist »nur« ein Teil der Palliativversorgung. Hinzu kommt, dass die Surprise Question eine an den Arzt gerichtete Frage ist und das Ergebnis demnach eine Fremdeinschätzung darstellt. Damit ist der Kreis zu den »Anforderungen an die Erkrankung« geschlossen, denn auch hier drückt sich das vordergründige Interesse an der Erkrankung und nicht an den Bedürfnissen des Erkrankten aus, was wiederum zeigt, dass primär die Palliativmedizin im Fokus steht, nicht aber ein Versorgungskonzept im Sinne von Palliative Care.

■ **Besonders aufwendige Versorgung**

Nach § 4 der SAPV-Richtlinie des G-BA ist von einer besonders aufwendigen Versorgung immer dann auszugehen, wenn andere ambulante Versorgungsformen, ggf. unter Hinzuziehung eines ambulanten Hospizdienstes allein nicht ausreichen, um die Lebensqualität und die Selbstbestimmung schwerstkranker Menschen zu erhalten, zu fördern und zu verbessern, um ihnen ein menschenwürdiges Leben bis zum Tod in ihrer vertrauten Umgebung zu ermöglichen. Eine besonders aufwendige Versorgung ist durch ein komplexes Symptomgeschehen gekennzeichnet. Bei Vorliegen von

- ausgeprägter Schmerzsymptomatik,
- ausgeprägter neurologischer/psychiatrischer/ psychischer Symptomatik,
- ausgeprägter respiratorischer/kardialer Symptomatik,
- ausgeprägter gastrointestinaler Symptomatik,
- ausgeprägten ulzerierenden/exulzerierenden Wunden oder Tumoren sowie
- ausgeprägter urogenitaler Symptomatik

ist grundsätzlich von einem komplexen Symptomgeschehen auszugehen. Dabei ist es für den Anspruch auf die besondere Versorgung nach § 4 der SAPV-Richtlinie ausreichend, wenn eines der genannten Kriterien als erfüllt anzusehen ist.

■ **Komplexes Symptomgeschehen**

Der Begutachtungsleitfaden sieht in einem komplexen Symptomgeschehen nach der SAPV-Richtlinie des G-BA die zentrale Indikation für die Genehmigung einer besonders aufwendigen Versorgung durch die Krankenkassen. Es wird darauf hingewiesen, dass die Auflistung der Richtlinie keine abschließende Aufzählung ist und andere, nicht genannte, ebenfalls komplexe Symptome eine besonders aufwendige Versorgung nicht ausschließen.

Zweck der Begutachtung durch die MDK ist es festzustellen, ob ggf. Einzelleistungen, z. B. im Rahmen der häuslichen Krankenpflege, für eine adäquate Versorgung ausreichend sind oder ob es einer koordinierten Teamleistung spezialisierter Leistungserbringer bedarf. Damit handelt es sich genau genommen um Fragen der Leistungsabgrenzung.

■ **Rahmenbedingungen für die Leistungserbringung**

Die Aufgabe im Rahmen der Begutachtung besteht für die Medizinischen Dienste darin, festzustellen, inwieweit ein Bedarf einer besonders aufwendigen Versorgung besteht. Nach welchen Kriterien dies zu geschehen hat, beantwortet die SAPV-Richtlinie des G-BA selbst. Danach darf für die Anerkennung des Bedarfs einer besonders aufwendigen Versorgung eine andere ambulante Versorgungsform – ggf. unter Einbeziehung eines ambulanten Hospizdienstes – allein nicht mehr ausreichend sein. Ferner muss ein komplexes Symptomgeschehen vorliegen, dessen Behandlung spezifische Kenntnisse der Palliativmedizin und der Palliativpflege voraussetzen. Schließlich müssen die handelnden Akteure (Ärzte und Pflegefachkräfte) nach einem in besonderem Maße abgestimmten Konzept tätig werden.

Als nicht ausreichende andere ambulante Versorgungsformen werden bespielgebend – nicht abschließend – benannt: die Haus- und Facharztversorgung, die Versorgung durch Spezialambulanzen, häusliche Krankenpflege, Begleitung ambulanter Hospizdienste und seelsorgerliche Begleitung.

Interessant ist dabei der Vorschlag, dass diese Versorgungsformen, die hier als nicht ausreichend beschrieben werden, dazu dienen, den Bereich der allgemeinen ambulanten Palliativversorgung (AAPV) zu definieren. Es wird jedoch gleichfalls vorgeschlagen, bei dem Terminus der »anderweitigen ambulanten Versorgungsformen« zu bleiben, weil es im Gegensatz zur AAPV einen direkten Rückbezug zur SAPV-Richtlinie des G-BA gibt, auf die man sich im Bedarfsfall dann zurückziehen kann.

### 11.4.3 Umfang der SAPV-Leistungen

Leistungen der SAPV sind grundsätzlich als ergänzende Leistungen, zusätzlich zur bereits bestehenden Versorgung konzipiert. Andere Leistungsansprüche bleiben davon unberührt und bestehen daneben weiter. Ausdrücklich erwähnt der Begutachtungsleitfaden, dass Doppelleistungen ausgeschlossen sind, weil Leistungen der allgemeinen Versorgung nicht zugleich auch Leistungen der SAPV sein können.

Die SAPV-Richtlinie des G-BA nennt in § 5 unterschiedliche Leistungsformen, die der Begutachtungsleitfaden aufgreift und erläutert (▶ Übersicht).

---

**Leistungsformen aus dem Begutachtungsleitfaden**

a. Beratungsleistungen
   Der Begutachtungsleitfaden interpretiert Beratung auf der Grundlage von Anamnese und Befund als Anleitung, Begleitung und Beratung der Patienten und ihrer Angehörigen zur palliativen Versorgung sowie als Unterstützung beim Umgang mit Sterben und Tod. Beratungsleistungen schließen die Aufklärung über die Möglichkeiten der psychosozialen Unterstützung bei schweren Erkrankungen genauso ein wie die Kooperation beispielsweise mit Seelsorgern, Psychologen, Sozialarbeitern und ambulanten Hospizdiensten. Beratungsverpflichtungen bestehen gleichzeitig gegenüber den Leistungserbringern der Primärversorgung.

b. Koordination der Versorgung
   Auf der Grundlage von Anamnese und Befund geht es um die Sicherstellung der spezialisierten ambulanten palliativmedizinischen und palliativpflegerischen Versorgung in Zusammenarbeit mit anderen Berufsgruppen und von Hospizdiensten im Sinne interdisziplinärer Kooperation.

c. Additiv unterstützende Teilversorgung
   Die additiv unterstützende Teilversorgung ist gekennzeichnet durch die Notwendigkeit einer regelmäßigen und/oder mit Unterbrechungen (intermittierend) andauernden Behandlung, die palliativmedizinische bzw. palliativpflegerische Kenntnisse erfordert und ein interdisziplinäres Konzept voraussetzt. Dabei muss ein Teil der palliativen Behandlung durch andere Versorgungsformen gesichert sein.

d. Vollständige Versorgung
   Sind Beratungs- und Koordinationsmaßnahmen sowie die additiv unterstützende Teilversorgung und die Versorgung durch andere Leistungserbringer nicht ausreichend, um die Lebensqualität und die Autonomie schwerstkranker Menschen zu verbessern und ein menschenwürdiges Leben bis zum Tod zu ermöglichen, ist die Indikation für eine vollständige

Versorgung im Rahmen der SAPV gegeben. Versorger sind in diesen Fällen allein die Leistungserbringer der SAPV. Voraussetzung der Anerkennung einer notwendigen vollständigen Versorgung ist ferner, dass alle palliativmedizinischen und/oder palliativpflegerischen Maßnahmen direkt beim Patienten erbracht werden.

- **Leistungsinhalte**

Gemäß § 5 Abs. 1 der SAPV-Richtlinie des G-BA umfassen die Leistungen der SAPV, in Abhängigkeit des jeweiligen Bedarfs, grundsätzlich alle ambulanten Leistungen der Krankenbehandlung, soweit sie geeignet sind, die Lebensqualität und die Autonomie schwerstkranker Menschen zu verbessern und ein menschenwürdiges Leben bis zum Tod zu ermöglichen. SAPV-Leistungen heben sich von denen der ambulanten Krankenversorgung dadurch ab, dass sie zusätzlich die unter a)–d) genannten Versorgungsformen vorhalten und bei Bedarf erbringen. Dies ist Leistungserbringern vorbehalten, die die mit § 132d SGB V beschriebenen strukturellen Voraussetzungen erbringen.

§ 5 Abs. 3 der SAPV-Richtlinie des G-BA beschreibt nicht abschließend eine Reihe von palliativmedizinischen und palliativpflegerischen Leistungen, die diese insbesondere als Leistungen der spezialisierten ambulanten Palliativversorgung charakterisieren. Der Begutachtungsleitfaden gibt diese teilweise wieder und konkretisiert einzelne Maßnahmen, die über die Vorgaben der Richtlinien hinausgehen.

- **Dauer verordneter SAPV-Leistungen**

Generell gilt, dass bezüglich der Verordnungsdauer weder gesetzliche noch richtlinienbasierte Vorgaben existieren. Die Verordnungsdauer entspricht einem prognostizierten Bedarf der besonders aufwendigen Versorgung und ist nicht gleichzusetzen mit der vermutlich verbleibenden Lebenszeit eines Patienten. Verordnungen von Krankenhausärzten gelten im Regelfall für eine Woche. Sie können über diesen Zeitraum hinaus gelten, wenn es unzumutbar ist, eine weitere Verordnung einzuholen. Als Grund dafür wird eine unter Umständen eingetretene »akute

Sterbephase« genannt. Die nachfolgend aufgeführten Verordnungszeiträume werden im Begutachtungsleitfaden als »nachvollziehbar« genannt, wobei gleichzeitig betont wird, dass es sich dabei um Erfahrungswerte handelt und die Verordnungszeiträume daher keine Verbindlichkeit besitzen. Dabei wird davon ausgegangen, dass sich innerhalb der genannten Zeiträume Veränderungen in der Versorgungssituation ergeben können, die ggf. eine Neubewertung der Leistungsgewährung erfordern:

| Beratungsleistung: | 1–7 Tage |
|---|---|
| Beratungs- und Koordinationsleistung: | 7–14 Tage |
| Additiv unterstützende Teilversorgung: | 28 Tage |
| Vollständige Versorgung: | 28 Tage |

- **Folgeverordnungen**

Folgeverordnungen müssen durch Vertragsärzte ausgestellt werden. Als für die Beurteilung von Folgeverordnungen notwendige Angaben werden eine Einschätzung des Symptomgeschehens bzw. eine nicht erwartete Stabilisierung genannt und ferner eine Begründung, warum eine anderweitige Versorgung nicht ausreichend ist bzw. die Notwendigkeit einer Koordination besteht. Die Voraussetzungen für eine SAPV-Leistungserbringung sind immer dann nicht (mehr) gegeben, wenn eine andere ambulante Versorgungsform als ausreichend beurteilt wird.

Erläuternd wird diesen Regelungen hinzugefügt, dass auf starre Zeitvorgaben u. a. deswegen verzichtet worden ist, weil valide Assessments zur Beurteilung einer verbleibenden Lebenserwartung nicht zur Verfügung stehen. Deshalb wird eine begründete ärztliche Einschätzung bezüglich der limitierten Lebenszeit gefordert, ohne dass diese konkret auf der Verordnung angegeben werden muss. Als entscheidendes Moment für die Anspruchsvoraussetzung und für die Bestimmung des voraussichtlichen Zeitraums der Leistungen ist das komplexe Symptomgeschehen zu sehen.

Ausdrücklich weist der Begutachtungsleitfaden darauf hin, dass Erstverordnungen, die über längere Zeiträume ausgestellt wurden, grundsätzlich zu hinterfragen und auf ihre Plausibilität zu prüfen sind.

### 11.4.4 Alternative Versorgungsmöglichkeiten

Für Menschen, die nach Auffassung der MDK-Gutachter keine Leistungen der besonders aufwendigen Versorgung im Rahmen der SAPV beanspruchen können, soll das Gutachten des MDK entsprechende Hinweise beinhalten. In diesem Zusammenhang wird durch den Begutachtungsleitfaden auf eine Reihe nicht spezialisierter – und nach der Logik der Begriffsverständnisse im Rahmen der Richtlinie des G-BA – Versorgungsangebote der allgemeinen ambulanten Palliativversorgung verwiesen.

### 11.5 Prüfung der Leistungsansprüche durch die Krankenkassen

Mit § 8 der SAPV-Richtliniedes G-BA ist geregelt, dass die jeweils zuständige Krankenkasse bis zu einer Entscheidung über die weitere Leistungserbringung die Kosten für verordnete und erbrachte Leistungen in jedem Fall zu übernehmen hat, wenn der Krankenkasse die Verordnung spätestens an dem auf die Ausstellung der Verordnung folgenden dritten Werktag vorgelegt wird.

Damit ist klargestellt, dass auch hier die Entscheidung einer Kostenübernahme nicht durch die MDK getroffen wird, sondern durch die zuständige Krankenkasse. Die Krankenkasse kann den MDK mit einer Begutachtung beauftragen und muss in solchen Fällen konkrete Fragestellungen an den MDK formulieren. Grundlage für die Beantwortung der Fragestellungen der Krankenkassen durch die MDK sind die Vorgaben der SAPV-Richtlinien des G-BA. Für die Begutachtung gilt ausnahmslos eine Eilbedürftigkeit. Diesbezüglich geht der Begutachtungsleitfaden zwar davon aus, dass eine definierte Zeitvorgabe nicht besteht, was allerdings nur bezogen auf die SAPV-Richtlinie in dieser Form zutrifft. Dem ist jedoch hinzuzufügen, dass zumindest immer dann, wenn es auch um Begutachtungen zur Pflegebedürftigkeit geht, die Abschnitte C3 sowie G4 der BRi gelten, wonach unverzüglich, spätestens innerhalb einer Woche nach Antragseingang bei der Pflegekasse zu begutachten ist.

Wenn auch die SAPV-Richtlinie des G-BA keine konkreten Fristen nennt, so gibt sie gleichfalls aber auch keinen Anlass, von den mit den BRi ge-

nannten Fristen abzuweichen. Demnach haben die Krankenkassen zumindest eine vorläufige Kostenübernahme zu erklären.

> ❯ Begutachtungen zur SAPV sollen grundsätzlich durch sogenannte Schwerpunktgutachter bearbeitet werden.

### 11.6 Bearbeitung der Leistungsanträge durch die MDK

Für die MDK besteht nach dem Begutachtungsleitfaden die Verpflichtung zur Prüfung der Unterlagen auf Vollständigkeit und Aussagekraft.

> ❯ Kann zu vorgelegten Verordnungen keine eindeutige Entscheidung getroffen werden, sind weitere Informationen einzuholen. Dazu wurde durch den MDK-Nord ein ergänzender Fragebogen entwickelt. Damit werden – neben den üblichen Stammdaten – Angaben zur Versorgungssituation, Diagnosen, Begleiterkrankungen, bisherige Therapien, zum Symptomgeschehen, der aktuellen Medikation, erforderliche Behandlungsformen, erforderliche palliativpflegerische Maßnahmen sowie zur psychosozialen Betreuung erfragt.

Bei Vorliegen vollständiger und aussagekräftiger Unterlagen wird eine abschließende sozialmedizinische Fallberatung durchgeführt. Dabei handelt es sich um eine »sachverständige Stellungnahme, die nicht alle Anforderungen an ein sozialmedizinisches Gutachten erfüllen muss« (Medizinischer Dienst des Spitzenverbandes Bund der Krankenkassen 2010, Begutachtungsleitfaden Spezialisierte ambulante Palliativversorgung, unveröffentlichtes Manuskript). Nach den Erläuterungen des Begutachtungsleitfadens handelt es sich bei einer solchen sachverständigen Stellungnahme um eine verdichtete, ergebniszentrierte Form einer sozialmedizinischen Bearbeitung des jeweils zu bewertenden Sachverhalts. Zusätzlich wird in diesem Zusammenhang erläutert, dass bei einer befürwortenden Leistungsempfehlung sowohl handschriftliche Vermerke aus der sozialmedizinischen Fallberatung wie auch »Gutachtenäquivalente« für eine

Leistungsbegründung ausreichend sein können. Hingegen wird mindestens ein Gutachtenäquivalent empfohlen, wenn ein positives Votum für eine Leistungsempfehlung nicht gegeben werden kann.

## 11.6.1 Gutachtenäquivalent

> **Definition**
>
> Nach den Erläuterungen des Begutachtungsleitfadens handelt es sich bei einem Begutachtungsäquivalent um eine schlüssige Begründung der Ergebnisbewertung und die Beantwortung aller Fragestellungen der jeweiligen Auftraggeber (Krankenkassen), um diese in die Lage zu versetzen, ihre Leistungsentscheidungen treffen und begründen zu können.

Bezüglich der Inhalte der Verordnungen wird auf die Voraussetzungen zur Anerkennung gemäß §§ 3 und 4 der SAPV-Richtlinie des G-BA verwiesen (nicht heilbare, fortschreitende bzw. weit fortgeschrittene Erkrankung, auf Tage, Wochen, Monate begrenzte Lebenserwartung, Notwendigkeit einer besonders aufwendigen Versorgung, komplexes Symptomgeschehen).

Erwartet wird, dass sich aus den genannten Symptomen und den vorgesehenen Behandlungen die Begründung des Ergebnisses hinsichtlich Art und Umfang der beantragten Leistungen ableiten lässt.

## 11.6.2 Sozialmedizinisches Gutachten

> **Definition**
>
> Nach dem Begutachtungsleitfaden handelt es sich bei einem sozialmedizinischen Gutachten um »eine schriftliche, inhaltliche und formal ausgestaltete, einzelfallbezogene sachverständige Stellungnahme«. Das Gutachten zeichnet sich nach dem vorliegenden Verständnis dadurch aus, dass es die Fragen des Auftraggebers wiedergibt sowie vorliegende Informationen und eine Bewertung derselben vornimmt.

Das Gutachten muss folgende Punkte beinhalten:
- ausführliche Anamnese mit Darstellung des Krankheitsverlaufs und Angaben zur bisherigen Therapie,
- die eine besonders aufwendige Versorgung rechtfertigenden Diagnosen,
- sozialmedizinische Beurteilung und Bewertung,
- vollständige Beantwortung der Fragen der Krankenkassen,
- ggf. Empfehlungen für die weitere Versorgung.

Zweck eines Gutachtens soll sein, die Krankenkassen in die Lage zu versetzen, eine begründete leistungsrechtliche Entscheidung treffen zu können.

Die Ausführlichkeit eines Gutachtens ist abhängig vom jeweiligen Ergebnis der Bewertung. Danach ist eine negative Empfehlung bezüglich der Bewilligung der beantragten Leistungen stets ausführlicher zu begründen. Für den Arzt und für den Patienten soll eine nachvollziehbare Begründung gegeben werden, weshalb aus Sicht der Krankenkasse (respektive des MDK) die beantragten SAPV-Leistungen nicht genehmigungsfähig sind. In jedem Fall sind bei Empfehlungen für negative Leistungsbescheide anderweitige Versorgungsmöglichkeiten darzulegen.

## 11.6.3 Gutachten oder Stellungnahme

Wie oben dargestellt versteht der Begutachtungsleitfaden unter dem Begriff des Gutachtens eine sozialmedizinische Stellungnahme nach bestimmten vorgegebenen Regeln und Inhalten.

Zwischen Gutachten und Stellungnahme ist jedoch zu unterscheiden, da sich ein Gutachten nicht allein bereits dadurch als solches auszeichnet, das es sich als Stellungnahme mit besonderen Anforderungen oder als »qualifizierte Stellungnahme« beschreiben ließe. Zwar ist der Begriff des Gutachtens keine geschützte Bezeichnung; im Sachverständigenwesen werden an Gutachten jedoch spezielle Anforderungen gestellt. So legen beispielsweise die Richtlinien zur DIHK-Mustersachverständigenordnung (Stand: Juni 2012) Mindestinhalte fest, die sich in der Definition des Gutachtenbegriffs des Begutachtungsleitfadens nicht finden. Danach soll ein Gutachten u. a.

» … systematisch aufgebaut und übersichtlich gegliedert sein; in den Gedankengängen für den Laien nachvollziehbar und für den Fachmann nachprüfbar sein. (Nachprüfbarkeit bedeutet, dass die das Gutachten tragenden Feststellungen und Schlussfolgerungen so dargestellt sind, dass sie von einem Fachmann ohne Schwierigkeiten als richtig oder als falsch erkannt werden können.) (Richtlinien zur DIHK-Mustersachverständigenordnung [MSVO] § 11) «

Gutachterliche Stellungnahmen sind demnach von Gutachten abzugrenzen.

> **Definition**
>
> Die Stellungnahme beschränkt sich auf die Kernpunkte der Bewertung einer Sache, ohne Kausalzusammenhänge darzulegen und zu bewerten. Die gutachterliche Stellungnahme ermöglicht es dem Stellungnehmenden, auf bereits vorliegende Untersuchungen zurückzugreifen, ohne deren Ergebnisse im Einzelnen einer erneuten Prüfung unterziehen zu müssen.

Demnach handelt es sich bei den vom Begutachtungsleitfaden als Gutachten bezeichnete Sachverhaltsbewertung tatsächlich um gutachterliche Stellungnahmen.

## 11.6.4 Gutachten durch persönliche Befunderhebung

> Die Notwendigkeit der persönlichen Begutachtung wird mit dem Begutachtungsleitfaden als Ausnahme beschrieben, da davon ausgegangen wird, dass im Regelfall alle notwendigen Informationen zum Krankheitsbild und zum Befinden des Antragstellenden vorliegen.

Ausdrücklich sollen zusätzliche Belastungen der betreffenden Personen und ihrer Familien während der letzten Lebensphase vermieden werden. Deswegen wird von erforderlichen persönlichen Begutachtungen nur dann ausgegangen, wenn weitere sozialmedizinische Fragestellungen zu klären sind.

Die persönliche Befunderhebung kommt aber auch bei längeren Krankheitsverläufen bzw. auch bei erkrankten Kindern in Betracht, um Umfang und Dauer der SAP-Versorgung zu prüfen; Gleiches gilt im Rahmen von Widerspruchsverfahren. Auch in diesen Fällen handelt es sich jedoch nicht um die zwingende Notwendigkeit einer Begutachtung im vertrauten Umfeld; der Begutachtungsleitfaden spricht davon, dass sie erforderlich sein kann.

## 11.6.5 Handlungsanweisung bei Folgeaufträgen

Liegen den MDK Folgeaufträge der Krankenkassen zur Bewertung der Notwendigkeit einer weiteren Fortführung bereits genehmigter SAPV-Leistungen vor, ist durch die MDK zu prüfen, ob ein Fortschreiten des Symptomgeschehens vorliegt bzw. eine Stabilisierung erreicht werden konnte.

- Verläuft das Symptomgeschehen weiter progredient, werden die Voraussetzungen zur fortdauernden Genehmigung der SAPV-Leistungen als erfüllt betrachtet.
- Hingegen besteht bei einer Stabilisierung des akuten Gesundheitszustandes die Verpflichtung, die Notwendigkeit des bisherigen Leistungsumfangs zu prüfen, insbesondere ob Formen der allgemeinen Palliativversorgung für eine angemessene Versorgung ausreichend sind und eine (vorübergehende) Minimierung des Leistungsumfangs gerechtfertigt ist.
- Zu entscheiden ist dann, ob Beratungs- und Koordinationsleistungen bzw. additiv-unterstützende Teilleistungen ausreichend sind oder ob eine Vollversorgung weiterhin notwendig ist. Ausdrücklich wird darauf verwiesen, dass die empfohlenen Leistungen das Maß des Notwendigen nicht übersteigen dürfen.

## 11.6.6 Handlungsanweisung bei Widersprüchen

> Bei vorliegenden Widersprüchen können die Krankenkassen die MDK mit einer erneuten Prüfung des Vorliegens der Leistungsvoraussetzung beauftragen.

Das für die MDK beschriebene weitere Bearbeitungsverfahren ist vergleichbar mit der MDK-internen Bearbeitung von Widersprüchen bei der Feststellung von Pflegebedürftigkeit im Rahmen des SGB XI.

- Der Erstgutachter hat auch hier zu prüfen, ob ihn die Darlegungen des Widerspruchs zu einer anderen Bewertung seiner ersten Meinung führen. In diesem Fall hat er seine geänderte Auffassung zu begründen.
- Ändert der Erstgutachter seine ursprüngliche Auffassung nicht, wird die Bewertung der Leistungsvoraussetzungen durch einen anderen Arzt verpflichtend. Dabei ist die Entscheidungsgrundlage des ablehnenden Erstgutachtens darzulegen, der die Gründe des Widerspruchs vollständig gegenüberzustellen und zu bewerten hat.
- Bleibt es im Ergebnis dieses Arbeitsschrittes bei einer ablehnenden Empfehlung durch den MDK, ist ein ausführliches Gutachten anzufertigen, das ggf. eine Überprüfung durch das jeweils zuständige Sozialgericht bestehen kann. Dabei kann unter Umständen auch eine persönliche Befunderhebung erforderlich werden.

◘ Abb. 11.1 zeigt die Abfolge der Bearbeitung für die MDK bei der Prüfung der Leistungsvoraussetzungen zur Gewährung von SAPV-Leistungen.

## 11.7 Kritik: Palliativversorgung im Verständnis der Sozialgesetzbücher V und XI

Es dürfte deutlich geworden sein, dass die Begriffsverwendung der Palliativversorgung innerhalb des hier beschriebenen leistungsrechtlichen Rahmens eher kritisch zu sehen ist. Beispielsweise wird die Sterbebegleitung ausschließlich auf ärztliche Behandlungen bzw. pflegerische Maßnahmen beschränkt. Einbezogen wird ggf. die Koordination weiterer professioneller Hilfen, während die Begleitung des Sterbenden selbst und die der Angehörigen explizit ausgeschlossen werden.

Die Ausführlichkeit der Darstellung macht deutlich, worum es geht: Was einerseits als gesetzliche Grundlagen der Palliativversorgung benannt und dargestellt wird, erweist sich bei genauerer Betrachtung als ein palliativmedizinisches Zusatzprogramm von Versorgungsleistungen, die – und das soll keinesfalls bestritten werden – hilfreich, sinnvoll und notwendig sein können. All diese Regelungen sind aber nicht das, was sie sein sollen: Palliativversorgung. Bestenfalls handelt es sich um Teile eines Konzeptes im Sinne von Palliative Care. Vor dem Hintergrund der gesetzlichen Regelungen des SGB V und den damit beschriebenen Grundlagen bleiben die auf dieser Basis gegebenen Folgeregelungen und die beschriebenen Anspruchsvoraussetzungen (Richtlinien) nahezu zwangsläufig – ebenso wie das Gesetz – technokratisch. Eine Folge davon ist, dass nach diesem Verständnis von Palliativversorgung und vor dem Hintergrund des § 37b SGB V ein organisiertes Sterben mit den Mitteln der modernen (Palliativ-)Medizin verfügbar gemacht werden soll. Die in diesen Zusammenhängen gern erwähnte »Selbstbestimmung« oder die »Lebensqualität« schwerstkranker und sterbender Menschen ist aber keine behandelbare medizinische Diagnose, auf die mit Mitteln der modernen Medizin reagiert werden kann, sondern ein Aspekt von Mitmenschlichkeit, Menschenfreundlichkeit oder wie Gronemeyer (2013) es nennt: »Gastfreundschaft«.

Dass die Cura palliativa der frühen Neuzeit nicht nur die leidenden Menschen selbst in den Blick nahm, sondern auch ihre »Mitwelt«, mag in Anbetracht der Diskussion um das Verständnis von Palliative Care überraschen. Die Einsicht, dass Palliative Care auch die jeweils betroffenen Familien einzubeziehen hat – im Jahr 2002 auch in die Begriffsdefinition der Weltgesundheitsorganisation aufgenommen –, ist nicht revolutionär, sondern gibt lediglich einen Erkenntnisstand wieder, der bereits im Jahr 1692 (vgl. Stolberg 2011) verschriftlicht als fortschrittlich gegolten hat. So gesehen und in Anbetracht des medizinischen Fortschritts mutet es geradezu skandalös an, dass es mehr als 300 Jahre gebraucht hat, bis sich die Auffassung, dass Palliative Care mehr ist als eine Behandlung von Patienten mit nicht überwindbaren Erkrankungen, auf einer breiteren Basis Verständnis schaffen konnte.

### ■ Sterben als steuerbare Erkrankung

Wird auf das Sterben mit mehr und immer mehr spezialisierter Medizin reagiert, bleibt die Schlussfolgerung, Sterben sei eine mehr oder minder

Liegt eine ärztliche Verordnung vor (Muster 63)? — nein → Zurück zur Krankenkasse

ja ↓

Reichen die vorliegenden Informationen aus? — nein → Informationen vervollständigen (z.B. Fragebogen zur SAPV, Telefonat mit Verordner)

ja ↓

Leidet der Versicherte an einer nicht heilbaren, fortschreitenden und so weit fortgeschrittenen Erkrankung, dass dadurch die Lebenserwartung auf Tage, Wochen oder Monate gesunken ist? — nein

Besonderheit bei Kindern: Sind die Voraussetzungen für eine Krisenintervention auch bei einer länger prognostizierten Lebenserwartung erfüllt?

ja ↓

Ist eine besonders aufwendige Versorgung erforderlich? — nein → Alternative Versorgung angeben (z.B. Pflegeversicherung SGB XI häusliche Krankenpflege § 37 SGB V, vertragsärztliche Behandlung, Seelsorge)

ja ↓

Voraussetzungen für SAPV-Leistungen sind je nach Versorgungsbedarf erfüllt als
– Beratungsleistung
– Koordination der Versorgung
– Additiv unterstützende

Teilversorgung
– Vollständige Versorgung

Von der Verordnung abweichende Empfehlung begründen

**11**

◘ **Abb. 11.1** Algorithmus zur SAPV. (Adaptiert nach: Medizinischer Dienst des Spitzenverbandes Bund der Krankenkassen 2010: Grundlagen der Begutachtung. Begutachtungsleitfaden. Spezialisierte ambulante Palliativversorgung [SAPV]. Unveröffentlichtes Manuskript)

steuerbare Erkrankung. Hier drängen sich aber Zweifel darüber auf, dass – wenn medizinische bzw. pflegerische Ziele in den Mittelpunkt der Begleitung des Lebensendes gestellt werden – das Sterben ein zum Leben gehörender Vorgang ist. Bei aller positiver Entwicklung durch die medizinische Wissenschaft und Forschung, mit deren Hilfe zweifellos viel Leid gelindert werden kann, bleibt der Eindruck einer (versuchten) Medizinalisierung des Sterbens, einer Steuerung und Organisierung, einem Beherrschbarmachen von Vorgängen, die nie in der Verfügbarkeit menschlichen Handelns stehen, gestanden haben oder stehen werden. Wo dies dennoch geschieht, kann nicht von medizinischem Anspruch oder gar Ethos gesprochen werden, sondern von Manipulation.

Insoweit wird man fragen müssen, ob die Verrechtlichung des Anspruchs auf Leistungen der SAPV auch zu Entwicklungen geführt hat, die kontraproduktiv sind, solange sie nur scheinbar schwerkranken und sterbenden Menschen helfen, ihr Leid zu tragen, weil sie primär einem Berufsstand dienen.

Somit könnte der gesetzlich garantierte Leistungsanspruch der SAPV auch nicht im Sinne der Hospiz- und Palliativbewegung sein, weil dann die Begleitung schwerstkranker und sterbender Menschen nicht mehr im Mittelpunkt steht und sie selbst durch solche Entwicklungen an den Rand der Bedeutungslosigkeit gebracht wird. Anzeichen dafür tragen sowohl das Gesetz als auch die Richtlinien des G-BA, deren praktische Wirkungen beispielsweise darin zu sehen sind, dass die Förderung von Hospizdiensten aus Mitteln der Länder mancherorts in Frage gestellt wird. Dies wiederum müsste als trauriger Beleg dafür gelten, dass der Versuch einer flächendeckenden Implementierung einer Palliativversorgung zumindest dort gescheitert ist, wo Hospizdienste in die Begleitung sterbender Menschen nicht (mehr) einbezogen werden, weil die Leistungserbringung überwiegend durch die Strukturen der medizinischen Versorgung bedient wird.

Ausdruck eines verfehlten Verständnisses von Palliative Care ist auch die Diskussion um die Einführung der Leistungsabrechnung nach dem Fallpauschalensystem auf Palliativstationen. Das Fallpauschalensystem beinhaltet, in Abhängigkeit von der jeweiligen Erkrankungsform, Vorgaben zur Dauer der Behandlung in Tagen (Behandlungstage). In der stationären palliativmedizinischen Versorgung sind hier bis maximal 21 Behandlungstage vorgesehen. Ist diese Behandlungszeit ausgeschöpft, der Patient, der aber nicht entlassen werden kann, nicht verstorben, stellen sich zumindest für das Krankenhaus als wirtschaftlich arbeitender Zweckbetrieb ökonomische Fragen, die ggf. in sehr schwierige ethische Rechtfertigungszwänge führen.

> ### Definition von Palliative Care nach der WHO 2002
>
> Palliative Care ist ein Ansatz, der die Lebensqualität von Patienten und ihren Familien verbessert, die sich mit Problemen konfrontiert sehen, wie sie mit lebensbedrohlichen Erkrankungen verbunden sind. Dies geschieht durch die Verhütung und Erleichterung von Leidenszuständen, indem Schmerzen und andere Probleme (seien sie körperlicher, psychosozialer oder spiritueller Art) frühzeitig entdeckt und exakt eingeordnet werden.
>
> Palliative Care
> - bietet Entlastung von Schmerzen und anderen belastenden Symptomen an;
> - betont das Leben und betrachtet Sterben als einen normalen Prozess;
> - hat die Absicht, den Eintritt des Todes weder zu beschleunigen noch ihn hinauszuzögern;
> - integriert psychologische und spirituelle Aspekte der Fürsorge für den Patienten;
> - bietet ein Unterstützungssystem an, das es dem Patienten ermöglicht, sein Leben so aktiv wie möglich bis zum Tode zu leben;
> - bietet ein Unterstützungssystem für Familien an, um die Belastungen während der Krankheit des Patienten und der eigenen Trauer zu bewältigen;
> - nutzt einen Teamansatz, um den Bedürfnissen des Patienten und seiner Familie zu begegnen, was die Trauerberatung – soweit erforderlich – einschließt;
> - will die Lebensqualität verbessern und kann den Verlauf der Krankheit positiv beeinflussen;

> ▬ wird bereits früh im Verlauf der Erkrankung angewandt, in Verbindung mit anderen Therapieformen, die darauf abzielen, das Leben zu verlängern, wie z. B. Chemotherapie oder Bestrahlung und schließt solche Untersuchungen ein, die dazu dienen, belastende klinische Komplikationen besser zu verstehen und damit umzugehen.

### ■ Schwierigkeiten bei der Begutachtung für Palliative-Care-Leistungen

Die Medizinischen Dienste sehen ihre Aufgabe im Rahmen der SAPV-Richtlinie darin, im Auftrag der jeweils zuständigen Krankenkasse zu prüfen, ob die Voraussetzungen für eine (nicht näher definierte) Leistungserbringung vorliegen. Dabei ist durch die MDK insbesondere zu prüfen, ob die SAPV-Leistungen von anderen ambulanten Leistungen der Palliativversorgung abgegrenzt werden. Das heißt, die Aufgabe der MDK besteht darin, eine Indikation für SAPV-Leistungen zu prüfen. Dies muss – was die MDK nicht zu vertreten haben – jedoch zwangsläufig in Dilemmata führen, weil sich in der Aufgabenstellung gleichfalls die gesamte Konzeptionslosigkeit der Palliativversorgung in Deutschland zeigt. Dies liegt zum einen darin begründet, dass Abgrenzungsmerkmale zwischen der allgemeinen und der spezialisierten ambulanten Palliativversorgung nicht gültig definiert sind und andererseits ein Verständnis palliativen Versorgungsbedarfs vorzuliegen scheint, das zumindest mit dem Begriffsverständnis von Palliative Care im Sinne der WHO-Definition nicht in Einklang zu bringen ist (siehe oben).

### Fazit

Mit diesem Kapitel wurde das Verständnis von Palliativversorgung in rechtlich relevanten Zusammenhängen herausgestellt (SGB V und SGB XI). Dabei zeigte sich, dass ein einheitliches Begriffsverständnis von Palliative Care in den Sozialgesetzbüchern fehlt. Das hat u. a. zur Folge, dass nicht zu erkennen ist, welche Leistungen die Palliativversorgung eigentlich kennzeichnen. Dies liegt darin begründet, dass es »die« palliative Behandlung nicht gibt. Die Literatur zum Thema unterscheidet die

allgemeine ambulante Palliativversorgung (AAPV) und die spezialisierte ambulante Palliativversorgung (SAPV). Kurios mutet dabei die Tatsache an, dass sowohl die AAPV als auch die SAPV ihrerseits ebenfalls nicht definiert sind. Die Probleme der Verortung der (spezialisierten) Palliativversorgung im SGB XI sind darin begründet, dass es sich sowohl bei der allgemeinen ambulanten wie bei der spezialisierten ambulanten Palliativversorgung dem Grunde nach um Leistungen der Krankenversicherung im Rahmen des SGB V handelt.

Dargestellt wurde ferner, dass die unklare Begriffsbestimmung der Palliativversorgung aus dem SGB V und der Richtlinie des Gemeinsamen Bundesausschusses (G-BA) auch für die Begutachtungen durch die Medizinischen Dienste nicht ohne Folgen bleibt. Die synonyme Verwendung von Begriffen mit unterschiedlichen Inhalten führt die MDK in Dilemmata, weil sie das Vorliegen von Leistungsvoraussetzungen zu prüfen haben, die letztlich nicht definiert sind. Leistungsvoraussetzungen werden durch »Anforderungen an Erkrankungen« beschrieben. Demnach sind die Aufgaben der MDK nach dem Begutachtungsleitfaden nicht anders zu deuten als eine Prüfung von Leistungsansprüchen spezialisierter medizinischer Behandlungsmaßnahmen. Dies entspricht weder einem flächendeckenden Konzept der Palliativversorgung noch dem Verständnis von Palliative Care im Sinne der WHO. Dies wird u. a. dadurch deutlich, dass die Leistungen ihrer Art nach separiert und gerade nicht im Sinne interdisziplinärer Zusammenarbeit erbracht werden. Die medizinischen und die pflegerischen sowie ggf. noch Beratungsleistungen werden dem zweiten Teil des Kernkonzepts der Palliative Care gegenübergestellt: der Begleitung sterbender Menschen und ihrer Familien.

Mit dem Begutachtungsleitfaden wurde gleichfalls auf die Ziele der SAPV-Richtlinie des G-BA hingewiesen, die mit § 1 die Erhaltung, Förderung, Verbesserung der Lebensqualität und der Selbstbestimmung schwerstkranker Menschen beschreiben, um ein menschenwürdiges Leben bis zum Tod in der vertrauten Umgebung zu ermöglichen.

In diesem Zusammenhang wird es ebenfalls als problematisch gelten müssen, dass die Schlüsselbegriffe, die in Verbindung mit der Palliativversorgung als Ziele genannt werden, inhaltlich gleichfalls nicht weiter erläutert sind. Sie bleiben unbestimmt und damit Ideen, Konstrukte, Illusionen oder werden zu Rechtfertigungen, die es bestimmten Eliten ermöglicht, Leistungen sozialstaatlich legitimiert an den Patienten zu bringen, die in ihrer Wirksamkeit gar nicht prüfbar sind, wie sich am Beispiel der Selbstbestimmung verdeutlichen lässt.

Denn die Frage, wodurch Autonomie im Sterben zum Ausdruck kommen kann, ist vielleicht zu beantworten, wenn es um einen bis zum Tod wachen sterbenden Menschen geht, der klar und unmissverständlich zum Ausdruck bringen kann, was er möchte und was nicht. Die Selbstbestimmung des Sterbenden wird aber in der weitaus überwiegenden Zahl nicht im Sterbeprozess zum Ausdruck kommen können, sondern vielmehr durch Äußerungen von Wünschen, Vorstellungen und Bedürfnissen des eigenen Sterbens in Vorausverfügungen (Vorsorgevollmachten, Patientenverfügungen).

Ganz ähnlich verhält es sich mit der »Lebensqualität«. Was das sein soll, lässt sich mit einiger Sicherheit nicht von außen und ganz bestimmt nicht mit Hilfe von ggf. bestehenden Leistungsansprüchen an schwerkranke und sterbende Menschen herantragen. Vielmehr geht es auch hier um ein subjektives Empfinden, das sich weder in Leistungs- noch in vermeintlichen Qualitätsdimensionen definieren lässt.

Das heißt, die mit den Sozialgesetzbüchern V und XI sowie die in den relevanten Folgebestimmungen verwendeten Schlüsselbegriffe der Palliativversorgung sind von einer Universalität geprägt, die eine Bestimmbarkeit ihrer Inhalte kaum möglich macht und dadurch eigentlich unbestimmte Ziele der Versorgung beschreiben. Demnach wird Palliativversorgung in den hier bedeutsamen Zusammenhängen zu allererst als leistungsrechtlicher Begriff verstanden und erst dann als eine Form der Hilfe und Begleitung. Palliative Care ist aber primär eine Haltung, aus der sich Behandlungen und Begleitung ableiten sollte.

## Literatur

Buchmann K-P (2010) Pflegen in Würde. Hospizkultur und Palliative Care in der Altenpflege. Hospiz-Verlag, Wuppertal

Buchmann K-P (2013) Die Qualität des Lebens. Praxis Palliative Care 18(1)

Deutscher Bundestag (2013) Antwort der Bundesregierung: Stationäre Palliativmedizin. Drucksache 17/14554 vom 14. Aug. 2013. ► http://dip21.bundestag.de/dip21/btd/17/145/1714554.pdf Zugegriffen: 15. Dezember 2013

GKV Spitzenverband (2010) Rahmenvereinbarung nach § 39a Abs. 1 Satz 4 SGB V über Art und Umfang sowie Sicherung der Qualität der stationären Hospizversorgung vom 13.03.1998, i. d. F. vom 14.04.2010. ► https://www.gkv-spitzenverband.de/media/dokumente/. Zugegriffen 11. Februar 2014

Gronemeyer R (2013) Das vierte Lebensalter. Demenz ist keine Krankheit. Pattloch, München

Gronemeyer R, Heller A (2007) Stirbt die Hospizbewegung am eigenen Erfolg? In: Heller A et al. (Hrsg) Wenn nichts mehr zu machen ist, ist noch viel zu tun, 3. Aufl. Lambertus, Freiburg/Breisgau

Heller A, Pleschberger S (2008) Palliative Versorgung im Alter. In: Kuhlmey A, Scheffer D (Hrsg) Alter, Gesundheit und Krankheit. Huber, Bern

Stolberg M (2011) Geschichte der Palliativmedizin. Medizinische Sterbebegleitung von 1500 bis heute. Mabuse, Frankfurt a. M.

Voltz R (2009) Sind »Palliative Therapie« und »Palliativmedizin« dasselbe? Z Palliativmed 10(2): 68/69

WHO (2014) WHO definition of palliative care. ► http://www.who.int/cancer/palliative/definition/en/. Übersetzung nach: Student HC, ► http://christoph-student.homepage.t-online.de/41518/41527.html (Zugegriffen: 13. Dezember 2013)

Wikipedia (2013) Gutachten. ► http://de.wikipedia.org/wiki/Gutachten. Zugegriffen: 15. Dezember 2013]

# (Un-)Zeitgemäßes Verständnis von Pflegebedürftigkeit

*Klaus-Peter Buchmann*

## 12.1 Kritik am Pflegebedürftigkeitsbegriff des SGB XI

Das Verständnis des Pflegeversicherungsgesetzes von Pflegebedürftigkeit drückt sich in den §§ 14 und 15 aus. Dabei ist nicht zu übersehen, dass die Grundlagen dafür heute als antiquiert gelten müssen. Mit einem zeitgemäßen bzw. modernen Verständnis von Pflege hat die Definition von Pflegebedürftigkeit des SGB XI nichts zu tun.

Die wesentlichen Kritikpunkte am allein verrichtungsbezogenen Verständnis von Pflegebedürftigkeit des SGB XI in seiner heutigen Form sind:

- die Beschränkung notwendigen Hilfebedarfs auf alltägliche Verrichtungen als Folge somatischer Erkrankungen,
- der Faktor Zeit als alleinige Bemessungsgrundlage für den Hilfebedarf und als Kriterium für die Gewährung des Leistungsumfangs sowie
- eine ungleiche Behandlung der Folgen somatischer Erkrankungen und kognitiver Einschränkungen, geistiger Behinderungen und psychischer Erkrankungen als Ursachen von Pflegebedürftigkeit.

Die Schlussfolgerung daraus ist, dass sich das gegenwärtige System der Pflegeversicherung nicht an einem bedarfsgerechten Leistungsanspruch orientiert, sondern als Teilleistungssystem bereits im Ansatz begrenzt ist. Versorgungsbedarf einerseits und Leistungsdeckelung andererseits können einander widersprechen, was regelmäßig dann der Fall ist, wenn der Bedarf pflegerischer Versorgung tatsächlich höher ist als Leistungen der Pflegeversicherung derzeit zu gewähren möglich sind.

### 12.1.1 Andere Modelle des Pflegebegriffs

Dass in diesem Zusammenhang gerade nicht einer Sozialromantik das Wort geredet wird, zeigt der Umgang anderer Sozialstaaten mit der Versorgung pflegebedürftiger Menschen, wie beispielsweise in den Niederlanden oder in Dänemark. Das Funktionieren dieser oder vergleichbarer Systeme scheint die (allerdings notwendige) Diskussion in Deutschland um die (noch notwendigere) Einführung eines neuen Pflegebedürftigkeitsbegriffs im Ganzen in Frage zu stellen. Kommt man wie etwa in den Niederlanden ganz ohne einen gesetzlich definierten Begriff von Pflegebedürftigkeit aus, wird in Deutschland seit vielen Jahren darum gerungen, ob – und wenn ja, wie – inzwischen längst nicht mehr in Frage gestellte Ergebnisse der Pflegewissenschaft aus leistungsrechtlichen Gründen gesetzlich verankert werden sollen. Wird dort die Leistungsfinanzierung am tatsächlich im Einzelfall gegebenen Bedarf bemessen, gilt es hier schon als Errungenschaft, wenn Pflegebedarf als Folge psychischer Erkrankung genauso anerkannt werden soll wie Pflegebedürftigkeit, die aus somatischen Erkrankungen resultiert.

#### ■ Hilfeleistungen als persönliches Budget

In den Niederlanden wurden persönliche Budgets als zweckgebundene Geldleistungen bereits im Jahr 1996 eingeführt. Ziel war dabei, die Selbstbestimmung hilfe- und pflegebedürftiger Menschen zu stärken.

Davon ist auch in Deutschland viel die Rede, wenn etwa vom Leben in Würde und mit einem Höchstmaß an Selbstbestimmung trotz Pflegebedürftigkeit gesprochen wird. Jedoch wird die hierzulande verstandene Selbstbestimmung durch das Teilleistungssystem der Pflegeversicherung stark gelenkt. Dies lässt sich beispielsweise daran ablesen, dass lediglich Teilleistungen für Teilbedarfe aus der Pflegeversicherung zur Verfügung stehen, es sei denn, Menschen mit einem ausreichend anerkannten Pflegebedarf entscheiden sich für eine Versorgung in stationären Pflegeeinrichtungen. Außerhalb dieser stationären Versorgungseinrichtungen ist eine Gesamtversorgung von Menschen mit Pflegebedarf nicht vorgesehen. Dies ist eine Ungleichbehandlung von Menschen mit vergleichbarem Pflegebedarf (etwa der gleichen Pflegestufe), die gesetzlich legitimiert ist.

Auch deswegen werden die Stimmen derer immer lauter, die auch in Deutschland ein System der Pflegeversicherung fordern, das die Ungleichbehandlungen ablöst und tatsächliche »Hilfe zur Selbsthilfe« schafft. Zu Recht wird in diesem Zusammenhang darauf aufmerksam gemacht, dass nicht der Ort, an dem gepflegt wird, entscheidend für die Bemessung des Umfangs der gewährten

Leistungen sein kann, sondern allein das Ausmaß der Abhängigkeit von personaler Hilfe (vgl. z. B. Stellungnahme des Deutschen Vereins für öffentliche und private Fürsorge e. V. 2013). Versorgungsstrukturen und Hilfeformen sollen zudem so gestaltet sein, dass – trotz Pflegebedürftigkeit – weder Würde noch Selbstbestimmung eingeschränkt wird. Deswegen sollte sich die Gestaltung der Pflegeinfrastruktur am Leitbild der Inklusion orientieren (Deutscher Verein 2013, S. 9).

## 12.1.2 Inklusion

Inklusion meint als sozialpolitische Handlungsleitlinie eine Gleichstellung. Wohlgemerkt: Gleichstellung, nicht Gleichschaltung. Gleichstellung also in dem Sinne, dass Menschen in ihrer Andersartigkeit akzeptiert und nicht nach Sonder(wohn)formen und/oder ihrer Unterbringung bzw. Versorgung nach selektiert werden. Inclusio (lat.: Einschluss, Eingeschlossenheit, aber auch Zugehörigkeit) beschreibt demnach ein Konzept, das separierende Einrichtungen oder Sonderbehandlungen ablehnt und z. B. auch Hilfebedürftigkeit als zur Gesellschaft gehörend akzeptiert.

Wo Inklusion aber als Institutionalisierungsnotwendigkeit verstanden wird, etwa Menschen mit Pflegebedarf gemeinschaftlich und/oder nach einheitlichen Standards zu versorgen, Lebensbiografien dabei eine nur noch untergeordnete Rolle spielen, entstehen Schicksalsgemeinschaften, die mit Würde und Selbstbestimmung und auch mit Inklusion nichts mehr zu tun haben. Gronemeyer (2013) stellt in diesem Zusammenhang fest, dass Inklusion, als

» …das Modekonzept der Sozialadministration zwar nicht das gleiche Elend für alle [will], aber sie beabsichtigt eben die Einschließung […]. Es ist ein Begriff, der aus der Idee des Systems erwächst, das kein Außen dulden kann […]. Inklusion kann auch gerade darauf zielen, die Hilfebedürftigen an isolierten Orten einzuschließen, weil sie da am besten gesellschaftlich inkludiert seien. «
(Gronemeyer 2013)

Beinahe zwangsläufig fühlt man sich erinnert an den berühmten Roman des portugiesischen Literaturnobelpreisträgers José Saramago »Die Stadt der Blinden« (1997). Ein ganzes Land erblindet und wird infolgedessen kaserniert.

Den Konflikt um das Verständnis von Inklusion verschärfend kommt hinzu, dass es bis zum Jahr 2013 in der Summe offiziell nur eine Institution gegeben hat, die das »Etikett der Pflegebedürftigkeit« verleihen konnte. Die MDK bewegen sich mit ihren »Empfehlungen« bezüglich vorliegender Pflegebedürftigkeit in einem mehr oder minder offenen Interessenkonflikt zu den letztlich die Pflegebedürftigkeit anerkennenden oder ablehnenden Pflegekassen, denen der Sicherstellungsauftrag der Versorgung per Gesetz übertragen ist. Als unabhängig beschrieben – und vielleicht auch konzipiert – sind die MDK letztlich nicht nur Dienstleister der Kranken- und Pflegekassen, sondern durch ihre strukturelle und tatsächliche Verflochtenheit auch Einrichtungen der Kranken- und Pflegekassen.

Zu einem zeitgemäßen Verständnis von Pflegebedürftigkeit muss gehören, dass sich pflegebedürftige Menschen auf eine an ihren Bedürfnissen orientierte Pflege und Betreuung verlassen können. Dies muss bis zum Lebensende gelten dürfen. Orientierung an den Bedürfnissen meint nicht die möglichst hohe Übereinstimmung standardisierter Pflegeleistungen bzw. routiniertes Pflegehandeln. Vielmehr bedarf es der solidargemeinschaftlichen Sicherheit, trotz Pflegebedürftigkeit und nahendem Lebensende.

## 12.2 Ansprüche an einen neuen Pflegebedürftigkeitsbegriff

Mit einer noch stärkeren Bedürfnisorientierung wird auch die Notwendigkeit eines neuen Verständnisses von Pflegebedürftigkeit begründet, welches die Beschränkung auf somatischen Hilfebedarf, wie er mit den §§ 14 und 15 im SGB XI definiert ist, überwindet.

Wie in ▶ Kap. 8 bereits erörtert, vertritt die Pflegewissenschaft heute die Auffassung, dass der Faktor Zeit als alleinige Bestimmungsgröße für den Umfang von Pflegebedürftigkeit nicht sachgerecht ist. Anspruch bei der Entwicklung eines neuen Pflegebedürftigkeitsbegriffs war deswegen auch, dass der Faktor Zeit durch eine genaue Analyse vorhandener Fähigkeiten und Verhaltensweisen zu ersetzen ist, bei der die jeweils vorliegenden Einschränkungen nach dem Maß der Ausprägung zu bewerteten sind (vgl. Schwanenflügel 2009, S. 157).

Der Beirat zur Überprüfung des Pflegebedürftigkeitsbegriffs (Bundesministerium für Gesundheit [BMG] 2009) hatte sich dafür ausgesprochen, dass es einer Definition von Pflegebedürftigkeit bedarf, die die Bewertung des Hilfebedarfs aufgrund sowohl körperlicher, kognitiver als auch geistiger und psychischer Einschränkungen bei den Alltagsleistungen berücksichtigt. Deswegen wurde ein neues Begutachtungsinstrument empfohlen, mit dem die Berücksichtigung dieser Parameter erhoben werden können. Der Beirat hatte in diesem Zusammenhang festgestellt, dass keines der vorhandenen Instrumente »geeignet ist, um gleichzeitig einem weit gefassten Pflegebedürftigkeitsverständnis und den Anforderungen der Pflegeversicherung gerecht zu werden« (BMG 2009, S. 72). Damit wurde dem weiteren Einsatz des Formulargutachtens in seiner derzeitigen Form eine klare Absage erteilt. Entscheidend ist dabei, wie noch zu sehen sein wird – und damit ist ein wesentlicher Unterschied des neuen Begutachtungs-Assessments (NBA) bereits beschrieben – dass nunmehr ausschließlich auf den Grad der Selbständigkeit fokussiert und damit die bisherige Defizitorientierung in der Bewertung des Hilfebedarfs aufgegeben wird.

Unter diesen Prämissen hat der Beirat mit seinem Abschlussbericht im Jahr 2009 einen Formulierungsvorschlag für die Definition von Pflegebedürftigkeit vorgelegt.

❯ Pflegebedürftigkeit ist demnach dann als gegeben anzusehen, wenn »Beeinträchtigungen der Selbständigkeit oder Fähigkeitsstörungen« vorliegen und deswegen Hilfe durch Dritte erforderlich wird. Es muss sich bei Hilfebedürftigen um Personen handeln, »die körperliche oder psychische Schädigungen, Beeinträchtigungen körperlicher oder kognitiver oder psychischer Funktionen, gesundheitlich bedingte Belastungen oder Anforderungen nicht selbständig kompensieren oder bewältigen können« (vgl. Bericht des Beirats 2009, S. 86).

Fähigkeitsstörungen und Beeinträchtigungen und daraus entstehender Hilfebedarf müssen auf Dauer vorliegen, voraussichtlich für mindestens 6 Monate.

## 12.2.1 Fähigkeitsstörungen und Hilfebedarf

Werden Einschränkungen der Selbständigkeit bzw. Fähigkeitsstörungen in den nachfolgend aufgeführten Lebensbereichen festgestellt, sind damit ggf. die Voraussetzungen gegeben, als pflegebedürftig einen Pflege-/Bedarfsgrad anerkannt zu bekommen.

Einschränkungen der Selbständigkeit bzw. Fähigkeitsstörungen müssen demnach in den in folgender ▶ Übersicht aufgeführten Lebensbereichen (Modulen) festgestellt werden.

**Lebensbereiche (Module), in denen durch Einschränkungen Hilfe erforderlich wird**

1. Mobilität:
   – Positionswechsel im Bett
   – Stabile Sitzhaltung einnehmen und halten können
   – Aufstehen aus sitzender Position und umsetzen
   – Fortbewegen innerhalb der Wohnung und Treppensteigen

2. Kognitive Fähigkeiten:
   – Personen aus dem näheren Umfeld erkennen
   – Örtliche Orientierung, zeitliche Orientierung, Gedächtnis
   – Mehrschrittige Alltagshandlungen ausführen
   – Entscheidungen im Alltagsleben treffen
   – Sachverhalte und Informationen verstehen
   – Risiken und Gefahren erkennen, Mitteilung elementarer Bedürfnisse
   – Aufforderungen verstehen und Beteiligung an einem Gespräch

3. Verhaltensweisen und psychische Problemlagen:
   – Motorisch geprägte Verhaltensauffälligkeiten

- Nächtliche Unruhe
- Selbstschädigendes und autoaggressives Verhalten
- Beschädigung von Gegenständen
- Physisch aggressives Verhalten gegenüber anderen Personen
- Verbale Aggression, andere vokale Auffälligkeiten
- Abwehr pflegerischer oder anderer unterstützender Maßnahmen
- Wahnvorstellungen
- Sinnestäuschungen
- Ängste
- Antriebslosigkeit
- Depressive Stimmungslage
- Sozial inadäquate Verhaltensweisen und sonstige inadäquate Handlungen

4. Selbstversorgung:
   - Körperpflege (vorderen Oberkörper waschen, Rasieren, Kämmen, Zahnpflege, Prothesenreinigung, Intimbereich waschen, Duschen oder Baden – einschließlich Haare waschen)
   - An- und auskleiden (Oberkörper an- und auskleiden, Unterkörper an- und auskleiden)
   - Ernährung (Essen mundgerecht zubereiten/Getränke eingießen, essen, trinken)
   - Ausscheiden (Toilette/Toilettenstuhl benutzen, Folgen einer Harninkontinenz bewältigen/Umgang mit Dauerkatheter/Urostoma, Folgen einer Stuhlinkontinenz
   - bewältigen/Umgang mit Stoma)

5. Umgang mit krankheits- und therapiebedingten Anforderungen:
   - Medikation, Injektionen, Versorgung intravenöser Zugänge
   - Absaugen oder Sauerstoffgabe
   - Einreibungen, Kälte-/Wärmeanwendungen
   - Messung und Deutung von Körperzuständen
   - Umgang mit körpernahen Hilfsmitteln
   - Verbandswechsel/Wundversorgung

- Wundversorgung bei Stoma
- Regelmäßige Einmalkatheterisierung,
- Nutzung von Abführmethoden
- Therapiemaßnahmen in häuslicher Umgebung
- Zeit- und technikintensive Maßnahmen in häuslicher Umgebung
- Arztbesuche, Besuch anderer medizinischer/therapeutischer Einrichtungen
- Zeitlich ausgedehnter Besuch medizinisch/therapeutischer Einrichtungen und Besuch von Einrichtungen zur Durchführung von Frühförderung (nur bei Kindern)

6. Gestaltung des Alltagslebens und sozialer Kontakte:
   - Tagesablauf gestalten und an Veränderungen anpassen
   - Ruhen und schlafen
   - Sich beschäftigen
   - In die Zukunft gerichtete Planungen vornehmen
   - Interaktion mit Personen im direkten Kontakt und Kontaktpflege zu Personen außerhalb des direkten Umfeldes

7. Außerhäusliche Aktivitäten:
   - Verlassen und das Fortbewegen außerhalb der Wohnung
   - Nutzung öffentlicher Verkehrsmittel im Nahverkehr
   - Mitfahren in einem PKW
   - Teilnahme an kulturellen, religiösen oder sportlichen Veranstaltungen
   - Besuch von Schule, Kindergarten, Arbeitsplatz, Werkstatt für behinderte Menschen, Tagespflegeeinrichtung
   - Teilnahme an sonstigen Aktivitäten mit anderen Menschen

8. Haushaltsführung:
   - Einkaufen für den täglichen Bedarf
   - Zubereitung einfacher Mahlzeiten
   - Einfache und aufwendige Aufräum- und Reinigungsarbeiten
   - Nutzung von Dienstleistungen
   - Regelung von finanziellen und Behördenangelegenheiten

Vorgesehen ist dabei, die Module 7 und 8 primär bei der Pflegeberatung zu berücksichtigen und nicht bei der Zuordnung zu einem der Pflege-/Bedarfsgrade. Dies wird damit begründet, dass die Module 1–6 alle relevanten Kriterien für die Zuerkennung zu einem der Pflege-/Bedarfsgrade berücksichtigen. Demnach wird Hilfebedarf in den Modulen 7 und 8 als eine Art »Pflege-/Bedarfsgrad 0« zu verstehen sein, also als ein Hilfebedarf unterhalb des Pflege-/Bedarfsgrades 1.

Im bisher geltenden System der Begutachtung lautet die Standardformulierung für die Begründung eines Hilfebedarfs unterhalb der Pflegestufe 1 (sogenannte Pflegestufe 0): »Der Versicherte ist infolge der beschriebenen Funktionseinschränkungen neben voller hauswirtschaftlicher Versorgung auf Hilfeleistungen in den Grundpflegebereichen angewiesen. Der überwiegende Hilfebedarf besteht im hauswirtschaftlichen Bereich.«

## 12.2.2 Bedarfsgrade/Pflegegrade anstelle von Pflegestufen

Mit dem Abschlussbericht des Beirates im Jahr 2009 wurde dem Gesetzgeber vorgeschlagen, das bisherige System der Pflegestufen abzuschaffen und durch fünf neue »Bedarfsgrade« zu ersetzen.

Mit dem im Juni 2013 an die Bundesregierung übergebenen Bericht des Expertenbeirats zur konkreten Ausgestaltung des neuen Pflegebedürftigkeitsbegriffs wurde vorgeschlagen, die Bezeichnung »Bedarfsgrade« fallenzulassen und diese in »Pflegegrade« umzubenennen. Begründet wurde diese Korrektur damit, dass die jeweils zu ermittelnden Pflegegrade zwar den Grad der Selbständigkeit abbilden, nicht aber den konkreten Bedarf innerhalb der Stufen. Außerdem wurde die Auffassung vertreten, dass diese redaktionelle Veränderung die Unterscheidung zum gegenwärtigen System und die gewollte Orientierung am Maß der Selbständigkeit besser darstellen kann.

Vorgeschlagen ist nunmehr die Bildung von fünf Pflegegraden (▶ Übersicht).

**Fünf Pflegegrade**
1. Geringe Beeinträchtigung der Selbständigkeit
2. Erhebliche Beeinträchtigung der Selbständigkeit
3. Schwere Beeinträchtigung der Selbständigkeit
4. Schwerste Beeinträchtigung der Selbständigkeit
5. Schwerste Beeinträchtigungen der Selbständigkeit, die mit besonderen Anforderungen an die pflegerische Versorgung einhergehen

Diese Pflegegrade bilden gleichzeitig die Grundlage für eine Beurteilung des Umfangs vorliegenden Hilfebedarfs als Ergebnis der Begutachtung sowie für Art, Inhalt und Umfang der Leistungsgewährung. Entscheidend für die Zuordnung zu einem Pflegegrad ist jeweils das Ausmaß der Abhängigkeit von personaler Hilfe. Die Zuordnung eines Pflegegrades erfolgt über ein Punktesystem (s. unten).

## 12.2.3 Anerkennung von Betreuungsleistungen

Eine weitere vorgesehene Neuerung ist in der Empfehlung des Expertenbeirats zu sehen, Betreuungsleistungen – bei Vorliegen der Voraussetzungen – als eine regelhafte »dritte Säule« der Leistungsinhalte der Pflegeversicherung anzuerkennen (vgl. BMG 2009, S. 46).

Sollte sich diese Empfehlung durchsetzen können, wäre davon auszugehen, dass künftig nur noch ein Begutachtungsverfahren zur Anwendung kommt, das zudem helfen könnte, das Leistungsspektrum der Pflegeversicherung transparenter und überschaubarer zu gestalten. Der Expertenbeirat hatte sich dezidiert dafür ausgesprochen, dass Betreuungsleistungen als gleichwertiger Leistungsbestanteil aller Sachleistungen in die neuen gesetzlichen Regelungen aufgenommen werden (vgl. S. 51). Diese müssen jedoch – wie auch die Leistungen in den Bereichen der Grundpflege und der hauswirt-schaftlichen Versorgung – weiter konkretisiert, d. h. im Einzelnen beschrieben werden. Durch den Expertenbeirat wurde in diesem Zusammenhang kritisiert, dass Unterstützungsnotwendigkeiten bei psychischen Erkrankungen mit der Einführung des § 124 SGB XI (häusliche Betreuungsleistungen) im Jahr 2013 nicht ausreichend berücksichtigt worden sind.

## 12.3 Das neue Begutachtungs-Assessment (NBA)

Eine der zentralen Zielstellungen der Neudefini-tion des Begriffs der Pflegebedürftigkeit ist die leis-tungsrechtliche Gleichbehandlung von Menschen mit somatischen, kognitiven und psychischen Ein-schränkungen und Selbständigkeitsdefiziten im Rahmen der Pflegeversicherung. Diese und weitere mit der Neugestaltung des Pflegeversicherungs-rechts verfolgten Ziele hatten nahezu zwangsläufig zur Folge, dass ein neues Begutachtungsinstrument zu entwickeln war, das diesen Ansprüchen genügen kann.

Das neue Begutachtungs-Assessment (NBA) muss demnach geeignet sein, dem so verstandenen Pflegebegriff mit seinen ihn auszeichnenden Ele-menten abzubilden und den jeweiligen Hilfebedarf anhand der genannten Kriterien zu erheben. Ent-wickelt wurde ein Instrument, das die Einschät-zung des Pflegebedarfs in je acht Modulen erhebt (s. oben). Bei diesen Modulen handelt es sich um Lebensbereiche, in denen die jeweils vorhande-ne Selbständigkeit eingeschätzt wird und damit gleichzeitig das Ausmaß personaler Abhängigkeit beurteilt werden kann. Auf diese Weise soll das Maß der individuell gegebenen Selbständigkeit abgebildet werden, was eine Abkehr von der bis-herigen Defizitorientierung bedeutet. Der Paradig-menwechsel im Vergleich zu den geltenden Begut-achtungs-Richtlinien (BRi) und dem Formulargut-achten besteht darin, dass der wesentliche Bestim-mungsfaktor für die Zuordnung zu einer Pflegstufe, der Faktor Zeit, ersetzt wird durch das Maß der Selbständigkeit bei den Aktivitäten der identifizier-ten acht Lebensbereiche (Module).

**Gliederung des neuen Begutachtungs-Assessments (NBA)**

Nach dem derzeitigen Stand der Erkenntnisse zum NBA wird dieses sich in vier Teile gliedern:

a. Informationssammlung

Im ersten Teil werden alle notwendi-gen Informationen erfasst. Diese In-formationssammlung ist vergleichbar mit der des gegenwärtig geltenden Verfahrens, es werden Angaben zur Person, zur Begutachtungs- und Ver-sorgungssituation und zu den Pflege-personen erhoben. Ferner werden An-gaben zu vorliegenden Erkrankungen, zu Defiziten in der Selbstversorgung und zum Verlauf der Entwicklung ge-sundheitlicher Probleme aufgenom-men. Hier soll ebenfalls Raum für die Antragsteller sein, die Situation aus ihrer Perspektive darzustellen sowie Probleme und notwendige Versor-gungsmaßnahmen zu benennen.

b. Befunderhebung

Der zweite Abschnitt stellt die Be-funderhebung in den Mittelpunkt. Wie schon bisher steht auch künftig die Prüfung vorliegender Befundberichte als Aufgabe der Gutachter im Mittel-punkt dieses Gutachtenabschnitts im Rahmen des NBA. Darüber hinaus – und auch das ist nicht gänzlich neu – werden die Gutachter verpflichtet, sich ein eigenes Bild vorhandener Selbst-pflegefähigkeiten zu machen.

c. Einschätzung des Pflegebedarfs

Mit Hilfe der oben beschriebenen acht Module wird künftig die Be-einträchtigung der Selbständigkeit untersucht, die sich jeweils auf die Durchführung von Aktivitäten und die Gestaltung der mit den Modulen benannten Lebensbereiche beziehen. Die hier ermittelten Ergebnisse bilden dann die Grundlage für die Ermittlung des Pflegegrades. Damit werden die Module zum Mittelpunkt des NBA.

| ❏ Tab. 12.1 | Schwellenwerte Pflegegrade (Quelle: Bericht des Expertenbeirats, BMG 2013, S. 35) | | | | | |
|---|---|---|---|---|---|---|
| | Kein Pflegegrad | Pflegegrad 1 | Pflegegrad 2 | Pflegegrad 3 | Pflegegrad 4 | Pflegegrad 5 |
| Schwellen-werte | 0–14 | 15–29 | 30–49 | 50–69 | 70–89 | 90–100 |

Darüber hinaus umfasst dieser Teil des Instrumentes Fragen zu ggf. vorliegenden besonderen Bedarfslagen, zu evtl. bestehendem Rehabilitationsbedarf sowie zu Risiken, denen präventiv begegnet werden kann.

d. Ergebnisse und Empfehlungen
Wie schon das bisherige Formulargutachten kennt auch das NBA die Darstellung der Begutachtungsergebnisse sowie weitere Empfehlungen an die beauftragende Pflegekasse. Die praktischen Erfahrungen im Umgang mit dem bisherigen Formulargutachten zeigen, dass mit Empfehlungen an die Pflegekassen eher zurückhaltend durch die Gutachter umgegangen wurde, teilweise auch im Widerspruch zu den sonstigen dokumentierten Inhalten. Beispielhaft ließe sich benennen, dass – wo einerseits nur suboptimale räumliche Verhältnisse beschrieben worden sind – andererseits keine Empfehlungen beispielsweise zu wohnumfeldverbessernden Maßnahmen und/oder zur Hilfsmittelversorgung gegeben wurden.

### 12.3.1 Ermittlung des Pflegegrades

Die Ermittlung des konkret vorliegenden Pflegegrades erfolgt letztlich durch Addition der für jedes Modul einzeln ermittelten Punktzahl, mit Ausnahme der Module 7 und 8. Der ermittelte Gesamtscore wird anhand einer vorgegebenen Skala, deren Einteilung von 0 bis 100 Punkte reicht, bewertet. Die einzelnen Skalenbereiche entsprechen dabei jeweils einem Pflegegrad. Nach dem derzeitigen

Stand ist die in ❏ Tab. 12.1 wiedergegebene Punkteskalierung vorgesehen.

### 12.3.2 Umgang mit besonderen Bedarfskonstellationen

Besondere Bedarfslagen als höchste Form von Pflegebedürftigkeit werden dem Pflegegrad 5 zugeordnet und entsprechen dem, was bisher unter der Bezeichnung des »außergewöhnlich hohen Pflegeaufwandes« (sogenannter Härtefall) kategorisiert wurde. Die Zuerkennung des Pflegegrades 5 wird – wie bisher die Anerkennung eines außergewöhnlich hohen Pflegeaufwandes – Ausnahmen vorbehalten bleiben, wenn § 36 Abs. 4 SGB XI (Deckelung) bei der Neugestaltung der Leistungen nicht verändert werden sollte. Wenn es jedoch um eine echte Bedarfsorientierung gehen soll, kann die bisherige administrative Deckelung der Leistungen so nicht bestehen bleiben, weil dann der Anschein einer »Bedarfsorientierung« nach Kassenlage kaum zu widerlegen wäre.

### ▪ Empfehlungen für den Pflegegrad 5
Der Expertenbeirat hatte im Jahr 2013 empfohlen, entweder gesetzgeberisch oder mittels Richtlinie Kriterien für die Anerkennung des Pflegegrades 5 festzulegen. Dabei sollte eine Orientierung nicht anhand vorliegender Krankheitsbilder bzw. Diagnosen erfolgen, sondern am Grad der jeweiligen Beeinträchtigungen.

Unabhängig davon wurden primär zwei Bedarfskonstellationen identifiziert, die als außergewöhnlich schwer von Pflegebedürftigkeit betroffen gelten müssen. Dabei handelt es sich um Personen, bei denen

a. entweder eine Gebrauchsunfähigkeit beider Arme und Beine oder

b. ausgeprägte motorische Verhaltensauffälligkeiten mit Selbst- oder Fremdgefährdung

## 1. Mobilität

0 = selbständig
1 = überwiegend selbständig
2 = überwiegend unselbständig
3 = unselbständig

1.1 Positionswechsel im Bett        ☐ 0 ☐ 1 ☐ 2 ☐ 3

1.2 Stabile Sitzposition halten        ☐ 0 ☐ 1 ☐ 2 ☐ 3

1.3 Aufstehen aus sitzender Position/Umsetzen        ☐ 0 ☐ 1 ☐ 2 ☐ 3

1.4 Fortbewegen innerhalb des Wohnbereichs        ☐ 0 ☐ 1 ☐ 2 ☐ 3

1.5 Treppensteigen        ☐ 0 ☐ 1 ☐ 2 ☐ 3

1.6 Veränderungen der Mobilität innerhalb der letzten Wochen/Monate
☐ Verbesserung
☐ Verschlechterung
☐ Keine Veränderung
☐ Nicht zu beurteilen

1.7 Bestehen realistische Möglichkeiten der Verbesserung? (Mehrfachangaben möglich)
☐ Nein
☐ Ja, durch Durchführung/Optimierung therapeutischer Maßnahmen
☐ Ja, durch Optimierung der räumlichen Umgebung (z.B. Anbringen von Griffen und Halterungen)
☐ Ja, durch Hilfsmitteleinsatz bzw. dessen Optimierung
☐ Ja, durch andere Maßnahmen und zwar ..............................................................................
☐ Ja, auch ohne Maßnahmen (Rekonvaleszenz, natürlicher Verlauf)

◻ **Abb. 12.1**    Beispiel Modul 1 des NBA. (Adaptiert nach Wingenfeld et al. 2008, GKV-Spitzenverband)

vorliegen. Bei dem unter b) genannten Personenkreis handelt es sich um stark ausgeprägte kognitive und/oder psychische Einschränkungen bei erhaltener Mobilität und hochgradiger Unruhe bzw. anderen massiven Verhaltensauffälligkeiten, durch die eine intensive personelle Begleitung begründet ist.

Für die Zuerkennung des Pflegegrades 5 kommen zusammenfassend drei Konstellationen in Betracht:
- bei mit den Modulen 1–6 ermitteltem Punktwert größer als 90,
- abgesehen vom mit den Modulen 1–6 ermittelten Gesamtscore bei der Gebrauchsunfähigkeit beider Arme und beider Beine,
- bei sehr stark ausgeprägten motorischen Verhaltensauffälligkeiten mit vorliegender Eigen- und/oder Fremdgefährdung.

### 12.3.3 Gestaltung des NBA

◻ Abb. 12.1 und ◻ Abb. 12.2 geben Ausschnitte aus dem NBA wieder und sollen einen Eindruck

## 4. Selbstversorgung

**B. 1 Sondenernährung**                    ☐ Entfällt (keine Sondenernährung)

**B.1a Die Person erhält …**
☐ Zusätzlich zur oralen Nahrungsaufnahme Sondennahrung, aber nur gelegentlich (nicht täglich)
☐ 1 bis 3 x täglich Sondennahrung und täglich oral Nahrung
☐ mindestens 4 x täglich Sondennahrung und täglich oral Nahrung (geringe Mengen)
☐ ausschließlich oder nahezu ausschließlich Sondennahrung

**B.1b Art der Sondenernährung**           **B.1c Selbständigkeit**
☐ Pumpe                                    ☐ Bedienung selbständig
☐ Schwerkraft                              ☐ Bedienung mit Fremdhilfe
☐ Bolusgabe

**B.2 Parenterale Ernährung**               ☐ (entfällt, keine parenterale Ernährung)

**B.2a Art der parenteralen Ernährung**    **B. 2b Selbständigkeit**
☐ Komplett                                 ☐ Bedienung selbständig
☐ Teilweise                                ☐ Bedienung mit Fremdhilfe

**B. 3 Blasenkontrolle/Harninkontinenz:**
☐ Entfällt (Dauerkatheter oder Urostoma)
☐ Ständig kontinent
☐ Überwiegend kontinent
☐ Maximal 1 x täglich inkontinent oder Tröpfchen-/Stressinkontinenz
☐ Überwiegend (mehrmals täglich) inkontinent
☐ Komplett inkontinent

**B.4 Darmkontrolle/Stuhlinkontinenz:**
☐ Entfällt (Colo-/Illeostoma)
☐ Ständig kontinent
☐ Überwiegend kontinent, gelegentlich inkontinent
☐ Überwiegend inkontinent, selten gesteuerte Darmentleerung
☐ Komplett inkontinent

**B.5 Künstliche Harnableitung**
☐ Entfällt (keine künstliche Harnableitung)
☐ Suprapubischer Dauerkatheter
☐ Transurethraler Dauerkatheter
☐ Urostoma

**B.6 Colo-/Illeostoma:**
☐ Entfällt, nicht vorhanden
☐ Ja

■ **Abb. 12.2**   Beispiel Modul 4 des NBA. (Adaptiert nach Wingenfeld et al. 2008, GKV-Spitzenverband)

vermitteln, auf welche Weise künftig Beeinträchtigungen der Selbständigkeit erhoben und Pflegegrade ermittelt werden.

## 12.3.4 Weitere Parameter des NBA

Neben der Selbstversorgungssituation, die mit den acht Modulen erhoben wird, werden weitere Determinanten ermittelt, die im Folgenden kurz skizziert werden:

1. Rehabilitationsbedarf
   Durch die mit dem NBA vorgesehene Erfassung von krankheits- und verhaltensbedingten Risiken und Umweltfaktoren wird gleichzeitig ein möglicher Rehabilitationsbedarf erhoben. Dieser soll in systematischer Form mit den Modulen 1 (Mobilität), 2 (kognitive und kommunikative Fähigkeiten), 4 (Selbstversorgung) sowie 5 (Umgang mit krankheits-/therapiebedingten Anforderungen) Tendenzen vorhersehbarer Entwicklungen hinsichtlich der Selbständigkeit wiedergeben. Dabei wird ein Schwerpunkt darauf gelegt, wie ein höherer Grad an Selbständigkeit erhalten bzw. wiedererlangt werden kann. Ähnlich der im Jahr 2013 in das Begutachtungssystem eingeführten Rehabilitationsempfehlung soll – in Anhängigkeit der Rehabilitationsfähigkeit – eine gesonderte »Empfehlung zur Einleitung von Rehabilitationsmaßnahmen« formuliert werden. Wie auch im bisherigen System der Feststellung von Pflegebedürftigkeit ist durch die Gutachter auch zu begründen, warum im Einzelfall keine entsprechenden Empfehlungen gegeben werden.

2. Hilfsmittelversorgung
   Mit der Einführung des neuen Pflegebedürftigkeitsbegriffs und der Erhebung des Hilfebedarfs mittels NBA ist künftig gleichfalls einzuschätzen, ob die Selbständigkeit durch den Einsatz von Hilfsmitteln gefördert und erhalten werden kann. Dazu gehört eine Beurteilung, ob die gegebene Hilfsmittelausstattung ausreichend ist. Zudem soll angegeben werden – und auch das ist aus dem gegenwärtig geltenden Verfahren übernommen – ob vorhandene Hilfsmittel genutzt werden und ob

ggf. ein Anleitungsbedarf zur Nutzung vorhandener Hilfsmittel besteht.

3. Hilfe- oder Pflegeplan
   Das NBA lässt sich auch als eine Grundlage für die individuelle Hilfeplanung verstehen, da es weitaus mehr Informationen zu liefern vermag, als dies mit dem bisherigen Formulargutachten möglich ist. Sollen die Ergebnisse der mit dem NBA erhobenen Informationen auch durch Pflegeeinrichtungen genutzt werden (z. B. als Grundlage für die individuelle Pflegeplanung), setzt dies allerdings voraus, dass den Pflegeeinrichtungen die Ergebnisse der Begutachtungen zur Verfügung gestellt werden. Dies ist bisher in der Vergangenheit meistens nur im Ausnahmefall geschehen.

**Fazit**

Mit dem voranstehenden Kapitel wurde dargelegt,

- weshalb es dringend einer gesetzlichen Reform des Verständnisses von Pflegebedürftigkeit bedarf,
- dass es in Europa Sozialstaaten gibt, die ohne eine gesetzliche Definition von Pflegebedürftigkeit auskommen, weil das Grundverständnis in der Bedarfsorientierung besteht und bereits im vorigen Jahrhundert persönliche Budgets bei Pflegebedarf eingeführt worden sind,
- welche Anforderungen an einen neuen, gesetzlich definierten Begriff der Pflegebedürftigkeit zu stellen sind,
- welche Vorschläge der Bundesregierung im Jahr 2013 zur Neudefinition des Begriffs der Pflegebedürftigkeit durch den Expertenbeirat unterbreitet worden sind,
- dass der Faktor Zeit für die Qualifizierung eines Hilfebedarfs und als Grundlage für die Bestimmung gesetzlich garantierter Leistungen ungeeignet ist,
- dass die Lebensumstände und Umweltfaktoren bei der Feststellung von Einschränkungen der Selbständigkeit nicht außer Acht gelassen werden können,
- eine neue Begriffsbestimmung von Pflegebedürftigkeit ein neues Verfahren zur Feststellung des Ausmaßes des Hilfebedarfs zur Folge hat,
- wie das neue Begutachtungs-Assessment (NBA) ausgestaltet ist,

- dass das NBA neben der Feststellung der Einschränkungen der Selbständigkeit auch den Rehabilitationsbedarf und eine erforderliche Hilfsmittelversorgung erfasst und sich darüber hinaus auch als Grundlage für die Erstellung von Hilfe- oder Pflegeplänen eignet,
- dass weitere Risiken, die präventives Handeln erfordern, identifiziert werden können,
- dass die bisherigen Pflegestufen künftig durch sogenannte Pflegegrade ersetzt werden sollen und wie diese ermittelt werden,
- auf welche Weise die Zuordnung zu einem der künftigen Pflegegrade erfolgen soll und wie besondere Bedarfskonstellationen einzuordnen sind,
- dass der bisher als »außergewöhnlich hoher Pflegeaufwand« bezeichnete sogenannte Härtefall künftig den Pflegegrad 5 bilden wird, wenn Einschränkungen der Selbständigkeit vorliegen, die mit einer sehr hohen Pflegebedürftigkeit einhergehen,
- dass die Zuordnung zum Pflegegrad 5 nicht an bestimmte Diagnosen bzw. Erkrankungen gebunden, sondern allein der Umfang der Pflegebedürftigkeit entscheidend ist,
- dass bei einer vorliegenden Gebrauchsunfähigkeit beider Arme und beider Beine sowie bei ausgeprägten motorischen Verhaltensauffälligkeiten mit Selbst- oder Fremdgefährdung zwei Bedarfskonstellationen exploriert wurden, die eine Zuordnung zum Pflegegrad 5 als wahrscheinlich gelten lassen.

## Literatur

Bundesministerium für Familie, Senioren, Frauen und Jugend (Hrsg) (2010) Sechster Bericht zur Lage der älteren Generation in der Bundesrepublik Deutschland. Altersbilder in der Gesellschaft. Deutscher Bundestag, Drucksache 17/3815. ▶ http://www.bmfsfj.de/BMFSFJ/aeltere-menschen,did=164568.html. Zugegriffen: 12. Februar 2014

Bundesministerium für Gesundheit (BMG) (Hrsg) (2009) Bericht des Beirats zur Überprüfung des Pflegebedürftigkeitsbegriffs. ▶ https://www.bundesgesundheitsministerium.de/uploads/publications/Neuer-Pflegebeduertigkeitsbegr.pdf. Zugegriffen: 12. Februar 2014

Bundesministerium für Gesundheit (BMG) (Hrsg) (2013) Bericht des Expertenbeirats zur konkreten Ausgestaltung des neuen Pflegebedürftigkeitsbegriffs. ▶ http://www.bmg.bund.de/fileadmin/dateien/Publikationen/Pflege/Berichte/Bericht_Pflegebegriff_RZ_Ansicht.pdf. Zugegriffen: 12. Februar 2014

Deutscher Verein für öffentliche und private Fürsorge e. V. (2013) Pflegesystem den gesellschaftlichen Strukturen anpassen! Empfehlungen des Deutschen Vereins zur Weiterentwicklung der Pflege (DV 10/13 AF IV). Deutscher Verein, Berlin. ▶ http://www.deutscher-verein.de/05-empfehlungen/empfehlungen_archiv/2013/DV-10-13-Pflegesystem-den-gesellschaftlichen-Strukturen-anpassen. Zugegriffen: 03. März 2014

Gaertner T, Gansweid B, Gerber H. et al. (Hrsg) (2009) Die Pflegeversicherung. De Gruyter, Berlin

Gronemeyer R (2013) Das vierte Lebensalter. Demenz ist keine Krankheit. Pattloch, München

Saramago J (1999) Die Stadt der Blinden. Rowohlt, Reinbek

Schwanenflügel von M (2009) Maßnahmen zur Schaffung eines neuen Pflegebedürftigkeitsbegriffs und eines neuen Begutachtungsverfahrens. In: Gaertner T, Gansweid B, Gerber H et al. (Hrsg) Die Pflegeversicherung. De Gruyter, Berlin

Windeler J, Görres S, Thomas. S. et al. (2008) Maßnahmen zur Schaffung eines neuen Pflegebedürftigkeitsbegriffs und eines neuen bundesweit einheitlichen und reliablen Begutachtungsinstruments zur Feststellung der Pflegebedürftigkeit nach dem SGB XI (Schriftenreihe Modellprogramm zur Weiterentwicklung der Pflegeversicherung, Bd 3). GKV-Spitzenverband, Berlin. ▶ http://www.gkv-spitzenverband.de/media/dokumente/pflegeversicherung/pflegebeduerftigkeitbegriff/GKV-Schriftenreihe_Pflege_Band_3.pdf. Zugegriffen: 03. März 2014

Wingenfeld K, Büscher A, Schaeffer D (2007) Recherche und Analyse von Pflegebedürftigkeitsbegriffen und Einschätzungsinstrumenten. Institut für Pflegewissenschaft, Universität Bielefeld. ▶ https://www.uni-bielefeld.de/gesundhw/ag6/downloads/ipw_bericht_pflegebedurftigkeit.pdf. Zugegriffen: 03. März 2014

Wingenfeld K, Büscher A, Gansweid B (2008) Das neue Begutachtungsassessment zur Feststellung von Pflegebedürftigkeit. (Schriftenreihe Modellprogramm zur Weiterentwicklung der Pflegeversicherung, Bd 2). ▶ http://www.gkv-spitzenverband.de/media/dokumente/presse/publikationen/schriftenreihe/GKV-Schriftenreihe_Pflege_Band_2_18962.pdf. Zugegriffen: 03. März 2014

12

# Anhang

## 1 Sozialgesetzbuch V: Palliativversorgung

- **§ 37b SGB V Spezialisierte ambulante Palliativversorgung**

(1) Versicherte mit einer nicht heilbaren, fortschreitenden und weit fortgeschrittenen Erkrankung bei einer zugleich begrenzten Lebenserwartung, die eine besonders aufwändige Versorgung benötigen, haben Anspruch auf spezialisierte ambulante Palliativversorgung. Die Leistung ist von einem Vertragsarzt oder Krankenhausarzt zu verordnen. Die spezialisierte ambulante Palliativversorgung umfasst ärztliche und pflegerische Leistungen einschließlich ihrer Koordination insbesondere zur Schmerztherapie und Symptomkontrolle und zielt darauf ab, die Betreuung der Versicherten nach Satz 1 in der vertrauten Umgebung des häuslichen oder familiären Bereichs zu ermöglichen; hierzu zählen beispielsweise Einrichtungen der Eingliederungshilfe für behinderte Menschen und der Kinder- und Jugendhilfe. Versicherte in stationären Hospizen haben einen Anspruch auf die Teilleistung der erforderlichen ärztlichen Versorgung im Rahmen der spezialisierten ambulanten Palliativversorgung. Dies gilt nur, wenn und soweit nicht andere Leistungsträger zur Leistung verpflichtet sind. Dabei sind die besonderen Belange von Kindern zu berücksichtigen.

(2) Versicherte in stationären Pflegeeinrichtungen im Sinne von § 72 Abs. 1 des Elften Buches haben in entsprechender Anwendung des Absatzes 1 einen Anspruch auf spezialisierte Palliativversorgung. Die Verträge nach § 132d Abs. 1 regeln, ob die Leistung nach Absatz 1 durch Vertragspartner der Krankenkassen in der Pflegeeinrichtung oder durch Personal der Pflegeeinrichtung erbracht wird; § 132d Abs. 2 gilt entsprechend.

(3) Der Gemeinsame Bundesausschuss bestimmt in den Richtlinien nach § 92 das Nähere über die Leistungen, insbesondere

1. die Anforderungen an die Erkrankungen nach Absatz 1 Satz 1 sowie an den besonderen Versorgungsbedarf der Versicherten,
2. Inhalt und Umfang der spezialisierten ambulanten Palliativversorgung einschließlich von deren Verhältnis zur ambulanten Versorgung und der Zusammenarbeit der Leistungserbringer mit den bestehenden ambulanten Hospizdiensten und stationären Hospizen (integrativer Ansatz); die gewachsenen Versorgungsstrukturen sind zu berücksichtigen,
3. Inhalt und Umfang der Zusammenarbeit des verordnenden Arztes mit dem Leistungserbringer.

(Quelle: ► http://www.sozialgesetzbuch-sgb.de/sgbv/37b.html. Zugegriffen: 30. Dezember 2013)

- **§ 39a SGB V Stationäre und ambulante Hospizleistungen**

(1) Versicherte, die keiner Krankenhausbehandlung bedürfen, haben im Rahmen der Verträge nach Satz 4 Anspruch auf einen Zuschuss zu stationärer oder teilstationärer Versorgung in Hospizen, in denen palliativ-medizinische Behandlung erbracht wird, wenn eine ambulante Versorgung im Haushalt oder der Familie des Versicherten nicht erbracht werden kann. Die Krankenkasse trägt die zuschussfähigen Kosten nach Satz 1 unter Anrechnung der Leistungen nach dem Elften Buch zu 90 vom Hundert, bei Kinderhospizen zu 95 vom Hundert. Der Zuschuss darf kalendertäglich 7 vom Hundert der monatlichen Bezugsgröße nach § 18 Abs. 1 des Vierten Buches nicht unterschreiten und unter Anrechnung der Leistungen anderer Sozialleistungsträger die tatsächlichen kalendertäglichen Kosten nach Satz 1 nicht überschreiten. Der Spitzenverband Bund der Krankenkassen vereinbart mit den für die Wahrnehmung der Interessen der stationären Hospize maßgeblichen Spitzenorganisationen das Nähere über Art und Umfang der Versorgung nach Satz 1. Dabei ist den besonderen Belangen der Versorgung in Kinderhospizen ausreichend Rechnung zu tragen. Der Kassenärztlichen Bundesvereinigung ist Gelegenheit zur Stellungnahme zu geben. In den über die Einzelheiten der Versorgung nach Satz 1 zwischen Krankenkassen und Hospizen abzuschließenden Verträgen ist zu regeln, dass im Falle von Nichteinigung eine von den Parteien zu bestimmende unabhängige Schiedsperson den Vertragsinhalt festlegt. Einigen sich die Vertragspartner nicht auf eine Schiedsperson, so wird diese von der für die vertragschließende Krankenkasse zuständigen Aufsichtsbehörde bestimmt. Die Kosten des Schiedsverfahrens tragen die Vertragspartner zu gleichen Teilen.

(2) Die Krankenkasse hat ambulante Hospizdienste zu fördern, die für Versicherte, die keiner Krankenhausbehandlung und keiner stationären oder teilstationären Versorgung in einem Hospiz bedürfen, qualifizierte ehrenamtliche Sterbebegleitung in deren Haushalt, in der Familie, in stationären Pflegeeinrichtungen, in Einrichtungen der Eingliederungshilfe für behinderte Menschen oder der Kinder- und Jugendhilfe erbringen. Voraussetzung der Förderung ist außerdem, dass der ambulante Hospizdienst

1. mit palliativ-medizinisch erfahrenen Pflegediensten und Ärzten zusammenarbeitet sowie

2. unter der fachlichen Verantwortung einer Krankenschwester, eines Krankenpflegers oder einer anderen fachlich qualifizierten Person steht, die über mehrjährige Erfahrung in der palliativ-medizinischen Pflege oder über eine entsprechende Weiterbildung verfügt und eine Weiterbildung als verantwortliche Pflegefachkraft oder in Leitungsfunktionen nachweisen kann.

Der ambulante Hospizdienst erbringt palliativ-pflegerische Beratung durch entsprechend ausgebildete Fachkräfte und stellt die Gewinnung, Schulung, Koordination und Unterstützung der ehrenamtlich tätigen Personen, die für die Sterbebegleitung zur Verfügung stehen, sicher. Die Förderung nach Satz 1 erfolgt durch einen angemessenen Zuschuss zu den notwendigen Personalkosten. Der Zuschuss bezieht sich auf Leistungseinheiten, die sich aus dem Verhältnis der Zahl der qualifizierten Ehrenamtlichen zu der Zahl der Sterbebegleitungen bestimmen. Die Ausgaben der Krankenkassen für die Förderung nach Satz 1 betragen je Leistungseinheit 11 vom Hundert der monatlichen Bezugsgröße nach § 18 Absatz 1 des Vierten Buches, sie dürfen die zuschussfähigen Personalkosten des Hospizdienstes nicht überschreiten. Der Spitzenverband Bund der Krankenkassen vereinbart mit den für die Wahrnehmung der Interessen der ambulanten Hospizdienste maßgeblichen Spitzenorganisationen das Nähere zu den Voraussetzungen der Förderung sowie zu Inhalt, Qualität und Umfang der ambulanten Hospizarbeit. Dabei ist den besonderen Belangen der Versorgung von Kindern durch ambulante Hospizdienste ausreichend Rechnung zu tragen.

(Quelle: ▶ http://www.sozialgesetzbuch-sgb.de/sgbv/39a.html. Zugegriffen: 30. Dezember 2013)

- **§ 132d SGB V Spezialisierte ambulante Palliativversorgung**

(1) Über die spezialisierte ambulante Palliativversorgung einschließlich der Vergütung und deren Abrechnung schließen die Krankenkassen unter Berücksichtigung der Richtlinien nach § 37b Verträge mit geeigneten Einrichtungen oder Personen, soweit dies für eine bedarfsgerechte Versorgung notwendig ist. In den Verträgen ist ergänzend zu regeln, in welcher Weise die Leistungserbringer auch beratend tätig werden.

(2) Der Spitzenverband Bund der Krankenkassen legt gemeinsam und einheitlich unter Beteiligung der Deutschen Krankenhausgesellschaft, der Vereinigungen der Träger der Pflegeeinrichtungen auf Bundesebene, der Spitzenorganisationen der Hospizarbeit und der Palliativversorgung sowie der Kassenärztlichen Bundesvereinigung in Empfehlungen

1. die sächlichen und personellen Anforderungen an die Leistungserbringung,

2. Maßnahmen zur Qualitätssicherung und Fortbildung,

3. Maßstäbe für eine bedarfsgerechte Versorgung mit spezialisierter ambulanter Palliativversorgung

fest.

(Quelle: ▶ http://www.sozialgesetzbuch-sgb.de/sgbv/132d.html. Zugegriffen: 30. Dezember 2013)

## 2 Sozialgesetzbuch XI: Pflegebedürftigkeit

- **§ 12 SGB XI Aufgaben der Pflegekassen**

(1) Die Pflegekassen sind für die Sicherstellung der pflegerischen Versorgung ihrer Versicherten verantwortlich. Sie arbeiten dabei mit allen an der pflegerischen, gesundheitlichen und sozialen Versorgung Beteiligten eng zusammen und wirken, insbesondere durch Pflegestützpunkte nach § 92c, auf eine Vernetzung der regionalen und kommunalen Versorgungsstrukturen hin, um eine Verbesserung der wohnortnahen Versorgung

pflege- und betreuungsbedürftiger Menschen zu ermöglichen. Die Pflegekassen sollen zur Durchführung der ihnen gesetzlich übertragenen Aufgaben örtliche und regionale Arbeitsgemeinschaften bilden. § 94 Abs. 2 bis 4 des Zehnten Buches gilt entsprechend.

(2) Die Pflegekassen wirken mit den Trägern der ambulanten und der stationären gesundheitlichen und sozialen Versorgung partnerschaftlich zusammen, um die für den Pflegebedürftigen zur Verfügung stehenden Hilfen zu koordinieren. Sie stellen insbesondere über die Pflegeberatung nach § 7a sicher, dass im Einzelfall Grundpflege, Behandlungspflege, ärztliche Behandlung, spezialisierte Palliativversorgung, Leistungen zur Prävention, zur medizinischen Rehabilitation und zur Teilhabe sowie hauswirtschaftliche Versorgung nahtlos und störungsfrei ineinandergreifen. Die Pflegekassen nutzen darüber hinaus das Instrument der integrierten Versorgung nach § 92b und wirken zur Sicherstellung der haus-, fach- und zahnärztlichen Versorgung der Pflegebedürftigen darauf hin, dass die stationären Pflegeeinrichtungen Kooperationen mit niedergelassenen Ärzten eingehen oder § 119b des Fünften Buches anwenden.

(Quelle: ▶ http://www.sozialgesetzbuch-sgb.de/sgbxi/12.html. Zugegriffen: 30. Dezember 2013)

■ **§ 14 SGB XI Begriff der Pflegebedürftigkeit**
(1) Pflegebedürftig im Sinne dieses Buches sind Personen, die wegen einer körperlichen, geistigen oder seelischen Krankheit oder Behinderung für die gewöhnlichen und regelmäßig wiederkehrenden Verrichtungen im Ablauf des täglichen Lebens auf Dauer, voraussichtlich für mindestens sechs Monate, in erheblichem oder höherem Maße (§ 15) der Hilfe bedürfen.

(2) Krankheiten oder Behinderungen im Sinne des Absatzes 1 sind:
1. Verluste, Lähmungen oder andere Funktionsstörungen am Stütz- und Bewegungsapparat,
2. Funktionsstörungen der inneren Organe oder der Sinnesorgane,
3. Störungen des Zentralnervensystems wie Antriebs-, Gedächtnis- oder Orientierungsstörungen sowie endogene Psychosen, Neurosen oder geistige Behinderungen.

(3) Die Hilfe im Sinne des Absatzes 1 besteht in der Unterstützung, in der teilweisen oder vollständigen Übernahme der Verrichtungen im Ablauf des täglichen Lebens oder in Beaufsichtigung oder Anleitung mit dem Ziel der eigenständigen Übernahme dieser Verrichtungen.

(4) Gewöhnliche und regelmäßig wiederkehrende Verrichtungen im Sinne des Absatzes 1 sind:
1. im Bereich der Körperpflege das Waschen, Duschen, Baden, die Zahnpflege, das Kämmen, Rasieren, die Darm- oder Blasenentleerung,
2. im Bereich der Ernährung das mundgerechte Zubereiten oder die Aufnahme der Nahrung,
3. im Bereich der Mobilität das selbständige Aufstehen und Zu-Bett-Gehen, An- und Auskleiden, Gehen, Stehen, Treppensteigen oder das Verlassen und Wiederaufsuchen der Wohnung,
4. im Bereich der hauswirtschaftlichen Versorgung das Einkaufen, Kochen, Reinigen der Wohnung, Spülen, Wechseln und Waschen der Wäsche und Kleidung oder das Beheizen.

(Quelle: ▶ http://www.sozialgesetzbuch-sgb.de/sgbxi/14.html. Zugegriffen: 30. Dezember 2013)

■ **§ 15 SGB XI Stufen der Pflegebedürftigkeit**
(1) Für die Gewährung von Leistungen nach diesem Gesetz sind pflegebedürftige Personen (§ 14) einer der folgenden drei Pflegestufen zuzuordnen:
1. Pflegebedürftige der Pflegestufe I (erheblich Pflegebedürftige) sind Personen, die bei der Körperpflege, der Ernährung oder der Mobilität für wenigstens zwei Verrichtungen aus einem oder mehreren Bereichen mindestens einmal täglich der Hilfe bedürfen und zusätzlich mehrfach in der Woche Hilfen bei der hauswirtschaftlichen Versorgung benötigen.
2. Pflegebedürftige der Pflegestufe II (Schwerpflegebedürftige) sind Personen, die bei der Körperpflege, der Ernährung oder der Mobilität mindestens dreimal täglich zu verschiedenen Tageszeiten der Hilfe bedürfen und zusätzlich mehrfach in der Woche Hilfen bei der hauswirtschaftlichen Versorgung benötigen.
3. Pflegebedürftige der Pflegestufe III (Schwerstpflegebedürftige) sind Personen, die bei der Körperpflege, der Ernährung oder der Mobilität täglich rund um die Uhr, auch nachts,

der Hilfe bedürfen und zusätzlich mehrfach in der Woche Hilfen bei der hauswirtschaftlichen Versorgung benötigen.

Für die Gewährung von Leistungen nach § 43a reicht die Feststellung, dass die Voraussetzungen der Pflegestufe I erfüllt sind.

(2) Bei Kindern ist für die Zuordnung der zusätzliche Hilfebedarf gegenüber einem gesunden gleichaltrigen Kind maßgebend.

(3) Der Zeitaufwand, den ein Familienangehöriger oder eine andere nicht als Pflegekraft ausgebildete Pflegeperson für die erforderlichen Leistungen der Grundpflege und hauswirtschaftlichen Versorgung benötigt, muss wöchentlich im Tagesdurchschnitt

1. in der Pflegestufe I mindestens 90 Minuten betragen; hierbei müssen auf die Grundpflege mehr als 45 Minuten entfallen,
2. in der Pflegestufe II mindestens drei Stunden betragen; hierbei müssen auf die Grundpflege mindestens zwei Stunden entfallen,
3. in der Pflegestufe III mindestens fünf Stunden betragen; hierbei müssen auf die Grundpflege mindestens vier Stunden entfallen.

Bei der Feststellung des Zeitaufwandes ist ein Zeitaufwand für erforderliche verrichtungsbezogene krankheitsspezifische Pflegemaßnahmen zu berücksichtigen; dies gilt auch dann, wenn der Hilfebedarf zu Leistungen nach dem Fünften Buch führt. Verrichtungsbezogene krankheitsspezifische Pflegemaßnahmen sind Maßnahmen der Behandlungspflege, bei denen der behandlungspflegerische Hilfebedarf untrennbarer Bestandteil einer Verrichtung nach § 14 Abs. 4 ist oder mit einer solchen Verrichtung notwendig in einem unmittelbaren zeitlichen und sachlichen Zusammenhang steht.

(Quelle: ▶ http://www.sozialgesetzbuch-sgb.de/sgbxi/15.html. Zugegriffen: 30. Dezember 2013)

■ **§ 18 SGB XI Verfahren zur Feststellung der Pflegebedürftigkeit**

(1) Die Pflegekassen beauftragen den Medizinischen Dienst der Krankenversicherung oder andere unabhängige Gutachter mit der Prüfung, ob die Voraussetzungen der Pflegebedürftigkeit erfüllt sind und welche Stufe der Pflegebedürftigkeit vorliegt. Im Rahmen dieser Prüfungen haben der Medizinische Dienst oder die von der Pflegekasse beauftragten Gutachter durch eine Untersuchung des Antragstellers die Einschränkungen bei den Verrichtungen im Sinne des § 14 Abs. 4 festzustellen sowie Art, Umfang und voraussichtliche Dauer der Hilfebedürftigkeit und das Vorliegen einer erheblich eingeschränkten Alltagskompetenz nach § 45a zu ermitteln. Darüber hinaus sind auch Feststellungen darüber zu treffen, ob und in welchem Umfang Maßnahmen zur Beseitigung, Minderung oder Verhütung einer Verschlimmerung der Pflegebedürftigkeit einschließlich der Leistungen zur medizinischen Rehabilitation geeignet, notwendig und zumutbar sind; insoweit haben Versicherte einen Anspruch gegen den zuständigen Träger auf Leistungen zur medizinischen Rehabilitation.

(2) Der Medizinische Dienst oder die von der Pflegekasse beauftragten Gutachter haben den Versicherten in seinem Wohnbereich zu untersuchen. Erteilt der Versicherte dazu nicht sein Einverständnis, kann die Pflegekasse die beantragten Leistungen verweigern. Die §§ 65, 66 des Ersten Buches bleiben unberührt. Die Untersuchung im Wohnbereich des Pflegebedürftigen kann ausnahmsweise unterbleiben, wenn auf Grund einer eindeutigen Aktenlage das Ergebnis der medizinischen Untersuchung bereits feststeht. Die Untersuchung ist in angemessenen Zeitabständen zu wiederholen.

(3) Die Pflegekasse leitet die Anträge zur Feststellung von Pflegebedürftigkeit unverzüglich an den Medizinischen Dienst der Krankenversicherung oder die von der Pflegekasse beauftragten Gutachter weiter. Dem Antragsteller ist spätestens fünf Wochen nach Eingang des Antrags bei der zuständigen Pflegekasse die Entscheidung der Pflegekasse schriftlich mitzuteilen. Befindet sich der Antragsteller im Krankenhaus oder in einer stationären Rehabilitationseinrichtung und

1. liegen Hinweise vor, dass zur Sicherstellung der ambulanten oder stationären Weiterversorgung und Betreuung eine Begutachtung in der Einrichtung erforderlich ist, oder
2. wurde die Inanspruchnahme von Pflegezeit nach dem Pflegezeitgesetz gegenüber dem Arbeitgeber der pflegenden Person angekündigt oder

3.  wurde mit dem Arbeitgeber der pflegenden Person eine Familienpflegezeit nach § 2 Absatz 1 des Familienpflegezeitgesetzes vereinbart,

ist die Begutachtung dort unverzüglich, spätestens innerhalb einer Woche nach Eingang des Antrags bei der zuständigen Pflegekasse durchzuführen; die Frist kann durch regionale Vereinbarungen verkürzt werden. Die verkürzte Begutachtungsfrist gilt auch dann, wenn der Antragsteller sich in einem Hospiz befindet oder ambulant palliativ versorgt wird. Befindet sich der Antragsteller in häuslicher Umgebung, ohne palliativ versorgt zu werden, und wurde die Inanspruchnahme von Pflegezeit nach dem Pflegezeitgesetz gegenüber dem Arbeitgeber der pflegenden Person angekündigt oder mit dem Arbeitgeber der pflegenden Person eine Familienpflegezeit nach § 2 Absatz 1 des Familienpflegezeitgesetzes vereinbart, ist eine Begutachtung durch den Medizinischen Dienst der Krankenversicherung oder die von der Pflegekasse beauftragten Gutachter spätestens innerhalb von zwei Wochen nach Eingang des Antrags bei der zuständigen Pflegekasse durchzuführen und der Antragsteller seitens des Medizinischen Dienstes oder der von der Pflegekasse beauftragten Gutachter unverzüglich schriftlich darüber zu informieren, welche Empfehlung der Medizinische Dienst oder die von der Pflegekasse beauftragten Gutachter an die Pflegekasse weiterleiten. In den Fällen der Sätze 3 bis 5 muss die Empfehlung nur die Feststellung beinhalten, ob Pflegebedürftigkeit im Sinne der §§ 14 und 15 vorliegt. Die Entscheidung der Pflegekasse ist dem Antragsteller unverzüglich nach Eingang der Empfehlung des Medizinischen Dienstes oder der beauftragten Gutachter bei der Pflegekasse schriftlich mitzuteilen. Der Antragsteller hat ein Recht darauf, dass mit dem Bescheid das Gutachten übermittelt wird. Bei der Begutachtung ist zu erfassen, ob der Antragsteller von diesem Recht Gebrauch machen will. Der Antragsteller kann die Übermittlung des Gutachtens auch zu einem späteren Zeitpunkt verlangen.

(3a) Die Pflegekasse ist verpflichtet, dem Antragsteller mindestens drei unabhängige Gutachter zur Auswahl zu benennen,

1.  soweit nach Absatz 1 unabhängige Gutachter mit der Prüfung beauftragt werden sollen oder

2.  wenn innerhalb von vier Wochen ab Antragstellung keine Begutachtung erfolgt ist.

Auf die Qualifikation und Unabhängigkeit des Gutachters ist der Versicherte hinzuweisen. Hat sich der Antragsteller für einen benannten Gutachter entschieden, wird dem Wunsch Rechnung getragen. Der Antragsteller hat der Pflegekasse seine Entscheidung innerhalb einer Woche ab Kenntnis der Namen der Gutachter mitzuteilen, ansonsten kann die Pflegekasse einen Gutachter aus der übersandten Liste beauftragen. Die Gutachter sind bei der Wahrnehmung ihrer Aufgaben nur ihrem Gewissen unterworfen.

(3b) Erteilt die Pflegekasse den schriftlichen Bescheid über den Antrag nicht innerhalb von fünf Wochen nach Eingang des Antrags oder wird eine der in Absatz 3 genannten verkürzten Begutachtungsfristen nicht eingehalten, hat die Pflegekasse nach Fristablauf für jede begonnene Woche der Fristüberschreitung unverzüglich 70 Euro an den Antragsteller zu zahlen. Dies gilt nicht, wenn die Pflegekasse die Verzögerung nicht zu vertreten hat oder wenn sich der Antragsteller in stationärer Pflege befindet und bereits als mindestens erheblich pflegebedürftig (mindestens Pflegestufe I) anerkannt ist. Entsprechendes gilt für die privaten Versicherungsunternehmen, die die private Pflege-Pflichtversicherung durchführen. Die Träger der Pflegeversicherung und die privaten Versicherungsunternehmen veröffentlichen jährlich jeweils bis zum 31. März des dem Berichtsjahr folgenden Jahres eine Statistik über die Einhaltung der Fristen nach Absatz 3.

(4) Der Medizinische Dienst oder die von der Pflegekasse beauftragten Gutachter sollen, soweit der Versicherte einwilligt, die behandelnden Ärzte des Versicherten, insbesondere die Hausärzte, in die Begutachtung einbeziehen und ärztliche Auskünfte und Unterlagen über die für die Begutachtung der Pflegebedürftigkeit wichtigen Vorerkrankungen sowie Art, Umfang und Dauer der Hilfebedürftigkeit einholen. Mit Einverständnis des Versicherten sollen auch pflegende Angehörige oder sonstige Personen oder Dienste, die an der Pflege des Versicherten beteiligt sind, befragt werden.

(5) Die Pflege- und Krankenkassen sowie die Leistungserbringer sind verpflichtet, dem Medizi-

nischen Dienst oder den von der Pflegekasse beauftragten Gutachtern die für die Begutachtung erforderlichen Unterlagen vorzulegen und Auskünfte zu erteilen. § 276 Abs. 1 Satz 2 und 3 des Fünften Buches gilt entsprechend.

(6) Der Medizinische Dienst der Krankenversicherung oder die von der Pflegekasse beauftragten Gutachter haben der Pflegekasse das Ergebnis seiner oder ihrer Prüfung zur Feststellung der Pflegebedürftigkeit unverzüglich zu übermitteln. In seiner oder ihrer Stellungnahme haben der Medizinische Dienst oder die von der Pflegekasse beauftragten Gutachter auch das Ergebnis der Prüfung, ob und gegebenenfalls welche Maßnahmen der Prävention und der medizinischen Rehabilitation geeignet, notwendig und zumutbar sind, mitzuteilen und Art und Umfang von Pflegeleistungen sowie einen individuellen Pflegeplan zu empfehlen. Die Feststellungen zur medizinischen Rehabilitation sind durch den Medizinischen Dienst oder die von der Pflegekasse beauftragten Gutachter in einer gesonderten Rehabilitationsempfehlung zu dokumentieren. Beantragt der Pflegebedürftige Pflegegeld, hat sich die Stellungnahme auch darauf zu erstrecken, ob die häusliche Pflege in geeigneter Weise sichergestellt ist.

(7) Die Aufgaben des Medizinischen Dienstes werden durch Ärzte in enger Zusammenarbeit mit Pflegefachkräften und anderen geeigneten Fachkräften wahrgenommen. Die Prüfung der Pflegebedürftigkeit von Kindern ist in der Regel durch besonders geschulte Gutachter mit einer Qualifikation als Gesundheits- und Kinderkrankenpflegerin oder Gesundheits- und Kinderkrankenpfleger oder als Kinderärztin oder Kinderarzt vorzunehmen. Der Medizinische Dienst ist befugt, den Pflegefachkräften oder sonstigen geeigneten Fachkräften, die nicht dem Medizinischen Dienst angehören, die für deren jeweilige Beteiligung erforderlichen personenbezogenen Daten zu übermitteln. Für andere unabhängige Gutachter gelten die Sätze 1 bis 3 entsprechend.

(Quelle: ► http://www.sozialgesetzbuch-sgb.de/sgbxi/18.html. Zugegriffen: 30. Dezember 2013)

# 3 Richtlinie des Gemeinsamen Bundesausschusses zur Verordnung von spezialisierter ambulanter Palliativversorgung

Spezialisierte Ambulante Palliativversorgungs-Richtlinie/SAPV-RL vom 20. Dezember 2007, veröffentlicht im Bundesanzeiger 2008, S. 911 zuletzt geändert am 15. April 2010, veröffentlicht im Bundesanzeiger, S. 2 190, in Kraft getreten am 25. Juni 2010

(Quelle SAPV-Richtlinie: ► http://www.g-ba.de/downloads/62-492-437/SAPV-RL_2010-04-15.pdf. Zugegriffen: 30.12.2013)

- **§ 1 Grundlagen und Ziele**

(1) [1]Die spezialisierte ambulante Palliativversorgung gemäß § 37b SGB V (SAPV) dient dem Ziel, die Lebensqualität und die Selbstbestimmung schwerstkranker Menschen zu erhalten, zu fördern und zu verbessern und ihnen ein menschenwürdiges Leben bis zum Tod in ihrer vertrauten häuslichen oder familiären Umgebung zu ermöglichen. [2]Im Vordergrund steht anstelle eines kurativen Ansatzes die medizinisch-pflegerische Zielsetzung, Symptome und Leiden einzelfallgerecht zu lindern.

(2) [1]SAPV kann im Haushalt des schwerstkranken Menschen oder seiner Familie oder in stationären Pflegeeinrichtungen (§ 72 Abs. 1 des Elften Buches Sozialgesetzbuch – SGB XI) erbracht werden. [2]Darüber hinaus kann SAPV auch erbracht werden

- in Einrichtungen der Eingliederungshilfe für behinderte Menschen im Sinne von § 55 SGB XII und der Kinder- und Jugendhilfe im Sinne von § 34 SGB VIII,
- an weiteren Orten, an denen
  - sich der schwerstkranke Mensch in vertrauter häuslicher oder familiärer Umgebung dauerhaft aufhält und
  - diese Versorgung zuverlässig erbracht werden kann,

wenn und soweit nicht andere Leistungsträger zur Leistung verpflichtet sind.

(3) In stationären Hospizen besteht ein Anspruch auf die Teilleistung der erforderlichen ärztlichen Versorgung im Rahmen der SAPV, wenn die ärztliche Versorgung im Rahmen der vertragsärztlichen Versorgung aufgrund des besonders

aufwändigen Versorgungsbedarfs (siehe § 4) nicht ausreicht.

(4) Den besonderen Belangen von Kindern ist Rechnung zu tragen.

(5) [1]Die individuellen Bedürfnisse und Wünsche der Patientin oder des Patienten sowie die Belange ihrer oder seiner vertrauten Personen stehen im Mittelpunkt der Versorgung. [2]Der Patientenwille, der auch durch Patientenverfügungen zum Ausdruck kommen kann, ist zu beachten.

(6) [1]Die SAPV ergänzt das bestehende Versorgungsangebot, insbesondere das der Vertragsärzte, Krankenhäuser und Pflegedienste. [2]Sie kann als alleinige Beratungsleistung, additiv unterstützende Teilversorgung oder vollständige Patientenbetreuung erbracht werden. [3]Andere Sozialleistungsansprüche bleiben unberührt.

- ### § 2 Anspruchsvoraussetzungen

Versicherte haben Anspruch auf SAPV, wenn
- sie an einer nicht heilbaren, fortschreitenden und so weit fortgeschrittenen Erkrankung leiden, dass dadurch ihre Lebenserwartung begrenzt ist (§ 3) und
- sie unter Berücksichtigung der in § 1 genannten Ziele eine besonders aufwändige Versorgung (§ 4) benötigen, die nach den medizinischen und pflegerischen Erfordernissen auch ambulant oder an den in § 1 Abs. 2 und 3 genannten Orten erbracht werden kann.

- ### § 3 Anforderungen an die Erkrankungen

(1) Eine Erkrankung ist nicht heilbar, wenn nach dem allgemein anerkannten Stand der medizinischen Erkenntnisse Behandlungsmaßnahmen nicht zur Beseitigung dieser Erkrankung führen können.

(2) Sie ist fortschreitend, wenn ihr Verlauf trotz medizinischer Maßnahmen nach dem allgemein anerkannten Stand der medizinischen Erkenntnisse nicht nachhaltig aufgehalten werden kann.

(3) [1]Eine Erkrankung ist weit fortgeschritten, wenn die Verbesserung von Symptomatik und Lebensqualität sowie die psychosoziale Betreuung im Vordergrund der Versorgung stehen und nach begründeter Einschätzung der verordnenden Ärztin oder des verordnenden Arztes die Lebenserwartung auf Tage, Wochen oder Monate gesunken

ist. [2]Insbesondere bei Kindern sind die Voraussetzungen für die SAPV als Krisenintervention auch bei einer länger prognostizierten Lebenserwartung erfüllt.

- ### § 4 Besonders aufwändige Versorgung

[1]Bedarf nach einer besonders aufwändigen Versorgung besteht, soweit die anderweitigen ambulanten Versorgungsformen sowie ggf. die Leistungen des ambulanten Hospizdienstes nicht oder nur unter besonderer Koordination ausreichen würden, um die Ziele nach § 1 Abs. 1 zu erreichen. [2]Anhaltspunkt dafür ist das Vorliegen eines komplexen Symptomgeschehens, dessen Behandlung spezifische palliativmedizinische und/oder palliativpflegerische Kenntnisse und Erfahrungen sowie ein interdisziplinär, insbesondere zwischen Ärzten und Pflegekräften in besonderem Maße abgestimmtes Konzept voraussetzt. [3]Ein Symptomgeschehen ist in der Regel komplex, wenn mindestens eines der nachstehenden Kriterien erfüllt ist:
- ausgeprägte Schmerzsymptomatik
- ausgeprägte neurologische/psychiatrische/psychische Symptomatik
- ausgeprägte respiratorische/kardiale Symptomatik
- ausgeprägte gastrointestinale Symptomatik
- ausgeprägte ulzerierende/exulzerierende Wunden oder Tumore
- ausgeprägte urogenitale Symptomatik

- ### § 5 Inhalt und Umfang der spezialisierten ambulanten Palliativversorgung

(1) [1]Die SAPV umfasst je nach Bedarf alle Leistungen der ambulanten Krankenbehandlung soweit diese erforderlich sind, um die in § 1 Abs. 1 genannten Ziele zu erreichen. [2]Sie umfasst zusätzlich die im Einzelfall erforderliche Koordination der diagnostischen, therapeutischen und pflegerischen Teilleistungen sowie die Beratung, Anleitung und Begleitung der verordnenden oder behandelnden Ärztin oder des verordnenden oder behandelnden Arztes sowie der sonstigen an der allgemeinen Versorgung beteiligten Leistungserbringer, der Patienten und ihrer Angehörigen durch Leistungserbringer nach § 132d SGB V.

(2) [1]SAPV wird ausschließlich von Leistungserbringern nach § 132d SGB V erbracht, die in einer

interdisziplinären Versorgungsstruktur, bestehend insbesondere aus qualifizierten Ärzten und Pflegefachkräften unter Beteiligung der ambulanten Hospizdienste und ggf. der stationären Hospize, organisiert sind. [2]Sie wird nach Bedarf intermittierend oder durchgängig erbracht, soweit das bestehende ambulante Versorgungsangebot (§ 1 Abs. 4), insbesondere die allgemeine Palliativversorgung nicht ausreicht, um die Ziele nach § 1 Abs. 1 zu erreichen. [3]Sie kann dem jeweiligen aktuellen Versorgungsbedarf entsprechend als

– Beratungsleistung,
– Koordination der Versorgung,
– additiv unterstützende Teilversorgung,
– vollständige Versorgung

erbracht werden. [4]Die Leistungen müssen ausreichend und zweckmäßig sein, dürfen das Maß des Notwendigen nicht überschreiten und sind wirtschaftlich zu erbringen.

(3) Inhalte der SAPV sind insbesondere:

– Koordination der spezialisierten palliativmedizinischen und palliativpflegerischen Versorgung unter Einbeziehung weiterer Berufsgruppen und von Hospizdiensten im Rahmen einer multiprofessionellen Zusammenarbeit
– Symptomlinderung durch Anwendung von Medikamenten oder anderen Maßnahmen apparative palliativmedizinische Behandlungsmaßnahmen (z. B. Medikamentenpumpe) palliativmedizinische Maßnahmen, die nach ihrer Art, Schwere oder Komplexität eine Kompetenz erfordern, die der einer Ärztin oder eines Arztes mit Zusatzweiterbildung Palliativmedizin entspricht
– spezialisierte palliativpflegerische Leistungen, die nach ihrer Art, Schwere oder Komplexität eine Kompetenz erfordern, die der einer Pflegefachkraft mit einer curricularen Weiterbildung zu Palliative Care entspricht
– Führung eines individuellen Behandlungsplans, vorbeugendes Krisenmanagement, Bedarfsinterventionen
– Ruf-, Notfall- und Kriseninterventionsbereitschaft rund um die Uhr für die im Rahmen der SAPV betreuten Patienten zur Sicherstellung der im Rahmen der SAPV erforderlichen Maßnahmen

– Beratung, Anleitung und Begleitung der Patienten und ihrer Angehörigen zur palliativen Versorgung einschließlich Unterstützung beim Umgang mit Sterben und Tod
– spezialisierte Beratung der betreuenden Leistungserbringer der Primärversorgung
– psychosoziale Unterstützung im Umgang mit schweren Erkrankungen in enger Zusammenarbeit z. B. mit Seelsorge, Sozialarbeit und ambulanten Hospizdiensten
– Organisation regelmäßiger Fallbesprechungen
– Dokumentieren und Evaluieren der wesentlichen Maßnahmen im Rahmen der SAPV

**▪ § 6 Zusammenarbeit der Leistungserbringer**

(1) [1]Im Rahmen der SAPV ist zu gewährleisten, dass die an der Versorgung beteiligten Leistungserbringer die erforderlichen Maßnahmen aufeinander abgestimmt und bedarfsgerecht erbringen; die diesbezügliche Koordination ist sicherzustellen. [2]Hierüber sind verbindliche Kooperationsvereinbarungen schriftlich oder mündlich zu treffen. [3]Kooperationspartner ist auch der ambulante Hospizdienst, der auf Wunsch der Patientin oder des Patienten an der Versorgung beteiligt wird. [4]Bei Bedarf und entsprechender Qualifikation kann die dauerbehandelnde Ärztin oder der dauerbehandelnde Arzt im Einzelfall Kooperationspartnerin oder Kooperationspartner werden. [5]Das Nähere regeln die Verträge nach § 132d SGB V.

(2) Die vorhandenen Versorgungsstrukturen sind zu beachten.

(3) Es ist zu gewährleisten, dass zwischen den an der Patientenversorgung beteiligten Leistungserbringern zeitnah alle notwendigen Informationen über die vorhergehende Behandlung unter Berücksichtigung datenschutzrechtlicher Regelungen ausgetauscht werden.

(4) Bei der SAPV ist der ärztlich und pflegerisch erforderliche Entscheidungsspielraum für die Anpassung der Palliativversorgung an die Besonderheiten des Einzelfalls zu berücksichtigen.

(5) [1]Für die notwendigen koordinativen Maßnahmen ist vernetztes Arbeiten innerhalb der gewachsenen Strukturen der Palliativversorgung unabdingbar. [2]Dieses ist unter Berücksichtigung medizinischer, pflegerischer, physiotherapeutischer, psychologischer, psychosozialer und spiritueller

Anforderungen zur lückenlosen Versorgung über die Sektorengrenzen hinweg zu fördern und auszubauen.

- **§ 7 Verordnung von SAPV**

(1) [1]SAPV wird von der behandelnden Vertragsärztin oder von dem behandelnden Vertragsarzt nach Maßgabe dieser Richtlinie verordnet. [2]Satz 1 gilt für die Behandlung durch die Krankenhausärztin oder den Krankenhausarzt bei einer oder einem von ihr oder ihm ambulant versorgten Patientin oder Patienten entsprechend. [3]Hält eine Krankenhausärztin oder ein Krankenhausarzt die Entlassung einer Patientin oder eines Patienten für möglich und ist aus ihrer oder seiner Sicht SAPV erforderlich, kann die Krankenhausärztin oder der Krankenhausarzt die Verordnung ausstellen, in der Regel jedoch längstens für 7 Tage.

(2) Die ärztliche Verordnung erfolgt auf einem zu vereinbarenden Vordruck, der der Leistungserbringung nach dem jeweiligen aktuellen Versorgungsbedarf (§ 5 Abs. 2) Rechnung zu tragen hat und Angaben zur Dauer der Verordnung enthält.

- **§ 8 Prüfung der Leistungsansprüche durch die Krankenkasse**

[1]Die Krankenkasse übernimmt bis zu einer Entscheidung über die weitere Leistungserbringung die Kosten für die verordneten und von den Leistungserbringern nach § 132d SGB V erbrachten Leistungen entsprechend der vereinbarten Vergütung nach § 132d SGB V, wenn die Verordnung gemäß § 7 Abs. 2 spätestens an dem dritten der Ausstellung folgenden Arbeitstag der Krankenkasse vorgelegt wird. [2]Das Nähere regeln die Vertragspartner nach § 132d SGB V.

# Stichwortverzeichnis

Printed in the United States
By Bookmasters

Printed in the United States
By Bookmasters